théo Junior

L'encyclopédie catholique pour les jeunes

Michel Dubost
Direction de la rédaction

Christine Pedotti
Rédaction en chef et secrétariat général

Françoise Pelet
Conseil pédagogique

Droguet & Ardant

Michel Dubost
Direction de la rédaction

Né en 1942, prêtre eudiste en 1967. Évêque aux armées françaises en 1989. Il a toujours été au service des jeunes dans les aumôneries de l'enseignement public et catholique. Il a travaillé à la SOFRES, collaboré à diverses émissions télévisées et radiophoniques et publié divers ouvrages. Il a été président des JMJ de 1997 à Paris. Rédacteur en chef de *Théo*, il est aussi le maître d'œuvre de *Théo Junior*.

Christine Pedotti
Rédaction en chef et secrétariat général

Née en 1960, mariée, études d'Histoire et de Sciences Politiques. Engagée pendant douze ans au service de la catéchèse des 8-18 ans, elle a été quatre ans responsable des aumôneries du Quartier latin et a suivi deux ans la formation de théologie des responsables du diocèse de Paris. Journaliste à *Grain de Soleil*, puis éditeur chez Fleurus-Mame, elle a dirigé *Théo Benjamin*.

Françoise Pelet
Conseil pédagogique

Née en 1937. Elle a participé à la coordination des aumôneries de l'enseignement public de Paris, plus spécialement chargée des collèges et de la formation des animateurs et des responsables. Elle a participé à l'élaboration d'un parcours catéchétique et fait partie de l'équipe de préparation des JMJ de 1997. Depuis 1997, elle est responsable de l'aumônerie de l'hôpital Saint-Louis et a été nommée en 1999 responsable des aumôneries des hôpitaux de Paris.

Ont participé à la rédaction :

Martine Da
Claire Daudin Forestier
P. Michel Dubost
Claire Lavant
P. Philippe Marsset
P. Éric Morin
Brigitte Ogée
Christine Pedotti
Geneviève Plaquevent
Emmanuelle Rémond Dalyac
Cécile Rey Délétroz
Alain Tallon
Armelle de Verneuil
Anne-Chantal Wybo

Ont assuré un rôle de conseil auprès de la rédaction :

P. Antoine Hérouard
Pierre Kerbrat
P. Éric de Moulins de Beaufort
Françoise Pelet
Anne Retgen Tallon

Ont également collaboré à la documentation et à l'indexation :

Guillemette Vaisse
Virginie Wicker

Illustrations : Christophe Albertini, Étienne Jung, Eddy Krahenbuhl
Iconographie : Mosaïque
Maquette intérieure et réalisation : Mosaïque
Couverture : Céline Ambroselli

ISBN : 2-7041-0740-8

Aux parents

Voici un livre pour les jeunes.

C'est un livre écrit par des chrétiens pour leur faire comprendre et connaître la foi des chrétiens.

Ce livre se veut respectueux : aujourd'hui les jeunes savent beaucoup de choses, ils ont besoin de comprendre à partir de faits, de textes mais aussi de témoignages éprouvés.
Malgré sa simplicité, ce livre repose sur le travail de nombreux spécialistes et n'offre pas une information au rabais.

Ce livre se veut respectueux aussi par sa qualité : il a été conçu pour plaire à ce qu'il y a de meilleur dans le goût des jeunes et pour les inviter ainsi à la lecture.

Ce livre se veut respectueux aussi pour une autre raison : chacun, aujourd'hui, rencontre des personnes d'opinions différentes et il est important que les jeunes, tout en sachant clairement ce qu'est la foi chrétienne, sentent respectée la manière de penser de leurs parents, de leurs proches ou la leur propre.

Même s'il a la prétention d'ouvrir ses lecteurs à une connaissance riche de la foi des chrétiens, ce livre ne veut pas et ne peut pas tout dire.
Il est comme le petit frère de « Théo », l'encyclopédie pour tous, et pourrait en être comme l'introduction pour les plus jeunes.

† P. Michel Dubost

Aux jeunes

*Tu as sans doute déjà entendu parler de Dieu, des chrétiens.
Tu as peut-être appris la prière du « Notre Père ».
Peut-être aimes-tu prier.
Tes professeurs t'ont probablement dit que les juifs appelaient Dieu Yawheh mais qu'ils refusent de prononcer son nom.
Par contre, les musulmans disent Allah...*

*Et toi, que penses-tu de Dieu ? que sais-tu de lui ? que crois-tu de lui ?
Pour bien comprendre ce livre, il faudrait que tu te poses d'abord ces questions.*

*As-tu déjà essayé de ne pas parler pendant dix minutes, de ne pas écouter de musique, d'essayer de te dire, dans le silence, la vérité sur ce que tu penses de Dieu ?
Essaie !
Ceux qui ont écrit ce livre ont essayé.
Dans le silence, ils ont dit à Dieu : je crois que tu existes, je crois que tu parles et je vais chercher à t'écouter. En particulier, je vais chercher à écouter Jésus, cet homme qui a dit qu'il te connaissait, toi, Dieu, parce qu'il est ton Fils, et qu'il a préféré mourir plutôt que de te renier.*

*Peut-être as-tu déjà fait cette expérience : tu marches à côté de quelqu'un dans la forêt, et celui-ci t'explique tous les arbres, leur nom, leur âge, la manière dont on les reconnaît...
Ou peut-être connais-tu quelqu'un qui sait le nom des étoiles.
Là où tu vois beaucoup d'étoiles partout dans le ciel, lui t'apprend à les reconnaître : « Là c'est l'étoile du Berger, là, c'est la Grande Ourse... et celle-ci, c'est le Baudrier d'Orion... Tu vois là, cette étoile, elle ne scintille pas, c'est une planète. »
Dans ce livre, nous avons cherché à rassembler – et à résumer – ce que les meilleurs connaisseurs de Dieu ont dit de lui...*

Les meilleurs connaisseurs de Dieu, ce sont les saints, parce qu'ils ont aimé Dieu et que l'on ne connaît bien que lorsque l'on aime. Tu trouveras à la fin du livre des résumés de la vie de beaucoup d'entre eux.
Nous avons aussi essayé de raconter l'histoire du peuple qui se sait choisi par Dieu, le peuple hébreu (on dit aussi les juifs).
Nous avons essayé de comprendre aussi ceux qui ont réfléchi (les savants qui ont réfléchi sur Dieu s'appellent des théologiens) et nous avons résumé leur pensée.
Et comme les amis de Dieu, les chrétiens, sont organisés en Églises pour essayer de vivre comme ils l'ont appris de Dieu, nous avons aussi décrit leur organisation.

Nous ne savons pas si tu es chrétien. Nous ne savons pas ce que tu penses de Dieu, mais nous sommes sûrs que tu connais des personnes qui ne sont pas chrétiennes.
C'est leur liberté. Il est important de les respecter.
Mais si tu lis ce livre, c'est certainement parce que tu es baptisé, ou, au moins, parce que tu as des parents ou des amis chrétiens qui te l'ont offert.

Si tu veux être toi-même chrétien, cela pourrait ne pas être mal de lire ce livre. Cela peut même être important.

Quand on veut aimer quelqu'un, il est important de le connaître.
Mais pour connaître Dieu, lire des livres n'est pas suffisant.
Il faut aussi s'arrêter ; faire silence ; chercher à écouter son cœur. Pas simplement le battement de son cœur... mais cette voix qui dit : « Je suis Dieu et je te connais depuis longtemps. Même avant que tu ne sois né. J'aime que tu grandisses. Je t'aime.
Et toi, m'aimes-tu ? »

† P. Michel Dubost

Comment lire "Théo Junior" ?

Comment te repérer ?

Théo Junior est composé de 3 parties que tu peux reconnaître par la couleur des bandeaux.

1. BLEU — La Parole de Dieu (la Bible : Ancien et Nouveau Testament)
2. JAUNE — L'histoire et l'organisation de l'Église
3. VERT — La foi des chrétiens et les sacrements

À la fin de l'ouvrage, tu trouveras le dictionnaire des noms de saints et l'index alphabétique

Le titre
Grâce à la couleur du bandeau à côté du titre, tu sais tout de suite dans quelle partie tu te trouves.

Comment chercher dans "Théo Junior" ?

À partir d'un mot, d'un nom, d'une idée, cherche le mot dans l'index alphabétique. Tu peux ainsi te reporter aux pages indiquées.

Le résumé
Il te permet de comprendre rapidement de quoi il s'agit.

Comment est organisé "Théo Junior" ?

Quand tu ouvres Théo, dans les parties 1, 2 et 3, tu découvres à chaque fois un sujet.
Ce sujet est expliqué sur deux pages.

Le texte signalé par un bandeau de couleur
Il donne des informations supplémentaires.

Le texte principal
Il raconte et explique le sujet de la page.

La citation d'un texte
Le plus souvent, il s'agit d'un texte de la Bible ou d'une prière.

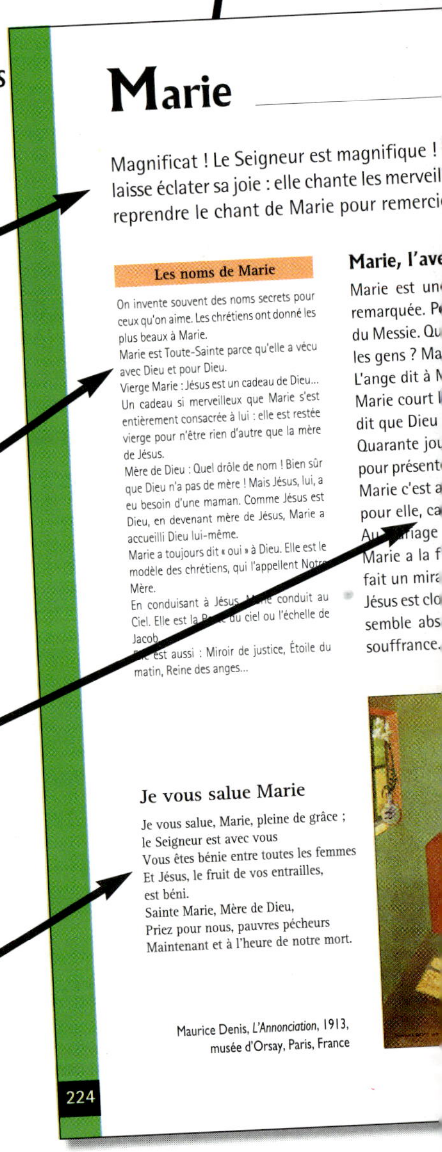
Marie

Magnificat ! Le Seigneur est magnifique !
laisse éclater sa joie : elle chante les merveil
reprendre le chant de Marie pour remerci

Les noms de Marie

On invente souvent des noms secrets pour ceux qu'on aime. Les chrétiens ont donné les plus beaux à Marie.
Marie est Toute-Sainte parce qu'elle a vécu avec Dieu et pour Dieu.
Vierge Marie : Jésus est un cadeau de Dieu... Un cadeau si merveilleux que Marie s'est entièrement consacrée à lui : elle est restée vierge pour n'être rien d'autre que la mère de Jésus.
Mère de Dieu : Quel drôle de nom ! Bien sûr que Dieu n'a pas de mère ! Mais Jésus, lui, a eu besoin d'une maman. Comme Jésus est Dieu, en devenant mère de Jésus, Marie a accueilli Dieu lui-même.
Marie a toujours dit « oui » à Dieu. Elle est le modèle des chrétiens, qui l'appellent Notre Mère.
En conduisant à Jésus, Marie conduit au Ciel. Elle est la Porte du ciel ou l'échelle de Jacob.
Elle est aussi : Miroir de justice, Étoile du matin, Reine des anges...

Marie, l'ave

Je vous salue Marie

Je vous salue, Marie, pleine de grâce ;
le Seigneur est avec vous
Vous êtes bénie entre toutes les femmes
Et Jésus, le fruit de vos entrailles, est béni.
Sainte Marie, Mère de Dieu,
Priez pour nous, pauvres pécheurs
Maintenant et à l'heure de notre mort.

Maurice Denis, *L'Annonciation*, 1913, musée d'Orsay, Paris, France

224

Le texte encadré sur le fond de couleur
Il met en valeur ce qui est le plus important.

: sa cousine Elisabeth, Marie
de Dieu. Les chrétiens aiment

oui »

Galilée que personne n'a jamais
ieu ! Il lui demande d'être la mère
ù cela va-t-il la mener ? Que diront
elle dit oui de tout son cœur.
sine Elisabeth va avoir un fils. Vite,
inte sa joie : tout ce qu'elle voit lui
s hommes.
ance de Jésus, Marie va au Temple
int. C'est la coutume juive, mais pour
mour : elle ne veut pas garder Jésus
st vraiment pour Dieu.
va finir car il n'y a plus de vin. Mais
elle demande à Jésus d'agir, et Jésus

s amis l'ont abandonné et Dieu même
urage de Marie est plus fort que sa
elle reste debout.

MAGNIFICAT

Oui, le Seigneur est grand, je veux chanter pour lui. Lui, mon sauveur, m'a regardée, moi qui suis si petite et mon cœur bondit de joie. Hier, aujourd'hui et demain, le monde entier parlera de mon bonheur parce qu'en moi Dieu a fait de grandes choses. Oui, le Seigneur est saint, il se donne à tous les hommes droits. Pour eux, il montre sa force ; les orgueilleux, il les fait taire ; les oppresseurs, il les renverse, mais les pauvres, il les relève. Aux affamés, il donne l'abondance et il vide les mains des riches. Ce que nos pères avaient espéré, il nous l'a donné. Ce qu'il avait promis, il l'a fait. Dieu a montré sa tendresse, aujourd'hui et pour toujours.

Enguerrand Quarton, *Pietà de Villeneuve-lès-Avignon*, 1444-1446, musé
France

PRIER AVEC MARIE

◆ *Pourquoi y a-t-il des images et des statues de Marie dans les églises ?*
– Les chrétiens aiment regarder Marie pour se tourner avec elle vers Jésus. Marie ne retient pas à elle ceux qui la contemplent, car elle sait qu'elle n'est rien sans Jésus.

◆ *Alors, pourquoi est-ce qu'on la prie ?*
– Regarde Marie à Cana. Elle se tourne vers Jésus car elle sait qu'il donne toujours la joie. Prier Ma... c'est prier Jésus avec elle.

◆ *Oui, ...is Marie est morte !*
– Les chré...s croient qu'elle est montée au Ciel et qu'elle vit dans le cœur de ...eu. C'est ce qu'ils fêtent le quinze ...ût, le jour de l'Assomption.

C'est la Pentecôte. Marie prie au milieu des discip
l'Esprit Saint les illumine, voici qu'ils comprennen
et la mort de Jésus. Tous brûlent d'annoncer qu
de Dieu : l'aventure de l'Église commence.

Marie invite l'Église à chanter

Marie est toute entière tournée vers Dieu car ell
ne serait rien sans lui. Quand Dieu, lui-même, p
elle et l'aime, elle s'émerveille ! Marie ouvre tou
et Dieu le remplit à ras bord d'une joie folle.
Marie chante pour les amis de Dieu : non pas
leur cœur en croyant tout savoir, mais ceux qu
se tournent vers lui ; non pas ceux qui comm
qui demandent ; non pas les riches qui se pas
les pauvres qui ont besoin de lui et l'appellen
force de son amour à ceux qui sont faible
révolution !
Avec Marie, les chrétiens remercient Dieu de leu

Les tableaux, les photos et les dessins
Ils aident à mieux comprendre le texte. Ceux qui ont fait Théo ont essayé de choisir des tableaux et des photos qui illustrent bien le texte. Ainsi, si tu visites des musées ou des églises ou si tu assistes à une célébration, tu pourras reconnaître les scènes représentées ou les gestes des chrétiens
Pour chaque tableau, tu trouveras le nom du peintre, le titre, la date du tableau et le musée où il se trouve.

Les enquêtes de Théo
Grâce à Théo, tu découvriras des réponses à des questions que tu aurais certainement aimé poser.

Les Livres de la Bible et leurs abréviations

Genèse	Gn	Osée	Os
Exode	Ex	Joël	Jl
Lévitique	Lv	Amos	Am
Nombres	Nb	Abdias	Ab
Deutéronome	Dt	Jonas	Jon
		Michée	Mi
		Nahum	Na
Josué	Jos	Habaquq	Ha
Juges	Jg	Sophonie	So
Ruth	Rt	Aggée	Ag
Samuel	1 S, 2 S	Zacharie	Za
Rois	1 R, 2 R	Malachie	Ml
Chroniques	1 Ch, 2 Ch		
Esdras	Esd		
Néhémie	Ne	Matthieu	Mt
Tobie	Tb	Marc	Mc
Judith	Jdt	Luc	Lc
Esther	Est	Jean	Jn
Maccabées	1 M, 2 M	Actes des Apôtres	Ac
(Martyrs d'Israël)		Romains	Rm
		Corinthiens	1 Co, 2 Co
Job	Jb	Galates	Ga
Psaumes	Ps	Ephésiens	Ep
Proverbes	Pr	Philippiens	Ph
Ecclésiaste (Qohelet)	Qo	Colossiens	Col
Cantique	Ct	Thessaloniciens	1 Th, 2 Th
Sagesse	Sg	Timothée	1 Tm, 2 Tm
Ecclésiastique (Siracide)	Si	Tite	Tt
		Philémon	Phm
		Hébreux	He
Isaïe	Is	Epître de Jacques	Jc
Jérémie	Jr	Epîtres de Pierre	1 P, 2 P
Lamentations	Lm	Epîtres de Jean	1 Jn, 2 Jn, 3 Jn
Baruch	Ba	Epître de Jude	Jude
Ezéchiel	Ez	Apocalypse	Ap
Daniel	Dn		

TABLE DES MATIÈRES

Fra Angelico, *L'Annonciation*, vers 1430-1432, musée du Prado, Madrid, Espagne

PREMIÈRE PARTIE : La parole de Dieu

La Bible, le Livre des livres 16
La création 18
Noé et la tour de Babel 20
Les patriarches, Abraham, le voyageur de Dieu 22
Les patriarches, difficile histoire de famille 24
Moïse, fils de Pharaon, les Hébreux en Égypte 26
Moïse, chef des Hébreux, la traversée de la mer Rouge 28
Moïse et le peuple de Dieu, vers la Terre Promise 30
Le pays de Canaan, un pays de lait et de miel 32
Les Juges 34
David, un roi pour Israël 36
David, amoureux, les psaumes 38
David et Salomon, le Temple de Jérusalem 40
Les prophètes, le Nord et le Sud 42
L'exil à Babylone, la grande épreuve 44
Job : le mystère du mal 46
Les martyrs d'Israël 48
Israël et les nations 50

Le Cantique des cantiques, des déclarations d'amour 52
Histoire du peuple d'Israël, chronologie 54
Quand Rome domine le monde 56
Les Évangiles, une Bonne Nouvelle 58
Les paroles de Jésus, quand Jésus parle, le monde bouge 60
La vie des croyants d'Israël 62
Jean-Baptiste 64
La naissance de Jésus 66
Les amis de Jésus 68
Les rencontres de Jésus 70
Quelques miracles 72
Qui donc est cet homme ? 74
Quand Jésus parle en paraboles 76
Jésus à Jérusalem, la mort d'un innocent 78
La Résurrection, Le tombeau vide 80
La Pentecôte, la naissance de l'Église 82
La première communauté 84
Les voyages de Paul 86
Lettres 88
L'Apocalypse 90
Jésus, un homme de l'Histoire 92

Jean Fouquet, *Construction d'une cathédrale*, vers 1470, Bibliothèque nationale, Paris, France

DEUXIÈME PARTIE : Le temps de l'Église

Premiers chrétiens, premiers martyrs 96
Constantin et Clovis, de nouveaux convertis 98
Saint Augustin, le chercheur de Dieu 100
Grégoire, la naissance de la chrétienté 102
L'évangélisation de l'Europe 104
Saint Benoît, l'homme de Dieu 106
L'islam 108
Charlemagne, la naissance d'un empire 110
L'an Mil 112
Byzance, la nouvelle Rome 114
Byzance, la rupture avec Rome 116
Saint Louis, roi très chrétien 118
Dire Dieu au cœur de la ville 120
Les croisades, la guerre pour Dieu 122
Les chrétiens du Moyen Âge 124
L'Église déchirée, le concile de Constance 126
La Renaissance 128
Naissance du protestantisme 130
Les guerres de Religion 132
La réforme catholique 134
Être chrétien au siècle de Louis XIV 136
Les nouvelles terres, être missionnaire 138
Au 18e siècle, les Lumières 140
La révolution, les chrétiens en danger 142
Le temps des missionnaires 144
L'Église et les idées modernes 146
Les catholiques du 19e siècle 148
Le pape et son pays 150
L'Église et les ouvriers 152
Les chrétiens et les juifs 154
L'Église et l'État, la séparation 156
Le communisme, Le nazisme 158
Le concile vatican II, le printemps de l'Église 160
Tous chrétiens, l'œcuménisme 162

Le pape 164
Le Vatican 166
L'Église aujourd'hui 168
L'Église au quotidien 170
Le renouveau de l'Église 172

TROISIÈME PARTIE : La foi des chrétiens

Les grandes religions 176
L'Église, les croyants rassemblés 178
Si Jésus n'est pas ressuscité, notre foi est vide 180
Jésus, quel est ton nom ? 182
Dieu, et Père 184
Le don de Dieu, la Création 186
Le don de Dieu, le Christ 188
Le don de Dieu, l'Esprit 190
Prier à la suite du Christ 192
Notre Père 194
Changez vos cœurs 196
Vivre comme Jésus et La vie religieuse 198
Suivre Jésus 200

La conscience 202
La triche et le mensonge 204
Un corps pour aimer 206
Jouer et travailler 208
Le catéchisme 210
Bâtir une société juste 212
L'environnement, les animaux 214
Le chrétien et la paix 216
La vie avec Dieu, la divinisation 218
Dire Dieu, la mission 220
Et après la mort 222
Marie, l'aventure d'un oui 224
Prier, mettre sa main dans celle de Dieu 226
Le calendrier liturgique 228
Les sacrements 230
Le baptême, devenir fils de Dieu 232
La confirmation, être témoin du Christ 234
La reconciliation, être pardonné 236
Le sacrement de mariage 238
La vocation 240
Le sacrement de l'ordre 242
Le sacrement des malades 244
Le sacrement de l'Eucharistie 246
La messe 248

Annexes

DICTIONNAIRE DES NOMS DE SAINTS 250
INDEX 283
RÉFÉRENCE DES ILLUSTRATIONS 317

La parole de Dieu

La Bible

Fragment d'un manuscrit biblique de la mer Morte, Ier siècle ap. J.-C.

Le Mur des Lamentations à Jérusalem

Quand on dit *Alléluia*, on dit « Louez le Seigneur » en hébreu.
Quand Jésus dit *Talitha kum*, il dit « petite fille lève-toi » en araméen.
Quand on chante *Kyrie Eleison*, on dit « Seigneur prends pitié » en grec.
Quand on dit *Credo*, on dit « je crois » en latin.

1 Bible

L'aventure que raconte la Bible est celle d'un peuple de croyants, les juifs. Les textes de la Bible racontent comment les juifs découvrent petit à petit qui est Dieu et comment il intervient dans leur vie. Le Dieu de la Bible est un dieu qui crée la Terre et tout l'univers. Parmi tous les peuples de la Terre, il en choisit un, le peuple juif, par lequel il veut se faire connaître à tous les hommes. À travers les événements qu'ils vivaient, les juifs ont écrit leur histoire en cherchant à comprendre ce que Dieu désire. La Bible, c'est l'histoire de ce peuple, Israël. C'est un peu sa mémoire. La Bible est aussi la mémoire des chrétiens qui croient en Jésus, le Fils de Dieu, qui a donné un sang neuf à cette histoire en l'ouvrant à tous les hommes. Pour les croyants, la Bible est la Parole de Dieu.

2 Testaments

Dans la Bible, un testament est une alliance, un contrat qui engage deux partenaires, Dieu et son peuple.
L'Ancien Testament raconte la découverte et l'histoire de l'Alliance que Dieu fait avec Moïse et le peuple juif. Cette histoire se résume dans les dix paroles de l'Alliance.
Le Nouveau Testament commence avec Jésus-Christ. Avec lui, c'est une nouvelle histoire, une Alliance nouvelle et définitive qui débute. Aujourd'hui, presque partout dans le monde, on compte les années à partir de sa naissance.

3 Langues

L'hébreu est la langue des juifs. L'Ancien Testament a été presque entièrement écrit en hébreu. Cette langue s'écrit et se lit de droite à gauche. Au temps de Jésus, l'hébreu est devenu une langue savante ; la langue parlée est l'araméen.
Le grec est la première langue dans laquelle la Bible a été traduite. Cette traduction s'appelle Septante, ce qui signifie soixante-dix, car on dit qu'elle est l'œuvre de soixante-dix savants ; cette traduction a été faite vers 200 avant Jésus-Christ.
Le latin est la langue dans laquelle le savant saint Jérôme a traduit la Bible vers 400 après Jésus-Christ. Le latin était la langue la plus parlée à l'époque. Saint Jérôme a « vulgarisé » la Bible ; on appelle cette traduction : la Vulgate.

10 SECONDES
POUR S'Y RETROUVER

Pour retrouver un texte dans la Bible, il y a un code à trois clefs.
1 – On indique d'abord le livre en abrégé :
Ex veut dire Livre de l'Exode, Jn veut dire Évangile de Jean.
2 – Chaque livre est divisé en chapitres :
Ex 16 veut dire Livre de l'Exode au chapitre 16.
3 – Dans chaque chapitre, les phrases sont numérotées ; chaque phrase s'appelle un verset ; on les repère grâce aux petits chiffres imprimés dans le texte :
Ex 16, 1-10 veut dire chapitre 16 du Livre de l'Exode, du verset 1 au verset 10.

Bible de Saint-Sulpice de Bourges, *Les Six Jours de la création*, 12e siècle, France

4 Évangiles

Les Évangiles racontent les paroles et les actes de Jésus. Pour les chrétiens, ce sont les textes les plus importants de la Bible, comme les quatre as d'un jeu de cartes. Chacun des quatre auteurs des Évangiles a écrit, à sa manière, la vie de Jésus au milieu des hommes. Ces textes ont été écrits par des hommes qui croyaient en Jésus, Fils de Dieu, ressuscité d'entre les morts. C'est cela qu'ils veulent faire connaître à ceux qui les lisent.

73 livres

Dans l'**Ancien Testament**, 46 livres en 4 catégories :
– **les livres de la Loi**, aussi appelée Torah ou Pentateuque ; ce sont les cinq premiers livres de la Bible ;
– **les livres des Prophètes** rassemblent les paroles et les gestes des prophètes, ces hommes qui, sans se lasser, rappellent au peuple l'alliance avec Dieu ;
– les **livres historiques**, livre des Chroniques, des Rois, etc., racontent l'histoire du peuple d'Israël ;
– les **livres de Sagesse**, Proverbes, Psaumes, regroupent des textes de méditation ou de prière.
Dans le **Nouveau Testament**, 27 livres :
– les quatre Évangiles racontent l'histoire de la vie de Jésus ;
– les Actes des Apôtres sont l'histoire des Apôtres et des tout premiers chrétiens ;
– les lettres (épîtres), surtout de saint Paul, sont des conseils et des explications destinés aux premières communautés de chrétiens ;
– l'Apocalypse, saint Jean y encourage les chrétiens persécutés : il annonce la victoire du Christ et son retour dans la gloire.

2000 ans d'histoire

D'Abraham aux Apôtres, c'est la longue histoire d'un peuple qui est racontée : histoire de ses ancêtres, de sa libération de l'esclavage des Égyptiens, de la conquête de sa terre, de ses rois, de ses héros ; histoire de ses guerres, de ses défaites et de ses victoires ; histoire de sa capitale, Jérusalem ; histoire de ses peurs et de son espérance, de ses trahisons et de sa fidélité à son Dieu ; histoire d'hommes et de femmes ; histoire d'une longue attente qui a préparé quelques-uns à reconnaître en Jésus le sauveur promis par Dieu.

La création

Devant les merveilles de l'univers, les hommes de la Bible proclament leur foi. Tout est œuvre de Dieu. Il est le créateur du Ciel, de la Terre et de tout ce qui vit, les plantes, les bêtes et les hommes.

La formidable découverte

Les peuples voisins d'Israël racontaient, eux aussi, que leurs dieux avaient fait le monde. Ils croyaient que leurs dieux avaient créé les hommes pour être des esclaves à leur service. La Bible raconte les choses très différemment. Il n'y a qu'un seul Dieu. Il ne crée que des choses bonnes : au sommet de l'univers, il crée l'homme, non pas par erreur, ou par hasard, mais selon sa volonté. Dieu crée l'homme à son image, à sa ressemblance. Ce qui est très bon. Cet homme n'est pas tout seul : il est homme et femme. Dieu lui confie l'univers et toutes les choses qu'il a faites.

Michel-Ange, *La Création d'Adam*, 1508-1512, plafond de la chapelle Sixtine, Rome, Vatican

La place de l'homme dans la création

Le premier livre de la Bible, le livre de la Genèse, commence par deux récits de la création du monde. Ces deux récits ont été mis l'un à côté de l'autre, mais ils ont été écrits à des périodes différentes. Le premier date probablement du 6e siècle av. J.-C. Le second est le plus ancien ; il date du 10e siècle av. J.-C. Ce ne sont pas des textes scientifiques qui expliquent comment le monde s'est fait et comment l'homme est apparu. C'est le chant des croyants qui découvrent que Dieu fait le monde par bonté, pour les hommes.

Un chant qui parcourt toute la Bible

Les hommes de la Bible ne cessent pas de chanter Dieu le créateur. En dehors des grands textes des premières pages de la Genèse, de nombreux textes de la Bible réaffirment la merveille de la création, la puissance et la bonté de Dieu.

La création et l'évolution

Aujourd'hui, la plupart des scientifiques pensent que l'homme est devenu vraiment homme après une longue évolution qui, d'une forme très simple de la vie (une ou quelques cellules), a conduit aux animaux supérieurs et finalement à l'homme. Ceci n'est pas contradictoire avec ce que dit la Bible. Pour l'homme de la Bible, l'homme est voulu par Dieu, voulu comme un ami et l'univers lui est confié. Peu importe que l'homme soit apparu après une longue évolution ou autrement : c'est ce que Dieu voulait depuis toujours.

Dieu est Dieu avant que le monde existe

Avant que naissent les montagnes,
que tu enfantes la Terre et le monde,
de toujours à toujours,
toi, tu es Dieu. Ps 89

Dieu crée l'ordre de l'univers Il sépare le ciel et la terre, la terre et la mer

Le Seigneur a fait les cieux par sa parole
l'univers par le souffle de sa bouche.
Il amasse, il retient l'eau des mers ;
les océans, il les garde en réserve. Ps 32

Dieu sépare le jour et la nuit, les saisons

À toi le jour, à toi la nuit,
toi qui ajustas le soleil et les astres !
C'est toi qui fixas les bords de la terre ;
l'hiver et l'été, c'est toi qui les formas. Ps 73

Dieu met l'homme au sommet de sa création

C'est toi qui a créé mes reins,
qui m'a tissé dans le sein de ma mère.
Je reconnais devant toi le prodige,
l'être étonnant que je suis. Ps 138
Qu'est-ce que l'homme pour que tu le connaisses, Seigneur,
un fils d'homme pour que tu comptes avec lui ?
Tu l'as voulu un peu moindre qu'un dieu
Le couronnant de gloire et d'honneur. Ps 8

Noé

Le premier livre de la Bible, la Genèse, raconte une terrible histoire ; des flots de pluie tombent sur toute la Terre, c'est le déluge. Tous les êtres vivants sont noyés sauf un homme, Noé, qui construit un grand bateau et sauve sa famille et un mâle et une femelle de toutes les espèces d'animaux de la Terre.

L'origine de l'histoire

Il existe de nombreuses histoires de déluge, de l'Inde à la Grèce. L'une des plus anciennes est celle d'Atra-Hasis, elle date de 1600 av. J.-C. Ces histoires ne racontent pas des événements historiques, mais les spécialistes du climat pensent que la vallée du grand fleuve Euphrate, par exemple, a connu de terribles inondations dont les hommes ont gardé longtemps un souvenir épouvanté.

L'ORIGINE DES PEUPLES DE LA TERRE

Noé a 3 fils :

SEM qui a comme descendants les Assyriens, les Araméens, les Hébreux.
CHAM qui a comme descendants les peuples des pays du Sud : l'Éthiopie, l'Arabie, l'Égypte.
JAPHET qui a comme descendants les peuples de l'Asie Mineure et des îles de la Méditerranée.
Les descendants des Hébreux, les Juifs, ont donc pour ancêtre Sem. Voilà pourquoi on les appelle aussi sémites.

L'arche : fiche technique

Matériaux : bois résineux, roseaux, enduit de bitume.
Dimensions : L : 300 coudées, l : 50 coudées, H : 30 coudées (une coudée = 45 cm environ).
Particularités : un toit, 3 étages.
Nom : arche n'est pas un nom de bateau, cela signifie coffre.
Remarques :
– Dans ce coffre bien fermé, le petit reste des vivants est à l'abri des eaux qui apportent la mort.
– L'arche a 3 étages comme le Temple de Jérusalem, c'est donc un vrai petit temple où l'homme est sous la protection de Dieu.

Pourquoi cette histoire ?

Devant les catastrophes naturelles, les hommes se sont demandés si la Terre était vraiment accueillante et si, un jour, ils ne disparaîtraient pas définitivement.

Dieu veut-il la mort des hommes ?

Dans le récit de la Bible, les hommes sont si méchants les uns avec les autres que le monde ne semble plus pouvoir continuer comme cela. D'abord, Dieu semble vouloir leur mort. Pourtant, il ordonne à Noé de construire un bateau, une arche. La création, les hommes et les animaux, seront sauvés. Dieu donne le signal d'une nouvelle vie. Il fait une promesse, les hommes ne doivent plus avoir peur car Dieu les protège de la mort. Dieu donne le signe d'une alliance entre lui et les hommes, entre le Ciel et la Terre. Ce signe est l'arc-en-ciel. Désormais, les hommes pourront vivre en sécurité sur la Terre que Dieu leur confie. En même temps, Dieu donne une loi. Le Dieu d'Israël est le dieu de la vie et non de la mort. C'est pourquoi les hommes et les femmes ne doivent pas donner la mort.

La tour de Babel

Dans le premier livre de la Bible, la Genèse, on peut lire une autre histoire étrange, celle de la tour de Babel.
Les hommes décident de construire une immense tour qui touchera le Ciel. Ils travaillent comme des esclaves pour fabriquer toutes les briques nécessaires. Mais Dieu interrompt leur ouvrage et les disperse à travers toute la Terre et les hommes se mettent à parler des langues différentes.

Brueghel l'Ancien, *La Tour de Babel*, 1563, musée d'histoire de l'Art, Munich, Allemagne

QU'EST-CE QUE LA VÉRITÉ ?

Les récits extraordinaires du début du livre de la Genèse essaient de répondre aux grandes questions que se posent les hommes : qui est l'homme, que fait Dieu pour qu'il soit heureux ?
Ces récits ont été écrits à partir des connaissances de l'époque. Les hommes de ce temps croyaient que la Terre était un grand disque plat posé sur des colonnes au-dessus de l'eau. La voûte du Ciel à laquelle étaient accrochés la Lune, les étoiles et le Soleil, retenait les eaux du dessus qui s'écoulaient en pluie sur la Terre par des vannes.
Ces textes ne sont pas des cours de science, mais une réflexion sur ce qui est au cœur de l'homme et de Dieu. C'est bien cela qu'il faut y chercher.

Babel – Babylone

Babel est certainement le nom déformé de la grande ville de Babylone, la capitale des ennemis du peuple d'Israël. Cette ville était dominée par des temples très hauts, les ziggourats, où les prêtres babyloniens faisaient des sacrifices pour gagner les faveurs de nombreux dieux cruels.

Pourquoi cette histoire ?

Dans cette histoire, Dieu a l'air d'être jaloux de son domaine, le Ciel. En fait, les hommes de la Bible essaient de répondre à une question : pourquoi les hommes sont-ils si différents s'ils ont tous été créés par le même Dieu ?
Dieu invite les hommes à habiter toute la Terre, à apprendre à se connaître et à se comprendre. C'est en découvrant que chacun est unique et différent des autres, que les hommes déchiffreront le vrai visage de Dieu et non pas en essayant de conquérir le Ciel en gommant leurs différences par la force.

Les nombres symboliques

Dans la Bible, les nombres ont surtout une valeur symbolique.
Le chiffre 3 marque l'insistance. On dit 3 fois le même mot, on fait 3 fois le même geste.
7 désigne une série parfaite.
Exemples :
- les 6 jours de la création + le sabbat ;
- entre Adam et Noé, il y a sept patriarches.

Les patriarches

Il y a quatre mille ans, un homme a laissé entrer dans sa vie un ami pas comme les autres : Dieu en personne ! Les hommes de cette époque avaient l'habitude de vénérer de nombreux faux dieux, mais Dieu, aucun homme ne l'avait encore remarqué... Ce grand découvreur de Dieu, c'est Abraham : pour les chrétiens, les juifs et les musulmans, il est le « père des croyants », l'ancêtre de tous ceux qui changent leur vie parce qu'ils croient au Dieu unique.

Du nouveau dans la vie d'Abraham

Abraham est un riche nomade qui habite Ur, une ville du sud de la Mésopotamie. Il possède de grands troupeaux mais il est malheureux car il est vieux et n'a pas d'enfant. Pourtant sa vie ne fait que commencer car Dieu l'appelle !

« Abram, Abram ! Quitte ton pays, ta famille, la maison de ton père, va vers le pays que je te montrerai. Je te bénirai, je ferai de ta famille un grand peuple. » Gn 12, 1-2

À soixante-quinze ans, Abraham n'hésite pas une seconde. Il se met en route avec sa femme Sara, ses serviteurs et ses troupeaux, vers le pays mystérieux que Dieu lui promet. D'abord à Haran dans le Nord, puis dans le pays de Canaan. Là, il installe ses tentes, mais Dieu lui dit : « Lève-toi ! Parcours le pays de long en large, car je te le donne ! »

Abram ou Abraham

Au début de son histoire, Abraham ne s'appelait pas Abraham mais Abram. Dieu change son nom : il donne à Abraham une nouvelle mission, celle d'être le père d'une multitude.

Abraham et Sara n'ont pas d'enfant

Abraham installe son campement près d'une oasis, les « chênes de Mambré ». En regardant dehors à midi, il voit trois visiteurs. Il les invite à se reposer chez lui et demande à ses serviteurs de leur laver les pieds. Il leur sert un vrai repas de fête. Abraham aime recevoir les gens de passage ; il connaît les gestes qui font du bien. Mais aujourd'hui, il est étrangement ému. Il se tient près d'eux en silence, il en est sûr, c'est le Seigneur qui est là.

À la fin du repas, l'un des trois visiteurs dit : « Où est Sara, ta femme ? Au printemps je reviendrai, et Sara aura un fils. » Sara, qui écoute derrière la tente, rit : elle ne peut pas y croire, Abraham et elle sont si vieux !

Les trois hommes disent : « Pourquoi Sara rit-elle ? Bien sûr qu'elle a dépassé l'âge d'être mère... mais pour Dieu, rien n'est impossible. »

L'Hospitalité d'Abraham et le sacrifice d'Isaac, mosaïque byzantine, vers 540, église San Vitale, Ravenne, Italie

Abraham, le voyageur de Dieu

La promesse de Dieu

Abraham qui se croyait si riche découvre tout ce qui lui manque pour être heureux : des enfants, une grande famille qui s'aime, un pays pour vivre en paix... Mais Dieu est là. Tout ce bonheur que tu désires, je te le donnerai, et même plus encore ! Ta famille ne s'éteindra pas, elle couvrira la Terre, et je serai son Dieu pour toujours !

Et Dieu agit comme il l'a dit : Sara est enceinte ! Son ventre s'arrondit et, au printemps, elle met au monde un fils. Ils l'appellent Isaac, c'est-à-dire « Dieu sourit ». Sara a encore envie de rire, mais cette fois de joie et d'émerveillement ! Voici qu'enfin Abraham et Sara regardent leur fils Isaac. Le sourire de Dieu est venu habiter chez eux !

Le sacrifice

Comme les hommes de son temps, Abraham croit que Dieu exige une très grande preuve de fidélité. Il est prêt à répondre à l'appel de Dieu et à offrir son fils : « Abraham, prends ton fils chéri Isaac, va à la montagne de Moria. Là, tu l'offriras en sacrifice. »
Abraham monte sur la montagne avec Isaac, prépare le feu, attache son fils et tend la main pour prendre le couteau. À ce moment, une voix crie : « Abraham ! Ne tue pas Isaac ! Aujourd'hui Dieu sait que tu as vraiment confiance en lui, puisque tu remets ton fils entre ses mains. » Abraham lève les yeux ; un bélier s'est accroché dans un buisson. C'est lui qu'il faut sacrifier sur l'autel !
Dieu parle à Abraham : « Peux-tu compter les étoiles du ciel ou les grains de sable de la plage ? Je prendrai soin de la famille qui descendra de toi, et elle sera plus nombreuse encore, car tu écoutes ma voix. »
Dieu donne à Abraham bien plus qu'un fils : une amitié plus forte que tous les obstacles, et même que la mort...
Dorénavant, les gens de la famille d'Abraham savent que Dieu ne veut pas qu'on sacrifie des hommes.

Les deux fils d'Abraham

Avant la naissance d'Isaac, Sara avait voulu donner une famille à Abraham. Il s'était alors uni à la servante de sa femme qui lui avait donné un fils, Ismaël. Sara, jalouse de sa servante, la maltraite et la chasse dans le désert avec son fils. Mais Dieu promet de prendre soin de l'enfant et de faire de lui un grand peuple : le peuple arabe reconnaît être ce grand peuple.

Un Dieu qui reste bien mystérieux...

Les hommes de la Bible ont découvert Dieu comme on découvre un ami, tout doucement. Abraham ne sait encore qu'une chose toute simple : Dieu est l'ami des hommes et veut les conduire au bonheur. Abraham ouvre tout grand son cœur pour laisser entrer ce Dieu qui n'en finit pas de le surprendre.
Abraham n'a vu se réaliser que le tout début de la promesse de Dieu. Pour toute famille, il n'a encore qu'un fils unique ! Sur la Terre Promise, il n'est encore qu'un étranger ! Abraham va mourir mais il a confiance. Dieu tiendra sa promesse !

Les patriarches

Isaac, le fils d'Abraham, a des enfants à son tour, puis des petits-enfants, des arrière-petits-enfants... Ils forment la grande famille des patriarches, ces voyageurs infatigables que Dieu accompagne jour après jour comme il l'a promis. Avec eux, l'aventure continue !

Jacob et Ésaü : dispute et réconciliation

Les fils d'Isaac, Ésaü et Jacob, sont deux frères jumeaux qui ne cessent de se disputer. Selon la tradition, le premier né, Ésaü, doit devenir le chef de la famille. Mais Jacob trompe son père pour recevoir la bénédiction destinée à son frère. Pour échapper à la colère d'Ésaü, il retourne au pays des ancêtres d'Abraham, à Ur.

En rêve, Jacob voit une échelle couverte d'anges qui relie la Terre au Ciel, et il entend : « Je bénirai ta descendance, elle sera innombrable. Je te garderai partout où tu iras. Je suis Dieu et j'accomplis mes promesses. » Jacob sait que Dieu sera toujours avec lui.

Après de longues années, Jacob se souvient de la promesse de Dieu. Il décide de se réconcilier avec Ésaü ! Il part avec toute sa famille, traverse le torrent de Yabboq, vers le pays de Canaan, puis reste seul. Il a peur de ces retrouvailles.

Pendant la nuit, il rencontre un personnage mystérieux et se bat contre lui. Jacob tient bon et, au lever du soleil, il demande à l'homme de le bénir ; l'homme lui dit : « Tu ne t'appelleras plus Jacob, mais Israël : "Force de Dieu". » Et Jacob-Israël comprend que c'est Dieu lui-même qui l'a mis à l'épreuve.

Il lève les yeux : Ésaü arrive à sa rencontre, il n'est plus jaloux, les deux frères s'embrassent. Ils pleurent ensemble.

Qui sont les patriarches ?

En 1800 avant Jésus-Christ, les hommes se déplacent beaucoup en Orient ! Certains peuples sont « sédentaires » : ils cultivent la terre, ils construisent des villes et obéissent à des princes. D'autres sont « nomades » : ils possèdent simplement des troupeaux, vivent sous la tente et vont de pâturage en pâturage. Les ancêtres du peuple d'Israël sont des nomades. Ils se déplacent sous la conduite des patriarches, ces chefs de famille pleins de sagesse, à qui Dieu s'est fait connaître. Ils sont très respectés, et chaque famille conserve précieusement le souvenir de ces voyages et de cette longue amitié avec Dieu.

Qui a écrit l'histoire des patriarches ?

Après avoir beaucoup voyagé, les tribus sémites s'installent définitivement dans le pays de Canaan. Chaque famille est très fière de son ancêtre patriarche (Abraham, Isaac, Jacob ou un autre) et elle aime raconter sa vie. (À cette époque, on ne connaît pas encore l'écriture). Plusieurs siècles plus tard, le peuple que Dieu a sauvé de l'esclavage en Égypte se réinstalle en Canaan. Les tribus se rendent compte que toutes ces histoires se ressemblent beaucoup ! Elles parlent toutes du même Dieu, de la même promesse, d'un même long voyage ! Ces hommes comprennent qu'ils sont frères : ils réunissent tous leurs ancêtres dans un grand arbre généalogique et ils écrivent ensemble leur passé à partir des différents récits. C'est le livre de la Genèse, c'est-à-dire « le livre du Commencement ».

* Les fils de Jacob qui sont à l'origine des 12 tribus d'Israël

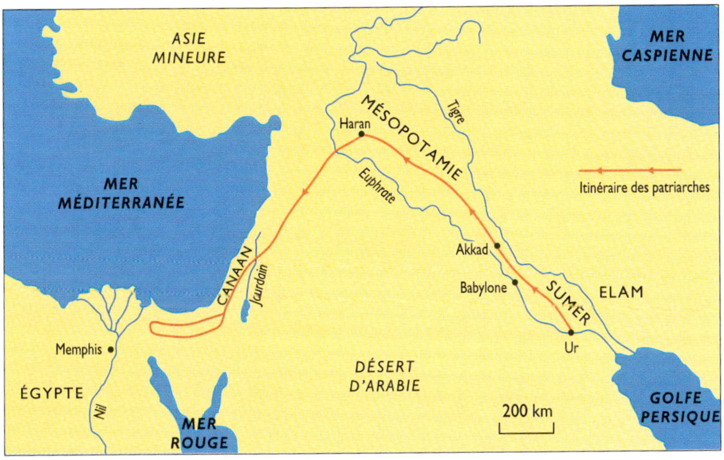

L'itinéraire des patriarches

Le clan du patriarche Abraham est monté du sud au nord de la Mésopotamie, puis il est descendu au pays de Canaan, le pays que Dieu lui a promis (actuellement Israël et la Palestine). Le clan du patriarche Joseph s'est surtout déplacé entre l'Égypte et Canaan.

Joseph et ses frères

Jacob a douze fils. Une nuit, le plus petit, Joseph, rêve qu'on le traite comme un personnage très puissant. Il raconte son rêve à ses frères. Ils deviennent jaloux. Ils le maltraitent et le vendent à des marchands égyptiens. Jacob croit son fils mort, il est inconsolable. Mais Dieu veille sur Joseph ! Il l'aide à traverser toutes sortes d'épreuves, et Joseph devient le ministre préféré du roi d'Égypte, Pharaon. En prévision d'une famine de sept ans, il fait stocker les récoltes de blé du pays. Quand la famine survient, ses frères viennent chercher du blé en Égypte pour ne pas mourir de faim. Joseph les embrasse et leur pardonne : « Ne pensez plus au mal que vous m'avez fait : c'est Dieu qui m'a envoyé ici pour que je vous sauve ! » Gn 45, 5

JOSEPH, UN HÉROS PAS COMME LES AUTRES

◆ *Joseph, Dieu t'a préféré à tant d'autres... Pourquoi ? Parce que tu étais le plus fort ?*

– Au contraire, j'étais le plus petit, j'étais un enfant ! Sans Dieu, j'étais incapable d'échapper à tous ces obstacles : c'est vraiment lui, le héros de ma vie !

◆ *Mais tu as eu quand même une vie pleine de gloire !*

– Tu oublies que j'ai été vendu par mes frères, jeté en prison, dénoncé, persécuté... Tu ne trouves pas que j'ai souffert plus que tous ?

◆ *Mais alors, pourquoi Dieu t'a-t-il choisi ?*

– En tout cas, pas pour me donner une vie facile ! Il m'a sauvé pour qu'à mon tour je sauve mes frères et mon peuple... J'ai été un ministre puissant et célèbre, mais j'ai toujours été le serviteur de Dieu...

Moïse, fils de Pharaon

À la suite de Joseph, descendant d'Abraham et célèbre ministre de Pharaon, le chef des Égyptiens, de nombreuses tribus ont quitté le pays de Canaan et sont venues s'installer en Égypte. Là, la terre est riche et la nourriture abondante. Pendant plusieurs siècles, elles vivent tranquillement au milieu des Égyptiens, on les appelle les Hébreux.

La naissance de Moïse

Pharaon est inquiet, les Hébreux sont trop nombreux, ils deviennent trop puissants. Pharaon les oblige à devenir ses esclaves et décide de faire tuer tous leurs garçons nouveau-nés pour que le peuple ne grandisse plus.
Un jour, une femme du peuple hébreu cache son bébé dans une corbeille et le dépose au bord du fleuve Nil. Elle espère qu'une Égyptienne le trouvera et le sauvera. La fille de Pharaon trouve l'enfant, en prend soin et l'appelle Moïse, ce qui veut dire « sauvé des eaux ». C'est ainsi que le fils d'une esclave grandit comme un prince à la cour de Pharaon.

Ramsès II, le plus grand des pharaons

Ramsès II est le pharaon qui règne sur l'Égypte au temps de Moïse, c'est-à-dire au 13e siècle avant Jésus-Christ. C'est un grand guerrier : ses conquêtes vont jusqu'en Asie. Il fait aussi construire des temples somptueux pour les dieux des Égyptiens.
Il fait agrandir les temples de Karnak et de Louxor et fait sculpter de gigantesques statues de pierre. On dit qu'il a vécu près de 70 ans, et qu'il a eu plus de 200 enfants.

Autour de Pharaon, à la cour, vivent les princes, les nobles, les serviteurs des dieux, les prêtres, les scribes, les fonctionnaires. Ils sont riches et puissants, ils habitent dans les villes, entourés de nombreux serviteurs et servantes.
De nombreux artisans, tisserands, orfèvres ou sculpteurs, travaillent pour la décoration des temples, des tombes, des palais et des riches maisons.

Les paysans sont les plus nombreux ; ils travaillent durement sur les terres situées sur les bords du Nil et vivent au rythme régulier des inondations qui rendent la terre fertile. Ils paient à Pharaon de lourds impôts. De très nombreux esclaves construisent les temples pour Pharaon ; ils transportent d'énormes pierres ou fabriquent des briques avec de la boue et de la paille.

Les Hébreux en Égypte

La mémoire des Hébreux

En Égypte, les Hébreux se souviennent du Dieu de leurs ancêtres, Dieu d'Abraham, d'Isaac, de Jacob. Ils se rappellent qu'il a donné un pays à Abraham et lui a promis une descendance nombreuse comme les étoiles du ciel. Certains espèrent que le Dieu de leurs ancêtres ne les abandonnera pas à la méchanceté de Pharaon et qu'un jour, ils vivront de nouveau en paix sans craindre pour la vie de leurs fils.

Akhenaton, Nefertiti et leur fille adorant le disque solaire, bas-relief, 1556-1314 av. J.-C., musée du Caire, Égypte

Aton et Akhenaton

Akhenaton, c'est-à-dire « celui qui plaît à Aton », est pharaon de 1372 à 1354 av. Jésus-Christ. On l'appelle aussi Aménophis IV. Il essaie d'imposer à son peuple le culte d'un dieu unique : Aton, le Soleil, puissance de la vie. Mais les prêtres et les scribes s'opposent à lui et, bien vite, le culte des anciens dieux est rétabli.

Les scribes

Les scribes sont les serviteurs de Pharaon chargés de rédiger les lois. Ils écrivent en peignant sur des papyrus ou en gravant dans la pierre des sortes de dessins : les hiéroglyphes. Ce sont des savants ; ils sont presque les seuls à savoir écrire.

Hymne à Aton (extrait)

Tu es beau, grand, brillant, élevé au-dessus de tout l'univers.
Tes rayons entourent les pays jusqu'à l'extrémité de tout ce que tu as créé.
Et tu les lies pour ton fils que tu aimes.
Si éloigné sois-tu, tes rayons touchent la terre
Tu es devant nos yeux mais ta marche demeure inconnue.
[...]
Tu as mis chaque homme à sa place et as pourvu à son nécessaire.
Tout pays étranger, si loin soit-il, tu le fais vivre aussi
Tes rayons nourrissent la campagne
L'univers est venu à l'existence sur ta main, comme tu l'as créé.

Les dieux du Nil

Les dieux des Égyptiens sont très nombreux. Souvent, ils sont représentés avec un corps d'homme et une tête d'animal, bélier, faucon, ou crocodile...
Les plus connus sont Isis et Osiris.
Selon la légende, Osiris, roi de la Terre, est assassiné par son frère Seth, découpé en morceau et jeté dans le Nil. Isis, l'épouse d'Osiris, réussit à reconstituer le corps de son mari. Elle l'enveloppe de fines bandelettes et lui redonne la vie. C'est la première momie. Mais la vie d'Osiris n'est plus la vie terrestre : il devient le dieu des morts. Dès 3000 ans avant Jésus-Christ, les pharaons espèrent revivre sous forme de momie dans le royaume des morts, comme Osiris. Petit à petit, tous les Égyptiens croient qu'eux aussi peuvent revivre au-delà de la mort s'ils respectent les rites de momification.

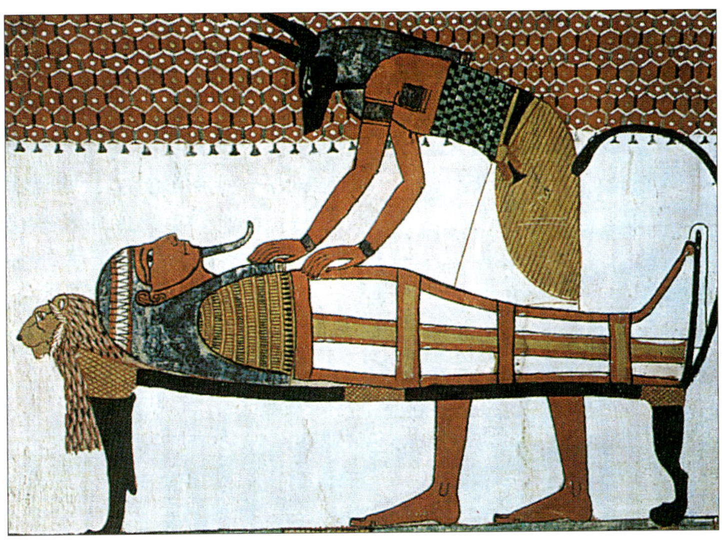

Anubis confectionnant la momie d'Osiris, fresque, 14e av. J.-C., Égypte

Moïse, chef des Hébreux

Moïse, le jeune Hébreu sauvé par la fille de Pharaon, grandit à la cour. Il connaît les malheurs de son peuple, esclave et écrasé par le travail. Un jour, Moïse tue un Égyptien qui maltraite un Hébreu. Moïse s'enfuit dans le désert pour ne pas être arrêté.

Le buisson de feu

Moïse devient berger. Un jour, alors qu'il garde les troupeaux dans la montagne, il voit un buisson qui flambe mais ne brûle pas. Il s'approche et entend une voix qui dit : « Je suis le Dieu d'Abraham, d'Isaac et de Jacob, j'ai vu les malheurs de mon peuple, j'ai entendu ses plaintes, va dire à Pharaon qu'il libère mon peuple et le laisse partir d'Égypte. » (Ex 3). Moïse se croit incapable d'une telle mission. Mais Dieu dit à Moïse : « Tu parleras en mon nom ; tes frères hébreux t'écouteront et Pharaon verra ma puissance. » Alors Moïse demande à Dieu son nom.

Dieu donne son nom

La Bible raconte que Dieu a donné à Moïse son nom, comme on donne son nom à un ami. Ainsi, Moïse peut appeler Dieu et lui parler. Ce nom s'écrit « YHVH », quatre consonnes. Ce nom signifie « Je suis » ou « Je suis celui qui suis ». Par respect, ce nom était très rarement prononcé. On disait « le Seigneur ».

Pharaon se moque du dieu de Moïse

Moïse part en Égypte demander à Pharaon la liberté des Hébreux, mais Pharaon refuse de laisser partir les esclaves qui construisent ses temples.

Il ne craint pas la colère du Dieu de Moïse ; les dieux égyptiens le protègent. Moïse menace Pharaon de grands malheurs. Des milliers de grenouilles, de moustiques, de sauterelles envahissent le pays et les eaux du Nil se changent en sang. Pharaon ne s'inquiète pas ; il pense que Moïse est seulement un bon magicien. Moïse demande aux Hébreux de se préparer : « Faites vos paquets, chaussez vos sandales et mangez debout, soyez prêts à partir. » Moïse annonce à Pharaon la dernière catastrophe : la mort des fils aînés des Égyptiens. Devant la mort de son propre fils, Pharaon prend peur. Puisque les Hébreux veulent s'en aller, qu'ils partent vite !

Sandro Botticelli, *Le Buisson ardent*, Chapelle Sixtine, Rome, Vatican

La Pâque ou Passage

Les Hébreux ne sont pas des marins, ils ont peur de la mer qu'ils croient infinie et sans fond.
C'est la même chose pour la mort : ils savent qu'ils finiront tous par mourir mais ils ne savent pas si la mort a une fin. Pour eux, la mer est le symbole de la mort.
Les Hébreux comprennent que c'est Dieu qui leur a fait traverser la mer à pied sec et leur a permis d'arriver vivants de l'autre côté. Il les fait passer à travers le symbole de la mort et ils restent vivants. Auparavant, ils étaient esclaves, leur liberté était morte ; après ce passage, cette « Pâque », ils naissent à la vie nouvelle des hommes libres.

La traversée de la mer Rouge

Lucas Cranach, 1472-1563, *La Chute du Pharaon*, musée Bayer, Munich, Allemagne

La sortie d'Égypte

Le peuple suit Moïse sur la route du désert. Mais Pharaon change d'avis et les poursuit avec son armée, ses chars, ses chevaux et ses guerriers. Devant la mer, l'armée de Pharaon se rapproche des Hébreux et va les rattraper.
Les Hébreux ont peur et regrettent d'avoir fait confiance à Moïse. Alors, un fort vent se lève ; il souffle pendant toute la nuit et la mer s'assèche. Le peuple s'avance et traverse à pied sec. L'armée de Pharaon s'élance à son tour mais le vent tombe, la mer reflue avec violence et engloutit les chars, les chevaux et les guerriers de Pharaon.
Sur l'autre bord, les Hébreux dansent de joie. Vraiment, Dieu était avec eux pour réussir un tel exploit. Myriam, la sœur de Moïse, saisit son tambourin et entraîne toutes les femmes dans un grand chant de victoire.

Cantique de la victoire

Je veux chanter le Seigneur
Il a fait un coup d'éclat
Cheval et cavalier
en mer il les jeta.

Ma force et mon chant c'est le Seigneur
C'est lui qui me sauve,

Le Seigneur est un guerrier
Le Seigneur c'est son nom.
Chars et forces de Pharaon
À la mer il les lança.

Qui est comme toi parmi les dieux,
Seigneur ?
Qui est comme toi, éclatant de sainteté ?
Redoutable en ses exploits ?
Opérant des merveilles ?

Le Seigneur règne à tout jamais !
Ex 15, 1-18 (extrait)

Moïse et le peuple de Dieu

Moïse et les Hébreux réussissent à échapper à Pharaon et quittent l'Égypte. Ils fuient à travers le désert. Au pied de la montagne du Sinaï, Moïse part seul à la rencontre de Dieu.

Le don de la Loi

Dans la montagne, Moïse se tient devant Dieu au nom du peuple. Dieu rappelle qu'il a libéré le peuple hébreu et l'a choisi comme ami. Il propose une Alliance et offre dix paroles pour que les hommes soient libres et heureux entre eux et avec lui ; ce sont les Dix Commandements.

Entendre avec son cœur

Quand Moïse rencontre Dieu, il vit une aventure extraordinaire. Personne ne sait ce qu'il voit, ni ce qu'il entend, mais il accueille de tout son cœur la parole de Dieu. La Bible dit même que les Hébreux n'osent pas regarder Moïse qui revient de la montagne car il brille comme le Soleil de la lumière de Dieu.

Le veau en or

Quand Moïse redescend de la montagne, il voit que le peuple s'est senti abandonné. Il s'est fabriqué un veau en or, un dieu qu'on peut toucher. Moïse sait qu'on ne peut pas enfermer Dieu dans une statue. Il détruit le veau et demande pardon à Dieu au nom de son peuple. Tous peuvent alors fêter l'Alliance avec Dieu.

La longue marche dans le désert

Plusieurs fois encore, les Hébreux se révoltent contre Moïse. Ils se souviennent du riche pays d'Égypte et rêvent des marmites pleines de viande et des oignons rôtis. « Avons-nous quitté l'Égypte pour venir mourir ici, dans le désert ? ». Sans cesse, Moïse répond : « C'est Dieu qui nous a fait quitter l'esclavage en Égypte, il ne nous abandonnera pas. »
Moïse a confiance en l'aide de Dieu ; il trouve de l'eau, de la nourriture. Petit à petit, en suivant Moïse, le peuple apprend lui aussi à faire confiance.

Écoute Israël

Je suis le Seigneur ton Dieu.
je t'ai fait sortir d'Égypte où tu étais esclave.
Tu n'auras pas d'autre dieu que moi.
Tu ne fabriqueras aucune idole.
Tu ne te serviras pas à faux du nom du Seigneur.
Tu n'oublieras pas de célébrer le jour du sabbat.
Respecte ton père et ta mère.
Tu ne tueras pas.
Tu ne commettras pas d'adultère.
Tu ne voleras pas.
Tu ne porteras pas de faux témoignage contre ton prochain.
Tu ne convoiteras pas ce qui appartient à ton prochain.
Ex 20, 1-17

Vers la Terre Promise

Qu'est-ce qu'une alliance ?

Une alliance est un engagement que deux personnes prennent l'une vis-à-vis de l'autre. La vie de chacune devient une vie ensemble, une histoire commune.
Quand Dieu conclut l'Alliance avec Moïse au mont Sinaï :
- Dieu engage sa parole : « je serai votre Dieu et vous serez mon peuple. » Il promet d'être toujours aux côtés du peuple qu'il choisit.
- Le peuple promet d'aimer fidèlement Dieu qui l'a rendu libre. C'est ce que veut dire la phrase : « Tu n'auras pas d'autre dieu que moi. »

La Terre Promise

Le pays où arrivent les Hébreux est le pays de Canaan, le pays qu'Abraham, Isaac et Jacob ont habité autrefois. C'est une belle terre fertile « où coulent le lait et le miel », mais d'autres peuples y sont déjà installés. Endurcis par la longue marche dans le désert, les Hébreux ont un nouveau défi à relever, conquérir cette terre et y vivre en étant fidèles à la loi de Dieu. La mission que Dieu a confiée à Moïse est terminée : il peut mourir en paix. C'est son successeur, Josué, qui fait entrer le peuple dans la terre nouvelle.

Marc Chagall, *Moïse recevant les Tables de la Loi*, 1952, coll. part., Bâle, Suisse

40 ans dans le désert

Dans la Bible, on retrouve souvent le chiffre 40 : il désigne une période assez longue, qui change profondément ceux qui la vivent.
La Bible raconte que les Hébreux vivent pendant quarante ans dans le désert avant de pouvoir connaître la terre que Dieu leur promet. C'est le temps que met une génération d'hommes à se renouveler. Les Hébreux qui arrivent dans la nouvelle terre promise par Dieu étaient enfants quand ils ont quitté l'Égypte. Beaucoup même sont nés pendant le voyage. Au bout de cette longue marche, c'est un peuple nouveau qui peut commencer une nouvelle vie dans une terre nouvelle.

Les Tables de la Loi et l'Arche d'Alliance

Les Hébreux veulent conserver précieusement la Loi de Dieu. Ils la gardent dans leur mémoire et l'enseignent à leurs enfants. Ils la transportent aussi partout avec eux, gravée sur de belles plaques de pierre. Ces plaques, les Tables de la Loi, sont déposées dans un solide coffre de bois, l'Arche de l'Alliance.
La Loi qui les accompagne est pour eux le signe que Dieu est là, qui protège son peuple.

Le pays de Canaan

Les hommes de la Bible ont beaucoup chanté leur pays, cette terre que Dieu avait promise à leurs ancêtres et où Moïse les a conduits à travers le désert. Dans leurs rêves, c'est un pays merveilleux, riche et fertile, presque un paradis, un pays d'abondance où coulent le lait et le miel. En réalité, c'est un pays composé de paysages très différents, de plaines riches, de belles forêts, mais aussi de montagnes escarpées et hostiles et de déserts arides. Dans chaque élément de ce pays, les hommes ont reconnu de multiples visages de Dieu.

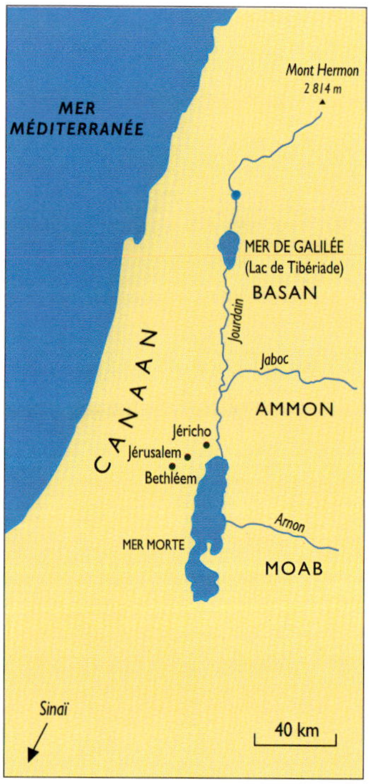

Un peu de géographie

Le pays de Canaan est une longue bande de terre qui s'étend entre la mer Méditerranée et un petit fleuve, le Jourdain. Le Jourdain prend sa source au mont Hermon, au nord, traverse le grand lac de Tibériade et se jette dans la mer Morte au sud. C'est un fleuve étroit qui serpente dans une vallée profonde. Entre la vallée du Jourdain et la plaine qui longe la mer s'élève une montagne dont les plus hauts sommets atteignent 1200 m. De l'autre côté du Jourdain et au sud de la mer Morte s'étend un immense désert à travers lequel le peuple a erré longtemps en fuyant l'Égypte.

Le climat est plein de surprises. En hiver, la neige tombe en altitude, par exemple sur la colline de Jérusalem, alors qu'à 25 km de là, dans la vallée de Jéricho, il règne une chaleur tropicale. Certaines années, les pluies abondantes font fleurir le désert. D'autres années, le pays connaît la sécheresse et le danger de la famine.

Le vent qui vient de la mer apporte de la fraîcheur en été et des pluies en hiver. Le vent du désert dessèche tout sur son passage. En été, la chaleur devient insupportable et les hommes recherchent la fraîcheur des maisons ou l'ombre des grands arbres.

Une grande absente, la mer

Les Hébreux ne sont pas des marins. La grande mer, la Méditerranée, ne les intéresse pas. Pour eux, la mer est un lieu de danger. De plus, pendant très longtemps, ils ne peuvent pas approcher de la côte qui est occupée par des ennemis, les Philistins.

Vive la vie !

Dans la richesse de la nature, les hommes de la Bible reconnaissent la générosité de Dieu. Le secret des arbres qui grandissent, des fruits qui mûrissent, des enfants qui naissent... le secret de la vie... c'est Dieu qui aime et qui fait vivre.

> « Je serai pour mon peuple Israël comme la rosée ; il fleurira comme le lis, il enfoncera ses racines comme le chêne du Liban, ses rejetons s'étendront. Je suis, moi, comme un arbre toujours vert : je suis la sève et la vie du monde ! » Os 14, 6-9

Le pays de Canaan

Le Seigneur, c'est lui notre Dieu :
ses jugements font loi pour tout l'univers.
Il s'est souvenu de son alliance,
parole édictée pour mille générations.
Promesse faite à Abraham,
garantie par serment à Isaac,
érigée en loi avec Jacob,
alliance éternelle pour Israël.
Il a dit : « Je vous donne le pays de Canaan,
ce sera votre part d'héritage. »

Ps 104

Un pays de lait et de miel

Rencontrer Dieu sur les montagnes

Pour les hommes de la Bible, la montagne, située entre le ciel de Dieu et la terre des hommes, est un lieu de rencontre avec Dieu. Moïse a rencontré Dieu sur la montagne. Jérusalem, la ville perchée sur une haute colline, va devenir la ville sainte, la ville de la maison de Dieu.

« Venez, montons à la montagne du Seigneur,
à la maison du Dieu de Jacob. » Es 2, 2-5

Un mot, un nom que tu ne connais pas ? Va voir dans l'index page 283.

Chercher Dieu au désert

Dans le désert, lieu de la solitude et du silence, rien ne distrait l'esprit de l'homme qui cherche Dieu. Abraham a entendu l'appel de Dieu dans le désert, le peuple qui fuyait l'Égypte a commencé à apprendre à être fidèle à Dieu au désert.
Dans le livre d'Osée, Dieu parle du peuple comme de sa fiancée et dit :

« Et c'est moi qui vais la séduire, je la conduirai au désert
et je parlerai à son cœur. » Os 2, 16

Deviner Dieu dans le vent

La langue des Hébreux n'a qu'un seul mot pour exprimer à la fois le vent, le souffle de la respiration et l'esprit. Les poètes de la Bible ont deviné la présence de Dieu qui donne la vie dans le souffle des vents qui portent la pluie et la douceur. Ils ont redouté la puissance de Dieu dans la violence des tempêtes.

« Tu t'avances sur les ailes du vent ;
tu prends les vents pour messagers. » Ps 103

Nicolas Poussin, *L'Automne ou la grappe de raisin de la Terre Promise*, musée du Louvre, Paris, France

Louer Dieu pour l'eau qui ruisselle

Dans un pays entouré par les déserts, menacé par la sécheresse, l'eau signifie la vie. Pour les hommes de la Bible, l'eau est un cadeau de Dieu. À travers les sources qui jaillissent, les puits qui désaltèrent les troupeaux et les hommes, la rosée du matin qui rafraîchit la terre, les pluies qui font pousser les récoltes, Dieu donne la vie en abondance.

« Tu visites la terre et tu l'abreuves, tu la combles de richesses ; les ruisseaux de Dieu regorgent d'eau :
tu prépares les moissons. » Ps 65, 10

LES JUGES

EDITO

Entre l'arrivée dans le pays de Canaan des premiers Hébreux qui fuient l'Égypte et l'esclavage et la désignation du premier roi d'Israël, il s'écoule environ cent cinquante ans. Pendant toutes ces années, les Hébreux essayent de se faire une place parmi les peuples qui habitent déjà le pays. Souvent, ils sont obligés de faire la guerre pour gagner le droit de vivre sur cette terre. Pourtant, même faibles et menacés, ils gardent confiance. Ils en sont sûrs, Dieu a donné ce pays à leur ancêtre Abraham. C'est pour y vivre qu'ils ont fui les Égyptiens et traversé le désert. La grande aventure de l'installation du peuple dans le pays de Canaan est racontée dans la Bible dans le livre des Juges.

Premiers contacts difficiles avec les Cananéens

À la mort de Moïse, son successeur Josué prend la tête du peuple et entre dans le pays de Canaan. Il découvre que les riches plaines du pays sont déjà occupées par les Cananéens. Perchées sur les collines, leurs villes fortifiées protègent les belles vallées.

Les Hébreux s'installent d'abord dans les régions montagneuses et désertes, mais les deux peuples ont du mal à vivre côte à côte. Les combats sont fréquents. Petit à petit, les Hébreux gagnent des terres fertiles et deviennent des paysans.

GRANDES RETROUVAILLES À SICHEM

En entrant dans le pays de Canaan, les douze tribus qui forment le peuple d'Israël se dispersent. Chacune choisit de s'installer dans une partie du territoire. Les tribus n'ont pas beaucoup de contact entre elles. Parfois même, elles se combattent. Pourtant, régulièrement, elles se retrouvent dans un lieu nommé Sichem autour du coffre, l'Arche d'Alliance, où sont enfermées les dix paroles d'amitié que Dieu a confiées à Moïse. Là, au cours d'une grande fête, on rappelle ce que Dieu a fait pour sauver son peuple en Égypte.

LA TENTATION DES FAUX DIEUX

En prenant de nouvelles terres aux Cananéens, les Hébreux sont souvent tentés d'adopter leurs faux dieux, les Baals et Astartés, dont on dit qu'ils font tomber la pluie, briller le Soleil et donnent des récoltes abondantes.

UN PEUPLE EN DANGER PERMANENT

Les Cananéens ne sont pas le seul danger qui guette les tribus d'Israël. Le pays est entouré de voisins redoutables et affamés qui pillent les récoltes et massacrent les troupeaux. Face au danger, les tribus se rassemblent sous l'autorité d'un chef, un Juge, qui conduit les hommes au combat. Une fois le danger écarté, les tribus se séparent de nouveau.

Gédéon, un paysan guerrier

Dieu lui-même appelle Gédéon alors qu'il est en train de battre le blé. Gédéon s'étonne, il est jeune, sans expérience, sa tribu est la plus faible. Pourtant, il obéit. Il renverse les autels des idoles, rassemble des hommes et les conduit à la victoire.

Samson

Samson est un athlète superbe à la chevelure magnifique. Sa force est prodigieuse ; il se bat seul contre le peuple de la côte, les Philistins. Une femme, Dalila, découvre son secret : sa force est dans ses cheveux. Une nuit, elle les lui coupe. Les Philistins profitent de la faiblesse de Samson et lui crèvent les yeux. Plus tard, ses cheveux repoussent. Samson prie Dieu de lui rendre sa force. Samson renverse les colonnes du temple des Philistins. Il meurt écrasé, mais avec lui, beaucoup d'ennemis périssent aussi.

Déborah, une femme chef de guerre

Au nom de Dieu, elle ordonne au chef Baraq de rassembler dix mille hommes contre les Cananéens. Baraq accepte si elle-même l'accompagne au combat. Les chars des Cananéens s'enfoncent dans les marécages, le triomphe est total. Déborah chante le cantique de la victoire. Les ennemis ont péri misérablement de la main d'une femme.

Gustav Klimt, *Judith avec la tête d'Holopherne*, 1901, Vienne, Autriche

Dieu donne la victoire

Les Juges ne sont pas seulement des chefs de guerre. Ils sont choisis pour leur fidélité à Dieu. À travers eux, Dieu lui-même donne la victoire. C'est le signe qu'il tient sa promesse ; cette terre appartiendra au peuple d'Israël. Après le combat, les Juges remercient Dieu. Ils avertissent le peuple. « Dieu est fidèle, il combat au côté de son peuple ; vous aussi, soyez fidèles, ne vous laissez pas séduire par les faux dieux. »

D'autres héroïnes dans la Bible

Par leur courage, elles sauvent leur peuple.

Judith : séduit le général du roi Nabuchodonosor et lui coupe la tête pendant la nuit.

Esther : l'épouse bien aimée du roi de Perse empêche un complot du Premier ministre qui veut tuer tous les juifs du pays.

David

L'histoire de David, le petit berger devenu chef de son pays, est racontée dans la Bible, dans le deuxième livre de Samuel.
Au fil des pages, on découvre un homme bien réel. Il joue de la musique, invente des chants (les psaumes). Il est beau, courageux, et de plus, c'est un grand homme politique. Mais David est d'abord un grand croyant : il a confiance en Dieu.

« Donne-nous un roi pour qu'il nous dirige »

Vers l'an mil avant Jésus-Christ, il n'y a pas de roi en Israël. Les douze tribus qui composent le peuple sont indépendantes. En cas de guerre, elles se rassemblent sous l'autorité d'un chef, un Juge. Le seul roi d'Israël, c'est Dieu lui-même.
Une nouvelle fois, les voisins qui habitent au bord de la mer, les Philistins, veulent envahir le pays d'Israël. Le peuple réclame un vrai chef, un roi, pour le défendre.
Saül devient le premier roi d'Israël. Il est choisi par l'homme le plus respecté d'Israël, le prophète Samuel. À travers Samuel, Dieu lui-même choisit ce roi. Il ne sera pas un rival de Dieu. En chassant les ennemis, il accomplira la volonté du Seigneur.
Saül remporte de grandes victoires.
Mais à la fin de son règne, il tombe malade et imagine que tout le monde veut le tuer.
Inspiré par Dieu, Samuel se met à la recherche du prochain roi d'Israël.

Aimé de Dieu

David devient roi parce que Dieu lui a donné son amour et sa confiance. Pourtant, tout le monde s'étonne de ce choix, même son père. Pourquoi choisir ce petit berger, le dernier de la famille, alors qu'il y a avant lui sept grands frères vaillants et robustes ?
Mais le regard de Dieu n'est pas celui des hommes. Dieu regarde le cœur, pas l'apparence.

Des pâturages au trône, comment David devient roi

Samuel se rend à Bethléem chez Jessé, un homme ami de Dieu. Samuel sait que le futur roi est parmi ses fils. Tous les garçons défilent, Samuel voit qu'aucun de ceux-là ne doit être roi. Le petit dernier, le huitième, est aux champs à garder les troupeaux. On va le chercher. C'est un enfant à la belle chevelure rousse. Samuel n'hésite pas. Il verse sur sa tête de l'huile parfumée. Cette onction est signe que Dieu l'a choisi. C'est lui le futur roi.

David grandit et devient un guerrier dans l'armée de Saül. Parfois, il joue de la cithare pour distraire le roi. David est un jeune homme plein de talent. Saül devient jaloux. Il chasse David, puis tente de le faire tuer : David doit se cacher. Même après la mort de Saül, il lui faut encore de la patience et des combats pour être reconnu par tout le peuple comme le vrai roi d'Israël.

David et Goliath

La Bible raconte que David, alors qu'il est encore très jeune, réussit à vaincre le plus féroce des guerriers philistins, le géant Goliath.

Les Philistins ont lancé un défi : si un homme en Israël réussit à tuer leur champion en combat singulier, ils arrêteront le combat contre Israël. Personne n'ose s'approcher d'un tel colosse. David, qui vient apporter de la nourriture à ses frères, relève le défi. Face à Goliath, il ne recule pas et, avec sa fronde, vise en plein front le géant en armure, qui s'écroule.

David croit que la confiance en Dieu compte plus que la force des hommes.

Aimé des hommes

Il n'y a pas que Dieu qui aime David. Des hommes et des femmes accordent leur amitié ou leur amour à cet homme hors du commun.

- **Samuel :** dans son enfance, alors qu'il est le serviteur du prêtre Éli, il est appelé par Dieu ; c'est lui qui découvre David et le désigne comme roi.
- **Jonathan :** un des fils de Saül, c'est un grand ami de David. Lorsque Jonathan meurt, David écrit un très beau chant d'amitié pour lui.

L'amour tient une grande place dans la vie de David. Trois femmes ont beaucoup compté pour lui.

- **Mikal,** la fille de Saül, tombe amoureuse de lui et devient sa femme.
- **Bethsabée,** mariée à un des soldats de David, sera la grande passion de sa vie.
- **Abigail** épouse David à la fin de sa vie.

David, amoureux

David, le roi couvert de gloire et béni de Dieu, est aussi un homme comme les autres, capable de commettre des fautes. La plus grave et la plus célèbre est une histoire d'amour.

50 psaumes

Psaumes vient d'un mot grec qui veut dire « air joué sur un instrument de musique ». On chantait les psaumes en s'accompagnant de musique.
On trouve 150 psaumes dans la Bible.
On pense que David en a écrit un certain nombre, mais beaucoup ont été composés après sa mort.

Un jour, des terrasses de son palais, David aperçoit une femme extraordinairement belle qui prend son bain. C'est Bethsabée, la femme du soldat Urie, le Hittite. David tombe aussitôt amoureux et la fait venir près de lui. Bientôt, Bethsabée annonce à David qu'elle est enceinte. David fait vite revenir le mari de Bethsabée de la guerre : ainsi, on croira qu'Urie est le père de l'enfant. Mais la ruse de David échoue. Urie refuse de passer la nuit chez sa femme pendant que ses camarades se battent. Alors David ordonne au général en chef de faire combattre Urie en première ligne. Celui-ci meurt dans la bataille. David a pris à Urie sa femme, puis sa vie.

David adresse ces paroles au Seigneur après la visite de Nathan

Pitié pour moi, ô Dieu, tu es si bon !
Tu es plein de tendresse, efface mon péché, lave-moi de ma méchanceté,
et de ma faute purifie-moi.

Car mon péché, moi, je le connais.
Sans relâche, je me souviens de ma faute,
contre toi et toi seul, j'ai péché,
ce qui est mal à tes yeux, je l'ai fait.

O Dieu, crée en moi un cœur pur !
Enracine en moi un esprit tout neuf
ne me rejette pas loin de toi
ne me reprends pas ton esprit saint.

Ps 50 (extrait)

Le désespoir de David

Le prophète Nathan raconte à David l'histoire suivante : « Imagine un prince très riche qui s'empare de l'unique bien d'un pauvre homme, sa petite brebis. » « Un tel homme est un monstre ! » s'exclame David. « Eh bien, cet homme, c'est toi. Tu n'as pas hésité à prendre la femme de ton soldat Urie et, en plus, tu l'as fait tuer. » À ses mots, David comprend qu'il a gravement péché. Sa passion amoureuse se transforme en désespoir. David sait qu'il s'est

Pesellino, *La Pénitence du roi David ou les remontrances du prophète Nathan*, 1442, musée Tessé, Le Mans, France

> Les psaumes
>
> Dans la Bible, les hommes s'adressent à Dieu par des sortes de chants prière, les psaumes. Ces textes disent ce qui est au fond des cœurs, le remords, la persévérance de l'amour, l'espérance dans le pardon de Dieu. David serait l'auteur de nombreux psaumes. On ne sait pas exactement ceux qu'il a réellement écrits. C'est à travers eux qu'il arrive à regretter son péché et à dire sa confiance à Dieu.

conduit de façon injuste et qu'il a trahi la confiance de Dieu. David implore le pardon de Dieu : il prie, jeûne, se lamente. Mais le malheur s'abat sur David ; l'enfant de Bethsabée tombe malade et meurt.
Comment le lien d'amour peut-il se rétablir entre l'homme qui souffre et qui pleure et Dieu ?

Des chants d'allégresse

Dieu entend les prières de ses enfants. Finalement, le bonheur revient dans la vie de David. Il a un autre fils de Bethsabée, qui devient le roi Salomon. Les psaumes disent aussi la joie et la confiance en l'amitié que Dieu donne.

Le Seigneur est mon berger,
je ne manque de rien.
Sur de frais herbages, il me fait reposer ;
près des eaux du repos il me mène,
il y refait mon âme.
Ps 22 (extrait)

Les psaumes : des paroles pour toutes les passions !

Les mots s'envolent vers Dieu comme un cri d'amour
Je t'aime Seigneur, ma force ;
Le Seigneur est mon roc et mon rempart,
Mon libérateur, c'est mon Dieu. Ps 18

Le cri d'amour se transforme en cri de guerre contre les ennemis de Dieu
Seigneur, comment ne pas haïr ceux qui te haïssent ?
Comment ne pas vomir ceux qui te combattent ?
Je les hais d'une haine parfaite,
Ils sont devenus mes propres ennemis. Ps 139

L'appel au secours des hommes qui cherchent Dieu
Jusqu'à quand, Seigneur, m'oublieras-tu ? Jusqu'à la fin ?
Jusqu'à quand vas-tu me cacher ta face ?
Regarde, réponds-moi, Seigneur, mon Dieu ! Ps 13

Des chants de joie et de fête
Chantez au Seigneur un chant nouveau,
Chantez au Seigneur terre entière ;
Chantez au Seigneur, bénissez son nom. Ps 96

Le Roi David, psautier de saint Egbert, évêque de Trèves, 977-933, musée Cividale del Friuli, Italie

David et Salomon

Le roi David cherche une capitale pour son royaume. Il choisit Jérusalem, la ville qui domine le pays du sommet de la colline. Par ruse, David réussit à la prendre aux Jébuséens, le peuple qui l'occupait jusqu'alors. Il décide d'y amener l'Arche d'Alliance. Ainsi, Jérusalem ne sera pas seulement la capitale d'Israël, ce sera aussi la Ville Sainte, la cité de Dieu.

Danser pour Dieu

Le long du chemin qui monte vers la ville, une foule joyeuse acclame l'Arche qu'on porte en triomphe. Le roi David, lui-même, danse devant elle. Sa femme Mikal se moque de lui : n'est-il pas ridicule à gesticuler ainsi sous les yeux du peuple ? Mais David danse par amour pour Dieu ; il exprime sa joie avec tout son corps.
À travers la poésie, la musique, la danse, David dit : « je t'aime mon Dieu. »

La promesse de Dieu à David

Pour montrer sa puissance, David s'est fait construire un palais. L'Arche du Seigneur, elle, est abritée sous une simple tente. David veut construire une maison pour son Dieu. Mais Dieu répond à David par une promesse : « Je n'ai pas besoin que tu me construises une maison car c'est moi qui te ferai une Maison. » Par ses mots, Dieu promet à David une grande famille. Les plus beaux monuments peuvent s'effondrer, la fidélité de Dieu, elle, dure toujours.

Le règne de Salomon

Salomon est le deuxième enfant que David a eu de Bethsabée. Après la mort de David, il devient roi.
Israël vit en paix avec ses voisins, le pays est riche. Partout, on entreprend de grands travaux : fortification des villes, aménagement des ports, exploitation des mines… Le commerce se développe, des caravanes traversent le désert pour apporter des marchandises nouvelles, des navires relient Israël aux autres pays de la Méditerranée.

Louez Dieu au son de la trompette
Louez-le sur la harpe et la cithare
Louez-le en dansant au bruit du tambour
Louez-le avec les cordes et les bois
Louez-le sur les cymbales mélodieuses
Louez-le sur les cymbales bruyantes
Que tout ce qui vit loue le Seigneur.
Ps 150

La construction du Temple

Salomon reprend l'idée de son père David et fait bâtir à Jérusalem un temple magnifique. Pierres de taille, bois de cèdre du Liban, ornements en bronze : les plus beaux matériaux sont utilisés pour sa construction… Il faut sept ans pour le terminer !
L'Arche d'Alliance est déposée au fond du Temple, dans une pièce appelée le Saint des Saints.

L'Arche d'Alliance

L'Arche d'Alliance est un coffre en bois sculpté, recouvert d'or qui contient les plaques de pierre sur lesquelles sont gravées les paroles de la vie, les Dix Commandements que le Seigneur a adressés à Moïse sur le mont Sinaï. L'Arche suit le peuple de Dieu dans tous ses voyages. Elle est le signe que Dieu est là, toujours présent au milieu de son peuple. On la porte à dos d'homme, en passant des barres de bois dans les anneaux qui sont sur le côté. L'Arche a partagé toutes les aventures du peuple ; elle a même été volée par les ennemis d'Israël, les Philistins, au cours d'une guerre. À l'époque de David, l'Arche a été rendue. Elle est d'abord déposée dans une petite ville du sud du pays puis amenée à Jérusalem.

Le Temple de Jérusalem

Kupffer, *Le Jugement de Salomon*, 17e siècle, musée du Berri, Bourges, France

Salomon est réputé non seulement pour la richesse de son règne, mais aussi pour sa sagesse. On raconte que deux femmes étaient venues trouver Salomon. Chacune prétendait être la mère d'un bébé. Salomon ordonna que l'on partage l'enfant en deux et que chacune en prenne la moitié. Horrifiée, l'une des femmes préféra renoncer à l'enfant plutôt que de le voir tuer. Salomon estima que c'était son amour de mère qui avait parlé ; c'était elle la vraie mère : il lui fit donner l'enfant.

La vie autour du Temple

Au cœur de la ville, le Temple est le signe éclatant de la présence de Dieu au milieu de son peuple. C'est là que les juifs se rassemblent pour prier et offrir des sacrifices au Seigneur. Le sacrifice est un don que l'on fait à Dieu pour lui dire qu'on l'aime, pour le remercier de son amour ou pour demander pardon de ses fautes. Les croyants apportent au Temple un mouton de leur troupeau qu'ils font égorger et brûler ou les premiers fruits de leurs récoltes. S'ils n'ont ni champs ni bétail, ils offrent de belles colombes blanches qu'ils achètent à des marchands installés près du Temple.

Les prophètes

Le peuple d'Israël est installé depuis longtemps dans le pays de Canaan. Il n'oublie pas tout à fait le Dieu de Moïse qui l'a fait sortir d'Égypte et lui a donné ce pays, mais il prie aussi d'autres dieux comme Baal et Astarté, les dieux des peuples qui habitaient le pays avant lui. Alors, Dieu pousse des hommes à prendre la parole en son nom, ce sont les prophètes.

Qui sont les prophètes ?

Les prophètes sont les porte-parole de Dieu. Un jour, appelés par Dieu, ils sont devenus les défenseurs de l'Alliance entre Dieu et son peuple, les serviteurs de la parole de Dieu.
Souvent, on ne les écoute pas et on veut les faire taire car ils dérangent. Ils rappellent l'amour de Dieu et l'alliance qu'il a conclue avec son peuple. Ils préviennent : ceux qui continuent à se détourner de Dieu verront les conséquences de leur infidélité et connaîtront le malheur. Les prophètes accusent les riches qui écrasent les pauvres, les prêtres qui abandonnent Dieu et adorent les statues des idoles, les rois qui préfèrent s'allier avec les peuples voisins plutôt que de faire confiance à Dieu.

Comment ont été écrits les livres des prophètes ?

Parfois, les prophètes ont écrit les livres qui portent leur nom. Parfois, ce sont leurs disciples qui ont recueilli précieusement leurs paroles, les signes et les événements qu'ils voyaient car ils croyaient qu'ils étaient vraiment inspirés par Dieu.

Deux histoires pour un seul peuple

Les réfugiés du Nord ont apporté à Jérusalem les précieux rouleaux sur lesquels est racontée l'histoire de l'Alliance. Petit à petit, ces écrits sont mêlés à ceux des gens du sud. De ce mélange est né le texte de la Bible que nous connaissons aujourd'hui. Parfois, les deux façons de raconter un événement ont été conservées : c'est pourquoi on trouve dans la Bible deux récits du même événement.

Quelques prophètes

Amos (vers 750 av. J.-C.) dénonce l'injustice des riches.
Osée (vers 750 av. J.-C.) chante le Dieu de tendresse qui aime son peuple comme un mari aime sa femme, capable de tout pardonner, même l'infidélité.
Michée (entre 740 et 700 av. J.-C.).
Isaïe (voir page 43).
Sophonie (vers 630 av. J.-C.).
Jérémie (voir page 44).
Ezéchiel (voir page 45).
Aggée (vers 520 av. J.-C.).
Malachie (entre 500 et 480 environ av. J.-C.).
Joël (date incertaine) annonce le jour où Dieu répandra son esprit sur tout homme.
Zacharie (520 av. J.-C.) annonce la venue du Messie et la conversion de nombreux peuples.

Le prophète Élie est découragé. Il part dans le désert, certain d'y mourir.

Le Seigneur lui dit : « Tiens-toi sur la montagne, le Seigneur va passer. » Il y eut un vent fort qui fracassait les rochers. Le Seigneur n'était pas dans le vent. Il y eut un feu. Le Seigneur n'était pas dans le feu. Il y eut le murmure d'un doux silence. Alors Élie se voila le visage avec son manteau et se tint devant la caverne. Une voix lui dit : « Pourquoi es-tu ici Élie ? » Il répondit : « Je suis passionné pour le Seigneur ; les fils d'Israël ont abandonné ton alliance et on en veut à ma vie. » Le Seigneur lui dit : « Va, reprends ton chemin. »
Et Élie réconforté reprend sa mission.
1 R 19, 11-15

Comment Dieu parle-t-il aux prophètes ?

La façon dont Dieu parle est un peu comme un secret d'amitié entre Dieu et chacun des prophètes. Cette expérience extraordinaire est difficile à raconter. Pourtant, presque tous ont cherché des mots et des images pour l'exprimer.

Une grande prophétie d'Isaïe : un enfant comme sauveur « la prophétie de l'Emmanuel »

« Un enfant nous est né, un fils nous a été donné.
Le signe du pouvoir est sur son épaule.
On proclame son nom :
Merveilleux conseiller, Dieu fort, Père à jamais, Prince de la Paix.
Son pouvoir s'étendra dans une paix sans fin
pour le trône de David et pour son royaume,
qu'il établira sur le droit et la justice
dès maintenant et pour toujours.
L'amour passionné du Seigneur le tout puissant fera cela. »
Is 9, 5-6

Les royaumes du Nord et du Sud

À la mort du roi Salomon, en 933 av. J.-C., la mésentente survient entre les tribus d'Israël. Dix d'entre elles se rassemblent et fondent le royaume du Nord dont la capitale est la ville de Samarie. Deux tribus seulement restent fidèles au petit-fils de David, Roboam. Elles constituent autour de Jérusalem le petit royaume du Sud.
Le royaume du Nord disparaît en 721 av. J.-C. détruit par les Assyriens. Le royaume du Sud, Juda, reste seul pour essayer d'être fidèle à la promesse de Dieu.

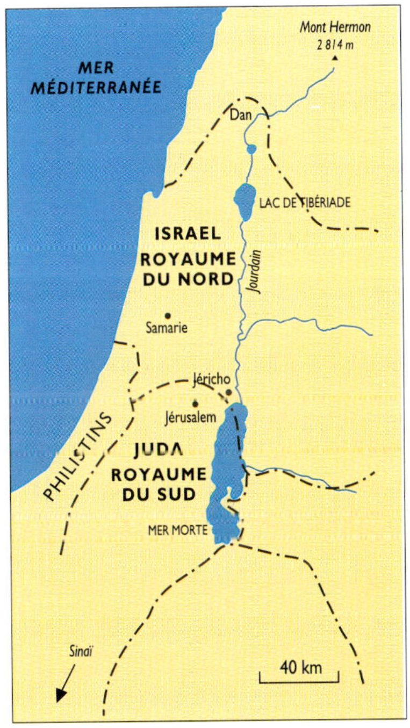

Un grand prophète, Isaïe (vers 740-687 av. J.-C.)

Isaïe vit auprès du roi à Jérusalem. Il lui conseille de faire confiance à Dieu et non aux voisins. Isaïe est un grand poète qui chante la sainteté et la tendresse de Dieu. Ses paroles sont regroupées dans le début du livre d'Isaïe ; les deux parties suivantes ont été écrites par ses disciples et les disciples de ses disciples après sa mort.
Le livre d'Isaïe a été achevé vers 537 av. J.-C.

L'exil à Babylone

Vers 600 avant Jésus-Christ, Jérusalem, la capitale d'Israël, la ville de David, tombe entre des mains ennemies. Le Temple est rasé, son trésor est volé ou dispersé. Comment Dieu peut-il permettre cela ?
Deux hommes, des prophètes, vont aider le peuple à comprendre ce qui arrive et à répondre à cette terrible question : Dieu a-t-il abandonné son peuple ?

Jérémie, le prophète insupportable

Dès 627, Jérémie annonce les malheurs à venir. Il explique que Dieu ne peut pas venir en aide à un peuple qui ne lui fait pas confiance. Personne ne respecte la loi de Dieu, ni le roi, ni les prêtres, ni le peuple. Si rien ne change, le pays verra les conséquences de son infidélité : ruine et déportation. Les paroles de Jérémie sont insupportables : on le jette en prison pour ne plus l'entendre.

Des voisins menaçants

Les petits royaumes d'Israël, au nord, et de Juda, au sud, vivent sous la menace permanente de leurs puissants voisins, les Assyriens, les Babyloniens et les Égyptiens qui ne cessent de se faire la guerre. Dès 721 av. J.-C., le royaume du Nord disparaît, conquis par les Assyriens. En 597 av. J.-C., le général babylonien Nabuchodonosor part attaquer l'Égypte. Au passage, il prend Jérusalem et emmène à Babylone le roi et une partie des habitants prisonniers. Après une révolte, en 587 av. J.-C., Jérusalem est brûlée.

Babylone, terre d'exil

Au bord du grand fleuve Euphrate, les exilés découvrent la splendide capitale, Babylone. Le temple du dieu du Soleil, Mardouk, avec sa haute tour, les impressionne beaucoup. Eux n'ont plus ni roi, ni ville, ni temple. Ils doivent travailler très dur pour les vainqueurs. Ils se sentent abandonnés. Comment croire que Dieu se soucie encore d'un peuple infidèle, maintenant, dispersé en terre étrangère ?

Jérémie, l'interprète de la plainte de Dieu

« Vous m'avez tous été infidèles. »
« Mon peuple m'a oublié depuis des jours sans nombre. » Jr 2, 29-32

Rembrandt, *Jérémie pleurant la destruction de Jérusalem*, 1630, Rijksmuseum, Amsterdam, Pays-Bas

UN NOUVEAU NOM POUR UN PEUPLE DISPERSÉ

Juif est un mot qui signifie « judéen ». C'était le nom des habitants du royaume de Juda. À partir du retour de Babylone, ce nom désigne tous les membres du peuple d'Israël, même ceux qui vivent loin de Jérusalem, en Grèce ou en Égypte. Les juifs ne sont plus les habitants d'un même pays, mais les croyants en un même Dieu.

Le retour au pays

Le roi de Perse, Cyrus, s'empare de Babylone en 539 av. J.-C. Il autorise les exilés à rentrer à Jérusalem. Pour ceux qui reviennent, la vie est difficile ; la ville est à l'abandon, il n'y a plus de commerce, plus de richesses. Un fonctionnaire, Néhémie, et le scribe Esdras réorganisent la vie du peuple et l'incitent à vivre vraiment selon la loi du Seigneur. Les plus courageux commencent à reconstruire le Temple. Les livres d'Esdras et de Néhémie racontent la réinstallation à Jérusalem.

Ezéchiel, prêtre et prophète

Ezéchiel est prêtre et fils de prêtre. Il est parmi les premiers prisonniers déportés à Babylone. Il perd presque totalement espoir lorsqu'il apprend que Jérusalem est détruite et que de nouveaux déportés arrivent.
Pourtant, Ezéchiel retrouve la force de parler. Il a des visions et décrit Dieu quittant la ville infidèle de Jérusalem pour venir rejoindre les exilés à Babylone. Dieu est capable de faire du neuf : il fera revenir les exilés, rassemblera tout son peuple sur sa terre. Il donnera à l'homme un esprit nouveau, un cœur nouveau. Il transformera son cœur de pierre en cœur de chair, et l'homme aura la force d'être fidèle. Ezéchiel garde confiance en Dieu. Le Dieu d'Israël est un dieu qui pardonne. Il fera revenir les exilés et conclura une Alliance nouvelle avec tout le peuple.

Anonyme, *La Résurrection de la chair, vision des ossements désséchés par Ezéchiel*, 1587, château d'Écouen, France

Une vision d'Ezéchiel

Dieu me déposa dans une vallée pleine d'ossements et me dit : « Parle sur ces ossements. » Je dis : « Dieu mettra sur vous de la chair, vous donnera un esprit et vous vivrez. »
Il y eut un bruit, les os se rapprochèrent, la chair poussa, mais il n'y avait pas d'esprit en eux. Dieu m'a dit : « Parle à l'esprit. » Je dis : « Esprit, souffle sur ces morts, qu'ils revivent. » Ils se mirent debout. Dieu me dit : « Ces ossements, c'est Israël, son espérance est morte. Annonce au peuple : "Dieu vous sortira de vos tombeaux et vous ramènera chez vous. Vous vivrez, et vous saurez qu'il est le Seigneur." » Ez 37

Qui est prêtre en Israël ?

À cette époque, en Israël, comme dans tout l'Orient, on ne devient pas prêtre, on l'est de naissance. Les prêtres sont les descendants du frère de Moïse, Aaron ; les membres de la tribu de Lévi, les Lévites, les aident à préparer les sacrifices. Le prêtre doit observer les règles du culte. Il est soumis au roi. C'est une sorte de fonctionnaire.

Plainte d'un exilé

Fais-nous revenir sur la terre que tu nous as donnée
Alors, nos ennemis sauront que tu es grand et bon.
Seigneur, j'espère en toi. Ez 39

JOB : LE MYSTÈRE DU MAL

On trouve dans la Bible, dans le livre de Job, une histoire très étrange, une sorte de conte qui pose une question très difficile : « Qui est responsable du malheur ? » Théo te propose de comprendre à travers une enquête et un journal imaginaires "L'affaire Job".

Jan Mandyn, *Les Épreuves de Job*, 16e siècle, musée de la Chartreuse, Douai, France

EDITO

Qui est coupable ?

Devant un si grand malheur, on cherche les coupables : Dieu ou Job ? Les amis de Job ne veulent pas accuser Dieu ; alors, ils accusent Job. Si Job affirme qu'il est innocent, cela voudrait dire que Dieu est injuste. C'est une accusation très grave contre Dieu. C'est pour cela que certains imaginent d'autres raisons. Job serait puni à cause des péchés de sa famille, de ses parents ou de ses enfants.

Pourtant, à plusieurs reprises dans la Bible, Dieu affirme qu'il ne punit pas les pères pour les fils, ni les fils pour les pères.

Alors, que faut-il croire ?

Job est ruiné !

Job, l'homme le plus riche et le plus heureux du pays, a tout perdu en un jour. Ses troupeaux ont été enlevés par des voleurs et ses serviteurs ont été massacrés. Pire encore, la maison où ses enfants étaient réunis s'est effondrée : tous sont morts. Pour finir, il a attrapé une maladie terrible qui lui ronge la peau et le fait souffrir atrocement.

ENQUÊTE

Notre reporter a rencontré la femme de Job.

– Que pensez-vous de ce qui arrive à votre mari ?

– Job était un homme juste, il respectait Dieu, il ne commettait pas de péchés. Cela n'a servi à rien. Maintenant il est puni comme le plus grand des malfaiteurs. Dieu est trop injuste. Que Job abandonne Dieu et meure.

– Et Job, que pense-t-il de tout cela ?

– Job est fou, il se tait, il accepte son sort sans un mot.

EDITO

Que comprendre de l'étrange aventure de Job ?

Dieu lui-même n'a pas répondu à la question du malheur. Pourtant, une chose est sûre : Job n'a pas cru que son malheur était une punition de Dieu. Il s'est plaint, il s'est révolté, et Dieu n'a pas condamné Job à cause de sa révolte. Il est venu quand Job l'appelait. Peut-être est-ce cela, la réponse de Dieu devant le mal. Plutôt que de chercher des coupables, plutôt que de dire c'est Dieu qui me punit, mieux vaut se tourner vers Dieu, même pour crier, supplier, se révolter. Alors, Dieu et les hommes qui crient vers lui peuvent se battre ensemble contre le mal.

SUITE DE L'AFFAIRE JOB

de notre envoyé spécial auprès de Job

Il y a quelques jours, Job a été rejoint par trois de ses amis. Ils sont restés assis près de lui pendant sept jours et sept nuits. En voyant son malheur, ils ont pleuré en silence.

Gaspard de Crayer, *Job dans l'adversité*, 1619, musée des Augustins, Toulouse, France

Que pensez-vous de ce qui arrive à votre ami Job ?

Si Job est aussi malheureux, c'est parce qu'il a commis des péchés épouvantables. C'est une punition de Dieu. Qu'il demande pardon à Dieu, qu'il reconnaisse ses fautes.

Job, comprenez-vous ce qui vous arrive ?

Non, mon malheur est immense. Je regrette d'être né. À quoi sert-il de vivre si c'est pour être si malheureux ?

Vos amis disent que Dieu vous punit pour vos péchés !

Mes amis parlent à tort et à travers. Ils m'accusent sans rien savoir. Je ne suis pas parfait, mais je n'ai rien fait qui mérite un tel malheur. D'ailleurs, je ne veux pas entendre les explications de mes amis. Je demande des explications à Dieu lui-même. Qu'Il vienne, qu'Il me dise ce qu'Il a contre moi.

Dieu et Job face à face

Dieu n'est pas resté sourd à la révolte de Job. Il a entendu son cri. À son tour, il a posé des questions à Job.

Il a demandé : « Où étais-tu quand je fondais la Terre ? Sais-tu commander aux vents, et à la pluie ? Sais-tu faire naître le matin ? Qui es-tu pour discuter avec moi ? Peux-tu répondre à mes questions ? »
« J'ai parlé sans savoir. Maintenant je sais que tu peux tout, rien n'est impossible pour toi. Les merveilles que tu fais me dépassent. Je ne te connaissais que par ce qu'on dit de toi. Maintenant, je t'ai rencontré, je retire mes paroles stupides, je te demande pardon » a répondu Job.

Dernière minute

Dieu donne à Job un bonheur extraordinaire. Il vit plus heureux que jamais au milieu des siens. Il a même obtenu le pardon pour ses amis à qui Dieu reprochait d'avoir accusé Job injustement.

Les martyrs d'Israël

Au 4e siècle avant J.-C., le roi de Macédoine, Alexandre, conquiert un immense empire qui s'étend de la Grèce à l'Inde. Quand il meurt, à 33 ans, ses généraux partagent son empire en plusieurs royaumes. Les régions où habitent les juifs deviennent une province du royaume de Syrie. C'est un grand royaume, des peuples différents y habitent, chacun avec ses usages et sa religion.

Vers 175 av. J.-C., le roi de Syrie, Antiochus IV, tente d'imposer à tous ses sujets la façon de vivre et la religion des Grecs. Il élève des temples et des autels aux dieux grecs, et se fait honorer comme un dieu. À Jérusalem, il dresse une statue de Zeus au milieu du Temple. Les juifs sont bouleversés par ce scandale épouvantable. De plus, Antiochus interdit d'observer l'ancienne loi de Moïse, de respecter le repos du jour du sabbat, de circoncire les garçons. Ceux qui désobéissent sont menacés de mort.

Des juifs fidèles prennent le maquis

Certains juifs acceptent de vivre comme des Grecs, mais d'autres décident de mener une résistance active et armée face au roi grec. L'un d'eux, Mattathias, quitte Jérusalem. Il se retire dans les montagnes avec ses cinq fils et une troupe de fidèles. Ils combattent l'armée du roi. À la mort de Mattathias, le plus vaillant de ses fils, Judas, surnommé Maccabée (le marteau), lui succède. Il mène la guérilla pendant deux ans. Finalement, il obtient la victoire. Au cours d'une grande fête, les prêtres purifient le Temple et offrent à nouveau des sacrifices au Dieu d'Israël.

Mais la rébellion continue car les juifs veulent chasser le roi définitivement. Judas, puis son frère Jonathan, meurent au combat, mais le troisième frère, Simon, remporte la victoire en 142 et devient le chef d'un état juif presque indépendant.

La religion grecque

Les Grecs ont beaucoup de dieux. Ces dieux ne sont pas parfaits ; ils ont les même défauts que les humains. Ils sont jaloux, menteurs et se disputent souvent entre eux. Les hommes craignent leur mauvaise humeur.

Zeus est le maître des dieux et des hommes. Les autres dieux ont leurs catégories de protégés : individus, villes ou métiers. Apollon (ci-contre) est le dieu des musiciens, des poètes et des devins ; Artémis la déesse des jeunes filles ; Athéna, la déesse de l'intelligence et de la ville d'Athènes. Peu importe d'être bon ou méchant, l'essentiel est d'être malin et d'acheter la protection du dieu avec des prières, des offrandes.

Hannouka

En souvenir du jour où le Temple a été de nouveau rempli de lumières, les juifs célèbrent une grande fête, Hannouka.

Un mot, un nom que tu ne connais pas ? Va voir dans l'index page 283.

Les martyrs d'Israël

Deux livres de la Bible, les livres des Martyrs d'Israël, racontent les aventures des héros juifs qui refusent la loi grecque. La plus extraordinaire est l'histoire de sept frères qui refusent de manger de la viande de porc car, selon la loi juive, cette viande est impure. Le roi veut les faire céder sous la torture, mais ils résistent et un à un, ils meurent courageusement en disant : « Le roi du monde nous ressuscitera pour une vie éternelle, nous qui mourons pour rester fidèle à ses lois. »

Ces histoires des martyrs encouragent la foi des juifs éloignés de Jérusalem qui vivent au milieu des païens dans des pays étrangers, en particulier en Égypte.

Une autre histoire de persécution

Le jeune juif Daniel vit loin de chez lui, à Babylone, à la cour du roi Darius. Le roi remarque son intelligence étonnante et sa grande sagesse. Il en fait l'un de ses ministres. Beaucoup de gens sont jaloux. Ils veulent éliminer Daniel. Ils suggèrent une loi nouvelle qui interdit sous peine de mort de prier quelqu'un d'autre que le roi qui est le représentant des dieux sur la Terre.
Daniel, lui, continue à prier fidèlement plusieurs fois par jour le Dieu d'Israël, le Dieu de ses pères. Ses ennemis le dénoncent et un soir, il est jeté dans une fosse remplie de lions féroces. Au petit matin, Daniel est vivant : les lions ne l'ont pas attaqué. Le roi est heureux de retrouver son ami sain et sauf.
Il fait proclamer que le Dieu de Daniel protège ceux qui le prient.

Le livre de Daniel

Cette histoire est racontée dans le livre de Daniel. Beaucoup d'autres aventures extraordinaires de Daniel et de ses amis y sont racontées. Dans le livre de Daniel, on peut aussi lire de grandes visions terrifiantes qui veulent dire dans un langage étrange et fantastique que le bien triomphe finalement du mal et qu'il ne faut pas perdre espoir. On appelle ces textes des apocalypses (ce mot grec veut dire « révélation »).

Israël et les nations

Le petit peuple d'Israël a des voisins puissants, les Égyptiens et les Babyloniens. Il est sans cesse tenté d'adopter les coutumes et les dieux de ces peuples. Pour rester fidèle à son Dieu, Israël essaie de se tenir à l'écart et méprise les peuples étrangers qui adorent d'autres dieux.

Des juifs installés au milieu des païens : la diaspora

Pour fuir les guerres qui ravagent leur pays, des juifs commencent à se répandre dans tout le bassin méditerranéen. Ils sont nombreux en Grèce, en Asie Mineure, et en Égypte où, dans la capitale Alexandrie, ils ont le droit de s'organiser presque librement selon leur loi.
Les communautés juives implantées hors de Palestine sont appelées « diaspora » (mot qui signifie « dispersion »).

Dieu d'Israël et de tous les peuples

Les prophètes font découvrir à Israël que son Dieu est le Dieu unique qui dirige et protège tous les peuples. Pour beaucoup de juifs, il est bien difficile d'admettre qu'Israël n'est pas propriétaire de Dieu et que Dieu aime aussi les autres peuples.

L'histoire de Jonas, le prophète envoyé en terre étrangère

Le livre de Jonas raconte l'histoire d'un prophète que Dieu envoie parler dans la ville étrangère de Ninive. Jonas ne veut pas aller dans cette ville connue pour sa méchanceté. Il prend la fuite dans un bateau qui l'emmène dans la direction opposée. Une tempête terrible se déclenche. Jonas comprend que cette mer déchaînée est le signe du mécontentement de Dieu contre lui. Il demande aux matelots de le jeter par-dessus bord. Un gros poisson avale Jonas qui reste trois jours dans le ventre de la bête. Finalement, le poisson rejette Jonas sur le rivage.

Jan Brueghel le Vieux, 1568-1625,
Jonas sortant du ventre de la baleine,
Pinacothèque de Munich, Allemagne

Dieu, de nouveau, appelle Jonas. Cette fois, Jonas obéit et va proclamer le message de Dieu aux habitants de Ninive : « Dans quarante jours, votre ville sera détruite. » Aussitôt, du roi au mendiant, tous se convertissent, espérant que Dieu retirera sa menace. En effet, Dieu voit la sincérité de Ninive et sauve la ville.

La colère de Jonas

Jonas étouffe de rage, il s'assoit hors de la ville. Il voudrait mourir tellement il est jaloux de la bonté de Dieu à l'égard des étrangers. Alors, Dieu fait pousser une grande plante, un ricin, qui abrite Jonas de son ombre. La douce fraîcheur réconforte Jonas. Mais voilà qu'un ver pique le ricin, il se dessèche et ses feuilles tombent. Jonas se désole de la perte de son parasol. Alors, Dieu lui dit : « Tu pleures pour un arbre qui ne t'a coûté aucun travail, comment moi n'aurais-je pas pitié de ces milliers d'hommes qui vivent à Ninive ? »

Pourquoi nous raconte-t-on cette histoire ?

Jonas représente la communauté juive au retour de l'exil à Babylone. Elle vit repliée sur elle-même, haïssant les nations étrangères qui ont vaincu Israël.
Le Dieu de Jonas, lui, se soucie de tous les hommes sans distinction. Le peuple juif, comme Jonas, a reçu une mission : faire savoir à tous les hommes que Dieu les aime et veut les sauver.

Qu'est-ce qu'un païen ?

Un païen est un homme qui n'appartient pas à la descendance d'Abraham et qui adore d'autres dieux que le Dieu d'Israël.

Qu'est-ce que les nations ?

Attention, dans la Bible, ce mot n'a pas le sens habituel ! Il désigne les peuples païens, par opposition au peuple d'Israël. Mais quand on parle de la nation française, il s'agit de l'ensemble des Français sans distinction de religion.

Une Bible en grec : la Septante

Les juifs d'Alexandrie en Égypte veulent observer la loi juive. Mais beaucoup parlent uniquement la langue du pays, le grec, et ne comprennent plus l'hébreu. C'est d'abord pour eux que les principaux textes de la Parole de Dieu sont traduits : les cinq livres de la Loi, les livres des Prophètes, les Psaumes. Ainsi, les croyants peuvent-ils lire la Parole et prier dans leur langue de tous les jours et les autorités d'Égypte peuvent lire et connaître les lois de la communauté juive.

Cette traduction s'appelle la Septante, ce qui signifie soixante-dix, parce que les textes auraient été traduits par soixante-dix savants.
La Septante comprend aussi des livres qui ont été écrits directement en grec, comme le deuxième livre des Martyrs d'Israël.

Une histoire de testament ou le difficile métier de traducteur

En hébreu, l'ensemble des textes de la Parole de Dieu s'appelle : textes de l'Alliance. Le mot hébreu signifie une alliance où les deux partenaires ne sont pas égaux : l'un a besoin de l'autre, il promet sa fidélité à celui qui le protège. En grec, il existe un mot pour alliance, mais il désigne un échange égalitaire où chacune des deux parties apporte autant. Ce n'est bien sûr pas le cas de l'Alliance entre Dieu et les hommes. Les traducteurs en grec ont donc choisi un autre mot qui a été traduit en latin puis en français par « testament ». Ancien Testament signifie donc simplement Ancienne Alliance.

Le Cantique des cantiques

Les hommes de la Bible qui ont le mieux connu Dieu ont découvert son grand secret : Dieu est amoureux des hommes ! Il les aime à la passion ! Théo a déniché ses plus belles « déclarations d'amour ».

S'aimer, c'est beau mais ce n'est pas si facile ! Le Cantique des cantiques raconte l'histoire de deux fiancés qui apprennent à se connaître et à s'aimer ; parfois ils ne se comprennent pas, ils se séparent et se retrouvent... C'est l'histoire de tous les époux, de tous les amis ! C'est aussi l'histoire du Dieu de la Bible qui s'est « fiancé » avec son peuple.

Au début de tout, il y a l'amour qui fait bondir, l'amour qui donne des ailes.

« J'entends mon Bien-Aimé ! Le voici ! Il vient !
Sautant sur les montagnes, bondissant sur les collines.
Mon Bien-Aimé est semblable à une gazelle, à un jeune faon.
Entraîne-moi, apprends-moi à courir avec toi ! »

Au début de tout, il y a l'amour qui appelle !

« Lève-toi, ma bien-aimée,
ma belle, viens ! »

Mais la fiancée traîne les pieds.

« Je n'ai pas envie de remettre mon vêtement,
de salir mes pieds pour aller t'ouvrir.
...quand j'ai ouvert, il avait disparu. »

Alors c'est vraiment terrible, car la fiancée se retrouve toute seule.

« Je meurs, car celui que j'aime est parti.
Je l'ai cherché, mais je ne l'ai pas trouvé.
Je l'ai appelé dans la nuit, mais il n'a pas répondu. [...]
Avant la fin de la nuit,
reviens, mon Bien-Aimé,
toi qui es fidèle ! »

Mais... surprise ! Le Bien-Aimé est tout près, il attend patiemment... il est prêt à tout pardonner !

« Mon Bien-Aimé attend derrière le mur.
Il me guette par la fenêtre, il épie par le treillis.
Voici qu'il pose la main sur la porte...
Je suis bouleversée, et je cours lui ouvrir ! »
« Attache-moi à toi, fixe-moi dans ton cœur,
que je ne sois jamais séparée de toi !
L'Amour est fort comme la Mort.
Il brûle comme un feu : c'est le feu de Dieu !
Rien ne pourra l'éteindre. »
« Ouvre-moi, ma colombe, ma parfaite ! »

Un peu d'amour, un peu de vie. Beaucoup d'amour, beaucoup de vie ! Dans le Cantique des cantiques, les fleurs sentent meilleur, les fruits sont plus savoureux, les corps plus vigoureux... la vie tout entière a plus de goût ! Pas de mystère : pour vivre à fond, il suffit d'aimer et de se laisser aimer !

Vive la beauté !

« Que tu es belle, que tu es gracieuse,
Amour, fille délicieuse
Ma Bien-Aimée surgit comme l'aurore !
Elle est belle comme la Lune,
resplendissante comme le Soleil ! »

Vivent les jardins !

« Elle est un jardin bien clos,
ma sœur fiancée,
un jardin bien clos,
une source cachée.
Un jardin de grenades et d'arbres rares,
un jardin de fruits et de parfums.
Source des jardins, puits d'eau vive,
Ruissellement du Liban ! »

Dieu aime les hommes jusqu'au bout et pour toujours

La Bible compare souvent cet amour si fort à celui des époux : comme un fiancé aime sa fiancée et l'épouse pour partager toute sa vie avec elle.

« Le Seigneur dit :
Je te fiancerai à moi pour toujours,
je te fiancerai à moi,
par la justice et le droit,
par l'amour et la tendresse ;
je te fiancerai à moi par la fidélité
et tu me connaîtras. »
Os 2

Marc Chagall, *Le Cantique des cantiques*, musée Chagall, Nice, France

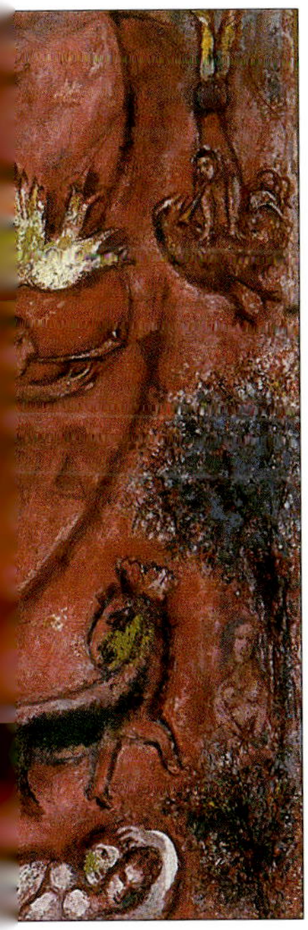

Dieu parle du peuple comme de sa fiancée et dit :

« Et c'est moi qui vais la séduire, je la conduirai au désert et je parlerai à son cœur. »
Os 2, 16

Dieu aime les hommes avec tant de tendresse qu'il va jusqu'à pardonner le mal qu'on lui fait

« Mon peuple est infidèle, il n'en démord pas !
Je suis bouleversé, je suis sens dessus dessous.
Pourtant je n'éclaterai pas en colère [...],
car je suis Dieu et non pas homme :
au milieu de toi je suis le Saint. »
Os 11

Une seule chose pour le rendre heureux : le bonheur des hommes

« Comme l'épouse fait la joie de l'époux,
tu fais toute la joie de ton Dieu. »
Is 62

LE CANTIQUE DES CANTIQUES, UN LIVRE PAS COMME LES AUTRES

◆ *Le Cantique des cantiques, quel drôle de titre !*
– Un « cantique », c'est un beau chant. Alors le *Cantique des cantiques*, c'est le plus beau des chants. La merveille des merveilles de la Bible !

◆ *Pourquoi ?*
– Parce que ce poème parle de la joie de deux fiancés qui vont s'épouser : dans la Bible, le bonheur d'aimer et d'être aimé est vraiment le bonheur des bonheurs ! Les mariages étaient des fêtes très importantes : pendant plusieurs jours on se réjouissait, on chantait et on récitait des poèmes de ce genre.

◆ *Mais pourquoi fait-il partie de la Bible s'il ne parle pas de Dieu ?*
– D'abord parce que Dieu aime la joie que l'homme et la femme se donnent l'un à l'autre. Quand il y a de l'amour, Dieu n'est jamais loin ! Et pour les croyants, à travers ce récit, c'est aussi Dieu qui dit à chaque homme combien il l'aime.

Histoire du peuple d'Israël

LES PREMIERS TEMPS

Temps d'Abraham et des Patriarches

- 1800
- 1700 — La famille de Jacob arrive en Égypte
- 1650
- Les Hébreux en Égypte

L'EXODE

- 1300 – 1250 — Moïse : Les Hébreux fuient l'Égypte

L'INSTALLATION EN CANAAN

Les Juges

- 1040 SAMUEL
- 1030-1010 Saül roi d'Israël
- 1010-970 David roi d'Israël
- 970-931 Salomon roi d'Israël construction du Temple de Jérusalem

LA SÉPARATION

- vers 930 division du royaume du nord (Israël) et du royaume du sud (Juda)
- 721 prise de Samarie, capitale du nord par les Assyriens
- 586 prise de Jérusalem, capitale du sud par le roi de Babylone Nabuchodonosor

Dates : 1800 · 1700 · 1650 · 1300 · 1250 · 1030 · 930 · 721 · 586

- 874 ÉLIE
- 822 ÉLISÉE
- 750 AMOS ET OSÉE
- 740-700 MICHÉE
- 716 ISAIE
- 630 SOPHONIE
- 627 JÉRÉMIE
- 597 EZÉCHIEL

DOMINATION GRECQUE

DOMINATION ROMAINE

DOMINATION PERSE

175
Antiochus
Epiphane
roi de Syrie
persécute
les juifs

167
guerre
des Maccabées
contre
Antiochus

le général
romain
Pompée
prend
Jérusalem

536 — 331 — 167 — 63

20 AGGÉE

20 ZACHARIE

500-480 MALACHIE

Quand Rome domine le monde

Le pays dans lequel naît Jésus est habité par les juifs depuis plus de mille ans. Depuis environ 60 ans, le pays est occupé par les Romains qui l'ont appelé la Palestine. Les Romains sont la grande puissance de ce temps. Le chef des Romains, l'empereur, ne s'inquiète pas beaucoup de ce petit pays sans grandes richesses. Il se contente d'envoyer un préfet et quelques soldats pour empêcher les révoltes et faire payer les impôts.

La puissance romaine

Les Romains sont de très bons guerriers. Ils ont conquis tous les pays autour de la mer Méditerranée, et même au-delà. L'empire s'étend sur toute l'Italie, la Grèce, l'Afrique du Nord, l'Égypte, la Gaule, une grande partie de l'Angleterre et du pays germain (l'Allemagne).

Les Romains sont aussi des commerçants. Leurs bateaux sillonnent la mer, transportant vers Rome le blé d'Égypte et les richesses d'Afrique et d'Asie, bois, or, coton, soie, parfums précieux, épices et même des esclaves. Sur terre, ils construisent de belles routes, les voies romaines qui relient toutes les villes à Rome et permettent aux troupes et aux messagers de l'empereur de circuler rapidement.

Légionnaires romains, bas-relief, Vatican, Italie

La Palestine au temps de Jésus

Au temps de Jésus, la Palestine est divisée en trois parties. Au sud, autour de la ville de Jérusalem, s'étend la Judée. Au nord, autour de la mer de Galilée qu'on appelle aussi le lac de Tibériade se trouve la Galilée. Le centre du pays se nomme la Samarie. Les habitants de ce pays sont détestés par les juifs de Judée et de Galilée qui leur reprochent d'avoir changé la religion. Pour aller de Galilée en Judée, les juifs préfèrent passer par des terres étrangères, la Décapole et la Pérée, plutôt que de traverser la Samarie.

La paix romaine

Les Romains laissent les peuples qu'ils ont conquis conserver leur façon de vivre et leur religion. Dans les villes, ils construisent pour eux-mêmes des temples, des théâtres et élèvent des statues pour leurs dieux. Ils sont un peu surpris par l'étrange religion des juifs, qui ont un seul Dieu qu'on ne peut pas voir, mais ils laissent le grand conseil juif, le Sanhédrin, s'occuper des affaires religieuses des juifs. Ce qui compte, c'est que le pays soit en paix et que les impôts soient payés.

La vie des juifs au temps de Jésus

La plupart des gens vivent du travail de la terre. Sur les sols les plus riches, ils cultivent le blé, la vigne et l'olivier. Sur les terres moins fertiles, ils élèvent des chèvres pour le lait et des moutons pour la laine et la viande. Autour du lac, des pêcheurs équipés de petites barques et de filets ramassent du poisson. Dans chaque village vivent des artisans, des potiers, des forgerons ou des charpentiers.

Il y a peu de gens riches. Les maisons sont simples : elles ont la forme d'un cube. Il n'y a souvent qu'une seule pièce qui sert de cuisine, de salle à manger et de chambre à coucher. Quand il fait chaud, toute la famille dort sur la terrasse, sous les étoiles. Là, on peut aussi faire sécher les fruits ou se retirer pour prier. Les murs, en terre séchée mêlée de paille, sont blanchis. Ils doivent être souvent consolidés pour résister à la saison des pluies. Les gens vivent beaucoup dehors, les femmes bavardent autour du puits du village. Le soir, le travail terminé, on se retrouve à l'ombre du figuier.

La langue du pays de Jésus

Au début, la langue des juifs est l'hébreu, mais petit à petit, elle n'est plus utilisée que dans la religion. Au temps de Jésus, les gens parlent araméen, la langue de nombreux peuples de la région. Beaucoup savent aussi le grec, la langue du commerce. C'est aussi la langue que parlent les Romains qui occupent le pays.

Les moyens de transport

Presque tous les déplacements se font à pied. Les lourdes charges sont portées par des ânes. Les voyages durent longtemps, mais cela donne le temps de regarder le paysage et de parler avec les gens.

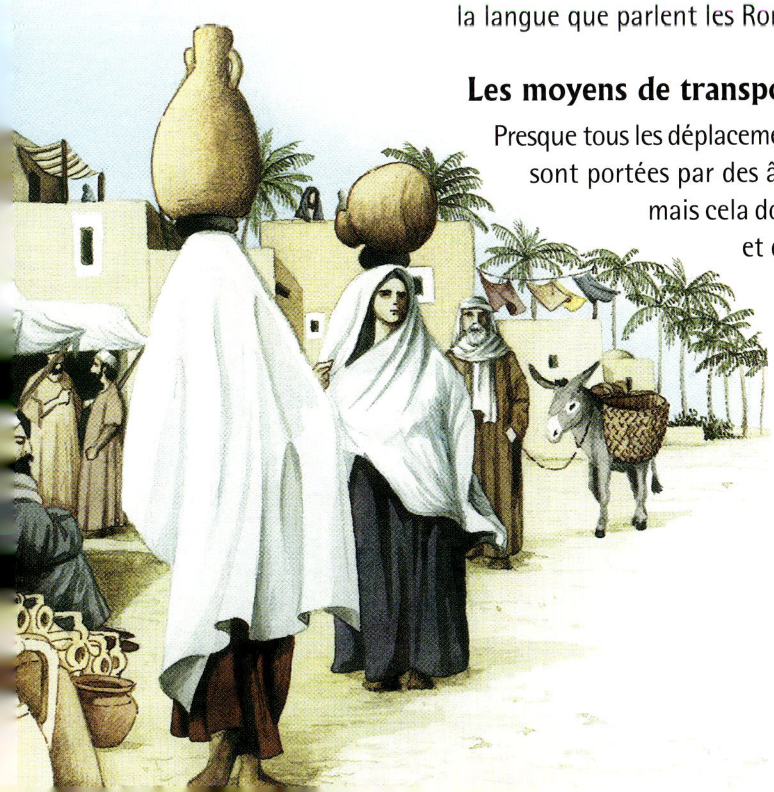

Les juifs hors de Palestine

À l'époque de Jésus, on pense que sur huit millions de juifs, sept millions vivent en dehors de Palestine, dispersés dans les villes de l'Empire romain : Antioche, Damas, Alexandrie, Corinthe, Rome. Ils ont volontairement quitté leur pays pour trouver du travail.

Les Évangiles

Depuis le temps d'Abraham, il y a presque 2000 ans, le petit peuple juif installé en Palestine attend la réalisation de la plus belle des promesses de Dieu. Il attend un envoyé de Dieu, un Messie, qui le délivrera définitivement. Le Nouveau Testament, ou Nouvelle Alliance, est le témoignage de ceux qui ont reconnu en un homme, Jésus de Nazareth, celui qu'ils attendaient depuis si longtemps.

Marc ou Jean Marc aurait été l'ami le plus proche de l'Apôtre Pierre à Rome ; il aurait aussi été un compagnon de Paul. Il écrit certainement à Rome pour des chrétiens qui connaissent bien la vie romaine.

Matthieu : un des douze Apôtres, à l'origine collecteur d'impôts. Il écrit pour des chrétiens d'origine juive ; il cite souvent l'Ancien Testament.

Le Nouveau Testament

Le Nouveau Testament est composé de 27 livres : les quatre Évangiles qui donnent le témoignage de quatre personnes sur les paroles et les actes de Jésus, le livre des Actes des Apôtres qui raconte la vie des premiers croyants en Jésus-Christ, les lettres que des apôtres ont envoyées aux premières communautés des nouveaux croyants, et l'Apocalypse de saint Jean.

Les Évangiles

Les Évangiles ne sont pas un carnet de bord de la vie de Jésus. Aucun des amis qui l'accompagnaient sur les routes de Palestine n'ont pris en note ses gestes et ses paroles.
Les Évangiles ne sont pas non plus des livres de souvenirs sur Jésus. Le mot « Évangile » a pour origine un mot grec qui signifie « bonne nouvelle ». Les auteurs des Évangiles écrivent pour annoncer une bonne nouvelle : « Jésus, l'ami qu'ils ont suivi pendant trois ans, qui est mort sur la croix, est l'envoyé promis par Dieu. Il est vraiment le Fils de Dieu, le Seigneur. Dieu ne l'a pas abandonné dans la mort, il l'a ressuscité. » Les auteurs des Évangiles témoignent de ce qu'ils croient : « Jésus ressuscité, nous l'avons vu, nous l'avons reconnu, il est vraiment vivant pour toujours. »
La Résurrection est pour eux comme une grande lumière qui éclaire toute la vie de Jésus, ses paroles et ses actes.
Illuminés par cette lumière, les auteurs des Évangiles racontent et comprennent ce que Jésus a fait ou dit.

Comment ont été écrits les Évangiles ?

Les Évangiles n'ont pas été écrits immédiatement après la mort et la résurrection de Jésus. Au début, les Apôtres racontent ce qu'ils ont vu, entendu, compris. Les premiers groupes de croyants écoutent la parole des Apôtres, prient, partagent le pain. Petit à petit, ceux qui n'ont pas du tout connu Jésus deviennent plus nombreux. Pour eux, on commence à écrire ce qui est indispensable : la mort

Que signifie le terme : Évangiles synoptiques ?

Synoptique est un mot d'origine grecque qui signifie « du même regard ». Trois des Évangiles, ceux de Marc, Matthieu et Luc, sont écrits selon le même plan général. On peut les recopier sur trois colonnes et lire d'un seul coup d'œil les mêmes événements racontés dans un ordre très voisin.
L'Évangile de Jean est composé selon un autre plan.

de Jésus, ses paroles, ses gestes les plus importants, puis tout ce qui dans la vie de Jésus peut aider à comprendre qui il est.

À quelles dates ont été écrits les Évangiles ?

Il est très difficile de donner la date exacte de rédaction des Évangiles, mais aujourd'hui, la plupart des spécialistes sont d'accord sur les dates suivantes. L'Évangile de Marc a été terminé le premier, avant 70. Ceux de Matthieu et de Luc ont été achevés entre 80 et 90, celui de Jean entre 90 et 100.

Luc : un des compagnons de Paul. C'est un médecin. Il écrit pour des chrétiens qui ne connaissent pas bien la Bible et les coutumes juives. Il est aussi l'auteur du livre des Actes des Apôtres.

Jean : c'est certainement l'Apôtre Jean. Quand il parle de lui, il dit « le disciple que Jésus aimait ». Son Évangile est plus tardif que les autres. Il écrit pour des chrétiens qui sont déjà convertis depuis longtemps. Il cherche à consolider leur foi.

Jacob Jordaens, 1593-1678, *Les Quatre Évangélistes*, musée du Louvre, Paris, France

Les paroles de Jésus

La Bible raconte que Dieu a créé le monde en parlant, tout simplement ! Il a donné un nom aux choses, et elles ont existé. Dieu dit : « Que la lumière soit... et la lumière fut. » Les chrétiens croient que la parole de Jésus fait bouger le monde pour que la vie l'emporte sur la souffrance et la mort. Les mots de Jésus sont tellement pleins et vrais qu'ils deviennent vivants, qu'ils deviennent réalité.

Je suis le Chemin, la Vérité et la Vie. Jn 8, 12
Jésus n'est pas seulement un guide qui montre la bonne direction. Il est à la fois le chemin et la destination.

Vous êtes la lumière du monde. Mt 5, 13
Vous êtes le sel de la terre. Mt 5, 13
Soyez parfaits comme votre Père est parfait. Mt 5, 4
Jésus donne à ses amis envie de vivre à fond, avec lui ; leur vie prend du goût et des couleurs, elle devient une fête pour le monde, un feu de joie dans le cœur de Dieu.

Aimez-vous les uns les autres comme je vous ai aimés. Jn 13, 34
Quel drôle d'ordre, l'amour, ça ne se commande pas ! Mais quand des hommes se laissent aimer par Jésus, ils sont complètement transformés, ils brûlent d'amour, ils rayonnent de joie, ils veulent faire connaître Jésus. Alors ils peuvent vraiment aimer.

Quand Jésus parle, le monde bouge

Mon Dieu, mon Dieu, pourquoi m'as-tu abandonné ? Mt 27, 46
Quand Jésus meurt sur la Croix, il se retrouve vraiment seul : ses amis ont peur, ils l'ont trahi ou abandonné, et il ne lui reste plus que Dieu... Mais ce jour-là, Dieu aussi se tait. Jésus est allé au bout de l'abandon, pour que personne ne soit jamais plus séparé de Dieu.

Qui me voit voit le Père. Jn 14, 9
Pour les chrétiens, les gestes de Jésus sont les gestes de Dieu. Ses mots sont les mots de Dieu. Les chrétiens croient qu'avec Jésus, Dieu se laisse vraiment voir et toucher, pour que les hommes le connaissent tel qu'il est : Dieu, le vrai Dieu, tellement différent de celui qu'on imagine !

Je suis le Pain vivant qui descend du Ciel. Celui qui mangera de ce pain aura la vie éternelle. Jn 6, 51

Je suis venu pour que les hommes aient la Vie et qu'ils l'aient en abondance. Jn 10, 10
Jésus veut être une fête pour les hommes. Il leur apporte tout ce que leur cœur cherche, et même plus encore, une joie formidable qu'ils ne peuvent pas imaginer, une joie toujours plus belle, toujours nouvelle.

Autour de toi, tu entends souvent des expressions toute faites. Sais-tu que certaines d'entre elles viennent de Jésus ?

Nul n'est prophète en son pays. Lc 4, 24
Les gens du pays de Jésus sont choqués par sa parole. Ceux qu'il rencontre au loin, au contraire, sont bouleversés : ils disent que Jésus est un grand prophète. Cette expression veut dire aussi qu'il est difficile de s'émerveiller d'une personne quand on croit trop la connaître.

Qu'as-tu à regarder la paille dans l'œil de ton voisin alors que tu ne vois pas la poutre qui est dans le tien. Lc 6, 41
On remarque facilement les petits défauts des autres... mais on ne voit pas les siens, même s'ils sont énormes !

Que celui qui n'a jamais péché lui jette la première pierre. Jn 8, 7
Des hommes veulent lapider* une femme qui a péché... mais ont-ils le droit de la punir, alors qu'ils commettent eux aussi le mal ?
*La tuer en lui jetant des pierres.

Rendez à César ce qui est à César et à Dieu ce qui est à Dieu. Lc 20, 25
Dieu demande aux hommes de l'aimer et l'empereur César leur demande l'argent des impôts. L'un n'empêche pas l'autre !
Aujourd'hui on emploie cette expression quand on veut bien distinguer deux problèmes.

La vie des croyants d'Israël

Au temps de Jésus, les juifs croient en un Dieu unique, Dieu de l'univers. Pour eux, tous les autres dieux sont des faux dieux. Ils ne font ni statue, ni peinture de Dieu et ne prononcent pas son nom car Dieu est trop grand pour se laisser enfermer dans les mots ou les dessins des hommes. Pourtant, il croient que Dieu est présent au milieu de son peuple, en particulier dans le Temple de Jérusalem, et dans tous les moments de leur vie. Ils le prient dans les maisons de prière, les synagogues, et au Temple. Ils essaient de vivre selon la loi de Moïse.

JÉSUS, LA VIE D'UN CROYANT

Jésus est né juif. Quarante jours après sa naissance, Marie et Joseph vont au Temple de Jérusalem avec leur bébé. Selon la coutume, ils offrent deux colombes pour remercier Dieu de leur avoir donné un fils. Il grandit et apprend à connaître Dieu en écoutant ses parents et en allant à la synagogue de son village, Nazareth.
À l'âge de douze ans, il suit ses parents en pèlerinage au Temple de Jérusalem, et tous les savants juifs sont étonnés de l'entendre parler de Dieu avec tant d'intelligence.
Plus tard, quand il parcourt tout le pays avec ses amis, il enseigne dans les synagogues et au Temple.

Autour du Temple

Pour les juifs, le Temple de Jérusalem est la maison de Dieu, le signe de sa présence. Chaque jour, les prêtres font des sacrifices d'animaux offerts par les croyants. Le premier Temple a été construit par le roi Salomon. Après sa destruction en 587 av. J.-C., un second temple, moins beau que le précédent, a été construit au même endroit. Au temps de Jésus, le roi Hérode achève la construction d'un nouveau Temple. Hérode n'est pas un grand croyant, mais il espère que ce bâtiment somptueux le fera aimer par le peuple. Tout en pierres blanches, recouvert de nombreuses plaques d'or, le nouveau Temple domine majestueusement la colline de Jérusalem.
Au moment de la fête de la Pâque, les juifs viennent de très loin en pèlerinage y prier.

Luca Giordano, 1632-1705, *Présentation au Temple*, musée des Beaux-Arts, Rennes, France

La circoncision

Huit jours après la naissance, on coupe un petit morceau de la peau qui recouvre l'extrémité du pénis des garçons, le prépuce. C'est le signe de l'Alliance marqué dans la chair du nouveau-né. Cela montre qu'il appartient au peuple de Dieu.

À la synagogue

Dans toutes les villes et les villages, la maison de prière, la synagogue, est le lieu où les juifs se réunissent pour lire les textes de l'Écriture, prier et chanter les Psaumes. Le jour du sabbat (du vendredi soir au samedi soir) est un jour entièrement consacré à Dieu. Ce jour-là, tout le monde se retrouve à la synagogue. La synagogue est aussi une école où les enfants apprennent à connaître Dieu et à lire les textes.

Les juifs prient aussi chaque jour chez eux. Au début du repas, par exemple, le chef de famille dit une bénédiction sur le pain pour remercier Dieu.

École de Quentin Metsys, 1466-1530, *Jésus chassant les marchands du Temple*, musée royal des Beaux-Arts, Anvers, Belgique

L'Évangile raconte qu'un jour, Jésus chasse du Temple les marchands qui vendent les animaux pour les sacrifices en disant : « De cette maison de prière, vous faites une caverne de bandits. »

La Loi

Les juifs essaient de vivre selon la loi de Moïse : aimer Dieu, ne pas tuer, ne pas voler, ne pas mentir... Ils essaient de respecter très strictement de multiples commandements. Le principal concerne le jour du sabbat, le jour de Dieu. Ce jour-là, il est interdit de travailler, d'acheter ou de vendre. La loi interdit aussi de manger certains aliments comme la viande de porc considérée comme impure, ou de faire certains métiers comme celui de collecteur d'impôts.

Les fêtes

La plus grande fête est celle de la Pâque. Les juifs se souviennent du temps où ils ont quitté l'esclavage du pays d'Égypte pour passer à la liberté de la Terre Promise.

Les autres fêtes au long de l'année sont Chavouoth, cinquante jours après la Pâque, fête du don de la Loi, et Souccoth, en souvenir de la longue marche du peuple dans le désert.

REVUE DE PRESSE

JEAN-BAPTISTE

On dit que Jean-Baptiste est le dernier des prophètes. C'est lui qui annonce la venue de Jésus. Toute sa vie est une drôle d'aventure.
À partir des Évangiles, voici ce qu'un journal aurait pu écrire sur Jean à cette époque.

L'ÉCHO DE JÉRUSALEM 5 Nisan 3024

EDITO

L'affaire du Baptiste

Que se passe-t-il donc au bord du Jourdain? Chaque jour, des foules plus nombreuses se pressent au bord du fleuve. Est-ce un grand spectacle qui les attire ? Pas du tout. Elles vont écouter un homme surprenant prénommé Jean. Son aspect est étrange: il est vêtu de peau de bêtes et on dit qu'il se nourrit de sauterelles et de miel sauvage. Ses paroles sont-elles douces à entendre? Non, au contraire. Avec force, il appelle ceux qui l'écoutent à changer de vie et à demander pardon à Dieu pour leurs péchés. Beaucoup sont bouleversés ; ils entrent dans le fleuve et Jean les plonge dans l'eau en signe de repentir. On dit qu'il les baptise (baptême signifie « plongée »). C'est pourquoi cet homme est surnommé Jean le Baptiste.

INTERVIEW

Notre envoyé spécial a interrogé un témoin.

– *Croyez-vous que Jean est un envoyé de Dieu ?*
– Certainement, c'est un prophète extraordinaire, sans doute le plus grand.

– *Est-ce lui, l'envoyé de Dieu, le Messie tant attendu ?*
– Beaucoup le croient, mais lui dit que quelqu'un viendra après lui, plus puissant que lui. Celui-là sera le Messie.

– *Vous avez reçu le baptême de Jean ?*
– Oui, ses paroles ont bouleversé mon cœur, et je veux être prêt quand le Messie viendra. ■

D'étranges rumeurs

Des témoins rapportent qu'un événement étrange se serait produit au bord du Jourdain. Un homme du nom de Jésus, dont certains disent qu'il est le cousin de Jean, aurait reçu le baptême. Là, on ne sait pas très bien ce qui s'est passé. Certains disent qu'ils ont entendu une voix venant du ciel, d'autres disent qu'une colombe est venue sur l'homme Jésus. Tous rapportent les paroles de Jean. Il a déclaré : « Cet homme est l'Agneau de Dieu, celui qui vient de la part de Dieu. » Certains ont suivi ce Jésus et disent que c'est lui le Messie.

L’affaire du Baptiste se termine tragiquement

L’ÉCHO DE JÉRUSALEM 8 Nisan 3026

EDITO

Beaucoup se souviennent certainement de Jean-Baptiste, cet homme à la parole puissante qui prêchait au bord du Jourdain ; cette fois, il est allé trop loin. Il s’est attaqué au roi Hérode. Il lui a reproché de vivre avec la femme de son frère et de mener une mauvaise vie. La réponse d’Hérode n’a pas tardé ; il a fait emprisonner Jean. Jusqu’alors, il n’osait pas le faire exécuter. Le peuple considérait Jean comme un grand prophète, et Hérode lui aussi semblait le respecter. Pourtant, il a finalement cédé à la demande de sa jeune belle-fille qui exigeait la tête de Jean comme récompense pour avoir dansé à une fête donnée par le roi. C’est ainsi que Jean a été décapité, à cause du caprice d’une jeune fille et pour le plaisir d’Hérode.

ENQUÊTE

La naissance de Jean-Baptiste

Certains à Jérusalem pensent que Jean-Baptiste était Élie, un ancien prophète qui doit revenir pour annoncer la venue du Messie.

Notre reporter a enquêté dans le village de Jean. Les plus anciens se souviennent des circonstances étranges de la naissance de Jean.

– *Savez-vous qui est Jean ?*
– C’est le fils de Zacharie et d’Elisabeth.
– *Vous souvenez-vous de sa naissance ?*
– Oui, Elisabeth ne pouvait pas avoir d’enfant et elle était déjà âgée. Un jour, Zacharie est revenu du Temple, il était bizarre. Nous l’avons questionné mais il était devenu muet.
– *Que s’était-il passé ?*
– Nous avons compris qu’il avait eu une vision, que Dieu lui avait parlé.
– *Et ensuite ?*
– Elisabeth a été enceinte. Elle était fatiguée et Marie, sa jeune cousine, est venue l’aider. Plus tard, l’enfant est né. Selon la coutume, c’est le père qui doit lui donner son nom. À la surprise générale, Zacharie s’est remis à parler et il a dit que l’enfant s’appellerait Jean. Nous avons tous pensé que cet enfant était un signe donné par Dieu. Plus tard, quand Jean a grandi, il est parti dans le désert et s’est mis à baptiser.

Le point sur les groupes religieux

De nombreuses sensibilités religieuses s’expriment dans notre pays, nous avons fait le point sur les principaux groupes.

Les Esséniens. Retirés dans les lieux les plus déserts, ils refusent tout contact avec les Romains. Ils mènent une vie très stricte, consacrée à la prière et à l’étude.

Les Zélotes. Ce sont des rebelles qui résistent à l’occupation romaine et sont les auteurs d’actes violents.

Les Pharisiens. Ils essaient d’être fidèles à la loi de Moïse jusque dans les plus petits gestes de la vie quotidienne. Ils jugent sévèrement ceux qui ne vivent pas comme eux.

Les Sadducéens. Ils acceptent l’occupation romaine et sont attachés aux anciennes traditions. C’est parmi eux que se recrutent les prêtres du Temple. Ils s’opposent souvent aux Pharisiens.

Les Baptistes. Leur chef de file est Jean-Baptiste, ils appellent à la pénitence pour le pardon des péchés.

La naissance de Jésus

Luc et Matthieu n'insistent pas sur les mêmes événements, mais l'un et l'autre veulent faire comprendre que cet enfant est le Fils de Dieu, qui vient sauver tous les hommes... Le récit de la naissance de Jésus est comme la bande-annonce de leurs Évangiles : elle donne à l'avance les clefs pour comprendre la vie de Jésus.

Selon Luc, une personne de plus sur les listes de l'empereur

À l'époque où Jésus naît, l'empereur de Rome possède tous les pays autour de la Méditerranée : il se prend pour le roi du monde ! Il organise un grand recensement pour compter ses sujets.
Dans le village de Nazareth, en Palestine, le charpentier Joseph obéit comme tout le monde. Avec son épouse enceinte, Marie, il va se faire inscrire dans la petite ville d'où vient sa famille : Bethléem. Et voici que l'enfant va naître ! Comme il n'y a pas de place pour eux dans la salle commune, quand l'enfant vient au monde, Marie le couche dans une mangeoire.

Une drôle de fête de famille

Les bergers vivent dans les champs, loin de la ville et des hommes. Dans la nuit et le silence, ils veillent sur leurs troupeaux. Tout à coup une grande lumière les enveloppe et une voix leur parle : « Je vous annonce une bonne nouvelle, un Sauveur est né, c'est le Seigneur ! Voici un signe pour le reconnaître, vous trouverez un nouveau-né emmailloté et couché dans une mangeoire. » Et le ciel s'emplit d'anges qui se mettent à chanter : « Gloire à Dieu et paix aux hommes, car il les aime ! »
Vite, les bergers courent à Bethléem. Ils voient l'enfant, ils racontent ce qu'ils ont vu. Tout le monde s'étonne et Marie est bouleversée. Elle garde précieusement dans son cœur tous ces événements. Les bergers repartent pleins de joie ; à leur tour maintenant de chanter pour Dieu !

Selon Matthieu, un enfant qui étonne des mages

Dans des pays d'Orient où on ne connaît pas Dieu, des savants, des mages étudient le ciel. Ils voient une étoile se lever. Elle annonce, disent-ils, la naissance du roi des juifs. Ils quittent leur pays pour la suivre. À Jérusalem, ils apprennent que ce roi doit naître à Bethléem...

Un anniversaire pas très précis ?

Le jour de Noël, les chrétiens fêtent la naissance de Jésus. Pour eux, cette naissance a changé la vie des hommes, alors ils en ont fait le point de départ du calendrier. Mais on a oublié le jour précis et même l'année. Ils ont choisi le 25 décembre, qui était la fête de la Lumière et du Soleil. Pour les chrétiens, Jésus-Christ est un soleil qui fait disparaître la nuit et la tristesse. Il est la lumière qui éclaire le monde et la vie des hommes pour toujours.

La carte d'identité de Jésus

À l'époque de Jésus, pour dire qui on est, on donne les noms des grands hommes de sa famille, sa généalogie. On n'est pas toujours sûr d'être vraiment de leur famille, mais on les aime et on voudrait leur ressembler !
Deux Évangiles donnent une longue généalogie de Jésus. Matthieu dit que Jésus est de la famille du roi David et du patriarche Abraham, à qui Dieu a fait des promesses de bonheur. Luc remonte jusqu'à Adam, le premier homme... Des cartes d'identité différentes, mais qui disent au fond la même chose : Jésus est le sauveur que Dieu a promis.
Les quatre Évangiles disent aussi que Marie est la mère de Jésus et que Dieu est son père. Joseph, l'époux de Marie, a pris soin de Jésus et l'a élevé : il est son père adoptif.

Gentile da Fabriano, *L'Adoration des mages*, 1423, détail du rétable, musée des Offices, Florence, Italie

Les mages se remettent en route derrière l'étoile. Ils trouvent l'enfant et sa mère. Ils s'agenouillent devant Jésus et lui offrent des cadeaux : l'or qu'on donne aux rois, la myrrhe qui est le parfum de la fête et l'encens qu'on brûle pendant la prière.
Cet épisode a une suite dramatique : Hérode, le roi des juifs, a peur que Jésus prenne sa place. Il envoie ses soldats massacrer tous les enfants de Bethléem. Joseph, averti par Dieu, s'enfuit en Égypte avec Jésus et Marie. Après la mort d'Hérode, ils reviennent en Palestine et s'installent dans le village de Nazareth.

◆ *Une mangeoire, quel drôle de lit pour un bébé ! D'ordinaire, on y met de la nourriture !*

– Marie et Joseph sont pauvres et, en plus, loin de chez eux : ils se débrouillent comme ils peuvent ! En couchant Jésus dans une mangeoire, on dirait qu'ils devinent ce que Jésus dira plus tard : « Je suis le Pain de Vie. Celui qui vient à moi n'aura jamais faim. »

◆ *Des anges, un concert dans le ciel, une étoile qui bouge… on dirait un conte !*

– Pour Luc et Matthieu, ce n'est pas du tout un conte ! Ils reprennent des images que la Bible utilise pour parler de la présence mystérieuse de Dieu. Certains chercheurs ont même pensé que cette drôle d'étoile pourrait être la comète de Haley. Mais ce qui compte vraiment, c'est que cela se passe dans un vrai pays, avec des hommes qui ont existé et un vrai bébé.

L'Enfant dans la mangeoire, 1130, fresque, détail, église Saint-Martin, Zillis, Suisse

Les amis de Jésus

Jésus est un grand marcheur, de ville en village, il annonce sa Bonne Nouvelle. Ceux qui l'entendent sont étonnés, émerveillés par sa parole. Certains sont bouleversés. Ils deviennent ses disciples et racontent autour d'eux ce que Jésus fait et dit. Quelques-uns vont plus loin : ils laissent leur ancienne vie, leur métier, leur famille, leur maison et se mettent à suivre Jésus.

Viens et suis-moi

Jésus appelle tous ceux qu'il rencontre à le suivre sur le chemin qui conduit vers Dieu. Mais à certains, il demande de marcher avec lui. Voici comment Marc raconte l'appel des premiers disciples.

« Comme Jésus passait le long de la mer de Galilée, il vit Simon et André, le frère de Simon, en train de jeter le filet dans la mer : c'étaient des pêcheurs. Jésus leur dit : "Venez à ma suite, et je ferai de vous des pêcheurs d'hommes." Laissant aussitôt leur filet, ils le suivirent. Avançant un peu, il vit Jacques, fils de Zébédée, et Jean son frère, qui étaient dans leur barque en train d'arranger leurs filets. Aussitôt il les appela. Et laissant dans la barque leur père Zébédée avec les ouvriers, ils partirent à sa suite. » Mc 1, 16-20

Domenico Ghirlandaio, 1449-1494,
La Vocation de Pierre et d'André,
Chapelle Sixtine, Vatican, Italie

Un choix difficile

Jésus n'oblige personne à le suivre : il laisse chacun libre de choisir. C'est ce que raconte l'histoire du jeune homme trop riche.

Un jeune homme arrive en courant et se jette aux pieds de Jésus : « Bon Maître, que dois-je faire pour trouver Dieu ? Je fais tout ce que la Loi demande mais pourtant il me manque quelque chose... »

Jésus le regarde longuement et se met à l'aimer : « Vends tout ce que tu as et suis moi. »

« Ce Jésus va beaucoup trop loin : je lui demandais des conseils raisonnables et il me propose de faire le fou pour Dieu. » Mc 19, 16-22

Le jeune homme a peur du regard de Jésus, il a peur de l'aventure qu'il lui propose. Alors il s'en va. Mais, en quittant Jésus, il a vraiment envie de pleurer.

La vie des disciples

Pendant trois ans, des hommes et des femmes partagent la vie de Jésus sur les chemins de son pays. Ils l'écoutent parler de Dieu son Père, du Royaume qui est tout proche. Ils voient Jésus vivre ce qu'il

DOUZE HOMMES, COMME LES DOUZE TRIBUS D'ISRAËL

Parmi ceux qui le suivent, Jésus choisit douze hommes, les Apôtres, avec lesquels il partage sa mission.
Ce sont : André et son frère Simon-Pierre, Jacques et son frère Jean l'Évangéliste, Philippe et son ami Barthélémy (appelé aussi Nathanaël), Thomas, Matthieu l'Évangéliste, un autre Jacques, Jude, Simon et Judas.
Le peuple d'Israël est constitué de douze tribus. Les douze Apôtres de Jésus sont le commencement d'un nouveau peuple.

annonce ; il ne rejette personne, ni les pauvres, ni les pécheurs. Parfois, les paroles de Jésus sont difficiles à entendre : quelques-uns en sont effrayés et s'en vont. D'autres fois, les foules acclament Jésus ; alors, les disciples sont fiers de suivre un tel maître. Pourtant, ils ne comprennent pas toujours ce que Jésus dit et fait. Alors, Jésus les prend à l'écart, explique patiemment et, petit à petit, ils apprennent à entendre avec leur cœur.

Jésus et les femmes

Marthe et Marie vivent dans le village de Béthanie avec leur frère, Lazare. Leur maison est toujours ouverte pour recevoir Jésus et il aime venir s'y reposer.
Marie-Madeleine pleure ses péchés aux pieds de Jésus. Un seul regard de Jésus suffit pour qu'elle abandonne son ancienne vie et le suive. Elle reste fidèle jusqu'au pied de la croix.
Au matin de Pâques, Marie, la mère de Jacques, Jeanne, Salomé et Marie-Madeleine découvrent le tombeau vide. Ce sont les premières à recevoir la bonne nouvelle de la Résurrection et l'annoncent aux Apôtres.
Marie, mère de Jésus, a vu couler au mariage, à Cana, le vin de la fête, et sur la croix, le sang de son fils. Depuis sa naissance, dans la joie et dans la tristesse, elle regarde, écoute et garde tout cela dans son cœur.
Jésus a rencontré d'autres femmes. On les connaît par les noms de leur pays : la Samaritaine, la Cananéenne, la veuve de Naïm. Contrairement aux hommes de son temps, pour qui les femmes étaient inférieures aux hommes, Jésus leur parle d'égal à égal. Sa Bonne Nouvelle est aussi pour elles.

Marcello Venusti, 1512-1579, *La Samaritaine au puits*, Pinacothèque nationale, Sienne, Italie

Les foules

À plusieurs reprises, les Évangiles racontent que des foules nombreuses suivent Jésus. Il a pitié de ces gens qui attendent beaucoup de lui : qu'il chasse les Romains, qu'il guérisse leurs maladies, qu'il change leur vie. Jésus, lui, veut chasser le mal, les guérir de leur péché, changer leur cœur. Lorsqu'il multiplie les pains pour les nourrir, il voudrait qu'ils aient faim de Dieu. Certains sont déçus et se demandent si Jésus est bien l'envoyé de Dieu, le Messie qu'ils attendent.

REVUE DE PRESSE

LES RENCONTRES DE JÉSUS

Jésus a rencontré beaucoup de personnes sur les routes de son pays. Des riches et des pauvres, des jeunes et des vieux, des gens honnêtes et des gens de mauvaise vie... En parlant avec Jésus, ils découvrent que leur vie peut devenir une grande aventure. Auront-ils le courage de s'y lancer ?

Ph. de Champaigne, 1602-1674, *Repos chez Simon*, musée des Beaux-Arts, Nantes, France

La dame au parfum

Jésus est à table chez des amis. Une femme de mauvaise vie entre avec un vase de parfum et s'approche de Jésus. Elle pleure tellement qu'elle baigne les pieds de Jésus avec ses larmes. Elle pleure de chagrin, parce qu'elle a gâché sa vie. Mais elle pleure aussi de joie, parce que Jésus l'accueille comme elle est et lui donne le courage de changer. Comme c'est drôle ! Elle se sent à la fois si triste et si joyeuse... Elle essuie les pieds de Jésus avec ses cheveux, elle les embrasse et les couvre de parfum : c'est la bonne odeur d'une vie nouvelle ! Alors Jésus lui dit : « Tes péchés sont pardonnés. Va en paix. »

Lc 7, 36

Une sœur très jalouse

Marthe et Marie sont deux sœurs qui ont invité Jésus chez elles. Marie s'est installée aux pieds de Jésus, elle l'écoute de tout son cœur et de toutes ses oreilles. Jésus n'est pas un invité comme les autres ! Quand il est là, ce n'est plus le moment de penser à son travail ! Marthe, elle, veut que Jésus soit bien reçu... mais elle passe tout son temps dans sa cuisine au lieu de rester avec lui ! Elle se fâche parce que Marie ne l'aide pas, mais Jésus lui dit : « Marthe, tu te donnes du souci pour beaucoup trop de choses, alors qu'une seule est vraiment importante. Laisse Marie à la place qu'elle a choisie. »

Lc 10, 38

Jésus mange chez un voleur

Zachée collecte les impôts pour les Romains et il en profite pour s'enrichir. Un jour, il apprend que Jésus traverse sa ville et il cherche à le voir, mais il est si petit qu'il n'y arrive pas. Il court en avant, monte dans un arbre... et c'est Jésus qui s'approche de lui ! : «Zachée, descends vite ! Aujourd'hui, c'est chez toi que je veux aller ! »
Alors tout change dans la vie de Zachée. Il organise une grande fête pour Jésus et fait une promesse : « Seigneur, je donne la moitié de ce que je possède aux pauvres, et ceux que j'ai volés, je leur rendrai quatre fois ce que je leur dois. » Quelle bonne nouvelle !

Lc 19, 1

Un visiteur dans la nuit

Nicodème est un homme savant qui vient voir Jésus une nuit, pour lui poser des questions sur Dieu. Jésus s'étonne : « Nicodème, tu es un savant aux yeux des hommes, mais pour Dieu tu n'en sais pas plus qu'un petit bébé. Alors fais comme un enfant : demande à Dieu de te faire vivre avec lui, de te faire naître une seconde fois. » Nicodème est très intrigué, lui qui croyait savoir tant de choses sur Dieu ! Il aimerait bien suivre Jésus pour en savoir plus, mais il n'ose pas encore devenir son ami. Plus tard, il le défendra courageusement contre ses ennemis. Jn 3, 1

Les derniers mots d'un condamné

Jésus est pendu sur la croix et deux criminels sont crucifiés en même temps que lui. L'un d'entre eux l'injurie, mais l'autre le rabroue : « Tais-toi ! Nous deux, nous sommes punis à cause de nos crimes, mais lui n'a rien fait. »
En voyant Jésus souffrir à côté de lui, il comprend que ce Jésus n'est vraiment pas un homme comme les autres. « Jésus, souviens-toi de moi quand tu seras au paradis ! » Jésus admire la confiance de cet homme et il le réconforte : « Aujourd'hui même, tu seras avec moi au paradis. » Au bord de la mort, le bon larron* rencontre la vie et l'espérance. Lc 23, 39

*Larron est un mot ancien qui signifie voleur, bandit.

Gustave Moreau, 1826-1898, *Le Christ et les deux larrons*, musée G. Moreau, Paris, France

De l'eau pour toute la vie

Il est midi. Jésus est assis à côté d'un puits dans le pays de Samarie, mais il n'a rien pour boire. Il demande alors de l'eau à une femme du pays, une Samaritaine*. Elle s'étonne qu'il lui parle, mais il lui dit : « Si tu me connaissais, c'est toi qui me demanderais à boire, et je te donnerais l'eau de la vraie vie. »
La Samaritaine ne comprend pas très bien, mais elle continue à poser des questions parce que Jésus lui donne soif de Dieu. Lorsqu'elle le quitte, elle court parler de lui à ses amis. Ils vont le chercher et l'invitent chez eux. Avec la Samaritaine, ils croient que Jésus est le sauveur du monde, et ils l'annoncent autour d'eux. Jn 4, 1

*Les juifs ne voulaient pas parler aux Samaritains parce qu'ils n'avaient pas exactement la même religion.

Le royaume pour les enfants

Quand Jésus rencontre des enfants, il aime s'arrêter pour les prendre sur ses genoux, les embrasser et les bénir. Les disciples trouvent que ce n'est pas sérieux et ils les repoussent, mais Jésus se fâche : « Laissez les petits enfants venir à moi, car le royaume des Cieux appartient à ceux qui leur ressemblent » ; ceux qui se laissent aimer par Dieu, tout simplement ! Les enfants ne comprennent pas toutes les paroles de Jésus, mais ils voient qu'il préfère les petits aux grands. Il n'est vraiment pas un adulte comme les autres !

Mt 18, 1 ; 19, 13 ; Lc 18, 15 ; Mc 9, 33

Quelques miracles

Un mot, un nom que tu ne connais pas ? Va voir dans l'index page 283.

Les Évangiles racontent les nombreux miracles que Jésus a fait auprès des gens qu'il a rencontrés. Il a transformé de l'eau en vin, guéri des malades, ressuscité des morts. Cela fait naître beaucoup de réactions et d'interrogations. Est-il un magicien ? D'où lui vient son pouvoir ? Qu'est-ce que cela veut dire ?

Une parole qui guérit

Jésus a guéri beaucoup de malades. Bartimée, l'aveugle qui vivait dans la nuit depuis sa naissance, découvre la lumière du jour. Le lépreux, que tout le monde rejetait, est purifié : il retrouve sa famille et ses amis. Le paralysé, qui vivait couché, se lève, prend son lit et rentre chez lui sans l'aide de personne. Le sourd et muet, qui était enfermé dans le silence, entend la parole de Jésus « Ephata » (« ouvre-toi ») et aussitôt ses oreilles s'ouvrent, sa langue est déliée.
Jésus n'a pas guéri tous les malades de son pays, mais chaque miracle est une façon de dire qu'il est venu pour que tous les hommes puissent voir les merveilles de Dieu, qu'ils soient heureux ensemble, qu'ils puissent marcher vers Dieu et entendre la Bonne Nouvelle.

Une parole plus forte que la mort

Jésus a réveillé des gens qui venaient de mourir : Lazare, le frère de ses amies Marthe et Marie, le serviteur bien-aimé d'un soldat romain, le fils unique d'une pauvre veuve de la ville de Naïm, et bien d'autres. Jésus n'a pas ressuscité tous les morts de son pays, mais chaque miracle est une façon de dire qu'il est venu pour que la vie triomphe de la mort.

Une parole pour la joie de la fête

Giotto, 1267-1337), *Les Noces de Cana*, chapelle des Scrovegni, Padoue, Italie

À Cana, un village de Galilée, Jésus est invité à un mariage. La fête a bien commencé, mais voilà que tout le vin est bu. Jésus ordonne qu'on remplisse d'eau les grandes cuves de pierre où les invités se sont lavé les mains avant le repas et qu'on la fasse goûter au maître du repas. Oh merveille ! c'est le meilleur vin qu'il ait jamais bu. Le vin coule à flots dans les coupes des invités, la fête est sauvée.
C'est le premier miracle que raconte l'Évangile de Jean. Jésus vient apporter à tous le bonheur.

Une parole qui nourrit

Tous les auteurs des Évangiles racontent le miracle de la multiplication des pains. Les

Le secret de la vie

Jean-Baptiste fait demander à Jésus : « Qui es-tu ? » et Jésus répond : « Les aveugles voient, les boiteux marchent, les lépreux sont purifiés, les sourds entendent, les morts ressuscitent et la Bonne Nouvelle est annoncée aux pauvres. » Par ces mots, Jésus affirme qu'il est bien celui que Jean-Baptiste attend, celui qui connaît le secret de la vie, le secret de Dieu. Il est celui qui détruit la peur, la maladie, la mort et qui fait éclater toutes les limites qui emprisonnent les hommes.

Pol de Limbourg, *La Multiplication des pains et des poissons*, Les Très Riches Heures du duc de Berry, miniature, 15e siècle, musée Condé, Chantilly, France

Évangiles de Marc et de Matthieu en racontent même deux ; l'un en Galilée, un pays juif, l'autre en Décapole, un pays païen.
Une grande foule est rassemblée autour de Jésus. Tout le jour, les gens sont restés là à l'écouter. La nuit va tomber, les disciples disent à Jésus : « Ces gens ont faim, il faut les renvoyer chez eux pour le repas du soir. » Jésus répond : « Donnez-leur vous-mêmes à manger. » Ils disent : « Faut-il acheter du pain pour deux cents pièces d'argent ? » Jésus demande : « Combien avez-vous de pains ? » Ils cherchent et disent : « Cinq pains et deux poissons. » Jésus prend les pains et les poissons, il les bénit et les donne aux disciples pour qu'il les distribue. Il y avait environ cinq mille personnes, et tous mangent à leur faim. Quand on ramasse les restes, on remplit douze corbeilles.
Jésus n'a pas nourri tous les affamés de son temps, mais à ceux qui l'écoutent, il donne un signe : sa parole est une vraie nourriture.

QUELQUES QUESTIONS SUR LES MIRACLES

◆ *Est-on sûr que Jésus a fait des miracles ?*
– Jésus était un pauvre, un inconnu. Et très rapidement, on s'est mis à parler de lui, car il faisait des choses extraordinaires. Ce sont les miracles qui l'ont rendu si populaire.

◆ *Les miracles sont-ils une preuve ?*
– Miracle signifie action étonnante. Mais cela n'a pas le même sens pour tout le monde ! Certains disent « Dieu est vraiment avec Jésus », et ils deviennent ses amis. D'autres disent : « Ce Jésus est un sorcier, il est dangereux, il trompe tout le monde. » Les miracles de Jésus dérangent, ils ne donnent pas de réponse.
Les miracles attirent l'attention sur le message de Jésus. Ce qui est important, c'est d'entendre la Parole de Jésus qui dit : « Dieu aime et nourrit son peuple. » Les miracles posent aussi cette question : qui est cet homme qui « ouvre les yeux et les oreilles », donne la vie et la joie ?

Qui donc est cet homme ?

Tout au long de la vie de Jésus, les gens qui l'entourent se demandent qui il est vraiment. Sa parole surprend tous ceux qui l'écoutent : les foules attirées par les miracles, les savants de la religion, les pharisiens et les scribes, et même ses amis, ceux qui le suivent depuis le début. Les auteurs des Évangiles rapportent souvent la question que tous se posent : qui donc est cet homme ?

Croire

Beaucoup de ceux qui ont rencontré Jésus ont voulu savoir qui il était. Certains ont voulu le faire roi pour qu'il délivre le pays des Romains. D'autres ont vu en lui un homme qui s'intéresse aux pauvres et aux pécheurs. D'autres, ceux qui croient tout savoir de Dieu et de la religion, ont été dérangés par les paroles et les gestes de Jésus. Pour connaître Jésus, il ne suffit pas de savoir, il faut croire.

Il parle avec autorité

Ceux qui entendent Jésus sont surpris par la force de sa parole. À la synagogue de Nazareth, son village natal, Jésus lit un passage du livre de l'ancien prophète Isaïe : « L'Esprit de Dieu est sur moi, l'Esprit de Dieu m'a envoyé. » Il referme le livre et déclare : « Cette parole s'accomplit aujourd'hui. » Les gens s'étonnent. N'est-il pas le fils du charpentier ? Comment peut-il dire qu'il est l'Envoyé de Dieu ?

Un autre jour, il traverse le lac en barque avec ses amis. Une forte tempête se déchaîne. Tous craignent de mourir noyés. Ils réveillent Jésus qui dort. Jésus lève la main sur le vent et les vagues, et tout redevient calme. Ses amis sont émerveillés. Qui est-il donc pour que le vent et les vagues lui obéissent ?

Il crée le scandale

Tout le monde ne s'émerveille pas devant les paroles et les gestes de Jésus. Les spécialistes de la religion, pharisiens et scribes, sont plein de méfiance. Cet homme connaît-il Dieu mieux qu'eux ?

Un jour, on dépose devant Jésus un homme paralysé, couché sur un brancard. Jésus lui dit : « Tes péchés sont pardonnés. » Autour de Jésus, les pharisiens murmurent : « Seul Dieu peut pardonner les péchés. » Alors Jésus dit à l'homme : « Lève-toi et marche. » Et l'homme se lève, prend son brancard et part. Alors Jésus demande : « Est-il plus facile de dire tes péchés sont pardonnés ou lève-toi ? » Les pharisiens sont furieux ; ce Jésus, pour qui se prend-il ?

Le secret partagé

Peu de temps avant sa mort, Jésus veut montrer à ses amis qui il est vraiment. On appelle cette scène la Transfiguration. Voici ce que raconte l'Évangile de Matthieu. (17, 1-9).

La foi de Pierre

Jésus sait que les gens disent beaucoup de choses sur lui. Un jour, il demande à ses amis : « Qu'est-ce que les gens disent de moi ? » Ils répondent : « Certains pensent que tu es Élie ou un autre prophète. » Alors Jésus continue : « Et vous, que dites-vous ? » Pierre prend la parole et dit : « Tu es le Messie, le Fils du Dieu vivant. » Alors, Jésus lui dit : « Heureux es-tu car c'est Dieu qui t'a fait connaître cela. »

Giovanni Bellini, 1430-1516, *La Transfiguration*, musée Correr, Venise, Italie

Le secret de la prière

Jésus a partagé un autre secret avec ses amis, le secret de la prière. Jésus se retire souvent à l'écart pour prier. Les Apôtres voudraient pouvoir prier comme lui. Alors, Jésus leur confie : « Quand vous priez, dites : Abba, Papa ! »

Jésus prend avec lui Pierre, Jacques et Jean et les emmène sur une haute montagne, à l'écart.
Là, il est transfiguré devant eux. Son visage brille comme le Soleil, ses vêtements sont blancs comme la neige. Et ils voient Moïse et Élie parler avec Jésus. Pierre dit à Jésus : « Il est bon que nous soyons ici, si tu veux, je vais dresser trois tentes, une pour toi, une pour Moïse et une autre pour Élie. » Comme il parle encore, un nuage de lumière les recouvre. Et ils entendent une voix qui dit : « Celui-ci est mon fils bien-aimé, écoutez-le. » À cette parole, ils tombent le visage contre terre, saisis d'une grande crainte. Jésus les touche et dit : « N'ayez pas peur. » Ils lèvent les yeux, Jésus est seul.
En descendant de la montagne, Jésus leur ordonne de ne parler à personne de ce qu'ils ont vu jusqu'à ce qu'il soit ressuscité d'entre les morts. Mt 17, 1-9

Quand Jésus parle en paraboles

Jésus connaît si bien Dieu, son Père, que pour lui, les plus petites choses de la vie, la nature, les gestes les plus simples, parlent de Dieu. Parfois, selon l'habitude de son pays, il raconte de petites histoires, des paraboles, et les gens qui l'écoutent découvrent eux aussi que Dieu se fait connaître à travers leur vie de tous les jours. Voici quelques images de la vie quotidienne, à l'époque de Jésus, qui permettent de mieux comprendre les paraboles.

LES SEMAILLES

Quand le paysan sème, il jette les grains à grosses poignées, dans la bonne terre, dans la moins bonne, et même sur les ronces ou la pierraille. Semer est toujours une aventure, parce qu'on ne sait pas ce que le grain deviendra. Donnera-t-il la joie de la moisson ou les larmes de la faim ?

LA SEMENCE

Une graine qui pousse et devient une plante, quel mystère ! D'abord, il faut attendre et regarder sa transformation : enfoncée dans la terre, elle germe en secret pour fleurir et donner des fruits. On ne la reconnaît plus et pourtant, c'est bien la même !

LA MOISSON

Quand le blé est mûr, il faut le moissonner, le lier en gerbes, et le soir, le vanner pour séparer le grain de la paille. Tous les hommes sont embauchés car c'est un gros travail. Mais quelle joie quand le blé est à l'abri dans les greniers et qu'il promet du pain pour toute l'année !

L'IVRAIE, LES ÉPINES

L'ivraie est une plante très toxique qui ressemble au blé et qui mêle ses racines avec les siennes. Il faut alors attendre la moisson pour la retirer et la jeter au feu. L'épine aussi peut envahir les champs et étouffer le blé qui pousse. Plus de grain, plus de pain, c'est une catastrophe pour le paysan !

L'HERBE

Au pays sec et pierreux de Jésus, l'herbe est un cadeau de Dieu. Elle pousse où et quand elle veut, elle nourrit les troupeaux et guérit les blessures... Parfois elle se couvre de mille fleurs, juste pour le plaisir d'être belle !

LA VIGNE

La vigne demande beaucoup de soin au vigneron, mais les grappes lourdes de l'automne récompensent bien ses efforts. Ses racines profondes sont allées chercher l'eau très loin dans le sol ; la sève a circulé dans toutes les branches, et les raisins gonflés de jus annoncent le vin de la fête.

LE SEL

Le sel est très important dans le pays de Jésus. On l'aime parce qu'il donne du goût à la nourriture, bien sûr. Mais il sert aussi à conserver longtemps la viande ou le poisson qu'on fait sécher, ou encore à rendre la terre plus fertile. Le sel est le secret de la santé et de la vie !

LE PAIN

Le pays de Jésus est pauvre, la viande est rare et c'est le pain qui fait vivre. Chaque jour les femmes pétrissent la farine avec de l'eau et du sel, et cuisent des pains ronds et plats. Parfois elles mélangent un peu de levain, la pâte gonfle, elle devient légère et moelleuse, et le pain se conserve plus longtemps.

LA MAISON

À l'époque de Jésus, les maisons sont très simples : une seule pièce pour toute la famille, pas de fenêtre pour éclairer mais une lampe toujours allumée, des murs en terre séchée que les voleurs n'ont pas de mal à percer. Les maisons ne sont pas vraiment confortables mais les gens s'en moquent car ils préfèrent vivre dehors.

LE REPAS

Quand les gens du pays de Jésus mangent ensemble, ils disent qu'ils font alliance. Pour eux, partager la nourriture et mordre dans le même pain, c'est vraiment mordre dans la même vie. C'est le signe qu'on devient ami pour toujours.

LA FÊTE

Les gens du pays de Jésus aiment la fête. Quand ils marient leurs enfants, quand ils retrouvent un ami, quand la récolte a été bonne, ils font une grande fête. Pendant plusieurs jours, la maison est pleine d'invités, le meilleur vin coule et l'on se réjouit tous ensemble.

LE FIGUIER

Le figuier est un arbre étonnant ; en hiver, il semble mort, avec ses branches sèches et noires ; mais quelle joie quand il renaît au printemps ! Il se couvre de figues violettes et sucrées, et ses grandes feuilles offrent une ombre fraîche. On aime s'y retrouver le soir pour bavarder.

LE BERGER

Être berger, c'est beaucoup plus difficile qu'on ne le croit ! À l'époque de Jésus, le berger défend ses brebis contre les bêtes sauvages et les voleurs. Le soir, si l'une d'elles s'est perdue, il part à sa recherche et la ramène sur ses épaules ; la nuit, il continue à veiller.

LA BREBIS

Que seraient les brebis sans leur berger ? Où iraient-elles s'il ne les rassemblait pas pour les conduire vers les pâturages et les points d'eau ? Le soir, elles dorment dans l'enclos, mais au matin elles reconnaissent sa voix quand il les appelle par leur nom.

Jésus à Jérusalem

Jésus monte vers Jérusalem. Il vient pour la fête de la Pâque. Il voyage assis sur un âne. Aux portes de la ville, une grande foule l'acclame, comme on le fait pour un roi. Les gens sont heureux de voir venir cet homme qui a rendu la vie à son ami Lazare. Depuis de nombreux mois déjà, il parcourt le pays en faisant du bien ; un tel homme est sûrement un envoyé de Dieu ! Mais Jésus sait qu'une foule peut changer d'avis.

Le dernier repas

Jésus souhaite prendre le repas de la Pâque avec ses amis. Ce jour-là, les juifs partagent un agneau comme leurs ancêtres, les Hébreux, qui, à l'époque de Moïse, ont mangé en toute hâte avant d'être conduits par Dieu de l'esclavage en Égypte à la liberté de la Terre Promise.

Jésus sait que c'est son repas d'adieu. Il mange avec ceux qui vont le trahir ou le renier ; il veut leur faire comprendre ce qu'il est en train de vivre. D'abord, il leur lave les pieds pour leur apprendre à être des serviteurs, comme lui aussi est le serviteur de Dieu et des hommes. Ensuite, il prend le pain en remerciant Dieu son Père et le partage entre ses disciples en leur disant : « Prenez et mangez-en tous : ceci est mon corps livré pour vous. » Puis à la fin du repas, il prend la coupe de vin. De nouveau, il rend grâce et la donne à ses disciples, en disant : « Prenez et buvez en tous, car ceci est la coupe de mon sang, le sang de l'Alliance nouvelle et éternelle, qui sera versé pour vous et pour la multitude en rémission des péchés. Vous ferez cela en mémoire de moi. »

Il leur parle aussi de sa mission, de son Père qui l'a envoyé, et de l'Esprit qui viendra pour qu'ils se souviennent de lui et de ce qu'il leur a appris. Ainsi, ils pourront toujours aimer, pardonner et vivre cette vie nouvelle qu'ils ont commencée en le suivant.

Par ces gestes et ces paroles, Jésus résume toute sa vie et donne à ses amis un signe pour se souvenir de ce qu'il a fait pour eux et de ce qu'il est : l'agneau que Dieu donne à manger pour prendre la route de la liberté.

Le Jardin des Oliviers

Après le repas, Jésus va prier au Jardin des Oliviers. Près de lui ses amis s'endorment sans se douter de rien. Il est seul. Il a peur. Il comprend que Dieu son père veut faire connaître son amour à tous et que la méchanceté des hommes ne doit pas arrêter cet amour ; alors Jésus accepte ce qui va lui arriver.

Jésus connaît ses ennemis

Les pharisiens n'aiment pas sa conduite : comment peut-il respecter la Loi et manger avec ceux qui la méprisent ?
Les prêtres accusent Jésus de ne pas respecter le Temple. Ils l'ont bien vu : il a chassé les marchands de l'esplanade, et les a accusés : « Vous faites de la maison de mon Père une caverne où les bandits se sentent en sécurité ! » Il a même osé dire : « Détruisez ce Temple, en trois jours je le rebâtirai. »
Les zélotes attendent qu'il conduise la révolte contre les Romains : parmi eux, son ami Judas, celui qui va le trahir.
Jésus sait aussi que même ses amis ne sont pas très courageux. Tant pis, Dieu son Père compte sur lui pour montrer tout son amour.

Judas s'approche de Jésus ; d'un baiser il le désigne aux gardes du Temple venus l'arrêter. Pierre veut protéger Jésus. Il ne comprend pas. Jésus est seul à savoir l'étrange chemin de l'amour de Dieu.

Le procès

Au palais du Grand Prêtre, les chefs religieux interrogent Jésus. De faux témoins affirment qu'il veut détruire le Temple. Jésus ne se défend pas. Le Grand Prêtre lui demande : « Es-tu le Messie, le Fils du Dieu vivant ? » Jésus répond avec autorité : « Vous me verrez régner à côté de Dieu. » Ses ennemis sont scandalisés ; nul ne peut se faire l'égal de Dieu ; cela mérite la mort. Ils l'envoient chez Ponce Pilate, le chef des Romains, qui a seul le pouvoir de condamner à mort.

En haut à droite : Quentin Metsys, 1466-1530, *Ecce Homo* (Voici l'homme), musée national de Machado de Castro, Coimbra, Portugal
En bas : Andrea Mantegna, 1431-1506, *Le Christ au Jardin des Oliviers*, National Gallery, Londres, Grande-Bretagne

La condamnation

Pilate n'a pas envie d'intervenir dans les affaires concernant la religion des juifs. Pour convaincre Pilate que Jésus doit mourir, les Grands Prêtres prétendent qu'il est dangereux, car il veut se faire roi à la place de l'empereur. Jésus explique à Pilate qu'il n'est pas un roi pour ce monde, mais pour le royaume de Dieu. Pilate croit que la foule de Jérusalem aime Jésus. Pour calmer cette foule, il est prêt à relâcher un prisonnier.

Il fait choisir entre Jésus et Barabbas, un homme qui a tué un soldat et qui veut faire la guerre à tous les Romains pour qu'ils quittent le pays.

La foule, excitée par les Grands Prêtres, réclame la mort de Jésus et préfère qu'on relâche Barabbas. Pilate cède devant la colère de la foule et la volonté des Grands Prêtres. Il condamne Jésus à mourir sur une croix.

L'exécution

Jésus sort de la ville en portant sa croix. Il est crucifié en même temps que deux bandits. L'un d'eux se moque de Jésus : « Toi qui est si fort, descends de là. » Devant la mort, Jésus ne demande rien pour lui, il prie son Père pour les hommes qui l'ont condamné. Il demande leur pardon, puis il meurt.

La Résurrection

Jésus meurt à Jérusalem en l'an 30 ou 31, pendant la fête juive de la Pâque. Une foule de curieux, amis ou ennemis, juifs ou Romains, le voit mourir sur la croix. Un soldat lui transperce même le cœur avec une lance ; aucun doute, il est vraiment mort. Quelques amis enveloppent le corps de Jésus dans des linges, le déposent dans un tombeau neuf creusé dans le rocher, puis roulent une grosse pierre devant l'entrée...

A-t-on des preuves de la Résurrection ?

Il y a beaucoup mieux que des preuves, il y a des témoins. Les Apôtres ont vu, entendu, touché, et toute leur vie a été transformée par cette rencontre avec Jésus ressuscité. Leurs témoignages ont été conservés et ont été mis par écrit. Et depuis, de génération en génération, les chrétiens croient le témoignage des Apôtres et découvrent à leur tour Jésus ressuscité qui donne la vie.

L'étrange nouvelle

L'histoire aurait pu s'arrêter là. Les disciples seraient rentrés chez eux, avec pour tout bagage, leurs larmes et leur tristesse. Mais voilà que le troisième jour après la mort de Jésus, ses amis les Apôtres et Marie, sa mère, tous ensemble font éclater leur joie dans Jérusalem : « Jésus le crucifié, Dieu l'a ressuscité, il est vivant ! » Que s'est-il passé ? Les amis de Jésus essayent de raconter comment ils ont découvert et compris ce qu'ils ne pouvaient même pas imaginer.

Le tombeau vide

C'est le premier signe. Le dimanche après sa mort, des amies de Jésus vont au tombeau pour embaumer le corps. Elles voient que quelqu'un a roulé la lourde pierre : le tombeau est vide. Elles courent appeler Pierre et Jean qui constatent eux aussi que le tombeau est vide. Ceci est raconté par Matthieu (28, 1-8), Marc (16, 1-8), Luc (24,1-12) et Jean (20,1-10).

Dans son Évangile, Jean note que Pierre et Jean trouvent, posés à terre dans le tombeau, les linges qui couvraient le corps. Pour Jean, c'est à la fois un indice et un signe.

- Un indice : si on avait volé le corps, on aurait pris aussi les linges qui recouvraient le cadavre, donc, ce n'est pas un vol.
- Un signe : les linges de la mort sont restés dans le tombeau, mais Jésus, lui, n'est pas là, il est passé du côté de la vie.

Après avoir constaté l'absence, le tombeau vide, les premiers témoins découvrent la présence de Jésus ressuscité.

Le Titien, 1488-1576, *Noli me tangere, (Ne me touche pas)*, National Gallery, Londres, Grande-Bretagne

Les rencontres avec Jésus ressuscité

Chacun des évangélistes a choisi de raconter quelques-unes des rencontres de Jésus ressuscité. À travers ces récits, ils témoignent de ce qu'ils ont vu et de ce qu'ils ont compris.

Nous l'avons vu, nous l'avons reconnu

D'abord, les témoins n'en croient pas leurs yeux. Comment celui qu'ils ont vu mort peut-il être là vivant au milieu d'eux ? Est-ce un rêve, une illusion, un fantôme ? Mais il mange avec eux, dit des paroles et fait des gestes qu'ils reconnaissent ; il est bien le même Jésus qu'ils ont connu, qu'ils ont aimé, celui qui est mort sur la croix et dont les mains portent encore les traces des clous. Alors, leurs yeux et leurs cœurs s'ouvrent : il est vraiment vivant, Dieu l'a ressuscité.
Tous les témoins l'affirment avec force : ils ont vu Jésus avec leurs yeux d'hommes et de femmes, pas avec leur imagination.

– Marie-Madeleine est la première. Elle rencontre Jésus devant le tombeau vide, au matin de Pâques. D'abord, elle le prend pour le jardinier, puis il l'appelle par son nom et elle le reconnaît. C'est le Seigneur !

– Deux disciples qui repartent vers Emmaüs le reconnaissent pendant le repas à la fraction du pain.

– Les Apôtres, réunis tous ensemble, à Jérusalem, puis en Galilée, le rencontrent plusieurs fois.

– Cinq cents frères à la fois l'ont vu, affirme Paul dans une lettre.

Rembrandt, *Le Repas d'Emmaüs*, 1648, musée du Louvre, Paris, France

Lazare et Jésus : est-ce la même résurrection ?

Quelques semaines avant sa mort, Jésus ressuscite son ami Lazare. Celui-ci était mort depuis quatre jours, et l'Évangile de Jean raconte au chapitre 11 que Jésus lui redonne la vie. Lazare est-il ressuscité comme Jésus ?
Non, car Lazare sort du tombeau encore emprisonné dans les linges de la mort. Il retrouve ses amis, ses sœurs, toute sa vie d'homme ordinaire qui s'achèvera par une mort ordinaire quand le temps sera venu.
Jésus, lui, sort du tombeau libre et vivant pour toujours.

Que dit Jésus ?

D'abord il rassure ses amis. Il dit : « La paix soit avec vous. N'ayez pas peur. »
Il pardonne à Pierre sa trahison et fait de lui le chef des Apôtres.
Jésus a vaincu la mort ; c'est une bonne nouvelle pour tous les hommes de tous les pays et de tous les temps.
Il donne à ses amis la mission de l'annoncer à toute la Terre et leur promet son Esprit Saint qui les remplira de force et de courage.
– Vous êtes mes témoins. Lc 24, 48
– Allez, de toutes les nations, faites des disciples. Mt 28, 19

La Pentecôte

Après la mort de Jésus, les disciples sont complètement perdus. Ils n'osent rien dire ni rien faire, ils osent à peine croire ce qu'ils ont vu. Et tout à coup, les voici pleins de courage : ils proclament à pleins poumons la résurrection de Jésus-Christ ! Cette assurance, cet enthousiasme, c'est l'énergie de Dieu lui-même qui donne son propre Esprit à ces hommes : l'Église est en train de naître.

Andrea Mantegna, 1431-1506, *L'Ascension*, musée des Offices, Florence, Italie

L'événement

Cinquante jours après Pâques, c'est la fête de la Pentecôte. Les amis de Jésus et de Marie, sa mère, sont tous réunis dans une maison de Jérusalem... Soudain, un grand bruit venant du ciel, comme un violent coup de vent, emplit toute la maison... Ils voient apparaître comme des langues de feu, qui se divisent et se posent sur eux... Et voilà qu'ils sont remplis d'Esprit Saint et qu'ils se mettent à parler un langage nouveau !

La ville de Jérusalem était pleine d'hommes venus de tous les pays du monde pour fêter Dieu. En entendant le bruit, ils accourent vers la maison : les disciples sont dehors, ils chantent à pleine voix les merveilles de Dieu... et chacun les entend dans sa propre langue ! Les gens sont stupéfaits ; certains s'émerveillent, mais d'autres se moquent : « Ils ont trop bu ! »

Le discours de Pierre

Alors Pierre, au milieu des onze disciples, s'adresse à la foule : « Non, nous ne sommes pas ivres !... D'ailleurs il n'est que neuf heures du matin. Mais c'est ce qu'avaient annoncé les prophètes quand ils disaient : "Dieu donnera son Esprit à tout son peuple, petits comme grands, et ils parleront en son nom." Jésus de Nazareth, cet homme que Dieu vous a envoyé et qui a fait parmi vous des choses étonnantes, vous l'avez livré aux Romains et vous l'avez fait mourir sur une croix. Mais Dieu l'a ressuscité ! Il l'a délivré de la mort, nous en sommes tous témoins ! Et maintenant, il est avec Dieu, il vit de la même vie que lui : Jésus-Christ a reçu l'Esprit que Dieu nous avait promis, et il le fait souffler en nous : voilà ce que vous voyez et ce que vous entendez. Soyez en sûrs et certains : ce Jésus que vous avez crucifié, c'est le Messie que vous attendez, c'est le Seigneur de tous les hommes ! » Ac 2, 1-41

L'Ascension

Le 40e jour après Pâques, Jésus ressuscité apparaît à ses disciples et, devant eux, il s'élève et disparaît...

Depuis, les chrétiens sont sûrs qu'il est possible pour les hommes de vivre dans l'éternité de Dieu. Jésus y est déjà.

Depuis, les chrétiens savent aussi que le paradis n'est pas sur Terre. La Terre est le domaine de la foi, de l'amour pour construire un monde meilleur et de l'espérance avec cette certitude que Dieu sauve le monde, et chacun en particulier.

En entendant ces paroles, la foule a le cœur brisé. Elle demande à Pierre ce qu'elle doit faire : « Changez de vie, croyez en Jésus-Christ, et vous recevrez son Esprit : c'est à vous et à tous les hommes que Dieu l'a promis ! » Ils se font baptiser et ils rejoignent le groupe des disciples : les voilà trois mille !

Une intelligence toute neuve

Tant que Jésus est parmi eux, les disciples se taisent pour l'écouter. Après sa Résurrection, ils continuent à se taire parce qu'ils sont effrayés et dépassés par les événements. Ils restent cachés. L'Esprit les met à la porte : « Arrêtez de ressasser les bons vieux souvenirs ! La Bonne Nouvelle est pour tout le monde et Dieu compte sur vous pour l'annoncer. » L'Esprit délie leur langue et leur donne une parole enflammée pour chanter Dieu dans toutes les langues du monde et une intelligence nouvelle pour comprendre enfin l'essentiel : « Jésus le crucifié, Dieu l'a ressuscité, et voici que son Esprit est au travail ! »

Le souffle de la vie

Les disciples ne comprennent pas bien ce qui leur arrive : qu'est-ce qui les poussent à parler de Jésus à des hommes qu'ils ne connaissent pas ? Qui met dans leur bouche des mots et un savoir nouveau ? Toute leur vie bascule, l'univers lui-même est ébranlé, le tonnerre et le feu annoncent un grand mystère... Un air nouveau souffle sur le monde. Cet air, c'est la vie, la vie même de Dieu ! C'est l'Esprit Saint.

Pour les disciples, c'est comme une nouvelle naissance. Ils se mettent à respirer à pleins poumons et ils comprennent qu'au fond, c'était cela la grande promesse de Dieu : donner aux hommes son Esprit pour qu'ils vivent à fond.

Un enthousiasme contagieux

Qu'est-ce qui pousse la foule à rejoindre le groupe des disciples ? Peut-être est-ce le tintamarre des disciples qui attire les curieux. Mais en entendant les explications de Pierre et en voyant l'enthousiasme des disciples, la foule se met à croire, elle aussi, que Dieu donne son Esprit aux amis de Jésus. Elle demande à recevoir le baptême pour entrer à son tour dans cette vie nouvelle...

La première communauté

Au jour de la Pentecôte, Pierre et les Apôtres, enflammés par la force de l'Esprit Saint, proclament la Bonne Nouvelle à travers les rues de Jérusalem : « Jésus le crucifié, Dieu l'a ressuscité, il est vivant ! » Luc écrit dans le livre des Actes des Apôtres que ce jour-là, 3000 personnes décident de devenir à leur tour des disciples de Jésus. C'est le commencement de l'aventure des chrétiens.

La première communauté de croyants

Au commencement, les nouveaux croyants sont des juifs, comme Jésus et les Apôtres. Ils continuent à aller prier dans les synagogues et au Temple de Jérusalem. Ils se réunissent autour des Apôtres qui racontent ce que Jésus a fait et dit. Ils essaient de vivre comme Jésus.

Le miracle de la Belle Porte

Devant une porte du Temple de Jérusalem, la Belle Porte, Pierre et Jean rencontrent un mendiant boiteux qui leur demande de l'argent. Pierre lui répond : « Je n'ai ni argent ni or. Mais ce que j'ai, je te le donne, au nom de Jésus le Nazaréen, marche. » Aussitôt le boiteux se lève et les suit. Pierre et Jean sont immédiatement arrêtés et dès le lendemain, le conseil religieux des juifs, le Sanhédrin qui a fait condamner Jésus à mort, leur interdit de parler de Jésus. Mais une fois libres, Pierre et Jean refusent d'obéir en disant : « On doit obéir à Dieu plutôt qu'aux hommes. »

Ananie et Saphire

Le livre des Actes des Apôtres raconte l'histoire d'Ananie et de sa femme Saphire qui se mettent d'accord pour donner la moitié de l'argent de la vente d'un champ en disant qu'ils donnent tout. Pierre dit à Ananie : « Tu as menti à l'Esprit Saint et tu as retenu une partie du prix du terrain. Ce n'est pas aux hommes que tu as menti, c'est à Dieu. » À ces mots, Ananie tombe mort. Saphire fait le même mensonge et meurt à son tour. La communauté est extrêmement effrayée et reconnaît la force de l'Esprit du Seigneur.

LES QUATRE PILIERS DE LA VIE CHRÉTIENNE

La Parole : les nouveaux disciples croient que Jésus est vraiment le Fils de Dieu, celui que Dieu a promis. Ils lisent la Bible et reconnaissent en Jésus celui que les prophètes ont annoncé.
La vie en communauté : les nouveaux croyants veulent vivre comme des frères et mettre en commun tout ce qu'ils possèdent.
Le partage du pain : les Apôtres renouvellent les gestes et les paroles de Jésus au cours de son dernier repas. C'est pour tous le signe que Jésus donne sa vie pour sauver tous les hommes.
La prière : les croyants chantent des hymnes et des psaumes pour remercier Dieu et lui dire leur confiance.

La mort d'Étienne

Les relations entre les autorités de Jérusalem et les nouveaux croyants sont de plus en plus difficiles. À plusieurs reprises, les Apôtres sont arrêtés, interrogés et menacés. Mais tous sont prêts à suivre l'exemple de Jésus jusqu'à la mort. Malgré les difficultés, la communauté ne cesse de grandir. Pour aider à l'organisation de la vie commune et au service des pauvres, sept hommes sages sont désignés. Ce sont les premiers diacres. Parmi eux, Étienne est infatigable. Les chefs du Sanhédrin l'arrêtent et l'accusent de ne pas respecter la loi de Moïse. Étienne se défend longuement en citant la Bible et explique que Jésus est vraiment celui que Dieu a promis à son peuple. Ses paroles exaspèrent ses juges qui le poussent hors de la ville et le tuent à coups de pierres. Étienne témoigne de sa confiance en Jésus jusqu'au bout et meurt en demandant à Dieu le pardon pour ses adversaires. Étienne, témoin de Jésus jusqu'à la mort, est le premier martyr.

Albert Cuyp, 1620-1691, *La Conversion de saint Paul sur le chemin de Damas*, musée de Picardie, Amiens, France

◆ *Est-ce que les premiers croyants célébraient la messe ?*

– Ils se rassemblaient pour prendre ensemble des repas, écouter les Apôtres et chanter des prières. Au cours de ces repas, ils « partageaient le pain » comme Jésus leur avait demandé de le faire avant sa mort. On peut dire que ces repas ont été les premières messes.

◆ *Pourquoi mettaient-ils leurs biens en commun ?*

– Les premiers croyants voulaient vivre vraiment comme des frères, comme une grande famille dont la seule richesse est Jésus-Christ. L'histoire d'Ananie montre que cela a été tout de suite difficile.

La conversion de Paul

Paul, dont le nom juif est Saul, n'aime pas les amis de Jésus et les persécute. Il assiste même à la mort d'Étienne. Il demande au Grand Prêtre le droit d'aller à la synagogue de Damas pour capturer les disciples qui y sont et les ramener enchaînés à Jérusalem. Le livre des Actes des Apôtres raconte que sur le chemin de Damas, Paul est renversé par une grande lumière et reconnaît Jésus lui-même devant lui. À partir de cet instant, Paul est transformé. Désormais, sa vie n'a qu'un seul but, annoncer ce qu'il a vu, ce qu'il a reconnu : Jésus, le crucifié, est le Seigneur ressuscité, vivant pour toujours.

LES VOYAGES DE PAUL

Pour annoncer l'Évangile, Paul a voyagé pendant plus de vingt ans (de 44 à 67) en Palestine, en Grèce, en Asie Mineure et en Italie. Cette revue de presse, imaginaire, te permettra de mieux comprendre comment il voyageait et quel accueil il recevait.

PAUL DE TARSE

Si vous dites à un étranger : « Je suis de Tarse », il vous répond : « Tarse, la ville de Paul ? » Plus besoin de naître à Rome ou à Athènes pour être quelqu'un !
L'histoire de Paul est incroyable. Juif pratiquant, il devient chrétien et se met à voyager dans tout l'Empire romain. Avec des amis, Barnabé de Chypre ou bien Luc, médecin, on le voit partout : près de chez nous, à Antioche, mais aussi en Grèce, dans les îles ou en plein cœur de l'Asie Mineure.
C'est quelqu'un d'infatigable. Dès qu'il arrive dans une ville, il va à la synagogue annoncer aux juifs que Jésus-Christ est le Messie, celui qu'ils attendent. C'est aussi un original : il n'hésite pas à rencontrer des païens sur la place publique ou dans les théâtres. À eux aussi, il explique qui est Jésus-Christ. Et ce n'est pas toujours facile : on le ridiculise, ou on ne l'écoute pas. Parfois même on le bat, ou bien on le met en prison. Mais il continue ! Il a raison : il y a de plus en plus de chrétiens dans le monde. C'est donc qu'il a du succès. Et Tarse devient célèbre…

■ TARSE-MATIN

Itinéraires d'un grand voyageur

GÉO-ORIENT – *Depuis plusieurs années, les communautés chrétiennes se multiplient. Paul de Tarse, un chrétien qui voyage avec des amis pour annoncer l'Évangile y est pour beaucoup ! Voici la carte de ces voyages.*

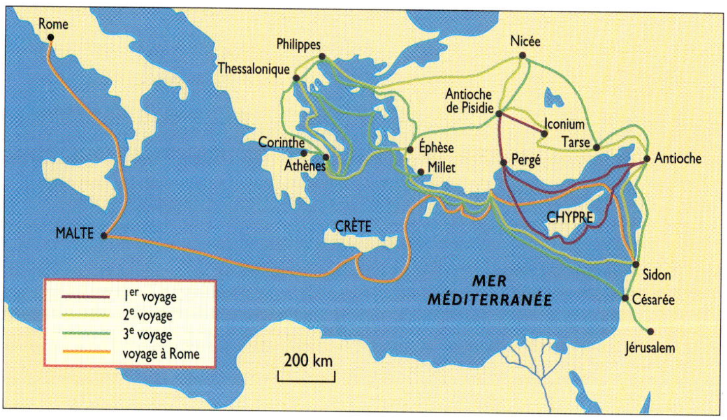

Pour en savoir plus, notre reporter a rencontré Luc, l'un de ses compagnons. Il lui a raconté leurs voyages.

Vous êtes allé partout ! Pourquoi ?
Pour annoncer l'Évangile à tous les hommes. Pas seulement à ceux qui sont dans les grandes villes. Nous voulons aussi rencontrer les habitants des régions plus désertes comme l'intérieur de l'Asie Mineure.

Ce n'est pas facile d'aller si loin !
Vous avez raison. Dans les régions désertiques, on risque d'être attaqué par des bêtes sauvages ou des voleurs. Cela nous est d'ailleurs arrivé plusieurs fois. Et prendre la mer est peut-être encore plus dangereux. Au cours de notre dernier voyage, une terrible tempête s'est tout à coup levée au large de la Crète. Nous avons dérivé pendant 14 jours avant d'échouer à Malte. C'était épouvantable !

Mais souvent, vous retournez aux mêmes endroits…
Paul tient beaucoup à garder le contact avec les Églises. Il leur écrit des épîtres, c'est-à-dire des lettres. Il nous y envoie pour régler des problèmes. Par exemple, Timothée puis Tite sont allés à Corinthe pour réconcilier les chrétiens qui étaient divisés. Lui-même y retourne. Nos voyages nous font un peu tourner en rond. Mais c'est volontaire !

Les chrétiens sont-ils des juifs ?

L'ORIENT ROMAIN

Courrier des lecteurs

Un courrier abondant nous parvient régulièrement concernant les chrétiens. Les avis sont partagés mais une chose est sûre : ils ne laissent pas indifférents. Voici quelques lettres :

HOMMES OU DIEUX ?

J'habite Lystre, en Asie Mineure. J'ai vu Paul et Barnabé de passage dans la région : ils ont fait des miracles extraordinaires. Ce sont sûrement des demi-dieux, des fils de Zeus !

JÉSUS EST LE MESSIE

Je m'appelle Lydie, je suis marchande de pourpre à Corinthe (Grèce). Sans être juive, je suis prosélyte, c'est-à-dire que je crois au Dieu des juifs. J'ai rencontré Paul près de Corinthe et, après l'avoir écouté, j'ai demandé le baptême : pour moi, Jésus est le Messie annoncé par les prophètes.

SCANDALEUX !

Ces chrétiens nous gâchent la vie ! J'habite Éphèse où je fabrique des statuettes de la déesse Aphrodite. Je les vends aux pèlerins qui viennent l'adorer. Paul est venu ici, dans notre théâtre, expliquer à tous qu'il n'y a qu'un seul Dieu. Quelle insulte pour notre déesse qui protège depuis toujours notre cité !

Démétrius d'Éphèse

BÂTIR L'ÉGLISE

Nous sommes commerçants à Corinthe et nous sommes devenus chrétiens en écoutant Paul. L'Église est déjà grande et il y a de la place pour tout le monde !

Aquilas et Priscilla

■ Rencontre avec Jacques de Jérusalem

L'ÉCHO : Vous êtes le responsable des croyants de Jérusalem. Pour vous, pas question d'être chrétien sans être juif.

JACQUES : Comment croire que Jésus est le Messie sans devenir juif ? C'est une question de logique. Le christianisme n'a pas poussé tout seul. Il réalise ce que les prophètes ont annoncé : la venue du Messie.

L'ÉCHO : C'est en devenant juif qu'on comprend cela ?

JACQUES : Croire en Dieu, c'est dire que Dieu fait alliance avec les hommes. Le signe de l'Alliance, Dieu nous l'a donné et il faut le garder : c'est la circoncision.

■ Rencontre avec Paul de Tarse

L'ÉCHO : Vous arrivez d'Antioche et vous avez l'air décidé…

PAUL DE TARSE : Pour moi, c'est évident ! L'Évangile s'adresse à tous les hommes et on n'a pas besoin de devenir juif pour devenir chrétien. Je suis venu jusqu'ici pour l'expliquer aux Apôtres.

L'ÉCHO : Mais Jésus lui-même était juif !

PAUL DE TARSE : Oui, mais il n'a pas demandé à tous ses disciples de circoncire ceux qui croient en l'Évangile. Il a demandé qu'on les baptise. Ce n'est pas la même chose.

L'ÉCHO : On peut donc comprendre l'Évangile sans connaître la foi juive ?

PAUL DE TARSE : Je n'ai jamais dit cela. Les chrétiens doivent connaître l'histoire des juifs puisque c'est Dieu qui nous parle dans cette histoire. Mais ils n'ont pas besoin de vivre selon la loi juive, c'est-à-dire de vivre comme les juifs.

Brèves

■ L'ÉCHO DE JÉRUSALEM
— édition spéciale :
Assemblée de Jérusalem

L'Assemblée de Jérusalem est un succès. Les Apôtres se sont mis d'accord.
Les chrétiens n'ont pas besoin de devenir juifs. La circoncision est inutile car l'Évangile s'adresse à tous les hommes.

■ LA VIE ROMAINE
— en bref…

L'Apôtre Paul qui était en prison depuis plusieurs années a été condamné et décapité à côté de Rome, près d'Ostie.

Lettres

La vie des premières communautés chrétiennes est racontée dans le livre des Actes des Apôtres. Mais on trouve aussi de précieuses indications dans les lettres que les Apôtres Paul, Jean, Jacques, Jude et Pierre ont envoyées aux premiers chrétiens pour les aider à s'organiser et à vivre ensemble. Théo a lu ces lettres, voici ses impressions.

Théo : Je découvre ces premiers groupes de croyants à qui Paul et ses amis écrivent. Pendant ses très nombreux voyages, Paul n'oublie pas ceux à qui il a parlé de Jésus. Il leur écrit. Il les aide à inventer des façons de vivre et de prier. Il les encourage et leur explique ce qu'ils ne comprennent pas. Quelquefois il se fâche parce qu'ils interprètent mal ce que Jésus a fait ou dit.

Je découvre aussi la force de la foi des Apôtres ; sans cesse, ils témoignent de ce qu'ils croient. Leur propre vie ne compte plus, ils sont les serviteurs de la Bonne Nouvelle : Jésus est mort et ressuscité pour que tous les hommes soient sauvés. Peu importe la fatigue, les difficultés, les menaces. Paul écrit : « Ce n'est plus moi qui vis, c'est le Christ qui vit en moi. »

Les lettres de Paul sont-elles les plus nombreuses ?

Théo : Oui, on a retrouvé quatorze lettres de Paul, et seulement trois de Jean, deux de Pierre, une de Jude, une de Jacques.

À qui sont-elles destinées ?

Théo : Paul écrit à des gens qui habitent les pays situés au bord de la Méditerranée. Tous ne sont pas nés juifs ; beaucoup étaient païens avant de croire au Christ.

Sait-on les noms de ceux qui ont reçu ce courrier ?

Théo : Certaines lettres sont adressées à Philémon, Tite et Timothée. Ce sont des amis de Paul. Ils sont jeunes et ils ont de lourdes responsabilités dans l'Église. Paul leur donne des conseils personnels.

Les autres lettres sont écrites aux chrétiens d'une ville ou d'une région entière. Par exemple, à ceux des villes de Corinthe ou de Rome, ou à ceux du nord de la Turquie, les Galates.

Est-ce qu'on peut dater ces lettres ?

Théo : Oui, à peu près ! Les premières sont écrites de Corinthe entre l'hiver 50 et le printemps 52. Les dernières sont envoyées de Rome où Paul est prisonnier en 67 ou 69, juste avant qu'il ne soit décapité.

Où peut-on consulter cette correspondance ?

Théo : Dans le Nouveau Testament. On les trouve après le livre des Actes des Apôtres.

Les épîtres

C'est ainsi que l'on appelle ces lettres écrites par des Apôtres. Dans le Nouveau Testament, elles sont classées par ordre de longueur, en commençant par la plus longue.
Ces lettres étaient très précieuses pour les chrétiens qui les recevaient. Elles étaient recopiées avec soin. Les communautés de croyants les lisaient et les méditaient. Beaucoup de ces lettres ont été écrites avant les Évangiles. Elles sont les premiers témoignages de ce que croyaient les tout premiers chrétiens.

La Lettre aux Hébreux

Ce texte est assez différent des autres. Ce n'est pas vraiment une lettre, mais certainement le texte d'un discours, une prédication. Beaucoup de gens aujourd'hui pensent que l'auteur est un ami de Paul. Dans la Bible, ce texte est classé à la fin des lettres de Paul. Pour comprendre ce texte difficile, il faut bien connaître l'Ancien Testament.

Saint Paul prêche aux juifs dans la synagogue de Damas, mosaïque, fin 12e siècle, Montreale, Italie

Quelques extraits de ces lettres

Conseils à Timothée que Paul aime comme son fils.

« Toi, mon enfant, fortifie-toi dans la grâce qui est dans le Christ Jésus. Ce que tu as appris de moi en présence de nombreux témoins, confie-le à des hommes fidèles qui seront eux-mêmes capables de l'enseigner encore à d'autres. » 2 Tm 2, 1-2

Paul insiste sur ce que fait l'Esprit de Dieu en chaque homme.

« Voici le fruit de l'Esprit : amour, joie, paix, patience, bonté, bienveillance, foi, douceur, maîtrise de soi. » Ga 5, 22-23

Paul invite les chrétiens de la ville de Philippe à être heureux.

« Réjouissez-vous dans le Seigneur en tout temps ; je le répète, réjouissez-vous. Que votre bonté soit reconnue par tous les hommes. Le Seigneur est proche. Ne soyez inquiets de rien, mais en toute occasion, par la prière et la supplication accompagnées d'action de grâce, faîtes connaître vos demandes à Dieu. Et la paix de Dieu qui surpasse toute intelligence gardera vos cœurs et vos pensées en Jésus-Christ. » Ph 4, 4-7

Jude salue les chrétiens à qui il écrit.

« Jude, serviteur de Jésus-Christ, frère de Jacques, à ceux qui sont appelés, qui sont aimés de Dieu le Père et gardés pour Jésus-Christ. Que la miséricorde, la paix et l'amour vous viennent en abondance. » Jude 1, 1-2

L'Apocalypse

Le dernier livre du Nouveau Testament s'appelle le livre de l'Apocalypse. Ce livre a été écrit par Jean ou par ses disciples à la fin du 1er siècle ap. J.-C. C'est un texte étrange qui décrit des visions terrifiantes, des bêtes monstrueuses, des dragons à sept têtes, des sauterelles grosses comme des chevaux, des animaux couverts d'yeux, des mouvements spectaculaires du Soleil, de la Lune et des étoiles. Comment comprendre quelque chose à tout cela ?

Un temps de persécutions

Les premières communautés de chrétiens affrontent la haine et la cruauté des Romains. Ceux qui croient en Jésus sont poursuivis et menacés de mort. Beaucoup s'inquiètent, Dieu laissera-t-il le mal triompher ?

Un mot, un nom que tu ne connais pas ? Va voir dans l'index page 283.

Un langage codé

Jean écrit pour réconforter les chrétiens des sept Églises d'Asie Mineure (aujourd'hui la Turquie). Pour que ses écrits ne soient pas confisqués par les Romains et qu'ils puissent être lus sans danger, il écrit dans un langage codé. Il exprime la certitude qui lui vient de Dieu qu'un jour très proche, les forces du mal seront détruites. Le livre de l'Apocalypse est comme un message secret pour aider les nouveaux chrétiens à résister.

Albert Dürer, 1471-1528,
Les Quatre Cavaliers de l'Apocalypse,
Cabinet des dessins, Florence, Italie

Qui peut comprendre ?

Quelques siècles plus tôt, alors que les Grecs persécutaient les juifs, des messages codés, des apocalypses avaient déjà été écrites. La plus célèbre est le livre de Daniel. Les croyants pour qui Jean écrit, peuvent comprendre son langage. Ils connaissent le sens des images, des signes et des symboles. Ils n'ont peut-être pas déchiffré tous les détails, mais ils ont compris l'essentiel : le temps de la souffrance finira, la victoire est certaine, les méchants seront anéantis et l'Église de Jésus-Christ triomphera.

La longue vie de Jean

Jean est le seul parmi les Apôtres qui n'est pas mort martyr. Il a vécu très vieux, peut être jusqu'à cent ans. À la fin de sa vie, il se réfugie sur la petite île grecque de Patmos. C'est là qu'il écrit ou dicte le livre de l'Apocalypse. Les gens qui n'ont pas connu Jésus et qui vivent des temps très difficiles ont confiance en Jean. Sa parole les soutient dans l'épreuve.

Une révélation

« Apocalypse » vient du mot grec qui signifie « dévoilement », « révélation ». Une apocalypse est donc une révélation de Dieu. Elle permet aux croyants de découvrir le sens caché des événements qu'ils vivent.

Apocalypse de Bamberg, miniature allemande, 12e siècle, BN, Paris, France

La femme et le dragon

Un grand signe apparut dans le ciel : une femme, vêtue du Soleil, la Lune sous les pieds et sur la tête une couronne de douze étoiles. Elle était enceinte et criait dans le travail et les douleurs de l'enfantement. Alors, un autre signe apparut dans le Ciel : c'était un grand dragon rouge feu. Il avait sept têtes et dix cornes et, sur ses têtes, sept diadèmes. Sa queue, qui balayait le tiers des étoiles du Ciel, les précipita sur la Terre. Le dragon se posta devant la femme qui allait enfanter, afin de dévorer l'enfant dès sa naissance. Elle mit au monde un fils, un enfant mâle ; c'est lui qui doit mener paître toutes les nations avec une verge de fer. Et son enfant fut enlevé auprès de Dieu et de son trône.
Alors, la femme s'enfuit au désert, où Dieu lui a fait préparer une place pour qu'elle soit nourrie mille deux cent soixante jours.*
Ap 12, 1-5

* 1260 jours font trois ans et demi.

Les cavaliers

Tels m'apparurent, dans la vision, les chevaux et leurs cavaliers : ils portaient des cuirasses de feu, d'hyacinthe et de soufre. Les têtes des chevaux étaient comme des têtes de lion ; leurs bouches vomissaient le feu, la fumée et le soufre.
Ap 9, 17

Quelques trucs pour t'y retrouver

Aujourd'hui, nous n'avons plus l'habitude d'employer ce langage. Le sens de nombreuses images nous échappe. Voici quelques clés pour retrouver le message caché.

Les chiffres

7 : c'est la perfection, ou la totalité.
6 (7-1) : ce qui n'est pas complet, imparfait.
3, 5 : c'est la souffrance, l'épreuve.
12 désigne le peuple d'Israël ou l'Église.

Les images

Les cornes : la puissance.
La ceinture d'or : le pouvoir royal.
L'agneau : Jésus, le Christ.
L'enfant mâle : Jésus, le Christ.
Une femme : le peuple de Dieu ou l'Église (symbolisée par Marie).
Le trône : la puissance de Dieu.
La bête ou le dragon : le mal, ou l'Empire romain.
La trompette : le jugement de Dieu.
Babylone : la ville de Rome.
Jérusalem ou « la Jérusalem nouvelle » : l'Église.

Jésus

Que sait-on de Jésus ? Est-on sûr qu'il a vraiment existé ? C'est une question de croyants, mais aussi une question de savants qui cherchent dans l'Histoire à mieux connaître Jésus.

Connaître Jésus, une question pour les savants

En étudiant le Nouveau Testament, les textes des historiens juifs et romains de l'époque de Jésus, en faisant des fouilles dans le pays de Jésus, en essayant de mieux connaître la vie des gens de ce temps-là, les savants et les historiens permettent de mieux comprendre l'histoire de Jésus.

Aujourd'hui, la plupart des savants, chrétiens ou non, sont d'accord sur un point : Jésus a vraiment existé, c'est un personnage de l'Histoire.

Jésus, l'histoire d'un homme

Tous les Évangiles n'insistent pas sur les mêmes événements de la vie de Jésus, mais les ressemblances sont plus importantes que les différences. Voilà les grandes étapes de la vie de Jésus telles qu'on peut les retrouver en lisant les Évangiles.

Jésus est né dans la petite ville de Bethléem ; il a grandi dans le village de Nazareth où il est resté jusqu'à l'âge de trente ans environ. Vers trente ans, il passe du temps auprès d'un homme nommé Jean qui baptise au bord d'un fleuve, le Jourdain. Ce Jean annonce la venue du sauveur que Dieu a promis.

Jésus, accompagné d'hommes qu'il choisit – ses Apôtres –, parcourt les routes de la province de Galilée. Il guérit les malades, discute avec les gens qu'il rencontre, parle de Dieu d'une façon toute nouvelle. Il a beaucoup de succès et il rassemble de grandes foules. Mais beaucoup de gens ne comprennent pas bien ce qu'il dit et ce qu'il fait. Certains deviennent ses ennemis.

Il emmène ses amis à l'écart pour être plus tranquille. Là, il prie et essaie de leur expliquer qui il est vraiment.

Connaître Jésus : une question pour les croyants

Pour les chrétiens, Jésus n'est pas seulement un personnage de l'Histoire, c'est quelqu'un qui est vivant pour toujours, qui est présent par son Esprit au milieu de la vie des hommes de tous les temps. Les chrétiens croient qu'ils rencontrent mystérieusement Jésus-Christ lorsqu'ils cherchent à vivre comme lui a vécu. Ils croient qu'ils peuvent le connaître en réfléchissant avec d'autres chrétiens et surtout en priant et en célébrant les sacrements.

Quand des non chrétiens parlent de Jésus

Quelques historiens juifs et romains du temps de Jésus citent le nom de Jésus.

Un juif, Flavius Josèphe (37-100 ap. J.-C.) écrit dans un livre, *Les Antiquités juives* :

« À cette époque vivait un sage nommé Jésus. Sa conduite était bonne et il était renommé pour sa vertu.

Beaucoup de juifs et de gens des autres nations devinrent ses disciples. Pilate le condamna à être crucifié et à mourir. Mais ceux qui étaient devenus ses disciples continuèrent à suivre son enseignement. Ils racontèrent qu'il leur était apparu trois jours après sa crucifixion, et qu'il était vivant. Il était peut-être le Messie, celui dont les prophètes ont raconté tant de merveilles. »

Trois historiens romains citent aussi le nom de Jésus-Christ : Pline, Tacite et Suétone.

Entrée du Christ à Jérusalem, manuscrit arménien, 13e siècle musée arménien, Ispahan, Iran

Un homme de l'Histoire

Pacino di Bonaguida, *L'Arbre de la vie*, vers 1310, Académie, Florence, Italie

Jésus et ses amis montent vers la capitale, Jérusalem. Là, Jésus sait qu'il devra faire face à ses ennemis les plus puissants.

À Jérusalem, Jésus est arrêté et condamné à mourir cloué sur une croix. Après sa mort, ses amis déposent son corps dans un tombeau. Mais, le troisième jour, les amis de Jésus proclament que Jésus est vivant, que Dieu l'a ressuscité.

Jean et les autres

Certains épisodes racontés par Jean n'ont pas été retenus par les autres Évangiles : c'est le cas des noces de Cana. De même, des paroles et des gestes de Jésus racontés dans les autres Évangiles ne sont pas racontés par Jean.

La plus étonnante des différences

Pendant le dernier repas de Jésus avec ses amis, Jean raconte que Jésus a lavé les pieds de ses amis pour montrer qu'il est le serviteur de tous. Les autres Évangiles ne parlent pas de cela, mais ils racontent comment Jésus a partagé le pain et le vin comme signes de son corps et de son sang, de sa vie donnée pour tous.

Jean n'est pas ignorant, mais il écrit pour des gens qui sont déjà chrétiens et qui certainement célèbrent « le repas du Seigneur » (ce que les chrétiens appellent aujourd'hui la messe), en partageant le pain et le vin. Jean n'a pas besoin de leur rappeler ce moment du dernier repas de Jésus. Mais en racontant le lavement des pieds, il les aide à mieux comprendre le sens de la mort de Jésus.

Les apocryphes

Les premiers chrétiens qui n'avaient pas connu Jésus étaient remplis de curiosité. Ils voulaient en savoir plus. Certains ont alors écrit d'autres histoires sur Jésus ; surtout sur la partie de sa vie que les Évangiles ne racontent pas, sur son enfance, sur sa vie avec ses parents. Ses histoires sont remplies de détails extraordinaires, mais souvent inventés. Elles montrent surtout l'admiration que les gens avaient pour Jésus. On les appelle les Évangiles apocryphes.

Le temps de l'Église

Premiers chrétiens

À Jérusalem, des croyants se rassemblent autour des amis de Jésus, les Apôtres. Ils proclament que Jésus est le Fils de Dieu, qu'il est ressuscité des morts pour sauver tous les hommes. Ils essaient de vivre d'une façon nouvelle. Ils partagent leurs richesses, il n'y a alors ni riche ni pauvre.

Les nouveaux croyants

Ils font circuler la parole de Jésus, d'ami en ami, de ville en ville. Beaucoup de juifs ne peuvent pas croire que ce Jésus, mort sur une croix, est vraiment le Fils de Dieu.

Les Apôtres décident de chercher auprès des non juifs, les païens, des oreilles attentives. Un nouveau nom est inventé pour parler de ceux qui se réclament du Christ : chrétiens. Bientôt, il y a des groupes de chrétiens d'origine juive ou pas dans tout l'Empire romain.

Les persécutions

Les Romains veulent bien ajouter le dieu des chrétiens à leurs dieux. Mais les chrétiens ne le veulent pas. Ils ne croient qu'en un seul Dieu et ils ne peuvent pas accepter la façon de vivre des Romains.

– Les chrétiens méprisent les divinités romaines. Pour eux, l'empereur est un homme comme les autres : ils le respectent, mais refusent de l'honorer comme un dieu.

– Ils condamnent la cruauté des jeux du cirque.

– Ils traitent tous les hommes comme des frères, y compris les esclaves.

– Ils rejettent l'enseignement païen donné dans les écoles.

– Ils refusent de faire certains métiers comme ceux de soldat ou de juge, où tout commence par une prière à l'empereur.

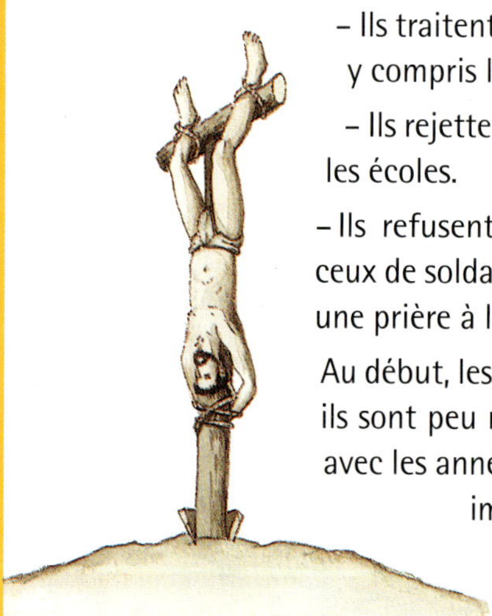

Au début, les chrétiens ne dérangent pas trop car ils sont peu nombreux et souvent pauvres. Mais avec les années, leur nombre grandit et des gens importants de la société se convertissent. Les chefs romains prennent peur de ces gens qui refusent les règles de la vie romaine.

Quelles sont les religions de l'empire ?

Les peuples conquis par les Romains sont très différents les uns des autres. Ils gardent leur langue, leurs habitudes, leur religion.
Les Romains acceptent facilement les dieux nouveaux et les ajoutent à leur propres dieux.
La seule obligation de tous les habitants de l'empire est de reconnaître que l'empereur est le fils des dieux et le chef des religions. Dans toutes les villes, on construit un temple pour honorer l'empereur comme un dieu.

Les martyrs

« On nous tranche la tête, on nous crucifie, on nous livre aux bêtes, au feu, aux chaînes... plus nous sommes persécutés, plus notre nombre s'accroît. »
« Notre sang est une semence pour la terre » dit Tertullien, écrivain chrétien du 3e siècle.
« Froment de Dieu, je suis moulu par la dent des bêtes pour devenir pur pain du Christ. » écrit Ignace d'Antioche, martyr en 107.
Beaucoup pensent que la fin du monde est toute proche. Les persécutions rendent leur foi plus forte. En mourant en martyrs, ils espèrent rejoindre Dieu plus vite.
Le martyr est vénéré comme un saint par ceux qui restent. « Nous recueillîmes ses ossements plus précieux que des pierres précieuses pour célébrer le jour où il est né à Dieu dans le martyr. »
Les chrétiens acceptent de mourir pour bien témoigner de leur foi, pour convertir les autres par cet exemple, pour suivre Jésus en donnant eux aussi leur vie.

Sous le règne de l'empereur Néron, en 64, un incendie ravage Rome. L'empereur est soupçonné d'avoir mis lui-même le feu. Il détourne l'attention sur les chrétiens. Ils sont accusés, torturés et exécutés.
Pendant une centaine d'années, quelques persécutions ont lieu ici et là dans l'empire, sans être directement ordonnées par l'empereur.
En 202, l'empereur Septime Sévère interdit aux chrétiens d'essayer de convertir les païens, et à ces derniers de se faire baptiser.
En 250, l'empereur Dèce veut que tout le monde l'adore comme un dieu au cours d'une grande fête. Ceux qui refusent sont emprisonnés et mis à mort. Certains chrétiens obéissent et renoncent à leur foi mais beaucoup refusent et deviennent des martyrs.
En 303, l'empereur Dioclétien ordonne la plus terrible des persécutions. Il confisque les biens des chrétiens, détruit leurs lieux de réunion, les envoie travailler dans les mines, les emprisonne et en fait tuer beaucoup. C'est la dernière persécution romaine.

Un exemple de martyre

En 177, les représentants de l'empereur en Gaule, les préfets, se réunissent à Lyon. Ils assistent à une grande fête, avec des bêtes féroces et des combats. On cherche des victimes : on choisit des chrétiens ; 48 personnes meurent avec courage sans renier leur foi au Christ ; ce sont des martyrs (en grec, martyr veut dire témoin). Parmi eux se trouvent Blandine et l'évêque de la ville, Pothin.

Les premiers chrétiens en Gaule

Les Gaulois honorent leur propres dieux (Lug, Taranis, Teutatès, Esus) à qui ils donnent souvent des noms romains. Ils croient aussi en de nombreuses petites divinités qui habitent un chêne, une source, une petite colline... Les premiers Gaulois chrétiens habitent les villes.

Constantin et Clovis

Pendant les trois premiers siècles après Jésus-Christ, les chrétiens ont été rejetés et persécutés à plusieurs reprises. Mais leur nombre et leur importance dans la société augmentent et la population romaine prend leur défense contre l'empereur.

Constantin, premier empereur chrétien

Il arrive au pouvoir en 313. Il a environ trente ans. Il a été élevé dans la religion romaine, mais dès le début de son règne, il autorise les chrétiens à pratiquer leur religion : « Nous avons décidé de permettre à tous ceux qui veulent être chrétiens de le faire librement et complètement sans être inquiétés ni molestés. »
Après 324, il se déclare chrétien, même si ses actes ne le sont pas toujours. Il ordonne la construction de belles églises, à Rome, à Jérusalem ; il fait construire une nouvelle ville qui porte son nom, Constantinople, et qui devient la nouvelle capitale. Il donne aux évêques la possibilité de rendre la justice. Il veut rendre la société plus chrétienne en protégeant les plus faibles, en améliorant la vie des esclaves. Le dimanche devient un jour férié.
En 337, Constantin reçoit le baptême. Il meurt la même année.

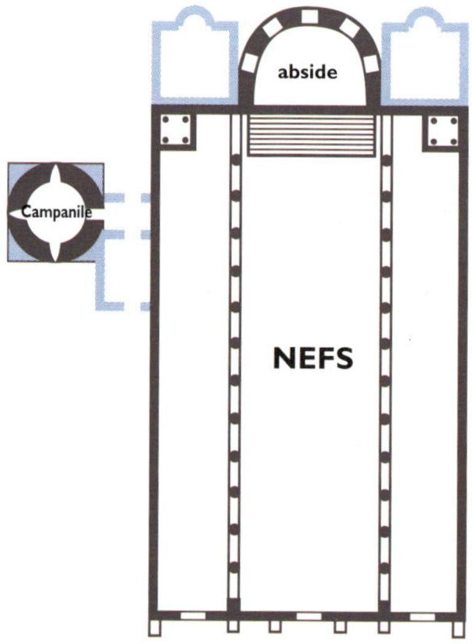

La fin de l'empire

Aux 4e et 5e siècles, le désordre s'installe dans l'Empire romain. Les barbares venus du nord et de l'est envahissent l'ouest et le sud de l'Europe. Ils entrent dans Rome en 410. En Occident, l'empire romain est en train de

Pourquoi l'empereur s'est-il fait baptiser ?

Constantin était-il vraiment converti ? Croyait-il personnellement en Dieu ? Avait-il calculé que les chrétiens devenaient nombreux et qu'il fallait mieux en faire des amis ?
Ce n'est pas très facile de connaître la vérité, mais ce qui est sûr, c'est que les chrétiens peuvent enfin vivre en paix. Les autres religions sont toujours permises, mais la religion chrétienne est soutenue par l'empereur.

Constantin, chef de l'Église

L'empereur protège les chrétiens ; il se mêle aussi des affaires des évêques. Un évêque conseille à Constantin : « Ne te mêle pas des affaires de l'Église ; à toi, Dieu a confié l'empire, à nous l'Église. »
Il craint que l'empereur ne devienne le chef de l'Église à la place des évêques.

disparaître. En Gaule, Clovis, le chef des Francs, triomphe du dernier général romain. Clovis n'est pas chrétien, il croit aux dieux traditionnels des Francs.

Baptême de Clovis, enluminure, 14e siècle, musée Goya, Castres, France

Saint-Apollinaire-in-Classe, 6e siècle, Ravenne, Italie

À partir de 324, les chrétiens osent montrer leurs assemblées. Un peu partout, ils construisent des basiliques (premières églises). Anciennes salles de réunion romaines ou nouvelles constructions, elles ont toutes le même plan : 3 ou 5 allées séparées par des colonnes qui représentent la Terre, montent vers le chœur qui représente le Ciel. Certaines basiliques sont plus riches que d'autres, plus décorées.

Clovis, premier roi chrétien en Gaule

Clovis devient roi de la Gaule. Les tribus en Gaule sont souvent chrétiennes. Seules quelques campagnes vivent encore dans l'ancienne religion gauloise. L'évêque est le personnage le plus important de la société. Il est le défenseur des cités et la population lui fait confiance.
Clovis sait parfaitement que s'il veut régner, il a intérêt à s'entendre avec les évêques. De leur côté, les évêques veulent s'allier avec le nouveau roi. De plus, Clotilde, la femme de Clovis, est chrétienne. L'évêque de Reims, Rémi, enseigne la religion des chrétiens à Clovis, et celui-ci est plein de bonne volonté.
Un jour de Noël, vers l'an 500, Clovis est baptisé avec 3 000 soldats. L'évêque lui dit : « Courbe la tête humblement, barbare ; adore ce que tu as brûlé, brûle ce que tu as adoré. »
Dès qu'il est baptisé, Clovis veut être le « défenseur de la foi ». Il se mêle lui aussi des affaires de l'Église. Il veut choisir les évêques nouveaux, alors que, normalement, ils doivent être élus. Ses successeurs voudront eux aussi mettre l'Église à leur service. Mais, désormais, les évêques pourront obliger le roi et ses guerriers à se conduire d'une façon plus juste et plus charitable.

Saint Augustin

Après la mort de l'empereur romain Constantin, le christianisme devient la religion officielle de l'empire. Les chrétiens ne craignent plus les persécutions, mais de nouveaux dangers menacent la foi chrétienne. Partout dans l'empire, des savants et des évêques essaient de trouver les mots pour exprimer très exactement la foi. Ils ont souvent du mal à se mettre d'accord ; c'est le temps des « Pères de l'Église » et des grands conciles.

Antonello da Messina, 1456-1479, *Saint Jérôme dans son cabinet d'étude*, National Gallery, Londres, Grande-Bretagne

Saint Jérôme au service de la parole de Dieu

Au temps d'Augustin, le pape confie à un autre grand savant la mission de traduire la Bible en latin pour que le plus grand nombre puisse la lire. Jérôme travaille 23 ans pendant lesquels il recherche tous les textes connus de la Bible, en hébreu, en grec et en d'autres langues. Il les compare et essaie d'en retrouver la version la plus ancienne et la plus exacte. Sa traduction s'appelle la Vulgate.

Savoir dire qui est Dieu

Comme les juifs, les chrétiens croient en un seul Dieu. Pourtant, ils croient aussi que Jésus, Fils de Dieu, est vraiment Dieu. Ils croient aussi que Dieu est présent parmi les hommes par son Esprit. Cet Esprit n'est pas seulement une force venue de Dieu, c'est aussi Dieu. Tout cela n'est pas facile à expliquer ; comment dire que un est aussi trois ?

Les grands savants de ce temps-là ont appris à réfléchir avec les mots et les pensées des Grecs, à travers leur philosophie. C'est avec ces mots qu'ils vont essayer, en tâtonnant, en se corrigeant l'un l'autre, et parfois en se disputant, d'expliquer le plus clairement possible ce qu'ils croient. Ce travail a duré plusieurs siècles au début de l'histoire de l'Église. On appelle les hommes qui l'ont fait les « Pères de l'Église ».

Résoudre les disputes

Quand les disputes sont trop graves, la plupart des évêques se réunissent dans de grandes assemblées, les conciles. Tous ensemble, en relisant sans cesse l'Évangile et les écrits des Apôtres, ils essaient de se mettre d'accord sur la meilleure façon d'exprimer leur foi. Deux grands conciles ont lieu, l'un dans la ville de Nicée en 325, l'autre à Constantinople en 381. Ils permettent, après de longues discussions, d'écrire un texte qui résume la foi des chrétiens sur qui est Dieu. Ce texte s'appelle un Credo (en latin, credo signifie « je crois »). On le récite encore aujourd'hui le dimanche à la messe.

L'aventure d'un chercheur de Dieu : saint Augustin

Augustin naît en 354 à Tagaste, en Afrique du Nord. À cette époque, le monde romain commence à devenir chrétien. La mère d'Augustin, Monique, est chrétienne, mais, en ce temps-là, on baptise rarement les petits enfants : Augustin n'est pas baptisé. C'est un jeune homme intelligent : il suit des études brillantes. À travers tous les

Les hérésies

Tout le monde n'accepte pas les décisions des conciles. Certains choisissent dans l'Évangile les vérités qui leur plaisent et refusent les autres. On les appelle des hérétiques. À cette époque, les principales hérésies naissent à propos de Jésus-Christ. Certains croient qu'il n'était pas vraiment Dieu, d'autres qu'il n'était pas vraiment homme. Les conciles de cette époque affirment que Jésus-Christ est vraiment tout à fait Dieu et vraiment tout à fait homme.

auteurs anciens, grecs et romains, il cherche la source de la sagesse. Il devient un professeur célèbre, mais il cherche toujours la vérité. D'abord, le christianisme lui semble une religion un peu folle. Les textes de la Bible ne lui semblent pas aussi sérieux que ce qu'il a l'habitude de lire.

À Milan, en Italie, il rencontre le grand évêque Ambroise. Il découvre l'intelligence du christianisme et la sagesse de Dieu. Un jour il prend sa décision, il sera chrétien. À trente-trois ans, il laisse tout pour Dieu.

Bien qu'amoureux d'une femme depuis dix ans, il renonce à se marier car il veut consacrer sa vie à l'étude et à la prière dans la solitude. Mais il est trop célèbre et les gens de la ville d'Hippone viennent le chercher. Il devient prêtre, puis évêque.

Augustin est un grand défenseur de Dieu et de la foi des chrétiens. Il écrit de nombreux sermons, pour aider les chrétiens à mieux connaître leur foi. Il écrit aussi des livres. Le plus célèbre est ses *Confessions* dans lequel il raconte l'histoire de sa vie et sa découverte du Dieu des chrétiens. Il s'intéresse à toutes les grandes discussions des chrétiens de son temps. Avec toute la force de son intelligence, il combat les idées des hérétiques.

Benozzo Gozzoli, *Saint Augustin enseignant la rhétorique et la philosophie à Rome*, vers 1464, église Saint-Augustin, San Gemignano, Italie

Grégoire

Après la prise de la ville de Rome en 476, le vieil Empire romain disparaît. Des peuples nouveaux venus de l'est, les tribus barbares, envahissent l'Europe de l'ouest. L'ancien empire se morcelle en petits royaumes barbares. Partout, c'est la guerre, le pillage, la désolation, la famine. Que va devenir la jeune Église chrétienne au milieu de cet immense désordre ?

Saint Grégoire, manuscrit, 12e siècle, bibliothèque de Douai, France

Le rôle des évêques

Dans les villes, quand l'autorité romaine disparaît, l'Église prend le relais. C'est la seule force solide et organisée. Les évêques négocient avec les barbares, organisent la défense, le ravitaillement, l'entretien des monuments et des écoles. Grâce à eux, l'organisation romaine ne disparaît pas totalement. Les nouveaux rois barbares respectent les évêques. Ils viennent leur demander conseils et beaucoup se convertissent au christianisme.

L'évêque de Rome, Grégoire le Grand

Parmi tous les évêques, celui de Rome, le pape, a une place particulière. Il hérite en partie des pouvoirs de l'empereur et, parce qu'il est le successeur de Pierre, le premier des Apôtres, il est le premier des évêques. En 590, Grégoire, un noble romain devenu moine, est élu évêque de Rome. C'est le plus grand pape de cette époque, on l'appelle Grégoire Le Grand. Il défend Rome contre les envahisseurs barbares, les Lombards. Dans la ville, il organise les secours aux pauvres et aux malades. Il pense qu'il ne faut pas regretter le temps de l'Empire romain et que les barbares peuvent devenir des chrétiens. Il envoie des moines missionnaires en Grande-Bretagne pour convertir les Angles et les Saxons. Grégoire a aussi donné son nom à une réorganisation du chant d'église, le chant grégorien.

Un mot, un nom que tu ne connais pas ? Va voir dans l'index page 283.

La naissance de la chrétienté

Premier serviteur

Le pape Grégoire le Grand prend le très beau titre de « serviteur des serviteurs de Dieu ». Grâce à lui, l'autorité de l'évêque de Rome s'impose à tout l'Occident. Petit à petit, les barbares deviennent chrétiens. Le nouveau monde en train de naître va s'appeler la chrétienté.

Un monde qui se cherche

L'arrivée des nouveaux peuples barbares, la naissance de petits royaumes, la disparition de l'organisation romaine et la montée de la puissance de l'Église créent un grand bouleversement en Occident. Les grandes cités romaines perdent leur influence et leur population. Une grande partie du commerce meurt, les routes sont à l'abandon, de nombreux bâtiments tombent en ruine. Dans les campagnes, les grands domaines se morcellent ; beaucoup de terres sont en friche.

L'organisation de l'Église

L'Église s'adapte au nouveau monde. Des prêtres sont envoyés dans les campagnes. Petit à petit, dans chaque village s'élève une église. Le prêtre qui en est responsable est le curé. L'évêque de la ville voisine lui confie la charge des habitants du village, sa paroisse. Cette organisation va durer pendant de nombreux siècles.

Manuscrit de chant grégorien, miniature, 16e siècle

École de Ségovie, *Intérieur de couvent*, 16e siècle, musée Lazaro Galdiano, Madrid, Espagne

Le trésor caché

Les connaissances et le savoir des savants grecs et romains sont menacés par le désordre de l'Occident. De moins en moins de gens savent lire et écrire. Heureusement, dans les monastères, les moines conservent les textes anciens. Patiemment, ils les recopient à la main. Ce trésor ne disparaît pas totalement. C'est grâce à eux que beaucoup de ces textes sont arrivés jusqu'à nous.

L'évangélisation de l'Europe

Quand la religion chrétienne devient la religion officielle de l'Empire romain, beaucoup de gens se font baptiser mais ils ne sont pas encore totalement chrétiens dans leur cœur. En même temps, les nouveaux peuples venus de l'est, les barbares qui s'installent dans l'Empire, ne sont pas encore tous chrétiens. La vraie conversion de tous ces hommes et femmes au christianisme est l'œuvre des chrétiens qui parcourent les campagnes et annoncent la Foi en Jésus-Christ, les missionnaires.

Saint Éloi

Haut fonctionnaire du roi Dagobert, il est nommé évêque de Noyon et de Tournai. Il lutte contre les restes de croyance païenne. Il meurt en 660. Saint Amand et saint Ouen font, à la même époque, le même travail.

La conversion des campagnes

Au début du Moyen Âge, l'Église est surtout présente dans les villes. Toute la vie religieuse se déroule autour de l'évêque, le plus souvent membre d'une riche famille de la région. Dans ces conditions, la religion chrétienne reste souvent lointaine pour le peuple, surtout dans les campagnes. Les chrétiens des villes, riches et instruits, sont souvent choqués par la conduite peu chrétienne du peuple. Même quand les anciennes religions disparaissent, certaines anciennes croyances subsistent, et de nouvelles apparaissent qui sont des déformations du christianisme : le repos du jeudi, jour de Jupiter, la consultation des devins et des astrologues, l'utilisation de petits papiers où l'on écrit des versets de la Bible que l'on se met autour du cou pour se protéger. Les évangélisateurs (quelques évêques missionnaires, et surtout des moines installés à la campagne) tentent de faire disparaître ces superstitions par l'enseignement. De plus, ils essaient de transformer les hommes et la société, en particulier dans la famille : interdiction d'avoir plusieurs femmes, interdiction du divorce. Ils tentent de créer un monde chrétien. Ils insistent sur une nouvelle façon de vivre plus chrétienne, le partage avec les pauvres, l'aide aux veuves et aux orphelins.

La conversion des barbares

Certains d'entre eux sont déjà convertis (Wisigoths, Ostrogoths, Lombards) mais beaucoup vivent une fausse foi chrétienne, l'hérésie arienne. D'autres se convertissent rapidement à la foi catholique (Burgondes, Francs). D'autres enfin, restent païens, notamment en Germanie, en Frise et en Angleterre. Dans ce cas, il s'agit avant tout de convertir les rois et l'aristocratie des guerriers. Le travail des missionnaires est considérable et la disparition de l'Empire romain en 476 n'interrompt pas leur œuvre. C'est seulement à l'époque de Charlemagne, vers l'an 800, que toute l'Europe occidentale est vraiment chrétienne.

Vers un monde chrétien

Pour le pape Grégoire, il faut amener les gens à accepter le christianisme, en utilisant les images, les façons de croire qu'ils connaissent déjà. Il s'agit de détruire les anciennes religions sans bouleverser entièrement les habitudes des gens, afin de rendre plus doux le passage à une religion jusque-là inconnue.

Les méthodes d'évangélisation

« Il ne faut pas du tout détruire les temples, seulement les idoles : ayez de l'eau bénite, aspergez les temples, construisez-y des autels, mettez-y des reliques. Si ces temples sont bien bâtis, on peut en effet les faire passer du culte des démons au service du vrai Dieu. »

Saint Grégoire le Grand,
Lettre à Mellitus.

Nikola Bozidarovic, *Saint Martin coupant son manteau*, 1517, église Notre-Dame de Dance, Drubovnik, Croatie

Saint Martin de Tours

Originaire de Hongrie, fils d'un militaire romain, il devient soldat à son tour. Il est envoyé à Amiens. Il se convertit et se fait baptiser. Il rejoint le grand évêque de Poitiers, Hilaire. Ensemble, ils fondent le monastère de Ligugé. En 371, Martin est élu évêque de Tours. Il fonde d'autres monastères qui forment de nombreux missionnaires. Il crée les premières paroisses de campagne et lutte contre l'hérésie arienne.

Saint Colomban

Parti de Bangor (monastère irlandais) avec quelques compagnons, il débarque en Gaule en 590. Il fonde des monastères dont celui de Luxeuil dans les Vosges. Il meurt à Bobbio, en Italie, en 615.

Saint Boniface

Moine anglo-saxon, il part sur le continent pour évangéliser les Germains vers l'an 700. Il crée l'Église de Bavière.

Saint Augustin de Cantorbéry

Ce romain est le chef de la première mission envoyée par le pape Grégoire le Grand en Angleterre en 596. Il convertit le roi du Kent en 597, mais il faudra au moins un siècle pour que toute l'Angleterre devienne chrétienne.

Saint Benoît

Être moine, c'est choisir de se mettre à l'écart pour donner toute sa vie à Dieu, et se consacrer à la prière. Il y a plus de 1500 ans, saint Benoît a inventé une façon de vivre, une règle qui est encore celle des moines d'aujourd'hui.

Saint Benoît naît vers 480, à Nurcie, pas très loin de Rome dans une famille noble et aisée. Jeune homme plein d'avenir, il est envoyé à Rome pour faire ses études.
Un jour, il se sent appelé par Dieu. Il change de vie, quitte Rome et pendant trois ans, vit seul en ermite dans une grotte à Subiaco. Cette vie exemplaire le rend célèbre. Les moines de Vicovaro, ses voisins, viennent lui demander de devenir le responsable de leur monastère, leur abbé. Benoît leur fait mener une vie très stricte. Les moines sont furieux, ils tentent de l'empoisonner.
Déçu, Benoît retourne à sa grotte. Mais les visiteurs toujours plus nombreux viennent lui demander conseil. Finalement, il fonde pour eux un monastère au mont Cassin. Là, ils mènent tous ensemble une vie tournée vers la prière.
À la fin de sa vie, il écrit un texte, une règle, qui explique quelles doivent être les activités des moines et dans quel esprit ils doivent vivre. Cette règle a un très grand succès. Lorsque Benoît meurt en 547, elle est déjà adoptée par beaucoup d'autres monastères.

Chercher Dieu au désert

Dans la Bible, le désert est le lieu de la rencontre avec Dieu. Au désert, Moïse reçoit les dix paroles de Dieu. Avec son peuple, les Hébreux, il découvre qui est Dieu et comment le prier.
Jésus aussi, poussé par l'Esprit, passe quarante jours au désert. En Égypte, au 3e siècle après Jésus-Christ, des chrétiens veulent suivre Jésus jusqu'au bout. Ils choisissent à leur tour de chercher Dieu dans cet univers aride et difficile. Comme les martyrs au temps des persécutions, ils veulent donner toute leur vie à Dieu. Parmi eux, saint Antoine et saint Pacôme deviennent rapidement célèbres. On les appelle les Pères du désert. Beaucoup essaient de les imiter en construisant des lieux fermés, séparés du monde : les monastères. Ceux qui y vivent, les moines, consacrent toute leur vie à Dieu.

La vie en communauté

1. Le réfectoire, où les repas sont pris en commun.
2. La salle du chapitre : les moines s'y réunissent pour écouter l'abbé lire la règle et leur donner toutes sortes de nouvelles.

La prière

3. L'église : la communauté s'y retrouve pour prier 7 fois par jour.
4. Les cellules, lieu du repos et de la prière personnelle.
5. Le cloître, pour trouver le chemin de la prière dans le silence.

L'étude

6. La bibliothèque, pour lire la Bible et les écr des saints et des Pères de l'Église.
7. Le scriptorium, lieu du travail des moines qui copient les livres.

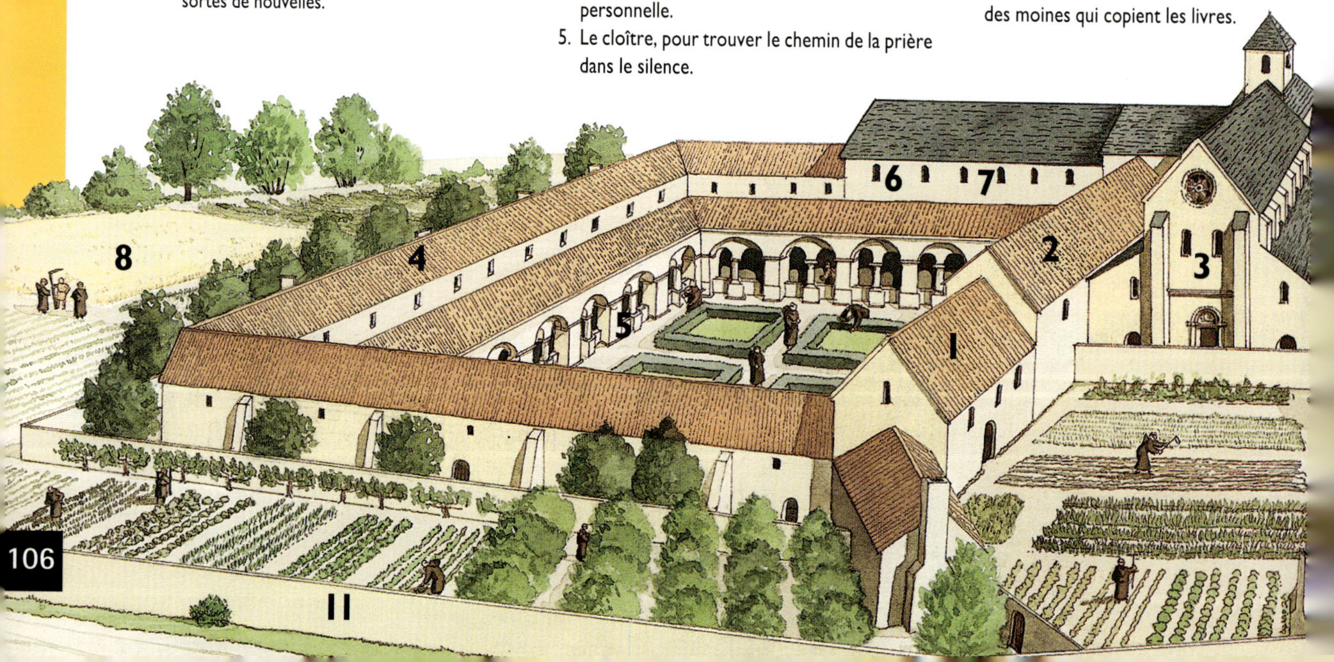

L’homme de Dieu

Hyacinthe Rigaud, 1659-1743,
Portrait de l’abbé de Rancé,
abbaye de Soligny-la-Trappe, France

Sur les pas de saint Benoît

Saint Benoît d’Aniane (750-821)
Fondateur de l’abbaye d’Aniane dans le sud de la France. Au cours du synode monastique d’Aix-la-Chapelle (817), il impose la règle de saint Benoît à tous les moines d’Occident.

Saint Odilon (962-1049)
Abbé de Cluny, en Bourgogne, il modifie la règle en multipliant les temps de prière. Il accroît la beauté des liturgies et développe la puissance et la richesse de cette abbaye qui devient célèbre dans toute l’Europe.

Saint Bruno (1030-1101)
Il fonde l’ordre des chartreux. Les moines mènent une vie très rigoureuse semblable à celle des ermites, dans des lieux très isolés.

Saint Bernard (1091-1153)
Moine à l’abbaye de Citeaux, il réagit contre la richesse et le luxe de Cluny et veut retrouver une vie simple. De nombreux monastères suivent cette réforme et forment l’ordre des cisterciens.

Abbé de Rancé (1626-1700)
Abbé de la Trappe, il entreprend une réforme et fait des trappistes un des ordres monastiques les plus sévères. Les moines y vivent dans un silence absolu.

Vivre au monastère

Les monastères sont construits d’une façon qui permet aux moines de vivre selon la règle de saint Benoît.
Regarde ce plan de monastère, et découvre les grands principes de la règle de vie des moines.

Le travail

Aux champs
Au moulin
À la forge

La séparation du monde

11. Les moines se séparent du monde par une sorte de frontière, la clôture.
12. Les moines accueillent les voyageurs et les chercheurs de Dieu à l’hôtellerie.

LA PRIÈRE DES MOINES

◆ *Combien de temps priez-vous ?*
– Mais toute la vie, toutes nos activités sont une forme de prière. Nous prions ensemble au cours des sept offices tout au long du jour et même de la nuit.

◆ *Comment priez-vous ?*
– Nous chantons les Psaumes. Les 150 psaumes sont répartis sur toute la semaine ; quand nous avons fini, nous recommençons.

◆ *Vous n’en avez jamais assez ?*
– Pour devenir moine, il faut aimer prier. Les Psaumes ont été composés il y a 3 000 ans et n’ont jamais cessé d’être redits. Jésus les a chantés. Nous sommes les maillons d’une longue chaîne de prière qui chante Dieu à travers les siècles.

L'islam

Entre 620 et 630 ap. J.-C., au cœur du désert d'Arabie, Mahomet, un marchand originaire de la ville de La Mecque, fonde une nouvelle religion, l'islam. En quelques dizaines d'années, les croyants de l'islam, les musulmans, conquièrent tous les pays au sud et à l'est de la Méditerranée. Même l'Espagne tombe sous leur domination. Leur progression est arrêtée par les Byzantins devant Constantinople en 718 et par les Francs, en 732, à Poitiers. En un siècle, une nouvelle puissance est née, et un nouvel ennemi menace les chrétiens.

Le livre saint des musulmans : le Coran

Il rassemble les paroles de Mahomet. Les musulmans croient qu'elles ont été inspirées par Allah. Le Coran est divisé en petites parties, les Sourates.

Mahomet

Mahomet est sûr que Dieu lui a donné une mission. Une nuit au désert, il a entendu une voix : « Il y a un seul Dieu, Allah, tu es son envoyé, son prophète. » Désormais, Mahomet consacre sa vie à Allah. D'abord, les habitants de sa ville natale, La Mecque, refusent de l'écouter. Il est obligé de s'enfuir vers la ville voisine de Médine. Son exil dure dix ans : c'est l'Hégire. En 630, Mahomet revient vers La Mecque à la tête d'une armée de dix mille hommes, les premiers musulmans. Effrayés, les habitants de la ville le laissent entrer. Il détruit les statues des anciens dieux. La Mecque devient la grande ville sainte des musulmans.

Un trop grand espace

En un siècle, les musulmans conquièrent un espace immense, de l'Inde à l'Espagne. Un seul chef ne peut pas tout gouverner. L'empire se morcelle rapidement en 3 parties, avec à leur tête 3 chefs, les califes. Ils s'installent à Cordoue en Espagne, au Caire en Égypte, et à Bagdad en Irak.

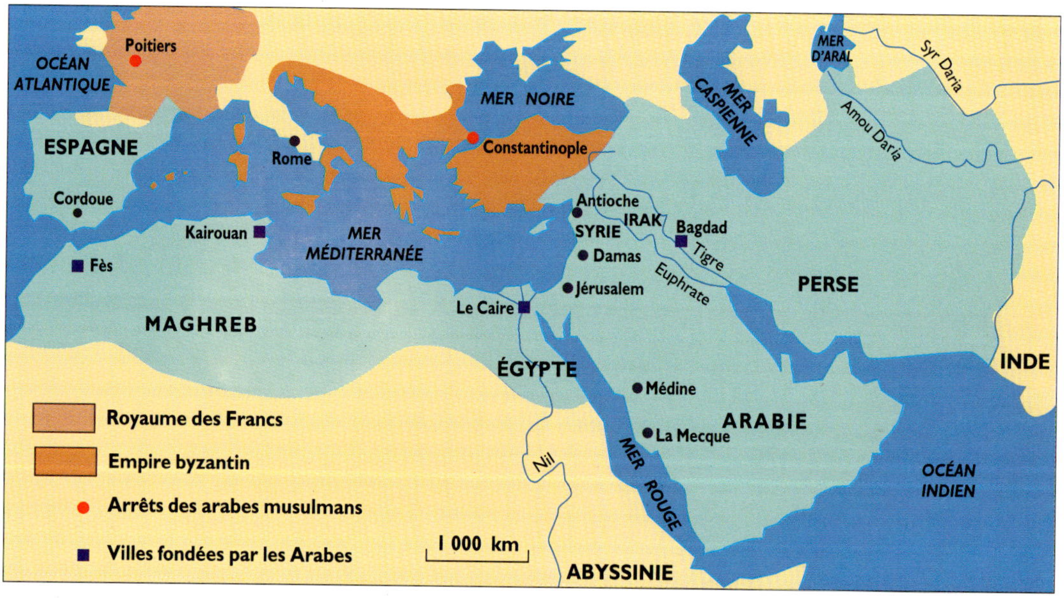

L'ISLAM, LES JUIFS, ET LES CHRÉTIENS

Mahomet, élevé dans un milieu qui connaît mal les religions des juifs et des chrétiens, croit qu'elles ne disent qu'une partie de la vérité de Dieu, et que seul l'islam est le dernier et le plus parfait message de Dieu. Pour lui, l'islam est supérieur aux religions juive et chrétienne. Pour Mahomet, Jésus est un grand prophète et Abraham est le père de tous les croyants. À cause de cela, dans les territoires conquis par les musulmans, les juifs et les chrétiens ont le droit de continuer à pratiquer leur religion à condition de payer un impôt spécial.

Jérusalem

En 638, la ville de Jérusalem tombe aux mains des guerriers musulmans arabes. En découvrant les ruines de l'ancien Temple des juifs, ils sont très émus. En effet, ils croient que c'est d'ici, qu'après sa mort, Mahomet s'est élevé vers le Ciel. Ils décident de construire un magnifique monument, une mosquée où tous les musulmans pourront venir prier. Jérusalem devient la troisième ville sainte de l'islam, après La Mecque et Médine.

Un nouveau monde chasse l'ancien

Quand les successeurs de Mahomet et leur guerriers commencent la conquête de l'Égypte, de la Palestine, de la Syrie, de l'Afrique du Nord, de l'Espagne, ils rencontrent un monde chrétien depuis plusieurs siècles, savant et organisé.

Alexandrie, en Égypte, et Damas, en Syrie, sont des grandes villes réputées pour le travail de leurs savants et enrichies par le commerce. Les Arabes musulmans ajoutent leurs connaissances à celles des pays conquis. Ils deviennent pour plusieurs siècles les meilleurs en médecine, en mathématiques, en astronomie, en architecture. Partout, la langue arabe remplace le grec.

Observatoire à Istanbul, miniature turque, 16e siècle

Charlemagne

À Rome, le jour de Noël de l'an 800, plus de trois cents ans après la disparition de l'Empire romain, le roi des Francs, Charlemagne, est couronné empereur par le pape. Charlemagne devient le représentant de l'ordre de Dieu sur Terre et le protecteur de l'Église. Le pape est celui qui désigne ce représentant. Mais à l'avenir, ce partage de l'autorité va être bien difficile à vivre.

Albert Dürer, 1471-1528, *Charlemagne*, Nuremberg, Allemagne

Les envoyés du maître

« Nous désirons savoir par nos "missi" comment chacun parmi les évêques, abbés, prêtres, et tous les moines, a observé nos décisions dans son domaine et sa profession. De la même façon, aussi, nous désirons savoir si les laïcs, en tous lieux, ont observé notre ordre sur la protection des saintes églises, des veuves, et des orphelins, ou des petites gens. »

Le rôle du pape

Charlemagne décrit le rôle du pape en une phrase. « À moi, l'action, au pape la prière pour la réussite de cette action. » Pourtant, depuis le temps de Pépin, roi des Francs et père de Charlemagne, les papes sont devenus les chefs d'un État en Italie. C'est cette « Donation de Pépin » qui est à l'origine des États du pape.

Représentant de Dieu

Charlemagne est un grand conquérant. Son empire s'étend sur toute l'Europe de l'ouest, l'Occident. Il prend très au sérieux son rôle de représentant de Dieu. Il rêve d'installer un monde idéal, une « Cité de Dieu » où tous ses sujets seront chrétiens et où la loi sera la loi de Dieu. Il s'occupe de tout. Il se mêle de tous les problèmes de l'Église, même ceux de la Foi.
Il ne veut pas seulement gouverner son empire, il veut aussi gouverner l'Église. Il nomme tous les évêques. Il confie à certains la charge d'organiser, avec l'aide d'un fonctionnaire, tous les territoires de l'empire et d'y installer l'ordre et la paix. Ce sont les « missi dominici », les envoyés du maître.

Un empereur qui aime les savants

Souvent, on dit que Charlemagne a inventé l'école : c'est une légende. Mais Charlemagne a fait beaucoup d'efforts pour lutter contre l'ignorance. Autour de son palais d'Aix-la-Chapelle, il rassemble les plus grands savants de son temps. Il pense que ceux qui ont la charge de gouverner doivent savoir lire, écrire, réfléchir, connaître les textes anciens. Il veut que chaque monastère ait son école, et que les moines et les gens d'Église soient instruits. Au temps de Charlemagne, les textes anciens sont recopiés avec soin. On invente une nouvelle façon très belle d'écrire les lettres

LE FILIOQUE

C'est un des mots du texte que récitent, en latin, les chrétiens pour proclamer leur foi, le Credo. Charlemagne décide d'utiliser ce mot qui signifie « et du Fils » pour exprimer le lien du Saint-Esprit avec le Père et le Fils. Les chrétiens d'Orient refusent cette décision prise sans les consulter et qu'ils n'approuvent pas. C'est en partie pour cette raison que, plus tard, les Églises d'Orient et d'Occident se sont séparées.

de l'alphabet. Cette écriture porte le nom de l'empereur, l'écriture « caroline ». Les pages des livres sont souvent magnifiquement illustrées.

La Foi pour les païens, des méthodes douloureuses

Charlemagne veut faire chrétiens tous les peuples qu'il conquiert. Ses méthodes sont souvent brutales. Ceux qui refusent de devenir chrétiens sont massacrés.

En 785, Charlemagne écrase la révolte des Saxons et les force à se faire baptiser et à respecter le culte chrétien sous peine de mort. Cette méthode entraîne une nouvelle révolte des Saxons contre les Francs et leurs prêtres. En 797, Charlemagne abandonne cette façon de faire trop dure et donc inefficace. Il laisse la place aux missionnaires.

Le Saint Empire romain germanique

En 962, le pape Jean XII couronne empereur le roi de Germanie, Otton de Saxe. Cet empire dure jusqu'en 1806. Il connaît une histoire mouvementée.

Les âges obscurs

Les années qui suivent le grand règne de Charlemagne sont très difficiles. Ses successeurs morcellent son empire. L'Occident connaît encore les guerres, les pillages et les famines. De nouveaux envahisseurs venus du nord, des marins extraordinaires, les vikings, terrorisent le pays. Seuls, quelques monastères réussissent à échapper au grand désordre. Derrière leurs murs, les moines continuent tant bien que mal à conserver le savoir des anciens. À Rome même, les papes sont souvent des incapables qui mènent une vie de débauche, et meurent assassinés par leurs successeurs. Beaucoup d'évêques sont très ignorants, et seuls l'argent et le pouvoir les intéressent.

Gerbert, une lumière dans la nuit

En 999, Gerbert, moine de la grande abbaye de Cluny, étudiant à Chartres, professeur à Reims, vrai savant chrétien, devient le pape Sylvestre II. Il défend courageusement l'autorité du pape face à l'empereur et tente de réformer l'Église. Il meurt quatre ans après être devenu pape ; mais il a donné l'espérance de voir la papauté et l'Église redevenir dignes et fortes. Son travail sera poursuivi par le grand réformateur Grégoire VII devenu pape en 1073.

L'an Mil

Il y a mille ans, la vie en France était bien différente. La plupart des Français étaient des paysans qui se nourrissaient difficilement. Les seigneurs dans les châteaux avaient la charge de les protéger. Comment vivaient-ils et quelle était leur foi ? Jean, qui a vécu à cette époque, te l'explique.

J'habite à la campagne dans un village tout neuf. C'est mon père qui l'a créé avec d'autres paysans. Ils ne pouvaient plus rester dans leur ancien village : ils étaient trop nombreux. Ils ne voulaient pas non plus s'installer dans une ville. Depuis que les barbares les ont dévastées, elles sont toute petites ! Un jour, ils ont décidé de venir ici. Ce n'était qu'une immense forêt. Ils ont abattu des arbres, labouré le sol et construit des maisons. En même temps, Philippe, le seigneur, construisait son château sur une colline pour surveiller la région et nous protéger. Tout prêt du château, je me sens en sécurité. Quelques jours après ma naissance, le prêtre du village m'a baptisé. Tous les bébés sont baptisés très tôt car beaucoup meurent de maladies que personne ne sait soigner.
J'ai été baptisé dans l'église, au milieu du village. Elle est toute neuve, en pierre, avec, à l'intérieur, des peintures qui expliquent la vie de Jésus et des saints.
Je ne vais pas à l'école : il n'y en pas ! Mais j'aide mon père.
Il cultive les terres de Philippe. Chaque année, après la moisson, il monte au château pour donner une partie des récoltes. Si la récolte est bonne, tout va bien, il reste assez à manger pour toute la famille. Mais si elle est mauvaise, c'est la catastrophe ! Je dois alors chercher des racines ou des glands dans la forêt, avec mes frères et sœurs. On a faim.

Le style roman

On construit des églises romanes en Europe, à partir de l'an Mil. Elles sont plus hautes, en forme de croix et sont orientées vers l'est, en direction de Jérusalem. Le plafond n'est plus en bois mais en pierres pour éviter les incendies. Des murs épais et des piliers doivent soutenir ce plafond très lourd. L'intérieur est recouvert de peintures qui représentent des passages de la Bible et de la vie des saints. Le temps les a effacées mais on peut en voir des restes dans les grandes églises romanes de France, à Tournus et à Vézelay.

A-t-on eu peur en l'an Mil ?

Passer de 999 à 1000, dans un autre millénaire, c'est un peu plonger dans l'inconnu. Longtemps, on a cru que les hommes de ce temps-là avaient eu très peur de cette date, qu'ils prévoyaient les pires malheurs. Aujourd'hui, on sait que tout cela est exagéré. Bien sûr, quelques-uns étaient inquiets mais beaucoup espéraient que ce nouveau millénaire allait tout renouveler sur Terre.

Le mois dernier, Geoffroy, un seigneur ennemi, est arrivé avec les hommes qui ont juré de l'aider, ses vassaux. C'était la guerre ! J'ai couru me réfugier au château avec tous les habitants du village. J'entendais Geoffroy qui hurlait : « Mettez des échelles contre la palissade, montez dessus et enfoncez la porte avec vos épées ! » Les hommes de Philippe faisaient tomber les échelles et arrosaient de flèches leurs adversaires qui finalement s'en allèrent. Mais ils reviendront et la guerre recommencera.

Comme nous, l'évêque déteste la guerre. Au printemps dernier, il a rassemblé tous les seigneurs et vassaux de son diocèse dans une clairière. Ils ont juré sur les ossements de saint Martin qu'ils ne feraient plus la guerre les dimanches, pendant l'Avent et le Carême. J'y étais et j'ai tout vu : Philippe et Geoffroy avaient l'air inquiet. C'est normal, ils ont juré sur des reliques. S'ils désobéissent, ils iront en enfer !

Le pape veut changer les choses et le dit à Clermont : « Faites la paix entre vous et allez vous battre contre ceux qui ne croient pas au Christ, les musulmans ! Ils détiennent la Palestine, le pays de Jésus. C'est à nous, chrétiens, de le conquérir ! » Moi aussi, j'irai à Jérusalem, même si je suis pauvre et sans armes. Le Christ nous appelle : il faut se mettre en route !

Byzance

Au 4e siècle, l'empereur romain Constantin décide de construire à Byzance, à l'entrée de la mer Noire, sa nouvelle capitale. La ville porte son nom : Constantinople devient la nouvelle Rome. En 387, l'empereur Théodose partage l'Empire romain entre ses deux fils. Un nouvel empire s'installe en Orient autour de Constantinople, l'Empire byzantin. En 410, Rome est dévastée par les barbares. L'empire d'Occident disparaît. L'empire d'Orient va durer mille ans et malgré de nombreuses guerres, il demeure longtemps riche et envié.

La richesse de Byzance

Constantin veut que sa nouvelle capitale soit magnifique. Après lui, ses successeurs continuent à embellir la ville. Ils l'ornent de splendides monuments, d'un palais, d'un hippodrome où ont lieu de célèbres courses de chevaux, et d'églises. La plus belle est Sainte-Sophie que le grand empereur Justinien fait construire en 532. Constantinople est restée très longtemps la ville la plus riche et la plus peuplée d'Europe et des pays méditerranéens. Elle est au centre du commerce du blé, des épices et de la soie. Elle montre sa richesse au monde entier. Quand tous les autres pays n'ont que des pièces d'argent, elle fait circuler sa monnaie, des pièces d'or qui représentent l'empereur.

L'art de Byzance

Byzance est connue pour ses mosaïques, sortes de puzzles composés de tout petits cubes de verre coloré. Elles composent d'immenses tableaux qui recouvrent entièrement les murs ou la voûte des églises et des palais. On peut en admirer de très belles à Ravenne, en Italie. Elles ont été commandées par Justinien pendant sa reconquête de l'Italie. À Byzance, la plus belle église, Sainte-Sophie, est surmontée d'une coupole de 31 m de diamètre.

La nouvelle Rome

L'EMPEREUR, LE PATRIARCHE ET LE PAPE

L'Empire byzantin est un empire chrétien. Les chrétiens d'Orient sont issus des premières communautés chrétiennes fondées par saint Paul. Leur vie religieuse est très intense. Ces communautés ont donné à l'Église beaucoup de saints, de savants et des Pères de l'Église très célèbres. Tous acceptent l'autorité lointaine du pape de Rome, mais à Byzance, le vrai chef de l'Église est l'empereur. Il est le lieutenant de Dieu. On se prosterne devant lui. Le lieu où il habite est appelé « palais sacré ». Même l'évêque de Constantinople, le patriarche, est soumis à l'empereur qui intervient souvent dans la vie de l'Église.
« L'évêque de Constantinople sera le premier après celui de Rome parce que Constantinople est une nouvelle Rome. »

La Vierge du tsar Dusan, dite « type de la Vierge de Tendresse », vers 1350, monastère de Decani, Kosovo

Les icônes sont des peintures sur bois et sont considérées comme des objets saints. Elles représentent des sujets religieux. Les croyants pensent que Dieu se rend présent à travers cette image. Entre 730 et 843, des disputes violentes éclatent à Constantinople à propos des icônes. Certains empereurs veulent les interdire car, disent-ils, certains les prient comme si elles étaient Dieu: on les appelle des iconoclastes, briseurs d'images.

Cyrille et Méthode

Entre 863 et 885, deux moines byzantins, Cyrille et Méthode, annoncent l'Évangile aux peuples du nord, les Slaves. Ils traduisent la Bible et les livres saints dans la langue des Slaves. Ils inventent un alphabet, l'alphabet cyrillique. En 957, une princesse russe vient se faire baptiser à Constantinople. À sa suite, le peuple russe devient chrétien. En l'an Mil, toute l'Europe est chrétienne.

Des guerres, des conquêtes et des défaites

L'histoire de Byzance est une suite incessante de guerres pour défendre ou reconquérir le territoire. Les empereurs sont des chefs de guerre et le peuple doit payer de lourds impôts pour entretenir l'armée. Pendant quelques siècles, les empereurs rêvent de reconstituer l'unité de l'ancien Empire romain. L'empereur Justinien réussit quelques temps à regagner l'Afrique du Nord et une grande partie de l'Italie. Mais bientôt, Byzance doit faire face à de nouveaux ennemis, plus dangereux que les barbares venus du nord et de l'est. En 674, pour la première fois, les musulmans arabes assiègent Constantinople. La lutte dure des siècles, et finalement, les musulmans turcs détruisent définitivement le vieil Empire byzantin en 1453. Constantinople change de nom et devient Istanbul.

Byzance

Les empereurs d'Orient, héritiers de la puissance et du savoir des Romains, maîtres de territoires immenses, arbitres des disputes religieuses, victorieux des envahisseurs barbares et musulmans, supportent mal la volonté du pape de Rome d'être reconnu comme le chef de l'Église. Petit à petit, les différences deviennent des divisions et bientôt des ruptures.

L'incompréhension

Petit à petit, la communication entre Rome et Constantinople devient difficile. Dans la riche Constantinople, des savants lisent et commentent les textes anciens des Grecs et des Romains ; des artistes créent des œuvres d'art splendides pour les églises et les palais. Pendant ce temps, l'Occident misérable se défend contre les barbares qui saccagent les villes et les campagnes.

Pour les Byzantins, les gens d'Occident, les Latins, sont des sauvages qui ne réfléchissent pas et ne pensent qu'à manger. Pour les Latins, les Byzantins sont des esprits compliqués, toujours en train de discuter. Les façons de vivre la religion, de prier, de célébrer la messe sont différentes. En Orient, on continue à utiliser le grec tandis que l'Occident adopte le latin. En Orient, les prêtres peuvent se marier, pas en Occident. Même les dates des fêtes religieuses ne sont pas fixées selon le même calendrier. Bientôt, l'Orient et l'Occident ne peuvent plus se comprendre.

La rupture avec Rome

Un schisme

Une séparation de l'Église, un schisme est une catastrophe plus grave qu'une dispute. En effet, les chrétiens croient que l'Église est fondée par Jésus-Christ lui-même, qu'elle est le signe de sa présence dans le monde et au milieu des hommes. Pour eux, l'Église est le corps du Christ. Quand les hommes par incompréhension et par bêtise divisent ce corps, ils commettent un grave péché.

Les crises

Pendant plusieurs siècles, les ruptures et les réconciliations se suivent, mais la volonté de se connaître et de s'entendre diminue des deux côtés. Les Byzantins n'apprécient pas le sacre de Charlemagne comme empereur d'Occident. Les missionnaires se disputent l'évangélisation des peuples, en particulier des Bulgares. Quand les Latins ajoutent dans le Credo le mot « filioque » pour dire que l'Esprit Saint vient à la fois du Père et du Fils, une première rupture grave se produit. On se réconcilie encore tant bien que mal. Finalement, en 1054, le pape souhaite une bonne explication. Un envoyé part en son nom à Constantinople. Malheureusement, c'est un homme qui ne sait pas négocier et qui connaît mal les Grecs. Le patriarche de Constantinople, Michel Cérulaire, est lui aussi un homme rigide. La discussion tourne mal. Les deux hommes échangent des condamnations, des anathèmes. Cette fois, la rupture est définitive. Cette grave séparation de l'Église s'appelle un schisme.

Orthodoxes et catholiques

Après la séparation de 1054, les chrétiens d'Orient s'appellent « orthodoxes », ce qui signifie à peu près « ceux qui sont dans le droit chemin, de la bonne opinion ». Les chrétiens d'Occident s'appellent catholiques, ce qui signifie « ouverts à tous ».

La séparation dure encore aujourd'hui, mais les chrétiens espèrent que la réconciliation est proche. En 1965, le pape Paul VI et le patriarche Athénagoras ont annulé les condamnations qui avaient été prononcées en 1054.

La réconciliation ratée

En 1439, les musulmans turcs sont aux portes de Constantinople. Les Byzantins demandent l'aide du pape. Au concile de Florence, les deux Églises se réconcilient. Mais il est trop tard. Les Turcs prennent Constantinople, ce qui reste de l'Empire byzantin s'effondre : la réconciliation échoue.

Benozzo Gozzoli, *L'Adoration des mages*, 1459, Chapelle des Médicis, Florence, Italie

Le peintre a pris comme modèle le cortège des Byzantins qui ont participé au concile de Florence.

Saint Louis

Au cœur du Moyen Âge, le 13e siècle semble le siècle le plus chrétien. Il y a moins de guerres et de famines. On construit de magnifiques églises, les cathédrales, et le roi de France, Louis IX, étonne les hommes de son temps en montrant l'exemple d'une vie chrétienne. Il deviendra Saint Louis.

Une éducation chrétienne

Il règne de 1226 à 1270. Quand il devient roi à la mort de son père, il a 12 ans. En attendant sa majorité, sa mère Blanche de Castille gouverne à sa place et le prépare au métier de roi. Elle veut aussi faire de Louis un vrai chrétien. Elle lui apprend à aimer et à respecter Dieu. Chaque jour, Louis va à la messe. Parfois même, il se lève la nuit pour prier avec les moines.

Serviteur de Dieu

Quelques jours après la mort de son père, l'évêque trace un signe de croix sur le front et les mains de Louis avec une huile sainte, dans la cathédrale de Reims. Il est sacré roi de France. Cela signifie que son pouvoir de roi vient de Dieu. Louis prend cela très au sérieux. Il veut être le serviteur de Dieu.

Serviteur des pauvres

Pour Louis, servir Dieu, c'est d'abord prendre soin des pauvres, et, en particulier, des plus malheureux d'entre eux, ceux que tout le monde rejette, les lépreux. Ils sont très nombreux au Moyen Âge. Leur maladie est très contagieuse et fait horreur. Ils sont mis à l'écart. Louis crée les premiers hôpitaux pour les accueillir et les soigner. Souvent, il va lui-même les visiter.

L'art des cathédrales

Les plus belles cathédrales sont construites entre 1150 et 1300. Grâce à l'invention de nouvelles techniques de construction, les voûtes en ogives, elles s'élèvent très haut vers le ciel. Les fenêtres sont ornées de verre multicolore, les vitraux, et une lumière merveilleuse éclaire l'intérieur des églises. À l'extérieur, les sculptures représentent des personnages paisibles, souvent souriants. De nombreux artisans participent à la construction des cathédrales. Ils essaient de montrer la beauté et l'amour de Dieu. Cet art nouveau s'appelle l'art gothique. Il y a en France de nombreuses cathédrales gothiques. Notre-Dame de Paris est la plus connue.

Roi très chrétien

Roi puissant et respecté

Louis gouverne avec autorité. Il combat les grands seigneurs français alliés au roi d'Angleterre. Plus tard, il signe avec l'Angleterre un traité. Il n'hésite pas à abandonner une partie de ses droits pour obtenir la paix. Sa sagesse est reconnue par tous et les princes viennent de loin pour lui demander conseil.

Roi de justice

L'image la plus connue de Louis est celle du roi rendant la justice sous un chêne. Ce n'est pas une légende. Il fait souvent juger devant lui. Il oblige les fonctionnaires royaux à agir avec justice et ses sujets peuvent venir lui pour demander son jugement. Il n'hésite pas à protéger les pauvres lorsqu'ils sont les victimes des puissants seigneurs.

Roi croisé

La ville de Jérusalem et le tombeau du Christ sont entre les mains des Turcs musulmans. C'est pour Louis la plus grande injustice de son temps. Sans hésiter, il décide de partir lui-même combattre pour libérer Jérusalem et convertir les musulmans. La croisade qu'il conduit est un désastre. Louis n'atteint pas Jérusalem. Avec son armée, il est fait prisonnier en Égypte et doit payer une grosse somme d'argent pour être libéré. Pourtant, il n'abandonne pas. À 56 ans, il repart en croisade. Dès son débarquement en Afrique, il tombe gravement malade et meurt le 25 août 1270. La réputation de Louis est si grande que le pape le déclare saint – on dit qu'il le canonise – 27 ans seulement après sa mort, en 1297. Saint Louis est le seul roi de France canonisé.

Dire Dieu au cœur de la ville

Au début du 13e siècle, dans les villes, le commerce est prospère. Les marchands font de bonnes affaires, beaucoup de gens s'enrichissent. Les évêques vivent comme des princes et les prêtres sont le plus souvent très ignorants. Pourtant, certains pensent que la richesse et le confort ne suffisent pas au bonheur de l'homme. Ils croient que le vrai bonheur est de chercher Dieu. Les moines cherchent Dieu dans la solitude des monastères. Mais comment chercher Dieu au cœur de l'agitation des villes ?

Dominique et François, deux amoureux de Dieu

Presqu'en même temps, ils proposent deux réponses proches et différentes à la fois.

Andrea Bonaiuti, *Saint Dominique convertissant les hérétiques*, 14e siècle, église Santa Maria Novella, Florence, Italie

François, le jeune homme riche d'Assise, en Italie, abandonne tout ce qu'il possède et propose à ceux qui le suivent de chercher Dieu dans la pauvreté la plus absolue. François et ses compagnons mendient leur pain. Ils proclament que le bonheur de l'homme, la seule vraie richesse, c'est d'aimer Dieu. François crée un nouvel ordre religieux, qui porte son nom, les franciscains. C'est un ordre mendiant.

Dominique est un prêtre espagnol. L'immense ignorance des chrétiens et de leurs prêtres l'inquiète. Peut-on croire en Dieu si on ne le connaît pas ? Dans le sud de la France se développent de graves idées fausses sur Dieu : c'est l'hérésie cathare. Avec quelques compagnons, Dominique parcourt tout le pays. Partout, il prend la parole en public et explique la vraie foi des chrétiens, rappelle l'enseignement de Jésus et prêche. Plus tard, il fonde à Toulouse une maison de frères qui se préparent à annoncer et à expliquer à leur tour la foi et la vie chrétiennes. On les appelle les frères prêcheurs ou les dominicains. Comme Jésus le demandait à ses disciples, ils mendient leur nourriture le long des routes.

Les ordres dominicains et franciscains ont un immense succès. Des centaines de couvents se créent. François et Dominique ont su être des vrais témoins de Jésus-Christ au milieu des hommes de leur temps.

Un mot, un nom que tu ne connais pas ? Va voir dans l'index page 283.

Au cœur des villes, l'université

Pendant une grande partie du Moyen Âge, en dehors des monastères, les seules écoles sont les écoles cathédrales qui dépendent

de l'évêque. Au 13e siècle, le nombre des étudiants augmente. Dans les grandes villes, des étudiants et des professeurs veulent être plus libres et échapper au contrôle de l'évêque. Ils créent des associations pour lesquelles ils demandent la protection du pape, ce sont les universités. Les plus célèbres à l'époque sont Paris, Orléans et Montpellier en France ; Oxford et Cambridge en Angleterre ; Bologne et Padoue en Italie ; Salamanque en Espagne.

La vie des étudiants

Les étudiants font des études très longues, souvent plus de quinze ans. Tout l'enseignement est en latin. Les étudiants sont souvent pauvres. Ils se regroupent en collège. L'un des plus célèbres de Paris est celui de la Sorbonne. Les professeurs louent des salles pour donner leurs cours et sont payés par leurs étudiants. Les professeurs enseignent la grammaire, le droit, la médecine et surtout le savoir sur Dieu, la théologie.

Saint Thomas d'Aquin

C'est l'un des plus grands professeurs de théologie de son temps. Il est dominicain. Il pense qu'un chrétien peut à la fois croire en Dieu de tout son cœur et essayer de comprendre Dieu avec toute son intelligence. Il étudie de grands penseurs chrétiens, comme Augustin, et musulmans, comme Avicenne et Averroès. Il étudie aussi la manière de penser du très ancien philosophe grec Aristote dont il adapte la méthode à la réflexion sur Dieu. Il écrit un énorme livre, la *Somme théologique*. Grâce à Thomas, l'intelligence des hommes de son temps fait un immense progrès. Tout au long des siècles et aujourd'hui encore, les étudiants en théologie étudient la pensée de saint Thomas d'Aquin.

Un homme entre deux mondes : saint Bernard de Clairvaux

À vingt ans, Bernard veut se retirer du monde et donner toute sa vie à Dieu, dans le silence et la prière. Il devient moine dans la toute nouvelle abbaye de Cîteaux. Les moines vivent dans une grande pauvreté et font eux-mêmes tout le travail manuel. Rapidement, sa réputation est si grande que sans cesse, les rois et les papes viennent lui demander des conseils. Il est souvent obligé de sortir de son monastère. Il lance l'appel à la deuxième croisade et va dans le sud de la France combattre, par la force de la parole, l'hérésie cathare.

Les croisades

En 1095, à Clermont, le pape Urbain II lance un appel à tous les chrétiens. Il faut aller délivrer la ville de Jérusalem, occupée par les Turcs musulmans. Une expédition armée, une croisade, s'organise. En 1099, Jérusalem est reprise aux Turcs, mais le combat contre les Turcs et le mouvement des croisades dure presque 200 ans.

Pourquoi la croisade ?

Depuis la mort de Mahomet, le fondateur de leur religion, les musulmans ont conquis de nombreux territoires : l'Égypte, le nord de l'Afrique, l'Espagne, et le Moyen-Orient. La ville de Jérusalem est entre leurs mains depuis 638. Mais, en 1071, la situation devient plus grave. De nouveaux guerriers musulmans, les Turcs, battent les chrétiens de l'empire d'Orient, envahissent l'Asie Mineure et interdisent les pèlerinages à Jérusalem. Ils menacent la capitale Constantinople. L'empereur de Constantinople lance au pape un appel au secours urgent. Pour provoquer l'enthousiasme des guerriers d'Occident, les chevaliers, le pape les invite à délivrer la Palestine, la Terre Sainte et Jérusalem, la ville où Jésus est mort crucifié. Cette guerre lointaine sera une guerre sainte.

Combien de croisades ?

On compte généralement huit croisades, de 1095 à 1270, c'est-à-dire huit expéditions principales. En fait, pendant deux siècles, les seigneurs et les rois chrétiens ne cessent pas de traverser la Méditerranée pour aller se battre contre les Turcs.

Seule la première croisade est un vrai succès. Les seigneurs les plus courageux de l'Occident y participent et, en 1099, la ville de Jérusalem est entre les mains des chrétiens. En même temps que la première croisade, des paysans et des pauvres entendent l'appel du moine Pierre l'Ermite et partent à pied. C'est « la croisade des pauvres gens » qui se termine par un désastre.

D'autres croisades

Au cours du Moyen Âge, la guerre contre ceux qui ont une foi différente des chrétiens prend parfois le nom de croisade. C'est le cas de la croisade des Albigeois, une épouvantable guerre menée par les seigneurs du nord de la France contre les hérétiques* cathares du sud de la France.

Les lieux saints

Les croisés veulent reconquérir Jérusalem pour libérer le tombeau du Christ. Les chrétiens très croyants ont toujours désiré aller prier sur les lieux même où Jésus a vécu, a souffert et est mort. Le lieu le plus saint est le tombeau où le corps de Jésus a été déposé après sa mort, le tombeau que les amies de Jésus découvrent vide le matin de la Résurrection. Ce tombeau vide, le signe de la Résurrection, est au cœur de la foi des chrétiens.

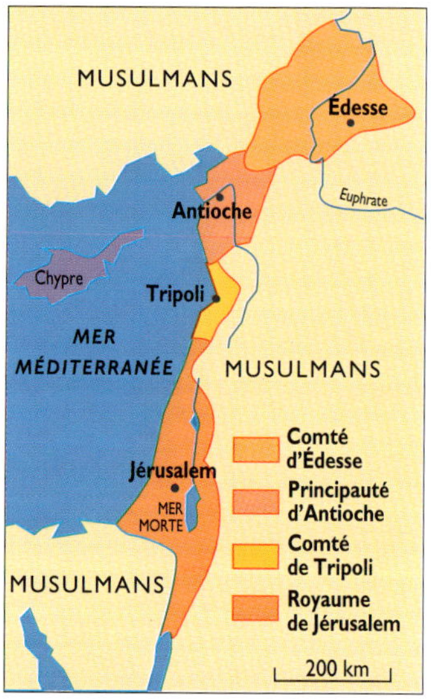

Les États latins

Les croisés essaient de s'installer en Terre Sainte. Ils créent quatre « États latins » : le royaume de Jérusalem, les comtés de Tripoli et d'Édesse, la principauté d'Antioche. Ils construisent d'énormes châteaux forts défendus par des moines soldats pour protéger les routes.

* Les hérétiques sont des gens qui ne croient pas exactement la foi de l'Église, ils choisissent ce qui leur plaît et laissent le reste.

La « Reconquista »

Ce mot espagnol qui signifie « reconquête » désigne le combat mené par les rois chrétiens d'Aragon, de Castille et de Navarre pour reprendre aux musulmans la terre espagnole qu'ils occupent depuis le 7e siècle. Des guerriers français, des chevaliers, viennent aider les chrétiens espagnols. Cette solidarité des combattants chrétiens contre les musulmans est à l'origine de l'idée de croisade.

Combat entre les Maures et les chrétiens, miniature, 13e siècle, bibliothèque du monastère de l'Escurial, Madrid, Espagne

Les croisés

Ceux qui partent en croisade veulent combattre pour Dieu. Ils espèrent obtenir ainsi le pardon de leurs péchés, comme le pape l'a promis. Ils cousent sur leurs vêtements une grande croix, signe qu'ils sont prêts à mourir comme Jésus est mort sur la croix. C'est à cause de cela qu'on les appelle les croisés. Les croisés ne craignent pas de mourir au combat car ils espèrent aller directement au paradis.

Les pèlerinages

Pendant tout le Moyen Âge, des hommes et des femmes décident de faire un voyage souvent long et dangereux pour aller prier dans un lieu très saint ou auprès du corps d'un saint célèbre afin d'obtenir le pardon de leurs péchés. Ce sont les pèlerinages. Celui de Jérusalem est le plus estimé et le plus ancien. Un des plus vieux récits de ce pèlerinage est fait par Hélène, la mère de l'empereur Constantin au 4e siècle. Au début, les musulmans font payer un droit de passage et laissent les pèlerins chrétiens entrer à Jérusalem. Puis, ils interdisent les pèlerinages ; cette interdiction est une des raisons des croisades. Quand les croisés deviennent les maîtres de Jérusalem, ces pèlerinages se multiplient. Un autre pèlerinage très connu est celui de Saint-Jacques-de-Compostelle en Espagne.

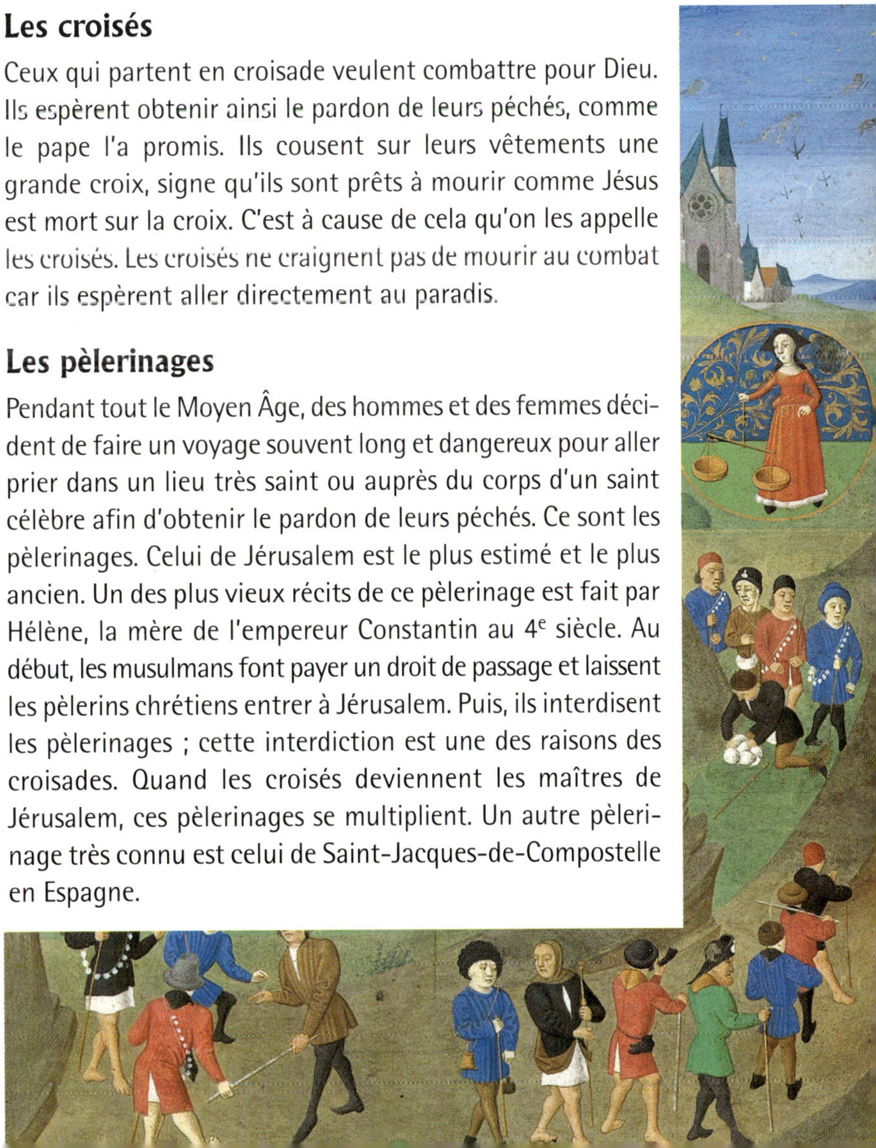

Pèlerins revenant de Saint-Jacques-de-Compostelle, miniature, 1450, musée Condé, Chantilly, France

Les chrétiens du Moyen Âge

Au Moyen Âge, en Europe, tous les hommes et les femmes sont chrétiens. Ils sont baptisés dès leur naissance. Tout le long de leur vie, ils accomplissent des gestes chrétiens : prières, processions, pèlerinages. Mais quels croyants sont-ils ?

Devenir chevalier

Un jeune seigneur devient chevalier au cours d'une cérémonie, l'adoubement. Pendant la nuit qui précède, il prie pour demander à Dieu le courage d'être fidèle à la promesse qu'il va faire. Le jour de la cérémonie, le jeune chevalier promet de secourir les plus faibles et de combattre pour Dieu. Son parrain, un chevalier expérimenté, lui remet alors ses armes et son cheval.

La force de la parole donnée

Les hommes du Moyen Âge sont liés entre eux par une parole de fidélité, un serment. Dans ce serment, le plus faible, le vassal, promet obéissance au plus fort, le suzerain, qui en échange promet sa protection. Le roi est le suzerain de tous les seigneurs. Cette organisation s'appelle la féodalité.

Les chevaliers

Les seigneurs du Moyen Âge combattent à cheval : on les appelle des chevaliers. Ils aiment faire la guerre. Mais le peuple souffre des combats incessants qui détruisent les récoltes. L'Église essaie de contrôler la violence des chevaliers. Elle leur propose un modèle de vie chrétienne. Les chevaliers promettent de défendre les faibles, les veuves, les orphelins, de ne faire la guerre que quelques jours par an, et de mettre leur force et leur courage au service de Dieu : pour partir en croisade, par exemple.

La foi du peuple

Au Moyen Âge, il n'y a pas de catéchisme. Les gens connaissent mal leur religion. Ils s'instruisent en regardant les statues ou les peintures d'églises. Parfois, de grands spectacles sont organisés devant les portes des églises. Ils représentent des scènes de la vie de Jésus ou des scènes de la vie des saints. Ces spectacles s'appellent des « mystères », ce qui signifie en grec « qui se dévoile ».

Une société chrétienne

Les rôles dans la société sont partagés. Il y a ceux qui prient, les hommes d'Église – moines, prêtres, évêques – ceux qui combattent et font la guerre – les rois, les seigneurs – et ceux qui travaillent, principalement les paysans, puis avec le développement des villes, les artisans et les marchands On dit que la société est divisée en trois ordres. Cette division dure jusqu'à la Révolution française en 1789. Le plus souvent, la terre n'appartient pas à ceux qui la cultivent. Les grands domaines appartiennent aux seigneurs ou à des monastères.

Le paradis et l'enfer

Les gens du Moyen Âge ont très peur d'aller en enfer après leur mort, à cause de leurs péchés. Ils imaginent un endroit terrible où les méchants brûlent éternellement. Ils donnent de l'argent aux pauvres, aux monastères ou font des pèlerinages pour obtenir le pardon de leurs péchés et pour aller au paradis et ainsi échapper à l'enfer.

Le purgatoire

Les gens espèrent que Dieu donne une chance à ceux qui meurent sans avoir demandé le pardon de tous leurs péchés. Cette chance s'appelle le purgatoire. Là, les morts ont le temps de « purger » le mal qui est dans leur cœur et obtenir ainsi le pardon de Dieu pour aller au paradis. Les vivants peuvent prier Dieu pour tous ceux qui attendent au purgatoire.

Le Jugement dernier, miniature, 13e siècle, bibliothèque Sainte-Geneviève, Paris, France

La prière des saints

Au Moyen Âge, les gens ont souvent peur de Dieu. Ils l'imaginent comme un Seigneur terrible et très puissant. Les gens n'osent pas s'adresser à lui. Ils demandent aux saints de porter leur prière jusqu'à Dieu. Parfois, la statue du saint devient une sorte de dieu, comme dans les religions gauloise et romaine, avant le christianisme. Beaucoup de gens disent des prières comme des formules magiques. Ceux qui croient que le diable est plus puissant que Dieu sont accusés de sorcellerie.

L'Inquisition

Vers la fin du Moyen Âge, le pape crée un tribunal, le tribunal de l'Inquisition, pour juger ceux qui déforment la vraie foi. Ceux qui refusent d'abandonner leurs fausses idées sont rejetés hors des églises. On dit qu'ils sont excommuniés. Pendant un temps, les méthodes du tribunal de l'Inquisition deviennent très brutales. Ceux qui sont accusés d'être des sorciers ou des sorcières sont condamnés à mort et brûlés sur des bûchers. L'Inquisition est un moment très triste de l'histoire des chrétiens. En Espagne, l'Inquisition a duré très longtemps et a été très cruelle avec les juifs et les musulmans.

L'Église déchirée

Contrairement au 13e siècle qui apparaît comme un siècle calme et paisible, le 14e siècle est un siècle de déchirements. Une épouvantable épidémie de peste atteint l'Europe. Près d'un habitant sur trois meurt. Beaucoup de terres ne sont plus cultivées, la famine réapparaît. À partir de 1337, une interminable guerre oppose les Français et les Anglais, la guerre de Cent Ans. Les gens vivent dans l'angoisse et la peur. Ils sont persuadés que tous ces malheurs sont une punition de Dieu.

Le chef des templiers, Jacques de Molay condamné au bûcher en 1314, miniature, 1420-1450, Royal ms 20 CVII, folio 48, British Library, Londres, Grande-Bretagne

Les papes d'Avignon

Le nouveau roi de France, le petit-fils de saint Louis, Philippe le Bel, veut être le maître chez lui. Il oblige les moines, les prêtres et les évêques à lui payer des impôts comme tout le monde. Le pape, Boniface VIII, est furieux et proteste énergiquement. Les délégués du roi ont une entrevue si violente avec le pape que celui-ci en tombe malade et meurt un mois plus tard. Philippe fait élire un pape qui lui est soumis, celui-ci s'installe en France, à Avignon. Là, le roi peut le surveiller. Les papes y restent 70 ans.

La terrible séparation

La situation s'aggrave quand le pape Grégoire XI décide de rentrer à Rome. Dès sa mort, deux papes sont élus. L'un, Urbain, reste à Rome, l'autre, Clément, revient à Avignon : c'est le Grand Schisme (schisme signifie « séparation »). Cela dure près de 40 ans. L'unité de l'Église est brisée. Pour les chrétiens, c'est un scandale abominable. Partout en Occident, ils prient pour que les papes se réconcilient. En 1414, pour trouver une solution, l'empereur d'Allemagne Sigismond réussit à réunir dans la ville de Constance un grand nombre d'évêques et de rois. Cette grande réunion est un concile. En 1417, un nouveau pape, Martin V, est élu. Tout le monde reconnaît en lui l'unique chef de l'Église. Le schisme est enfin terminé.

Le pouvoir du concile

Les évêques et les princes réunis en concile essaient d'imposer une nouvelle façon de gouverner l'Église. Le pouvoir n'appartiendrait plus uniquement au pape mais aussi à des conciles qui se réuniraient régulièrement. Dès qu'il est élu, le nouveau pape refuse cette décision. Ces conciles peuvent travailler avec le pape, mais pas contre lui car c'est Jésus lui-même qui a confié à l'Apôtre saint Pierre et à ses successeurs la responsabilité de l'Église.

Philippe le Bel et les templiers

Les templiers sont des moines soldats. Ils sont apparus au temps des croisades. Leur richesse est très grande. Avec l'aide du pape, le roi les fait injustement condamner. Beaucoup d'entre eux sont brûlés et leurs richesses sont confisquées.

Le concile de Constance

QUI A LE POUVOIR ?

Le Moyen Âge ne cesse de se poser une grande question : à qui Dieu donne-t-il le pouvoir sur la Terre ? est-ce aux rois et aux empereurs ? est-ce aux papes et aux évêques ? C'est très compliqué. L'empereur Charlemagne, puis les empereurs allemands sont couronnés par le pape. Le pape est aussi un prince de la terre : il gouverne ses États. Les rois de France sont sacrés, ce qui signifie qu'ils reçoivent leur pouvoir de Dieu. Pendant tout le Moyen Âge, le pouvoir des rois et des papes s'affronte. Une autre question se pose : qui doit nommer les évêques ? Est-ce le roi ou le pape ? À qui doivent-ils obéir ?
La question est difficile et on oublie parfois l'essentiel : tous doivent être au service de Dieu, de l'Évangile et des hommes.

Jeanne d'Arc

Pendant la terrible guerre de Cent Ans, une petite bergère du village de Domrémy en Lorraine réussit à convaincre le roi de la laisser combattre les Anglais à la tête de ses armées. Elle dit que sa mission lui a été confiée par Dieu. Grâce à ses victoires, le roi Charles VII est sacré à Reims. Elle est faite prisonnière par des Français alliés aux Anglais. Accusée d'être une sorcière, elle est brûlée sur un bûcher à Rouen. Jusqu'au bout, elle proclame sa foi. Jeanne est déclarée sainte en 1920.

Les réformes ratées

En plus du grave problème du schisme, le concile de Constance souhaite lutter contre la scandaleuse richesse de l'Église, en général, et du pape, en particulier. Ces réformes sont confiées aux conciles suivants. Hélas, ceux-ci n'ont pas assez de pouvoir pour obtenir des changements. Les réformes sont oubliées. Mais petit à petit, les chrétiens font de moins en moins confiance au pape. De nouvelles idées se répandent, elles aboutiront à la naissance du protestantisme, un siècle plus tard.

Le temps de la peur

Devant tant de malheurs, les artistes expriment la peur de la mort. Ils représentent des « danses macabres » où la mort emporte tout le monde, les riches et les pauvres, les rois et les paysans, dans une ronde effrayante.
Église de Bar-sur-Loup, peinture, 15e siècle, France

La Renaissance

À partir de 1450, se développe, d'abord en Italie puis dans toute l'Europe, un grand mouvement d'idées nouvelles. Ce mouvement qui touche l'art, les sciences et la façon de penser s'appelle la Renaissance.

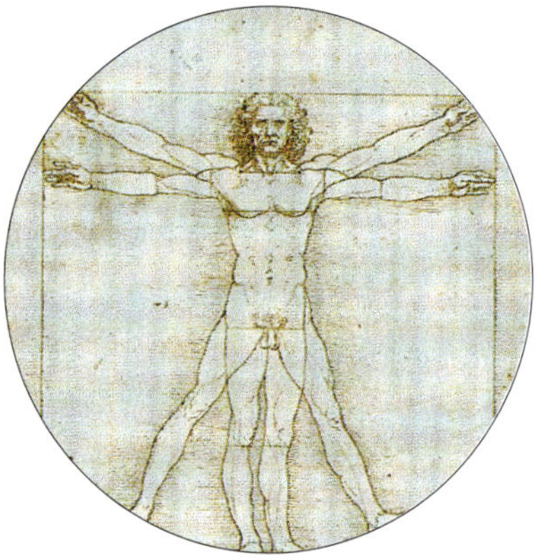

Léonard de Vinci, 1452-1519,
Les Proportions du corps humain,
Académie, Venise, Italie

La redécouverte des Anciens

Pendant tout le Moyen Âge, les textes des anciens penseurs grecs et romains sont conservés dans les bibliothèques des monastères, mais depuis longtemps, plus personne ne les étudie. Les grands monuments des architectes grecs et romains sont tombés en ruine. Une partie des pierres a servi à construire des maisons. Les statues sont tombées et ont été recouvertes. Les artistes et les penseurs du 15e siècle redécouvrent cette vieille civilisation. Ils se passionnent pour ce monde ancien et essaient de comprendre comment vivaient et réfléchissaient ces gens d'autrefois qui n'étaient pas chrétiens.

Le temps des artistes et des savants

Les artistes essaient de représenter la beauté de l'homme et de la nature. Les sculpteurs et les peintres se passionnent pour le visage et le corps de l'homme et de la femme. Les architectes essaient de construire des monuments qui montrent la perfection et l'intelligence de l'esprit humain. Les médecins essaient de comprendre le fonctionnement du corps de l'homme. Les savants cherchent à comprendre l'univers et les lois de la nature. Les textes anciens sont étudiés et traduits.

L'invention de l'imprimerie

Grâce à l'invention de l'imprimerie, les livres se répandent. Ils sont plus nombreux et moins chers. Beaucoup plus de gens peuvent lire et connaître les nouvelles idées. Les premiers livres imprimés sont des bibles. Ceux qui savent lire peuvent lire directement la Parole de Dieu.

Et Dieu dans tout cela ?

Les savants et les artistes de la Renaissance n'oublient pas Dieu. En chantant la beauté de l'homme et la perfection de la nature et de l'univers, ils chantent aussi la grandeur de Dieu qui est à l'origine de tout. Les plus beaux monuments sont des églises, les plus belles peintures ont des sujets religieux. Pourtant, quelque chose a changé. Jusque-là, les savants étaient des hommes d'Église, des prêtres, des moines. Maintenant, les savants peuvent aussi être des princes, des peintres, des architectes, des mathématiciens. Le pouvoir de ceux qui savent change de mains.

Des papes, amis des artistes

Les papes de la Renaissance sont surtout connus pour leur immense aide aux artistes de leur temps. Ils commandent des tableaux, des sculptures, font construire des églises et des palais.

LA REDÉCOUVERTE DE L'HOMME

Les gens du Moyen Âge avaient essayé de construire la « cité de Dieu », ceux de la Renaissance se passionnent pour l'homme. Il ne s'agit plus seulement de donner à Dieu sa place dans la vie des hommes, il s'agit de donner à l'homme sa place dans la nature, dans l'univers, dans la pensée, dans l'art. On appelle cette recherche l'Humanisme.

Grâce à eux, Rome devient la plus belle ville d'Europe. Tous les grands artistes de la Renaissance viennent y travailler. Hélas, pendant ce temps, les inquiétudes et les problèmes des chrétiens augmentent. À Rome, les travaux immenses coûtent cher, et les ramasseurs d'impôts du pape se font détester partout en Europe.

Saint-Pierre, la grande œuvre

À la fin du 4e siècle, au temps de l'empereur romain Constantin, une grande église, une basilique, avait été construite à l'endroit supposé de la tombe de saint Pierre. Nicolas V, qui devient pape en 1447, décide de la démolir et de reconstruire à la place la plus grande église qu'on ait jamais vue. Le pape Jules II inaugure les travaux en 1506. Un grand architecte de l'époque, Bramante, dessine le plan. La construction est lente et difficile ; il faut réinventer le savoir-faire des anciens Romains. En 1546, Michel-Ange résout les principaux problèmes techniques. Il faut encore beaucoup d'années et d'autres architectes pour achever l'église ; mais le pari est réussi, Saint-Pierre est un chef-d'œuvre. En construisant cette importante église à Rome, les papes montrent leur puissance au monde entier.

Jacopo Barbari, 1440-1516, *Portrait du mathématicien Fra Luca Pacioli*, musée de Capodimonte, Naples, Italie

La basilique Saint-Pierre

Elle est célèbre pour son immense coupole de 131m de diamètre. Notre-Dame de Paris pourrait tenir tout entière dedans.

Naissance du protestantisme

Au début du 16e siècle, de nombreux chrétiens sont choqués par la mauvaise vie des gens d'Église. Beaucoup d'évêques vivent comme des princes et ne s'occupent pas des chrétiens de leur diocèse*. Les papes font payer des impôts de plus en plus élevés. Un moine allemand, Luther, donne naissance à un grand mouvement de protestation qui va déchirer les chrétiens, le mouvement « protestant ».

Lucas Cranach, *Martin Luther*, 1543, musée des Offices, Florence, Italie

Bible luthérienne, 16e siècle

Trop d'abus

Grâce à l'imprimerie, un certain nombre de chrétiens redécouvrent la Bible et l'Évangile. Ils veulent vivre en suivant l'exemple de Jésus-Christ : la pauvreté, le souci des pauvres et des malades, l'annonce de la Parole de Dieu. Autour d'eux, les chefs de l'Église – le pape et les évêques – au lieu de les guider et de les encourager, ne pensent qu'à accumuler des richesses et à vivre dans le luxe. Souvent les évêques n'habitent même pas leur diocèse. Beaucoup de chrétiens se sentent abandonnés et espèrent une grande réforme de l'Église.

La révolte de Luther

Luther est un moine allemand. Il est professeur à l'université de Wittenberg où il commente la Bible. En 1517, le pape Léon X propose des indulgences, c'est-à-dire le pardon de leurs péchés, à ceux qui donneront de l'argent pour la construction de la basilique Saint-Pierre à Rome. Luther réagit. Il estime que le pape n'a pas le droit de vendre le pardon de Dieu. Il explique sa position en publiant 95 propositions contre le système des indulgences. Condamné par le pape, il ne renonce pas. Il est recherché et se réfugie au château de Wartburg. Protégé par un prince, l'électeur de Saxe, il continue son combat.

L'impossible réconciliation

Au début, Luther ne veut pas changer la religion. Il veut seulement que le pape l'écoute. Il veut discuter sérieusement avec les savants, les théologiens de son temps. Le pape ne s'intéresse pas aux idées d'un petit professeur allemand. Il croit qu'il suffit de rejeter Luther hors de l'Église, de l'excommunier pour résoudre le problème. Mais le pape se trompe car de nombreux chrétiens sont

* Un diocèse est un territoire dont un évêque est responsable.

Prédication au Temple réformé de Lyon, vers 1565, Bibliothèque universitaire, Genève, Suisse

Un mot, un nom que tu ne connais pas ? Va voir dans l'index page 283.

d'accord avec Luther et suivent ses idées. Cette incompréhension ira jusqu'à la séparation entre les catholiques et ceux qui protestent avec Luther, et qu'on appellera les protestants.

Ce que croit Luther

La Foi seule

Luther a une grande foi en Dieu, mais ce n'est pas un optimiste. Il croit que les hommes demeurent toujours pécheurs et ne méritent jamais d'être sauvés. Il croit que Dieu seul peut sauver, par pure bonté, par pure grâce. L'homme qui croit que Dieu peut le sauver est sauvé. Pour Luther, c'est la Foi qui sauve et les bonnes actions – au temps de Luther, on dit les œuvres – ne comptent pas.

L'Écriture seule

Pour Luther, Dieu parle aux hommes dans la Bible. Tous les croyants sont donc capables de chercher la volonté de Dieu en lisant la Bible. Le rôle de l'Église doit se limiter à aider les croyants à lire eux-mêmes la Bible. L'Église ne doit pas faire de lois, mais aider les croyants à découvrir eux-mêmes la loi de Dieu.

Tous les baptisés

Luther croit que tous les croyants baptisés ont une relation directe avec Dieu. Pour lui, les prêtres ne représentent pas le Christ, ils ne le rendent pas présent. Dans la communauté des croyants, le pasteur n'est pas le chef, il enseigne la Parole de Dieu et conseille les croyants.

Calvin

Né en 1509, Jean Calvin adopte les idées de Luther. Appelé par les habitants de la ville de Genève, il réforme la ville ; il en fait une sorte de « cité de Dieu ». La discipline est très sévère, ceux qui ne sont pas d'accord sont chassés ou exécutés. Calvin expose ce qu'il croit dans un livre, *L'Institution chrétienne.*

Les guerres de Religion

Au 16e siècle, l'apparition d'une autre façon de vivre la religion chrétienne, le protestantisme, crée une situation toute nouvelle en Europe. Dans tous les pays, certains chrétiens choisissent de devenir protestants, d'autres de rester catholiques. Cette division va causer de grands désordres et des guerres épouvantables : ce sont les guerres de Religion.

Le massacre de la Saint-Barthélémy

En août 1572, les principaux chefs protestants sont réunis à Paris pour le mariage d'Henri de Navarre avec Marguerite, la sœur du roi de France Charles IX. Avec l'accord de la mère du roi, Catherine de Médicis, des chefs des nobles catholiques décident de profiter de l'occasion pour se débarrasser des chefs protestants. Le 24 août, le massacre commence. Au début, seuls les nobles sont visés. Mais bien vite, dans tout Paris, la chasse aux protestants est ouverte. Une partie du peuple parisien très excité défonce les portes des maisons soupçonnées d'abriter des protestants et assassine sauvagement les hommes, les femmes et les enfants. Il y a plusieurs milliers de morts.

Les guerres en Allemagne

C'est en Allemagne, le pays de Luther, que commencent les problèmes. À cette époque, l'Allemagne est composée d'une multitude de petits États (350) gouvernés par des princes.

Les tentatives de dialogue et de réconciliation entre catholiques et protestants échouent. De nombreux princes allemands suivent les idées de Luther. Ils en profitent pour se réunir et pour combattre l'empereur, le grand Charles Quint, qui est resté catholique. Le roi de France, pourtant catholique, ravi de pouvoir jouer un mauvais tour à l'empereur, aide les princes protestants.

Finalement, en 1555, le traité d'Augsbourg ramène la paix. Il est décidé que les gens d'une région devront suivre la religion de leur prince.

La guerre reprend en 1618, jusqu'en 1648, c'est la guerre de Trente Ans. L'empereur Ferdinand essaie de soumettre les princes protestants allemands. Les Danois et les Suédois se trouvent eux aussi mêlés à la guerre qui ravage l'Allemagne.

La paix revient avec le traité de Westphalie qui donne aux protestants des droits égaux à ceux des catholiques.

Les guerres en France

Le protestantisme français se développe surtout autour des idées de Calvin. Au début, les protestants sont surtout des artisans et des marchands. Ils sont rejoints par un certain nombre de grands seigneurs : le prince de Condé, Henri de Navarre...

L'INSUPPORTABLE DIFFÉRENCE

Pour les hommes de cette époque, il est très difficile d'imaginer que des gens qui ne vivent pas la religion de la même façon puissent vivre en paix les uns à coté des autres. Les princes et les rois ne savent pas comment gouverner des gens qui ont une religion différente de la leur. Les papes demandent aux rois et aux princes catholiques de lutter par la force contre les protestants. Les protestants eux sont prêts à se battre pour défendre leurs opinions. Pendant presque cent ans, des guerres sanglantes déchirent toute l'Europe.

Guillaume-Frédéric Ronmy, 1786-1854, *Henri IV devant Paris*, musée des Beaux-Arts, Rouen, France

Les protestants veulent obtenir le droit de croire comme ils veulent (liberté de conscience) et de vivre leur religion comme ils le souhaitent (liberté de culte).
De 1562 à 1598, huit guerres de Religion opposent catholiques et protestants. Elles sont souvent d'abord des guerres entre princes rivaux.
Ces guerres qui opposent des Français à d'autres Français – des guerres civiles – sont épouvantables. Chacun veut venger ses morts. Les massacres se succèdent.
La situation s'aggrave encore en 1589 lorsque le roi Henri III meurt sans avoir de fils. Son héritier le plus proche est Henri de Navarre, le chef des protestants. Un protestant roi de France ! Les catholiques sont horrifiés. Ils ont peur d'être obligés à devenir protestants. La guerre recommence. Heureusement, le roi Henri IV est raisonnable. Il se rend compte que beaucoup de Français ne sont pas prêts à devenir protestants, ni à accepter un roi protestant. Pour ramener la paix, il accepte de devenir catholique.
En 1598, Henri IV proclame l'Édit de Nantes qui permet aux protestants de pratiquer leur religion en paix. Un siècle plus tard, en 1685, le roi Louis XIV supprime (on dit révoque) l'Édit de Nantes. Les protestants sont de nouveau pourchassés dans tout le royaume. Beaucoup fuient à l'étranger dans des pays protestants.
En 1787, par l'Édit de Tolérance, Louis XVI rend leurs droits aux protestants. La liberté religieuse n'est définitivement reconnue qu'en 1789, au début de la Révolution française.

Un cas particulier : Henri VIII et l'Église d'Angleterre

En 1534, le pape refuse d'annuler le mariage du roi d'Angleterre Henri VIII. Le roi furieux se proclame le chef de l'Église d'Angleterre et rompt avec le pape. Pendant quelques années, suivant l'opinion des successeurs d'Henri VIII, l'Angleterre sera soit protestante, soit catholique. Finalement, l'Église sera anglicane. L'anglicanisme est une façon de vivre la religion chrétienne très proche du catholicisme : le chef de l'Église est le roi ou la reine et non le pape.

La réforme catholique

Au 16e siècle, l'Église catholique est dans une situation très difficile. Partout en Europe, des chrétiens contestent l'autorité du pape, des évêques, des prêtres. Certains choisissent de suivre Luther et Calvin et deviennent protestants. Ceux qui restent fidèles au pape pensent qu'il est urgent de faire enfin des vraies réformes. À la demande de l'empereur Charles Quint, le pape organise une grande réunion de tous les évêques, un concile, dans la petite ville de Trente.

Un drôle de concile : le concile de Trente

Le concile est très difficile à réunir. Les papes se méfient des conciles. Les évêques eux ne sont pas pressés d'imaginer des réformes qui risquent de changer leur façon de vivre. Les rois et les princes sont très divisés entre eux. Enfin, en 1545, le concile de Trente commence. Il dure jusqu'en 1563 avec de nombreuses interruptions. Les discussions sont longues et difficiles. Deux évêques en viennent même à s'arracher la barbe en se traitant d'hérétiques et de menteurs ! Finalement, le concile ne permet pas la réconciliation avec les protestants, mais ses décisions permettent aux catholiques de mieux défendre leur foi face aux protestants.

L'Espagne, le meilleur soutien de l'Église

L'Espagne est le pays le plus puissant dans l'Europe de l'époque. Elle est riche grâce à l'or et à l'argent découverts sur le nouveau continent américain. En Espagne, l'Église catholique montre deux visages. L'un est terrible, celui du tribunal de l'Inquisition qui pourchasse et condamne tous ceux qui sont soupçonnés être de mauvais catholiques, comme les juifs et les musulmans mal convertis. L'autre est plein de dynamisme. Le peuple exprime sa foi dans de grandes cérémonies et de splendides processions. De très grands saints inventent une nouvelle façon de croire en tournant toute leur vie vers Dieu. Ils sont un magnifique exemple pour les catholiques du monde entier : saint Ignace de Loyola, sainte Thérèse d'Avila, saint Jean de la Croix.

Les décisions du concile de Trente

Le concile
- réaffirme la foi catholique de façon précise ; surtout sur les points de discussion avec les protestants : la place de la Bible, les sacrements, le rôle des prêtres et des évêques ;
- réforme l'Église : obligation est faite aux évêques d'habiter dans leur diocèse, de le visiter, de former des prêtres compétents ;
- lutte contre l'ignorance : un catéchisme romain est écrit pour combattre le catéchisme de Luther.

Certains des textes du concile ont organisé la vie de l'Église pendant quatre siècles, jusqu'au concile Vatican II.

Francisco Goya, *Procession des pénitents*, 1812-1819, Académie des Beaux-Arts San Fernando, Madrid, Espagne

Un mot, un nom que tu ne connais pas ? Va voir dans l'index page 283.

Un siècle de saints

La période comprise entre 1550 et 1650 est souvent appelée le siècle des saints.

Saint Ignace de Loyola (1491-1558)

Ignace est d'abord un soldat. Blessé, il découvre Dieu pendant sa convalescence et décide de se mettre à son unique service. Il trouve dans toute l'Europe des compagnons qui partagent son idéal.
Avec eux, en 1540, il fonde la Compagnie de Jésus, les jésuites.
Saint Ignace impose une discipline très stricte, et même un vœu spécial d'obéissance au pape. Pour Ignace, la vie de la foi est un combat.
Les jésuites sont des soldats du Christ. Les jésuites font des études très sérieuses pour pouvoir défendre et enseigner la foi. Ils sont professeurs, conseillers des rois et des princes, ou prédicateurs. Les jésuites fondent des collèges dans toutes les grandes villes catholiques.

Baccicio, 1639-1709, *Saint Ignace de Loyola renvoyant saint François Xavier aux Indes*, musée des Augustins, Toulouse, France

Le Bernin, 1598-1680, *L'Extase de sainte Thérèse*, église Santa Maria della Vittoria, Rome, Italie

Sainte Thérèse d'Avila (1515-1582)

Elle réforme l'ancien ordre du Carmel. Infatigable, elle crée partout en Espagne des couvents dont la règle est très exigeante. Elle écrit de très beaux textes où elle donne l'exemple d'une vie de prière qui est un vrai dialogue avec Dieu.

Saint Charles Borromée (1538-1584)

Charles Borromée est cardinal à 21 ans. Archevêque de Milan, il s'occupe très sérieusement des prêtres et des catholiques de son diocèse. Il devient le modèle des évêques. Son dévouement pendant une grande peste à Milan est exemplaire.

Saint François de Sales (1567-1622)

François de Sales est évêque de Genève. Il ne peut pas y habiter car la ville, qui est protestante, ne veut pas de lui. Il s'intéresse aux catholiques laïcs, ceux qui ne sont ni prêtres, ni religieux. En 1608, il écrit l'*Introduction à la vie dévote.* Ce livre qui explique comment on peut aimer Dieu en vivant dans le monde ordinaire est l'un des plus lus du siècle.

Pierre de Bérulle (1575-1629)

Bérulle ne cesse de rappeler aux chrétiens du 17e siècle que Jésus, vrai homme, vrai Dieu, est au centre de leur religion. Il fonde la congrégation de l'Oratoire en 1611 à Paris.

Saint Jean Eudes (1601-1680)

Disciple de Bérulle, il se passionne pour la mission en France, spécialement en Normandie. De village en village, il prêche, il confesse. Pour former des prêtres qui continueront son œuvre, il fonde en 1643 la Société des Prêtres de Jésus et Marie, qu'on appelle aussi les eudistes.

Être chrétien

Au 17e siècle, la France est un grand pays catholique. Grâce aux réformes du concile de Trente, l'Église s'est réorganisée : les prêtres sont plus instruits, les évêques font mieux leur travail. De nombreux missionnaires parcourent les campagnes. Ils combattent l'ignorance des paysans et essaient de les convaincre de vivre comme des vrais chrétiens.

Les missions en France

Pour permettre aux prêtres de faire des études sérieuses, des hommes comme monsieur Olier ou saint Jean Eudes fondent des écoles spéciales, les séminaires. Mais cela ne suffit pas toujours pour lutter contre l'ignorance et les mauvaises habitudes du peuple, surtout dans les campagnes. De temps en temps, on organise des opérations très spectaculaires, les missions.

Un beau jour, des prêtres arrivent dans le village. Ils annoncent la Parole de Dieu et appellent les villageois à changer leur vie et à se tourner vers Dieu. Tout le monde confesse ses péchés et demande pardon à Dieu. On brûle les « mauvais livres », on réconcilie les familles brouillées, et parfois, on convertit quelques protestants. La mission se termine par une grande messe de réconciliation. En souvenir, on plante une grande croix. On peut encore les voir aujourd'hui dans de nombreux villages français.

Une messe sous Louis XIV

La messe est entièrement en latin. Il n'y a pas d'autre lumière que des cierges et des chandelles qui fument. On n'y voit pas très bien. Par moment, on entend la forte voix du prêtre. Les gens bavardent, vont et viennent, parfois avec leur chien ! Drôle de messe ; pourtant les gens viennent prier et rencontrer Dieu.

Pieter Neefs dit le Vieux (manière de), vers 1578-1660, *Intérieur d'église*, musée des Beaux-Arts, Dunkerque, France

Aider les malheureux, l'exemple de saint Vincent de Paul

Le siècle de Louis XIV, ce n'est pas seulement Versailles, les châteaux, les fêtes et la richesse. C'est aussi des famines, des épidémies et une très grande misère.

Certains catholiques pensent qu'il ne suffit pas de croire en Dieu et de défendre la religion. Il faut aussi aider les plus malheureux. Ils créent des maisons pour les prostituées, des hôpitaux généraux où les vagabonds sont enfermés, souvent de force, mais où ils sont nourris. Ils viennent en aide aux condamnés qui rament dans les navires du roi, les galériens.

Saint Vincent de Paul est le plus célèbre défenseur des pauvres. Avec l'aide de Louise de Marillac, il fonde en 1633 une association de femmes, les Filles de la Charité. Avec elles, il soigne les malades et recueille les orphelins. Vincent de Paul s'occupe aussi des galériens et des missions auprès des paysans. La reine Anne d'Autriche, qui l'admire beaucoup, lui demande aide et conseil.

Saint Vincent de Paul plaide la cause des enfants trouvés

Tartuffe

En 1664, le grand écrivain et comédien Molière fait jouer une pièce de théâtre qui scandalise certains catholiques à l'esprit étroit, les dévots. Ils sont persuadés que Molière veut ridiculiser la religion. Aussitôt, on demande au roi d'interdire la représentation. Quelle est l'histoire de cette pièce ?
Tartuffe, en jouant au dévot, s'installe dans la famille d'un bon catholique un peu bête, Orgon. Tartuffe brouille le père avec le fils, veut épouser la fille tout en essayant de séduire la mère. La famille découvre que Tartuffe est un tricheur et un menteur, et veut le chasser. Tartuffe démasqué veut se venger et ruiner toute la famille. Il révèle qu'Orgon a eu des amis hostiles au roi. Heureusement, le roi ne se laisse pas prendre, il voit bien la méchanceté de Tartuffe et le fait jeter en prison. Cette histoire, très applaudie par les spectateurs, montre que beaucoup de gens en ont assez de ceux qui parlent trop au nom de Dieu sans pour autant montrer l'exemple.

Hyacinthe Rigaud, *Louis XIV en costume royal*, 1701, musée du Louvre, Paris, France

Louis XIV (1638-1715)

« Louis Dieudonné, roi de France par la grâce de Dieu », est conscient de ses devoirs de roi Très Chrétien. Mais il veut être obéi dans l'Église comme dans l'État. Il est souvent en conflit avec le pape. Il veut que la France soit unie et, persuadé qu'il n'y a presque plus de protestants, il révoque l'Édit de Nantes qui leur permettait de pratiquer leur religion. Beaucoup de protestants sont obligés de partir à l'étranger.

Jacques-Bénigne Bossuet (1627-1704)

Il est sans doute le plus grand prédicateur* du siècle. Ses sermons* lui valent une grande réputation qu'il utilise pour défendre l'Église catholique contre les protestants.

*Prédicateur : prêtre qui explique, au cours de la messe, la foi et la façon de vivre des chrétiens. Son discours s'appelle un sermon.

François de Fénelon (1651-1715)

Archevêque de Cambrai, il se brouille avec Bossuet en défendant la doctrine du « pur amour » : on doit aimer Dieu sans espoir de récompense en abandonnant sa propre volonté. C'est un très grand écrivain. Il a écrit un livre, *Télémaque*, pour le petit-fils du roi.

Les nouvelles terres

En 1492, Christophe Colomb découvre de nouvelles terres et de nouveaux peuples qui n'ont jamais entendu parler de Jésus-Christ. Pour les chrétiens d'Europe, c'est l'occasion de mettre en pratique la dernière parole que Jésus a laissée à ses amis : « Allez, de toutes les nations faites des disciples. » Pendant plusieurs siècles, les missionnaires, prêtres et religieux, accompagnent les marchands et tous ceux qui espèrent faire fortune. Grâce à eux, les nouvelles terres deviennent chrétiennes.

La religion des Indiens

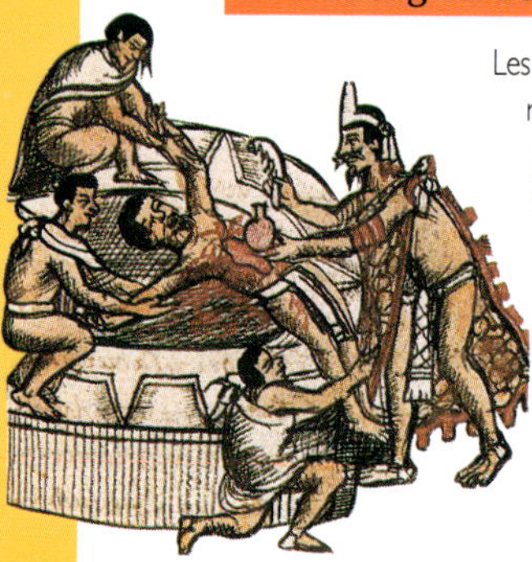

Les trois grands peuples rencontrés par les premiers explorateurs espagnols sont les Mayas, les Aztèques et les Incas. Ils ont chacun des façons de vivre et des religions différentes. Tous adorent plusieurs dieux et, en particulier, le dieu Soleil. Les Aztèques ont la religion la plus terrible car ils pratiquent des sacrifices humains.

Marchands et missionnaires : la difficile entente

Aller dans les nouvelles terres est une entreprise pleine de dangers. Il faut traverser les océans, affronter les tempêtes. La navigation n'est pas sûre et les naufrages fréquents. Les premiers explorateurs ont parlé d'un pays fabuleusement riche. Ceux qui s'y risquent espèrent gagner rapidement beaucoup d'or et d'argent. Ils n'hésitent pas à faire travailler les Indiens comme esclaves, voire comme des bêtes. Beaucoup d'Indiens meurent d'épuisement, de mauvais traitements, de maladies nouvelles transmises par les Européens, comme la grippe et la rougeole.
Comme les chrétiens qu'ils voient sont violents, cruels et sans pitié, les Indiens ont du mal à croire les missionnaires qui parlent de l'amour de Dieu pour tous les hommes. Certains missionnaires comprennent que, pour annoncer l'Évangile en vérité, il faut lutter avec les Indiens contre les mauvais traitements qui leur sont infligés.

Bartoloméo de Las Casas, défenseur des Indiens

En 1502, à 18 ans, Bartoloméo s'embarque vers le Nouveau Monde. Il espère y faire fortune. Il s'installe aux Antilles, dans l'île de Haïti. Ses affaires marchent bien, mais il veut faire connaître

Les jésuites

Le nouvel ordre religieux fondé par Ignace de Loyola, les jésuites, joue un grand rôle missionnaire. Pour diminuer l'exploitation des Indiens, les jésuites les rassemblent dans des villages vers les côtes. Ces actions s'appellent des réductions. Là, les Indiens peuvent vivre en paix et découvrir la religion chrétienne.

Jésuites débarquant au Japon, paravent des Portugais, 16e siècle, musée Guimet, Paris, France

Le nouveau monde

Christophe Colomb a entrepris son aventure en espérant découvrir une nouvelle route pour aller aux Indes, un pays d'Asie connu depuis longtemps. Jusqu'alors, les richesses des Indes arrivaient en Europe par la terre grâce aux marchands arabes. Colomb pense que si la Terre est ronde, il est possible d'atteindre les Indes en naviguant vers l'Ouest. Quand il rencontre la terre, il se croit arrivé : il appelle les hommes qu'il rencontre les Indiens. En fait, il a découvert un nouveau continent, l'Amérique.

l'Évangile aux Indiens. Il devient prêtre. Autour de lui, les Européens considèrent les Indiens comme des hommes inférieurs. Il comprend que les Indiens ne peuvent devenir chrétiens par la force. Il libère tous ses esclaves et essaie de convaincre les autres Européens de mieux traiter les leurs. Ses paroles sont mal accueillies mais il n'abandonne pas. Il rentre en Europe et écrit un livre sur la destruction des Indiens pour convaincre l'empereur Charles Quint et le roi d'Espagne de faire une loi pour que les Indiens soient respectés.
Finalement, l'esclavage est interdit et la loi punit sévèrement ceux qui maltraitent les indiens ou qui les volent.

Le père Bartoloméo bénit les navigateurs, fin 18e siècle, musée de l'Amérique, Madrid, Espagne

Le pape et les missions, le partage du Monde

En 1493, le pape Alexandre VI partage les terres à découvrir entre l'Espagne et le Portugal.
En 1516, un édit du cardinal Ximénès oblige chaque vaisseau qui quitte l'Espagne pour l'Amérique à emmener au moins un prêtre.
De 1593 à 1608, le pape confie aux rois du Portugal et d'Espagne la charge de préparer, de choisir, d'envoyer et d'entretenir des missionnaires dans les pays découverts et à découvrir.

L'esclavage

Pour remplacer les Indiens, certains vont chercher des esclaves noirs en Afrique pour les vendre en Amérique. En 1992, dans l'île de Gorée, au Sénégal, d'où partaient les bateaux d'esclaves africains, le pape Jean-Paul II demande pardon pour tous les chrétiens qui ont participé à cet affreux commerce.

Diego Rivera, *Le Débarquement de Vera Cruz*, 1951, Mexico, Mexique

Au 18e siècle

Au 18e siècle, toute l'Europe est agitée par des idées nouvelles. Des hommes, les philosophes, essaient d'imaginer une façon de gouverner qui rendrait la société plus juste et les hommes plus libres et plus heureux. Ils rêvent d'une société organisée par la raison et l'intelligence des hommes. Ce mouvement d'idées s'appelle « Les Lumières ». Il est en partie à l'origine de la Révolution française.

Le tiers état portant la noblesse et le clergé sur son dos, « Il faut espérer que le jeu finira bientôt », caricature, 1789, musée Carnavalet, Paris, France

Les philosophes et l'Église

La plupart des philosophes pensent que l'Église ne doit pas intervenir dans l'État. Pour eux, le roi doit gouverner au nom de son peuple, pas au nom de Dieu. La religion est utile pour donner aux hommes des règles de vie, une morale, mais chaque homme a le droit de penser et de croire ce qu'il veut. Les prêtres sont des hommes comme les autres qui doivent obéir aux lois de l'État, mais l'État ne peut obliger personne à croire en Dieu. Les grands philosophes français sont Voltaire, Rousseau, Diderot, D'Alembert, Montesquieu. Leur pensée est condamnée par l'Église.

La religion en France au 18e siècle

La religion catholique est la religion officielle : celle du roi, celle de la France. Jusqu'en 1787, date à laquelle la religion protestante est de nouveau tolérée, être français, c'est être catholique. On dit que le catholicisme est la religion d'État. Ce sont les prêtres qui s'occupent de l'état civil, qui inscrivent dans un registre les naissances, les baptêmes, les mariages et les décès.

L'Église en France

La plus petite unité de l'Église est la paroisse. Elle est dirigée par un prêtre, le curé. Le centre de la paroisse, c'est l'église (le bâtiment). Dans les villes, il y a une paroisse par quartier. Dans les campagnes, chaque village est une paroisse. Si la paroisse est importante, le curé est aidé par d'autres prêtres, les vicaires. À cette époque, quand les gens disent où ils habitent, ils disent : « Je suis de telle paroisse. »

Un mot, un nom que tu ne connais pas ? Va voir dans l'index page 283.

La foi des Français

Il est difficile de savoir ce que croient vraiment les gens de cette époque. Beaucoup ont une foi simple et sincère. Ils aiment les processions où l'on promène les statues des saints. Aller à l'église le dimanche est à la fois une habitude et une obligation.

Les Lumières

Pour les philosophes des « Lumières », la raison des hommes suffit pour organiser et gouverner le monde. Pour certains, Dieu est la source de la raison et de l'intelligence. C'est lui qui est à l'origine des lois de la nature, mais c'est un être lointain qui n'intervient pas dans la vie des hommes. Pour d'autres, comme Diderot, Dieu n'existe pas : ils sont athées. Tout cela, les philosophes le disent avec beaucoup de précautions, car en France à cette époque, tout le monde doit être chrétien. Leurs livres sont souvent interdits.

La société française

En France, au 18e siècle, tous les Français n'ont pas les mêmes droits. La société est divisée en trois grandes catégories, trois ordres.

– La noblesse : ce sont les descendants des seigneurs du Moyen Âge, ceux qui faisaient la guerre, et ceux que les rois ont fait nobles au cours des siècles pour les remercier des services qu'ils ont rendus au royaume de France. Ils ne paient pas tous les impôts. On est noble de père en fils.

– Le clergé : c'est l'ensemble des prêtres, des évêques et des religieux. Parmi eux, les évêques et ceux qui sont responsables de grosses paroisses sont riches : c'est le haut clergé. Ceux qui sont curés ou vicaires de petites paroisses de village sont parfois plus pauvres que les paysans : c'est le bas clergé. Le clergé paie peu d'impôts au roi.

– Le tiers état : ce sont tous les autres Français, les paysans, les artisans, les marchands. Parmi ces Français, certains sont riches, d'autres très pauvres. Tous paient des impôts.

L'affaire Galilée

Jusqu'au 16e siècle, on pensait que la Terre était immobile au centre du monde et que le Soleil et les étoiles tournaient autour de la Terre. En 1632, le savant Galilée reprend les recherches du savant polonais Copernic et affirme que c'est la Terre qui tourne autour du Soleil. Pour l'Église de l'époque, ce n'est pas possible, car cela est en contradiction avec la Bible qui dit que le Soleil se lève et se couche. En 1616, le cardinal Bellarmin reproche à Galilée de remettre en cause la Bible sans véritables preuves scientifiques. En 1633, Galilée est condamné et obligé d'abandonner sa théorie. En 1989, le pape Jean-Paul II reconnaît devant l'université de Pise, la ville natale de Galilée, que c'est l'Église qui s'est trompée et qui a condamné injustement Galilée.

J. N. Robert-Fleury, 1797-1890, *Galilée devant le Saint-Office au Vatican*, musée du Louvre, Paris, France

La Révolution

À la fin du 18e siècle, la France vit un événement extrêmement important qui bouleverse le monde, la Révolution. Pour tous les Français, c'est un changement brutal et violent de leur façon de vivre. Pour l'Église et les chrétiens, c'est un temps très difficile.

Prêtre condamné par un tribunal révolutionnaire, vitrail, église de Kerlaz, Finistère, France

La Révolution

En 1789, les caisses du royaume sont vides. Le roi Louis XVI convoque une grande assemblée pour essayer de résoudre les problèmes d'argent. Ce sont les États généraux. Les Français veulent bien payer des impôts, mais ils veulent participer au gouvernement de la France. Les curés pauvres se sentent plus proches du peuple que des évêques qui vivent souvent comme des princes. Grâce à eux, les États généraux se transforment en une assemblée qui veut réformer la France et lui donner une règle, une constitution, où tous les Français seront égaux entre eux.

La Révolution heureuse (1789-1790)

Au début, beaucoup de gens pensent que les changements sont nécessaires et bons. De nombreux prêtres participent aux réformes. Ils acceptent l'abolition des privilèges, et le 2 novembre, les propriétés de l'Église sont mises à la disposition de l'État. En échange, l'État s'engage à payer les prêtres et à prendre à sa charge les hôpitaux, les écoles et tous les services d'aide dont l'Église s'occupait.

La Révolution terrible (1790-1794)

Même si, au début, beaucoup de prêtres ont participé à la Révolution, les révolutionnaires craignent le pouvoir de l'Église. En juillet 1790, ils votent une loi spéciale pour organiser l'Église, la « Constitution civile du clergé » qui permet à l'État de contrôler totalement l'Église de France. Les évêques et les prêtres doivent obéir non plus au pape, mais à l'État. Tous les prêtres de France sont obligés de jurer fidélité à cette nouvelle loi. Certains acceptent de le faire, beaucoup d'autres refusent. Le 10 mars 1791, le pape leur donne raison et refuse la « Constitution civile ». En même temps, la Révolution devient terrible. Ceux qui n'acceptent pas les changements et les nouvelles lois sont pourchassés et condamnés à mort. De nombreux prêtres, religieux et religieuses sont obligés de se cacher ou de fuir à l'étranger. Ceux qui refusent de jurer sont appelés les réfractaires. En 1793, les nouveaux hommes qui mènent la Révolution, et en particulier Robespierre, sont tout à fait antichrétiens. Ils veulent faire oublier le christianisme. Même

Grégoire, l'évêque de la Révolution

Grégoire accepte de jurer fidélité à la Constitution civile du clergé. Il devient évêque et pendant toute la Révolution, il essaie de défendre et d'organiser l'Église. Il participe aux gouvernements de la Révolution mais refuse de se marier. Son corps repose au Panthéon, mais pour l'Église, son rôle est très discuté.

les prêtres jureurs sont menacés. On les incite à se marier et à ne plus être prêtre. L'ancien calendrier est supprimé. La semaine est remplacée par des périodes de dix jours ; les dimanches et les fêtes religieuses disparaissent. On essaie même d'inventer une nouvelle religion, le « culte de la Raison » ou de « l'Être Suprême ».

Les temps incertains (1794-1799)

Après la condamnation et la mort de Robespierre, il devient de nouveau possible de célébrer la messe. Petit à petit, certains prêtres osent revenir en France ou sortir de leur cachette. La situation est toujours très risquée. En 1797, les antireligieux reprennent le pouvoir et de nombreux prêtres sont arrêtés et mis à mort.

Le temps de la paix (1799-1815)

En 1799, Bonaparte prend le pouvoir. Après presque dix années de malheurs et de violence, il veut réconcilier les Français. Il négocie avec le pape un accord, un concordat, qui permet aux catholiques de vivre en paix. Il prend l'Église de France sous sa protection. Les années de la Révolution ont été un choc très pénible pour toute l'Église et pour les catholiques de France. Beaucoup de prêtres sont morts au nom de leur foi. Il faudra des années pour que l'Église soigne ses blessures.

Le cri de la Vendée

À partir de 1793, une province de France, la Vendée, entre en guerre contre la Révolution. Les Vendéens veulent défendre leurs prêtres. Ils sont scandalisés par l'exécution du roi Louis XVI, refusent d'envoyer les hommes se battre aux frontières de la France pour défendre la Révolution et, surtout, ils veulent rester catholiques. Les Vendéens constituent une armée de paysans dirigée par les nobles de la région. Les Vendéens se battent pour leur foi et pour le roi. Leur signe de reconnaissance est un cœur rouge surmonté d'une croix, le Sacré Cœur, le cœur de Jésus. La guerre de Vendée est horrible. Après de courageux combats, les Vendéens sont battus par les armées de la Révolution. Les rescapés rejoignent d'autres résistants de Bretagne, les chouans, et continuent d'attaquer par surprise les soldats révolutionnaires qui se vengent de façon abominable en massacrant sans pitié les paysans.
La guerre de Vendée a fait des dizaines de milliers de morts, certains disent 100 000. C'est un des épisodes les plus sanglants de la Révolution.

Le temps des missionnaires

Au 19e siècle, toutes sortes de gens partent à la découverte du monde. Les explorateurs sont curieux de découvrir de nouveaux peuples, de nouvelles façons de vivre. Les livres de récits de voyage ont un immense succès. Les commerçants européens cherchent à faire des affaires ; les pays découverts sont annexés, parfois par la force, aux pays d'Europe. On dit qu'ils sont colonisés. Les Français s'installent surtout en Afrique et en Asie, en Indochine. Les missionnaires partagent aussi l'aventure et partent porter le christianisme aux nouveaux peuples.

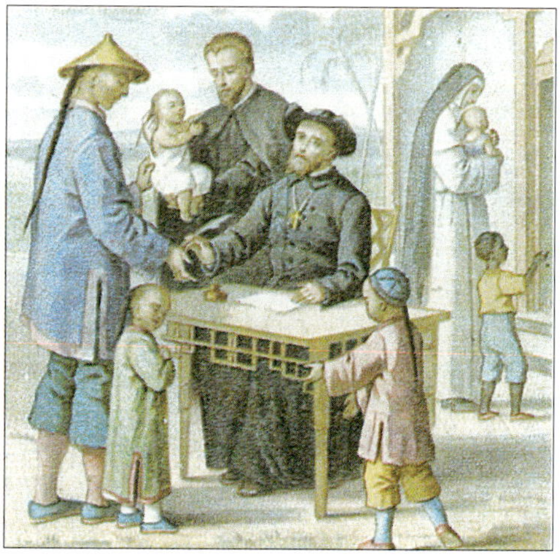

Association de la Sainte Enfance en Chine, vers 1907

Les Pères Blancs de Monseigneur Lavigerie en Afrique, vers 1890

Un nouvel élan

Aux 16e et 17e siècles, de nombreux missionnaires sont partis vers l'Amérique du Nord et vers l'Amérique du Sud (le Nouveau Monde). Quelques-uns ont tenté de s'installer en Chine et au Japon. En Afrique, les missionnaires sont restés le long des côtes. Au 19e siècle, les voyages sont plus faciles : tout le monde rêve de voyages et d'aventure. Les missionnaires suivent les explorateurs qui s'enfoncent au cœur de l'Afrique. D'autres partent pour la Chine, l'Inde, les îles d'Océanie. Partout, on construit des églises. Des hommes et des femmes pleins de courage s'installent dans des conditions souvent difficiles, dans des pays presque inconnus. Ils veulent faire connaître Jésus aux peuples du monde entier. Ils construisent aussi des écoles, et des hôpitaux.

Au risque de leur vie

Même si les voyages sont moins dangereux qu'avant, les prêtres, les religieux et les religieuses qui partent dans tous ces nouveaux pays savent qu'ils risquent leur vie. Le climat difficile et des maladies inconnues font de nombreuses victimes. Souvent aussi, les missionnaires prennent des risques. Les chefs des pays où ils arrivent n'aiment pas cette nouvelle religion qui dit que tous les hommes sont des frères et que c'est d'abord à Dieu qu'il faut obéir. Beaucoup de missionnaires sont pourchassés, arrêtés, torturés. Le temps des missions est aussi celui des martyrs.

Les idées nouvelles de Grégoire XVI

Le pape Grégoire XVI, élu en 1831, affirme que tous les hommes sont égaux et doivent être respectés, quelque soit leur race ou la couleur de leur peau. Il condamne fermement le trafic des esclaves. Il pense que les Africains doivent avoir des prêtres et des évêques africains, les Chinois, des prêtres et des évêques chinois. Il crée des diocèses dans tous les nouveaux pays.

Édification d'un calvaire sur le mont Valérien, fin 19e siècle, musée de l'Ile-de-France, Sceaux, France

Au service des peuples

Au 19e siècle, dans tous les pays d'Europe, et surtout en France, des milliers de prêtres, de religieux et de religieuses décident de partir au bout du monde pour annoncer l'Évangile et se mettre au service des nouveaux peuples. De nombreuses congrégations* missionnaires se créent : les Pères de Picpus, les Pères Blancs (parce qu'ils s'habillent tout en blanc), les sœurs de Saint-Joseph de Cluny, les maristes. Les anciennes congrégations créent aussi des branches missionnaires. Au début du 20e siècle, sur 6 500 prêtres missionnaires dans le monde, 4 500 sont français. On compte aussi 2 600 religieux enseignants et plus de 10 000 religieuses.

La concurrence avec les protestants

Pendant le 19e siècle, les protestants mènent eux aussi de grandes actions missionnaires. Dans beaucoup de pays, les missionnaires catholiques et protestants font une sorte de course à celui qui arrivera le premier. Malgré d'inévitables disputes, finalement, c'est toujours l'Évangile qui gagne !

*On appelle une congrégation, des prêtres, des religieux ou des religieuses qui se rassemblent autour d'un même but. Il y a des congrégations qui se consacrent aux malades, aux prisonniers, à l'éducation des jeunes filles pauvres ou aux missions.

Les missions en France

Après le choc de la Révolution française, beaucoup de catholiques ne savent plus très bien ce qu'ils doivent croire. Des prêtres et des religieux partent sur les routes de France. De village en village, de ville en ville, d'église en église, ils annoncent l'Évangile, rappellent ce qu'est la foi catholique, invitent les gens à tourner leur vie vers Dieu. Ils organisent de grandes messes et de belles processions. Après leur passage, beaucoup retrouvent le chemin de l'église et de la prière.

Pauline Jaricot : tous missionnaires

Pauline est une riche jeune fille lyonnaise passionnée par les missions. Elle imagine un moyen pour permettre à tous les catholiques qui le souhaitent d'aider les missionnaires. Elle crée des groupes de dix associés qui s'engagent à donner chaque semaine un sou et à prier pour les missions. Grâce à son idée, même des gens très pauvres peuvent participer à la grande aventure des missions. Petit à petit, le système inventé par Pauline, « l'Œuvre de la Propagation de la Foi » permet d'aider les missionnaires dans le monde entier. À partir de 1825, un petit journal informe régulièrement les associés sur les activités missionnaires. L'œuvre créée par Pauline Jaricot ne cesse pas de se développer. Aujourd'hui, sous la responsabilité du pape, elle continue dans plus de cent pays du monde.

L'Église et les idées modernes

Au 19e siècle, la science ne cesse de faire des découvertes qui transforment la vie des hommes. Certains pensent que le progrès sera sans fin et donnera le bonheur aux hommes. Ils pensent aussi que l'Église et le christianisme appartiennent au passé et au temps de l'ignorance. Pour eux, l'homme n'a plus besoin de Dieu. Devant ces changements très rapides, beaucoup de chrétiens ont une réaction de méfiance ou de peur.

Le scandale de Darwin

En 1859, le savant anglais Darwin publie une étude sur *L'Origine des espèces*. Il explique que l'homme et les animaux ne sont pas apparus sur la Terre en un seul jour, mais qu'ils sont le résultat d'une évolution lente qui conduit des formes les plus simples de la vie aux formes plus compliquées, jusqu'à l'homme. Ce sont les espèces les plus fortes et les plus adaptées qui survivent.
Certains chrétiens pensent que Dieu peut très bien être à l'origine de la longue chaîne d'évolution qui conduit à l'homme. Mais pour beaucoup d'autres, le scandale est immense. Si ce que dit Darwin est vrai, alors, comment peut-on croire que l'homme a été créé par Dieu ? Comment croire que l'homme est à l'image de Dieu, si les ancêtres lointains de l'homme sont les animaux ?
Les ennemis de la foi chrétienne triomphent. Pour eux, les études de Darwin prouvent que Dieu n'existe pas.

Un mot, un nom que tu ne connais pas ? Va voir dans l'index page 283.

Tout savoir, tout expliquer

Pendant des siècles, les hommes ont vécu dans une grande ignorance. Les enfants qui vont à l'école aujourd'hui connaissent beaucoup de choses que les savants d'autrefois ignoraient. On ne connaissait pas le fonctionnement du corps humain, on ne savait pas que les microbes existaient. Les gens ne savaient pas pourquoi ils étaient malades. On ne comprenait pas les phénomènes naturels, l'orage, la foudre, le mouvement de la terre et des planètes, l'immensité de l'univers. Les savants observaient les choses, les décrivaient mais ne pouvaient pas les expliquer. Les gens pensaient : « C'est Dieu qui fait tomber la pluie, qui donne son mouvement au soleil et aux étoiles, qui fait pousser les plantes... » À partir du 18e et au 19e siècle, on commence à très bien expliquer tout cela. C'est la naissance de la science moderne. Beaucoup de savants espèrent que bientôt ils pourront tout expliquer et qu'alors on n'aura plus besoin de Dieu.

La religion contre la liberté

À la fin du 18e siècle, certains révolutionnaires français combattent la religion. Ils pensent que la religion est l'ennemie de la liberté. Ils pensent que les hommes doivent décider de leur vie seuls, avec l'aide de leur raison et de leur intelligence. L'Église ne doit pas dire à leur place ce qui est bien et ce qui est mal. Ils pensent que personne n'est d'obligé de croire en Dieu. Certains pensent même que croire en Dieu empêche d'être libre et que les hommes seront plus heureux quand ils seront débarrassés de Dieu. Ils pensent qu'il faut aider les hommes à se débarrasser de la religion en combattant l'Église.

La réaction de l'Église

Depuis des siècles, l'Église est habituée à être respectée. Elle est sûre de posséder la vérité qui vient de Dieu. Elle reproche aux savants de vouloir expliquer le monde en éliminant Dieu. Quand certains

Albert Edelfelt, *Pasteur dans son laboratoire*, 1885, musée d'Orsay, Paris, France

Au 19e siècle, tous les savants ne sont pas contre la religion. Pasteur, l'un des savants les plus célèbres de son époque, qui a découvert l'existence et le rôle des microbes et inventé le vaccin contre la rage, est resté toute sa vie un fidèle catholique.

attaquent violemment la religion, l'Église répond par des condamnations. La plus célèbre de ces condamnations est un texte du pape Pie IX en 1864, une encyclique « contre les erreurs modernes ». Ce texte est accompagné d'un « catalogue des principales erreurs de notre temps », le *Syllabus*. Cette réaction inquiète certains catholiques. Ils pensent que l'Église ne doit pas refuser systématiquement le monde moderne : elle doit comprendre les découvertes des savants et continuer à annoncer que Dieu veut la liberté et le bonheur des hommes.

Le positivisme

C'est le nom d'une façon de penser de certains scientifiques très à la mode au 19e siècle. Les positivistes ne veulent croire que ce qu'on peut voir ou démontrer. Personne n'a vu Dieu, personne ne peut démontrer scientifiquement qu'il existe. Les positivistes ne peuvent pas croire en Dieu. Le plus célèbre représentant du positivisme en France est Auguste Comte.

Léon Lhermitte, *Henri Sainte-Claire-Deville*, 1890, École Normale Supérieure, Paris, France

Les catholiques du 19e siècle

Au 19e siècle, la plupart des Français se disent catholiques. Bien sûr, il y a des gens qui ne vont plus à la messe, qui critiquent le pape et l'Église. Il y en a même qui voudraient supprimer la religion. Mais dans les villes et les campagnes, beaucoup de catholiques essaient de vivre leur foi tout simplement, sans se poser de grandes questions. Découvre avec Jeanne, la vie des catholiques au milieu du 19e siècle.

Les saints prêtres

Au 19e siècle, les catholiques sont soutenus par des prêtres tout simples, qui font bien leur travail, avec beaucoup de foi et tout leur cœur. Le plus exemplaire est Jean-Marie Vianney, curé du petit village d'Ars. Ce n'est pas un grand savant, il n'a pas fait beaucoup d'études. Sa paroisse est une des plus pauvres de France. Sans jamais prendre de repos, sans se préoccuper de sa santé, il annonce l'amour de Dieu à ses pauvres paroissiens. Petit à petit, sa réputation devient grande. Des gens font des centaines de kilomètres pour venir se confesser à lui. L'Église l'a déclaré saint. Il est le patron des curés de paroisse.

Je m'appelle Jeanne, je suis née en 1865, j'ai douze ans. Mon père est horloger dans une petite ville, en Normandie. Il travaille dur pour faire vivre la famille, mes deux frères et ma petite sœur. Maman s'occupe de la maison. Elle fait aussi de la broderie pour les belles dames de la ville. Ainsi, elle gagne un peu d'argent pour emmener ma petite sœur qui tousse tout le temps à Lourdes, une ville dans les Pyrénées. On dit que la Vierge Marie est apparue à une petite fille de mon âge, une bergère, et que ceux qui vont prier à Lourdes peuvent espérer une guérison. On dit qu'il y a déjà eu beaucoup de miracles.

Je vais à l'école Sainte-Marie. Les religieuses qui font la classe sont sévères, il faut bien travailler et apprendre ses leçons par cœur. J'aime beaucoup la sœur Marthe qui enseigne l'Histoire Sainte. Elle raconte si bien les merveilleuses histoires de la Bible et elle récompense les bonnes élèves avec de belles images de saint.

Tous les jeudis, Mr le Curé Bonnel vient faire le catéchisme. Il me fait un peu peur avec sa grande robe noire, sa soutane. Je suis très attentive et j'essaie de bien comprendre ce qu'il explique, car bientôt, je ferai ma première communion.

Henri Laurent-Desrousseaux, 1862-1906, *La Veille de la communion solennelle*, musée des Beaux-Arts, Rouen, France

Pour préparer notre communion, nous avons passé plusieurs jours avec toutes les élèves de la classe dans le couvent des sœurs de la Visitation. Nous avons beaucoup prié. Je me suis confessée pour être bien prête à recevoir Jésus pour la première fois. J'ai demandé à la Sainte Vierge de guérir ma petite sœur. Le jour de ma communion, je portais une belle robe toute blanche, un voile et une couronne de roses. À la messe, il y avait des fleurs partout et la musique était très belle. Mes parents disent que j'étais comme un ange. J'étais très émue. Quand je serai grande, j'entrerai peut-être au couvent comme ma grande cousine Élise : je pourrai prier Dieu et la Sainte Vierge toute la journée. L'après-midi, toutes les familles sont revenues à l'église pour les vêpres, pour remercier Dieu.

Jules Breton, *La Bénédiction des blés en Artois*, 1857, château de Compiègne, France

À l'occasion des grande fêtes, monsieur le curé organise des grandes processions à travers les rues de la ville. Tout le monde défile derrière de magnifiques drapeaux brodés, les bannières. La plus belle est la bannière de saint Jacques, le protecteur de notre ville. Il y a peu d'hommes dans la procession car beaucoup pensent que la religion est seulement pour les curés, les femmes et les enfants. Mon père et quelques amis portent la statue de la Sainte Vierge. Je suis très fière pour lui. Moi aussi, je défile dans ma belle robe de communion. On chante de beaux cantiques. Sur le passage de la procession, les gens s'inclinent et les hommes retirent leur chapeau. Les enfants jettent des pétales de roses, surtout devant monsieur le curé qui marche à la fin du cortège en portant le saint sacrement, une hostie enfermée dans une boîte en forme de grand soleil doré. Cette boîte s'appelle un ostensoir.

Les pèlerinages sont très à la mode. Rapidement, des trains spéciaux emmènent jusqu'à Lourdes de grandes foules de pèlerins. À une époque où la religion est très attaquée, les pèlerinages montrent la foi vivante des catholiques.

Les apparitions de Lourdes et les pèlerinages

En 1858, une petite bergère de Lourdes, Bernadette Soubirous, raconte que la Sainte Vierge lui est apparue. Très vite, des gens venus de toute la France et même de l'étranger viennent à Lourdes en pèlerinage pour prier et demander des guérisons. Au 19e siècle, il y a eu d'autres apparitions de la Vierge : à une religieuse, Catherine Labouré, à des petits bergers de la Salette, à tous les enfants du village de Pontmain...
Le message de la Vierge est toujours le même : « Priez et demandez pardon pour vos péchés. »

Le pape et son pays

Au début du 19e siècle, et depuis plus de mille ans, le pape est non seulement le chef de l'Église, mais aussi le chef d'une partie de l'Italie. Cette partie de l'Italie qu'il gouverne s'appelle les États pontificaux. Le reste de l'Italie est partagé en une quantité de petits royaumes et de villes libres. Quand de nombreux italiens veulent faire de leur pays un vrai grand État uni, ils se heurtent au pape qui veut rester le maître de ses territoires.

Les États pontificaux

Le pape perd son pays

En 1848, les habitants de Rome se révoltent contre le pape. Ils le chassent et proclament la République. La France et l'Autriche interviennent et rendent au pape son pouvoir. Mais l'unité italienne est en marche. Petit à petit, les États du pape sont grignotés. En 1860, seule l'intervention des Français sauve Rome et sa région de l'annexion au royaume d'Italie en train de se construire. En 1870, les Français, occupés par la guerre avec l'Allemagne, abandonnent la défense de Rome. Les troupes du roi d'Italie entrent dans Rome qui devient la capitale de l'Italie. Cette fois, le pape a définitivement perdu ses États. Il s'enferme dans son domaine du Vatican à Rome et déclare qu'il se considère comme prisonnier.

Pauvre pape !

Les catholiques, bouleversés par cette nouvelle, considèrent que le pape est une victime, un martyr. Ils admirent son courage. Des

L'ultramontanisme

C'est un mot compliqué qui vient du latin et qui signifie « au-delà de la montagne ». Il désigne un courant de pensée des catholiques français qui choisissent d'obéir à l'autorité qui vient d'au-delà de la montagne, c'est-à-dire à l'autorité du pape de Rome qui est au-delà des Alpes. En se mettant directement sous la protection du pape, ces catholiques veulent d'abord empêcher l'État de se mêler des affaires de l'Église et parfois aussi échapper à l'autorité directe de leur évêque. Des mouvements identiques se développent dans d'autres pays : ils augmentent le pouvoir du pape.

foules de pèlerins viennent à Rome pour le soutenir et l'encourager. En perdant ses États, le pape perd une partie de son pouvoir mais son autorité sur les catholiques du monde entier augmente. Il devient vraiment le chef de l'Église. Il est de plus en plus respecté et écouté.

Le pape rencontre le président des États-Unis Bill Clinton

Le concile Vatican I

En 1869, le pape Pie IX décide une grande réunion de tous les évêques à Rome, un concile, pour réfléchir à l'organisation de l'Église, au rôle du pape et des évêques.
Le concile est interrompu par la guerre entre la France et l'Allemagne en 1870 et par la prise de Rome par les troupes du roi d'Italie. Le concile a quand même le temps de réfléchir au rôle du pape. Le concile déclare l'infaillibilité du pape. Cela signifie que dans certaines conditions, lorsque le pape prend une décision sur un sujet très important de la Foi, il ne se trompe pas car il exprime ce que pense l'Église.

Les accords du Latran

En 1929, le pape Pie XI signe un accord avec l'État italien. Le petit domaine du Vatican devient un vrai État indépendant. En échange, le pape accepte la perte de ses anciens territoires et reconnaît l'existence de l'État italien.
Aujourd'hui, l'État du Vatican est reconnu par la plupart des États du monde. Ils envoient des représentants officiels, des ambassadeurs auprès du pape et considère celui-ci comme un vrai chef d'État.
Le pape envoie lui aussi des ambassadeurs dans tous les pays. On les appelle les nonces apostoliques.

Le pape Jean-Paul II à l'Onu, New York, États-Unis

◆ *Pourquoi le pape veut-il avoir un pays ?*
– Si le pape a un pays à lui, cela signifie qu'il n'obéit à personne sur Terre. Ni les rois, ni les empereurs, ni les présidents ne peuvent lui donner d'ordres.

◆ *Alors, le pape n'obéit à personne ?*
– À personne sur Terre ! Le pape obéit à Dieu. D'une certaine façon, il obéit aussi à sa mission. On dit qu'il est le serviteur des serviteurs de Dieu.

L'Église et les ouvriers

Le 19e siècle est le siècle de la science, du progrès et des savants. C'est aussi le siècle de l'industrie, des usines et de l'immense pauvreté des ouvriers.

Adolphe Menzel, 1815-1905, *La Fonderie*, musée municipal, Berlin, Allemagne

Une nouvelle pauvreté

Autrefois, les pauvres étaient des paysans, victimes des maigres récoltes, du mauvais temps, de la guerre ou de la maladie.

Au 19e siècle, apparaissent de nouveaux pauvres : les ouvriers. Certains pensent que la société industrielle et le progrès sont responsables de leur misère. Les aider ne suffit pas, il faut aussi lutter contre les causes de cette pauvreté.

La terrible vie des ouvriers

Les ouvriers sont des paysans pauvres qui ont quitté leur village et leur famille dans l'espoir de gagner leur vie en travaillant dans les usines qui se créent un peu partout. Leur vie d'ouvrier est très misérable. Les patrons essaient de gagner rapidement de l'argent ; les salaires sont très bas. Souvent, les femmes et même les enfants doivent travailler jusqu'à douze ou quatorze heures par jour dans des conditions difficiles et dangereuses. Aucune loi ne les protège. Quand le travail manque, les patrons renvoient une partie de leurs salariés. Les logements sont très chers. Des familles entières s'entassent dans une seule pièce. Mal logés, mal nourris, épuisés par une vie trop pénible, sans vacances, sans retraite, sans aide quand ils sont malades ou au chômage, beaucoup meurent, surtout les enfants. Pour oublier leur vie sans joie, beaucoup d'hommes et de femmes dépensent au café leur maigre salaire. Ils n'ont plus le temps, ni l'envie de penser à Dieu, d'aller à la messe. Ce sont les oubliés d'une société où la différence entre les riches et les pauvres est immense.

Charles de Groux, 1825-1870, *L'Ivrogne*, musée moderne, Bruxelles, Belgique

L'action des chrétiens

Au cours des siècles, les chrétiens ont pensé que c'était leur devoir d'aider les plus pauvres. Au 19e siècle, beaucoup essaient de secourir l'immense misère des ouvriers et d'améliorer leurs conditions de vie. Des patrons catholiques font construire des logements corrects pour leurs ouvriers. De nombreuses œuvres de charité viennent en aide aux familles d'ouvrier, par exemple lorsque le père est malade ou au chômage. Mais tout cela ne suffit pas à transformer les conditions de vie des ouvriers. Il faudrait qu'ils s'organisent pour se défendre eux-mêmes, mais pendant très longtemps, la loi le leur interdit.

Même le pape s'inquiète

En 1891, le pape Léon XIII écrit un texte très important sur la condition ouvrière, l'encyclique *Rerum novarum*. C'est la première fois qu'un pape parle sur ce sujet. Le pape ne se contente pas d'encourager ceux qui viennent en aide aux ouvriers. Il demande que l'État intervienne contre l'injustice en faisant des lois qui protègent les ouvriers. Il demande aussi que les ouvriers aient le droit de s'associer et de se défendre. Beaucoup de gens sont choqués par le texte du pape et pensent qu'il se mêle de ce qui ne le regarde pas. Pourtant ce texte important marque le début de ce qu'on appelle « la doctrine sociale de l'Église ». Ce texte redonne courage à ceux qui essaient d'aider les ouvriers et permet la naissance de syndicats chrétiens.

L'Action catholique

Les conditions de vie terrible des ouvriers les ont éloignés de l'Église et de la vie chrétienne. Au 20e siècle, naît l'idée d'organiser l'annonce de l'Évangile par les chrétiens eux-mêmes, là où ils sont, dans leurs familles, leurs quartiers, leur travail. C'est l'invention de l'Action catholique. Dans les groupes d'Action catholique, des gens qui ont les mêmes conditions de vie se réunissent régulièrement. Ils réfléchissent ensemble à leur vie et cherchent comment ils peuvent témoigner de leur foi dans leur travail, dans leur quartier. Ils ne font pas de grands discours, mais ils sont attentifs aux autres et luttent contre l'injustice. Le but de l'Action catholique est de travailler au cœur de la société pour la rendre plus humaine et plus chrétienne.

L'Action catholique est un grand succès, d'abord parmi les jeunes ouvriers, agriculteurs, paysans, commerçants et artisans. Ensuite, le mouvement se développe aussi parmi les adultes. L'Action catholique est encouragée par le pape et les évêques.

Frédéric Ozanam, médaillon, église Saint-Étienne-du-Mont, Paris, France

Au cours du 19e siècle, quelques catholiques comprennent qu'il ne suffit pas de soulager la misère mais qu'il faut aussi lutter contre les conditions qui la provoquent. On les appelle les catholiques sociaux. Il sont à l'origine des premières lois sociales qui améliorent les conditions de travail des ouvriers.
Les plus connus de la première moitié du siècle sont : Henri Lacordaire, prêtre dominicain, Albert de Mun et Frédéric Ozanam. Ce jeune professeur, marié et père de famille, a été déclaré bienheureux par Jean-Paul II au cours des Journées Mondiales pour la Jeunesse, à Paris en 1997.

Les prêtres ouvriers

Après la Seconde Guerre mondiale, beaucoup de prêtres se rendent compte que la plupart des ouvriers n'ont plus de contact avec l'Église. Certains décident de se rapprocher des ouvriers. Ils partent travailler dans les usines et deviennent eux-mêmes ouvriers. L'expérience est interrompue en 1954, elle reprend en 1965. Aujourd'hui, il y a toujours des prêtres dans la vie professionnelle, ouvriers, employés, ingénieurs, chercheurs, marins...

JOC	Jeunesse Ouvrière Chrétienne.
JAC	Jeunesse Agricole Chrétienne (aujourd'hui MRJC, Mouvement Rural de la Jeunesse Chrétienne).
JEC	Jeunesse Étudiante Chrétienne.
JIC	Jeunesse Indépendante Chrétienne.

Les chrétiens et les juifs

Au cours du 19e siècle, une véritable haine des juifs se développe dans un certain nombre de pays, en particulier en France. Ce sentiment de haine s'appelle l'antisémitisme. Au 20e siècle, Hitler, le chef de l'Allemagne, va jusqu'au bout de la haine : il veut éliminer tous les juifs de la Terre.

L'affaire Dreyfus

En 1894, un officier de l'armée française, le capitaine Dreyfus, est accusé d'avoir trahi la France et d'avoir vendu des secrets à l'Allemagne. Il est condamné à la prison à vie. Dreyfus est juif. Pour certains, cela signifie qu'il est forcément coupable. Une longue bataille déchire la France en deux : ceux qui sont pour Dreyfus, ceux qui sont contre. Finalement, l'innocence de Dreyfus est prouvée ; son accusation était truquée. Hélas, dans la plupart des journaux catholiques, l'affaire Dreyfus a déchaîné la haine contre les juifs.

Pourquoi les juifs sont-ils détestés ?

Avant la naissance de Jésus, de nombreux juifs ont déjà quitté leur pays et se sont installés autour de la Méditerranée. Au 1er siècle ap. J.-C., les Romains écrasent la révolte des juifs de Palestine et détruisent la ville de Jérusalem. Cette fois, presque tous les juifs fuient leur pays. Ils s'installent un peu partout dans l'Empire romain, et plus tard dans toute l'Europe. Les juifs sont jalousés car ils disent qu'ils sont le peuple choisi par Dieu. Au cours des siècles, les chrétiens accusent les juifs d'être les responsables de la mort de Jésus. Les juifs sont menacés, exclus de la société. On leur interdit certains métiers. Les juifs ne sont presque jamais des paysans, car on leur interdit de posséder la terre. Ils sont artisans ; ils sont aussi les premiers banquiers. Quand quelque chose va mal, quand les récoltes sont mauvaises, on pense que c'est la faute des juifs.

La montée de l'antisémitisme en France

Après la Révolution française, les juifs ont le droit de pratiquer librement leur religion. Ils sont des citoyens comme les autres. Mais le sentiment de haine à leur égard ne disparaît pas, au contraire. Chaque jour, certains journaux accusent les juifs d'être de mauvais Français, de tout contrôler avec leur argent.

En France, pendant la Seconde Guerre mondiale, des lois racistes interdisent aux juifs d'exercer de nombreux métiers et de fréquenter certains lieux publics. D'abord exclus de la société, ils sont ensuite pourchassés. Même si des gens courageux, et parmi eux souvent des chrétiens, les ont cachés au risque de leur vie, beaucoup de juifs étrangers réfugiés en France et de juifs français sont arrêtés et envoyés dans des camps. Très peu en sont revenus.

JÉSUS EST JUIF

Pour les chrétiens, Jésus-Christ est le Fils de Dieu, venu sur la Terre pour sauver tous les hommes ; mais c'est aussi un homme qui est né dans une famille, dans un pays. Jésus est juif, comme les gens de sa famille, de son pays, comme ses amis, comme les Apôtres à qui il confie sa mission.

Les chrétiens et les juifs aujourd'hui

Avant la Seconde Guerre mondiale, devant les premières attaques de Hitler contre les juifs, les papes et l'Église condamnent très fermement l'antisémitisme. « Non, il n'est pas possible aux chrétiens de participer à l'antisémitisme. [...] Nous sommes spirituellement des sémites » déclare le pape Pie XI, le 6 septembre 1938.

Après la Seconde Guerre mondiale, durant laquelle Hitler fait mourir 6 millions de juifs, les chrétiens se rendent compte qu'ils ont contribué à la haine contre les juifs. Les papes et le concile de Vatican II encouragent les chrétiens à mieux connaître la religion juive et à respecter les juifs. En lisant dans l'Ancien Testament la longue histoire de l'amitié de Dieu avec le peuple juif, les chrétiens redécouvrent que, grâce à Jésus qui est né dans le peuple juif, ils sont comme les fils adoptifs de ce peuple.

Le pape Jean-Paul II et le grand rabbin Elio Toaff à la synagogue de Rome, le 13 avril 1986

Arrivée de Juifs en Israël
Photo tirée du film *Exodus*, 1960, d'Otto Preminger

Après la Première Guerre mondiale, certains juifs commencent à retourner vers la terre promise par Dieu à leurs ancêtres, la Palestine. À cette époque, la Palestine est sous l'autorité des Anglais. Après la Seconde Guerre mondiale, beaucoup de juifs pensent qu'ils seront en sécurité s'ils ont, comme les autres peuples, un pays à eux. Ils luttent contre les Anglais pour obtenir leur indépendance et, en 1948, ils fondent l'État d'Israël. Depuis cette date, les juifs ont souvent été en guerre avec leurs voisins arabes et, en particulier, avec les Palestiniens qui occupent cette terre depuis des siècles.

L'Église et l'État

Pendant la Révolution française, à la fin du 18e siècle, les idées antireligieuses ont pu s'exprimer librement. L'accord que Napoléon Bonaparte a passé avec le pape, le concordat, a ramené la paix. Mais les adversaires de la religion n'ont pas disparu. Pendant tout le 19e siècle, ils luttent contre le pouvoir de l'Église et essaient de faire voter des lois qui limitent son influence. Ce mouvement qu'on appelle anticlérical triomphe en 1905, avec les lois de séparation de l'Église et de l'État.

Une salle de classe, vers 1900

L'Église et l'école

Depuis toujours en France, la plupart des écoles sont tenues par des religieux. À partir de 1876, les nouveaux hommes politiques au pouvoir sont majoritairement anticléricaux. Ils ne veulent plus confier à l'Église la charge de l'éducation des enfants. Pour eux, l'école doit former des citoyens et ne doit pas s'occuper de religion. Les lois scolaires, en particulier celles du ministre Jules Ferry, créent l'école publique, gratuite, obligatoire et laïque, c'est-à-dire sans enseignement religieux. Mais la loi prévoit qu'en plus du dimanche, les enfants auront chaque semaine un jour de congé pour permettre aux parents qui le souhaitent de donner une instruction religieuse à leurs enfants.

L'État contre les religieux

Pour les anticléricaux, la vie religieuse est particulièrement condamnable. En effet, les religieux et les religieuses sont des hommes et des femmes qui promettent une obéissance absolue à l'Église. Parmi eux, les jésuites qui font un vœu particulier d'obéissance au pape sont les plus maltraités. De plus, les religieux enseignent souvent dans les écoles et leur influence sur la jeunesse fait très peur. Les religieux sont interdits d'enseigner et certains sont expulsés de France. En 1905, une partie de leurs maisons sont confisquées.

Qui est contre la religion ?

Certains sont seulement contre le pouvoir du pape. Pour eux, le pape est un étranger qui n'a aucune raison d'intervenir dans les affaires de la France.
Certains sont contre le pouvoir de l'Église. Pour eux, la religion est une affaire privée. L'Église ne doit pas s'occuper des affaires de l'État, ni l'État des affaires de l'Église. L'État doit seulement assurer la liberté pour chacun de pratiquer ou pas une religion. Aucune religion ne doit être favorisée par l'État.
Certains sont vraiment contre la religion. Ils pensent que la religion empêche les gens de penser librement et les enferme dans l'ignorance. Pour eux, la religion est la prison de l'esprit et de l'intelligence. Il faut la combattre par tous les moyens.

L'Église et la République

Au début, beaucoup de prêtres et d'évêques soutiennent la Révolution française. Mais les hommes de la révolution veulent gouverner l'Église. Ils imposent un serment aux prêtres, martyrisent les chrétiens et veulent supprimer la foi chrétienne en imposant une religion de l'Être Suprême. À partir de ce moment-là, les chrétiens refusent la Révolution et rejettent la République qui en est issue. Pour eux, la République est un scandale. Vers les années 1890, le pape Léon XIII conseille aux catholiques français d'accepter la République. Il charge le cardinal Lavigerie de faire les premiers pas vers la réconciliation avec la République. Cette réconciliation est lente car, en France, les ennemis de l'Église reprennent le pouvoir.

1905, la séparation

De 1901 à 1906, la politique anticléricale triomphe en France. Elle aboutit en 1905 aux lois de séparation de l'Église et de l'État. Le gouvernement rompt l'accord, le concordat, de Napoléon. Désormais, les prêtres ne sont plus payés par l'État. L'État confisque tous les biens de l'Église, les immeubles et les églises. Heureusement, en 1906, la loi est un peu modifiée, et l'État accorde le droit d'utiliser gratuitement les églises et les bâtiments annexes.
La loi de séparation est d'abord vécue comme une catastrophe pour l'Église de France. Mais une fois le choc passé, cette nouvelle pauvreté devient une chance. Les prêtres et les évêques découvrent qu'ils ne doivent plus rien à l'État et qu'ils doivent faire confiance à la générosité des catholiques pour continuer à remplir leur mission. La loi, au lieu de faire disparaître l'Église, lui donne une liberté toute neuve et permet aux catholiques de se sentir responsables de leur Église.

Les congrégations chassées de France, carte postale satirique, vers 1905

La grande réconciliation

La dispute à propos de l'Église a sérieusement déchiré les Français pendant des années. Au cours de la terrible guerre de 1914, les prêtres sont des soldats comme les autres. Même les religieux qui ont été chassés à l'étranger reviennent et partent à la guerre. Ils partagent les conditions de vie difficile de tous les soldats sur le front. Ils sont 20 000 à y mourir. Les Français découvrent que ce sont des hommes capables de donner leur vie pour leur pays. À la fin de la guerre, tous ont appris à mieux se connaître et à se respecter.

Messe en plein air dans les tranchées pendant la Première Guerre mondiale

Le communisme, le nazisme

Au cours du 20e siècle, dans certains pays d'Europe, des hommes essaient d'installer de nouvelles façons d'organiser et de gouverner la société. Ils veulent inventer des sociétés sans Dieu, où l'homme est le seul maître. Pour ceux qui veulent imposer ces sociétés, les idées ont plus d'importance que la vie des hommes. Des millions d'hommes et de femmes meurent, victimes de ces idées folles. C'est une période épouvantable de l'histoire qu'il ne faut pas oublier et qui pose une question terrible : comment l'homme peut-il devenir un monstre pour l'homme ?

Église en Russie transformée en bureau de tabac, dans les années 1950

Le communisme

Au cours du 19e siècle, le penseur allemand Karl Marx imagine une société où tous les hommes seraient égaux. Il n'y aurait plus ni riches ni pauvres. Les ouvriers gagneraient autant que les médecins et les ingénieurs. Plus personne ne serait propriétaire ; les biens appartiendraient à tous. Au départ, c'est une belle idée généreuse. En 1917, les Russes font une révolution et essaient d'installer cette nouvelle société, la société communiste. Les communistes croient que la religion chrétienne qui promet une vie heureuse après la mort, empêche les hommes de combattre pour une vie meilleure sur terre. Ils pensent que la religion a été inventée par les riches pour dominer les pauvres.

Chute du mur de Berlin, le 12 novembre 1989

La religion chrétienne est considérée comme un des principaux obstacles au changement. Les chrétiens sont pourchassés, les églises fermées, la religion interdite. La société communiste est violente. Ceux qui ne sont pas d'accord sont arrêtés, emprisonnés pour des dizaines d'années ou exécutés. Pourtant, beaucoup de gens ne voient pas cela et croient que le communisme est le paradis sur la terre. Après la Seconde Guerre mondiale, de nombreux pays deviennent communistes.

Le pape Pie XI condamne le communisme en 1937. Il faudra beaucoup d'années pour que les gens comprennent que le communisme les prive de leur bien le plus précieux, la liberté. En 1989, de nombreux pays se révoltent contre le communisme. Presque partout, en prenant beaucoup de risques, et souvent en secret, les chrétiens ont résisté au communisme. Aujourd'hui, ils sont parmi ceux qui participent le plus activement à la réorganisation de leurs pays.

Affiche de propagande hitlérienne : « Vive l'Allemagne ! »

Le nazisme, les hommes contre les hommes

En Allemagne, en 1933, Hitler prend le pouvoir. Il veut organiser une nouvelle société, un ordre nouveau. Pour Hitler, les hommes ne sont pas égaux. Pour lui, certaines races d'hommes sont supérieures aux autres (la race allemande, qu'il appelle la race aryenne, en fait partie bien sûr). Ce sont elles qui doivent avoir le pouvoir dans le monde. C'est la race des maîtres. Les races inférieures sont aux services des maîtres : elles sont leurs esclaves. Certaines races sont tellement inférieures qu'elles doivent disparaître. À cause de ces idées, Hitler tue des millions de gens : ceux qui s'opposent à lui et surtout les juifs qui, selon lui, n'ont même pas le droit de vivre.

Il organise des camps d'extermination où les hommes, les femmes et les enfants sont éliminés systématiquement.

Les idées de Hitler, contenues dans la doctrine du nazisme, sont totalement contraires aux droits les plus élémentaires de l'homme. De plus, Hitler veut supprimer toutes les religions car, selon lui, elles rendent les hommes faibles.

Dès 1937, le pape écrit un texte important, une encyclique, adressée aux catholiques allemands où il condamne les idées d'Hitler. De nombreux catholiques allemands risquent leur vie en luttant contre le nazisme. Des prêtres, des religieux, des religieuses même sont arrêtés et meurent dans les camps. Pendant la Seconde Guerre mondiale, Hitler applique son système dans tous les pays qu'il envahit. Six millions de juifs d'Europe meurent dans les camps d'extermination qu'on appelle aussi les camps de la mort.

Le fascisme

En 1922, l'Italie est en difficulté. Mussolini installe un nouveau gouvernement. Il se fait acclamer par la foule et se présente comme le sauveur de l'Italie. Mussolini devient de plus en plus autoritaire. Il devient le chef auquel il faut obéir comme à un dieu. Il est interdit de penser autrement que le chef. Ceux qui ne sont pas d'accord sont arrêtés. Les fascistes ne veulent pas supprimer la religion mais essaient de la mettre à leur service. D'autres gouvernements fascistes s'installent aussi en Espagne et au Portugal.

Le concile Vatican II

En 1962, convoqués par le pape Jean XXIII, plus de 2000 évêques venus du monde entier se réunissent à Rome. C'est le concile Vatican II. Le concile dure presque trois ans. À quatre reprises, les évêques se réunissent tous ensemble pendant plusieurs semaines. Ils organisent des petits groupes de travail sur des sujets précis et font des propositions qui sont discutées dans les grandes réunions, les séances plénières. Le concile veut exprimer la foi de l'Église pour être compris par les gens d'aujourd'hui, il décide de grands changements dans la vie des catholiques.

Un concile attendu depuis longtemps

Depuis de nombreuses années, beaucoup de catholiques souhaitent que l'Église réfléchisse à son rôle et à de nouveaux moyens d'annoncer l'Évangile aux hommes et aux femmes de son temps. Une réflexion a commencé en 1870, lors du concile Vatican I, mais elle a été interrompue à cause de la guerre en Europe. Ensuite, la succession des guerres n'a pas permis de réunir un nouveau concile. En 1958, on pense que le nouveau pape ne changera rien : il est trop vieux. Mais Jean XXIII surprend tout le monde et convoque un grand concile.

Pourquoi un concile ?

En un siècle (depuis Vatican I), le monde a beaucoup changé. Dans les vieux pays chrétiens, des idées nouvelles se sont développées. Un certain nombre de gens pensent qu'ils n'ont pas besoin de Dieu dans leur vie. En Afrique, en Asie, en Amérique du Sud, de nouveaux pays sont apparus. Ils doivent lutter pour la justice et contre la pauvreté.

Les progrès de la science ont bouleversé la façon de vivre. On se déplace vite, en avion ; on communique par le téléphone, la radio, la télévision. Dans tous les pays, de plus en plus de gens sont instruits, savent lire, écrire. Partout, les catholiques sont de plus en plus actifs dans l'Église. Ils souhaitent être responsables et participer aux décisions. L'Église se pose une grande question : comment se faire comprendre par les hommes et les femmes de son temps ?

Les points forts du concile

– L'Église est une « communion » avec le pape, les évêques, les prêtres, et tous les croyants. Tous ensemble, ils forment le peuple de Dieu. Tous sont responsables de la vie de l'Église selon leur mission particulière.

Les grandes décisions du concile

Il ne s'agit pas de changer la foi de l'Église, mais de trouver de nouvelles façons de l'exprimer, plus adaptées aux hommes modernes et à leur façon de vivre. Sur beaucoup de sujets, les évêques du concile n'inventent rien : ils essaient simplement de retrouver les façons de faire des premiers chrétiens. Le concile adopte seize textes.

• **Quatre constitutions** expriment la foi des catholiques :
- comment Dieu se révèle aux hommes,
- sur la liturgie,
- sur le rôle de l'Église,
- sur l'Église dans le monde et dans son temps.

• **Neuf décrets** sont des décisions pratiques sur la vie de l'Église :
- sur l'activité missionnaire de l'Église, sur le rôle des évêques,
- sur la vie des prêtres, sur la formation des prêtres,
- sur le rôle des laïcs,
- sur les religieux et les religieuses,
- sur l'œcuménisme,
- sur les églises catholiques d'Orient,
- sur les nouveaux moyens de communication.

• **Trois déclarations** sont des chemins de réflexion :
- sur l'éducation chrétienne,
- sur les relations avec les religions non chrétiennes,
- sur la liberté religieuse.

Les décisions du concile provoquent des changements rapides.

– Le concile change la façon de vivre la messe et les sacrements. Désormais, les textes ne sont plus obligatoirement en latin, mais dans la langue du pays. Le prêtre célèbre face à l'assemblée. Il parle fort ou utilise un micro pour que tout le monde puisse voir et comprendre.

– Tous les catholiques sont invités à vivre selon la Parole de Dieu et donc à la connaître en lisant la Bible.

– Tous les catholiques sont invités à chercher ce qu'il y a de bien et de beau dans la vie des hommes et à améliorer le monde pour qu'il soit plus beau et plus juste en étant toujours fidèles à Jésus.

– Tous les catholiques sont invités à aider l'Église à remplir sa mission.

– Les catholiques sont invités à faire beaucoup d'efforts de dialogue pour se réconcilier avec les chrétiens protestants et orthodoxes, et surtout à beaucoup prier pour que Dieu donne à tous la force de s'écouter et se comprendre.

Les adversaires du concile

Toutes les décisions du concile ont été votées à une majorité écrasante : suivant les textes, de 6 à 75 « non » pour 2200 à 2300 « oui ».
Pourtant, parmi les catholiques, certains pensent que changer quelque chose dans l'Église, c'est changer la Foi. Ils refusent les décisions du concile. Ils se regroupent autour d'un évêque, monseigneur Lefebvre. En 1988, malgré les efforts du pape, ils se séparent de l'Église catholique. On les appelle les intégristes ou les lefebvristes.

Faut-il refaire un concile ?

Le concile a quarante ans. Certains pensent que le monde change vite et qu'il est de nouveau nécessaire de faire un concile. Ils ont raison dans un sens ; l'Église a sans cesse besoin de se renouveler pour être plus fidèle à Dieu et attentive à tous les hommes. Ils ont en partie tort, car toutes les idées du concile ne sont pas épuisées. Il y a encore beaucoup à faire.

Le mystère de l'Église

Le Christ est la Lumière des nations ; aussi en annonçant l'Évangile à toute créature (cf. Mc, 16, 15); le saint Concile réuni dans l'Esprit Saint désire-t-il ardemment illuminer tous les hommes de la lumière du Christ qui resplendit sur le visage de l'Église.

Constitution « Lumen gentium »

Séance d'ouverture du concile Vatican II, 1962

Tous chrétiens

Les chrétiens croient que, baptisés dans le même Esprit de Jésus, ils forment tous ensemble une grande famille et sont tous les enfants d'un même Père. Au cours des siècles, ils se sont souvent disputés, souvent réconciliés. Hélas, certaines disputes ont laissé des traces et, aujourd'hui, la famille des chrétiens est encore séparée en trois grands groupes : les chrétiens catholiques, les chrétiens orthodoxes et les chrétiens protestants.

Mais où sont les chrétiens ?

Les **catholiques** sont surtout en **Amérique latine (42,2%)** (Brésil, Mexique, Argentine, Colombie...) et en **Europe (28,4%)** (France, Italie, Espagne, ...).
Ils sont aussi en **Amérique du Nord (7%)**, en **Afrique (11%)** et en **Asie (10,3%)**, ils ne sont que 0,8% en Océanie.
Les **protestants** et les **anglicans** se trouvent en **Europe (26%)** et en **Amérique du Nord (22,6%)** ; ils sont aussi présents en **Afrique (27,3%)**, en **Asie (11,3%)**, en **Océanie (2,5%)** (Australie et Nouvelle-Zélande) et en **Amérique latine (10%)**.
Les **orthodoxes** et les **chrétiens des Églises orientales anciennes** sont principalement en **Russie** et en **Ukraine (50%)** et dans l'**est** et le **sud de l'Europe** (Roumanie, Bulgarie, Grèce, ...) ; ils sont **16%** en **Afrique** (Égypte, Éthiopie...) et **1,9%** en **Amérique du Nord**.

Les chrétiens dans le monde

Près d'un tiers des hommes, des femmes et des enfants dans le monde sont chrétiens. La majorité de la population mondiale est catholique (17,3%) ; les protestants et les anglicans sont 7,5%, les orthodoxes 2,7%.

Les chrétiens en France

78,3% des Français sont chrétiens ; dont 76% (45 millions) de catholiques, 1,5% (900 000) de protestants et 0,3% (200 000) d'orthodoxes.

Le long chemin de l'unité des chrétiens

Il y a plus de trente ans, le grand rassemblement de l'Église catholique, le concile Vatican II, a invité les catholiques à s'engager fermement dans la voie de l'œcuménisme. Le chemin de la

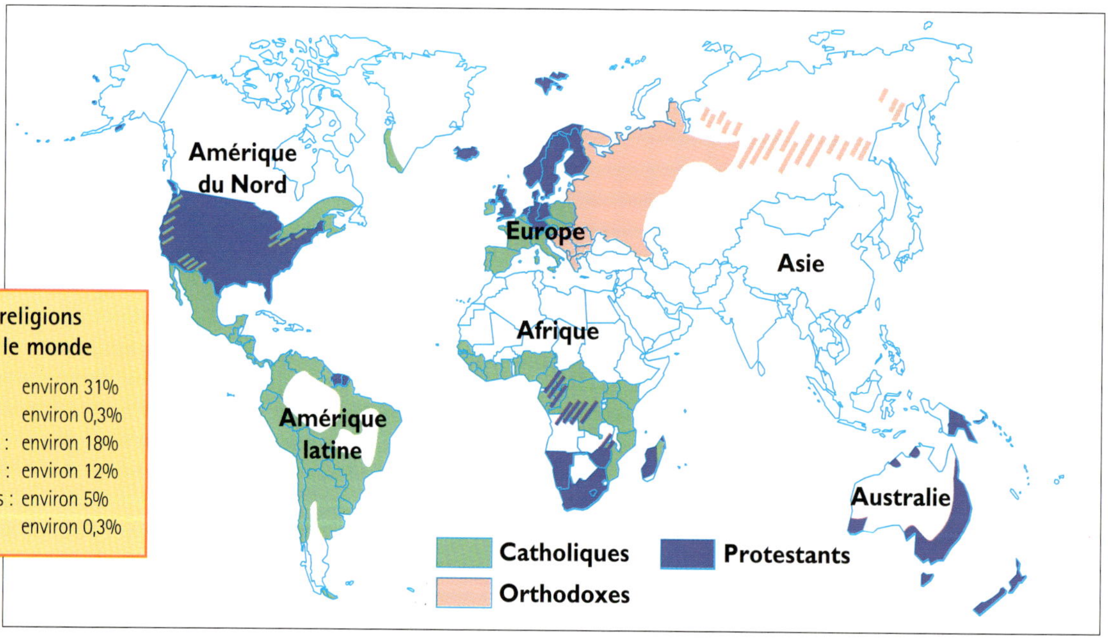

Les religions dans le monde

Chrétiens :	environ 31%
Juifs :	environ 0,3%
Musulmans :	environ 18%
Hindouistes :	environ 12%
Bouddhistes :	environ 5%
Animistes :	environ 0,3%

Pendant très longtemps, les chrétiens divisés étaient comme des frères ennemis. Ils ne se parlaient pas. Depuis un peu plus de cinquante ans, les chrétiens essaient de mieux se comprendre, et demandent à Dieu de les réconcilier. Cela s'appelle l'œcuménisme.

L'œcuménisme

réconciliation est long et difficile. Tous les chrétiens croient que Jésus le Christ est la vérité. Les chrétiens pensent que seule la vérité leur permettra de vivre en paix ensemble, en communion. À la suite de Jésus qui a prié pour l'unité des chrétiens, les catholiques, les protestants et les orthodoxes se réunissent pour prier. Ils demandent à Dieu de leur donner son Esprit pour être capable de s'écouter et de se réconcilier. En 1966, ils se sont mis d'accord pour dire la grande prière des chrétiens, le Notre Père, avec exactement les mêmes mots. Quand les chrétiens sont capables de dire ensemble Notre Père, ils deviennent un peu plus des frères.

Les autres religions en France

Les juifs représentent 1% de la population et les musulmans 7%.
6% disent n'appartenir à aucune religion mais le chiffre peut être plus important (18%) car certains sont baptisés mais déclarent qu'ils ne sont d'aucune religion.

La TOB

Parfois, au lieu de dire la Bible, on dit la TOB. C'est une abréviation qui signifie « Traduction Œcuménique de la Bible ». La TOB est une traduction de la Bible qui a été faite par des chrétiens catholiques, protestants et des orthodoxes. Pour les chrétiens, c'est important de prier et de travailler avec la même traduction de la Bible.

Des signes de l'œcuménisme

En 1965, le pape Paul VI rencontre le chef des orthodoxes, le patriarche Athénagoras. Ils s'embrassent comme des frères.

Et les autres religions ?

Les chrétiens croient que les hommes de toutes les religions doivent être respectés, même s'ils ne sont pas d'accord avec ce que croient les croyants des autres religions.
En 1986, le pape Jean-Paul II réunit à Assise, en Italie, les représentants de toutes les religions pour prier pour la paix.

Le pape

Le pape est l'évêque de Rome. Il est le successeur de Pierre, premier évêque de Rome et chef des Apôtres. Pour les catholiques du monde entier, le pape est le chef que le Christ lui-même donne à l'Église. C'est le pape qui nomme les évêques en Occident, c'est sa fonction de « patriarche ». Il est aussi le chef du plus petit État du monde, l'État du Vatican.

INFAILLIBILITÉ DU PAPE

Cette expression signifie que dans certaines conditions, lorsque le pape prend une décision sur un sujet très important, il ne se trompe pas en exprimant la foi de l'Église. Très peu de décisions du pape sont déclarées infaillibles (trois en plus d'un siècle).

Jean-Paul II, le pape voyageur

Il est allé plus de 20 fois en Amérique Latine et aux Antilles (Brésil, Mexique, Argentine, Chili, République Dominicaine, Nicaragua, Venezuela, Guatemala, San Salvador, Cuba, Jamaïque, ...).
Il a visité de nombreux pays d'Afrique (16 voyages au Zaïre, Congo, Kenya, Côte d'Ivoire, Gabon, Cameroun, Nigéria, Bénin, ...).
Il s'est rendu 9 fois en Amérique du Nord (États-Unis et Canada).
Il a beaucoup voyagé en Europe (Allemagne, Autriche, Espagne, Portugal, Belgique...) surtout en Europe de l'Est (Albanie, Lituanie, Estonie, Croatie, République tchèque, Slovaquie, Hongrie, Roumanie, ...) et beaucoup en Pologne, son pays (10 séjours) et en France (9 voyages).
Jean-Paul II est allé aussi en Asie (Inde, Japon, Corée du Sud, Philippines, Sri Lanka, ...), au Proche Orient (Liban) et en Océanie (Nouvelle-Zélande, Australie).
Il a rendu visite aux grands organismes internationaux (ONU et UNESCO).

Bilan au cours de l'année 2000

Les responsabilités du pape

Comme chaque évêque dans son diocèse, le pape a la mission de conduire tous les catholiques. C'est une responsabilité qu'il exerce avec tous les autres évêques du monde. Le pape a le pouvoir de les convoquer pour réfléchir aux problèmes de l'Église. Parfois, sur des sujets importants, le pape écrit à tous les évêques : ces lettres s'appellent des encycliques. Les évêques ont la charge de bien faire comprendre le message du pape aux catholiques et si cela est possible à tous les hommes « de bonne volonté ». Il arrive que le pape écrive ou signe d'autres textes dans lesquels il adresse aux catholiques des conseils ou des recommandations : ce sont les exhortations ou les lettres « apostoliques ».

Comment désigne-t-on le pape ?

Lorsque le pape meurt, certains évêques du monde, les cardinaux, se réunissent à Rome. Ils s'enferment dans la très belle chapelle Sixtine pour élire le nouveau pape. Cette réunion s'appelle le Conclave. Les cardinaux sont au nombre de 120 et le pape doit être élu à la majorité des deux tiers. Cela peut prendre plusieurs jours. Pendant ce temps, les cardinaux ne sortent pas, ne rencontrent personne. Les repas leur sont apportés et on leur dresse des lits de camp. Quand le pape est élu, les bulletins de vote sont brûlés et la petite fumée blanche qui s'échappe par la cheminée annonce la bonne nouvelle au monde entier. Le nouvel élu choisit son nom de pape et il s'adresse immédiatement à la foule rassemblée sur la place Saint-Pierre à Rome.

Au 20e siècle, 8 papes ont été élus

Pie X (1903-1914)

L'Église l'a déclaré saint. Il se bat avec énergie contre ceux qui attaquent la foi chrétienne au nom du progrès, de la science, des idées nouvelles et des changements du monde moderne. Il encourage les catholiques à communier souvent, y compris les petits enfants.

Pie XI

Benoît XV (1914-1922)

Il est pape pendant la terrible guerre de 1914. Il est horrifié de voir les pays d'Europe se faire la guerre entre chrétiens. Il ne cesse de demander la paix, mais on ne l'écoute pas.

Pie XI (1922-1939)

C'est un pape très attentif à ce qui se passe dans le monde. Il condamne le communisme et le nazisme. C'est à son époque que sont ordonnés les premiers évêques chinois et africains.

Jean XXIII

Pie XII (1939-1958)

Il est pape pendant la Seconde Guerre mondiale. Il protège et sauve de nombreux juifs italiens mais il pense qu'il est dangereux de faire des déclarations contre les nazis. Il cherche à ouvrir la réflexion dans l'Église sur les problèmes d'aujourd'hui.

Jean XXIII (1958-1963)

Il devient pape à 77 ans. On pense qu'à cet âge, il n'aura pas envie de mettre en route des changements dans l'Église. Il surprend tout le monde en décidant de réunir tous les évêques du monde en concile. Il leur demande de réfléchir ensemble aux moyens de transformer l'Église pour qu'elle puisse vraiment s'adresser aux hommes et aux femmes de son époque. Juste avant de mourir, il écrit une très belle encyclique sur la paix.

Paul VI

Paul VI (1963-1978)

Il achève le concile commencé par Jean XXIII et accélère la réforme de l'Église. Il est aussi le premier pape qui voyage à travers le monde.

Jean-Paul Ier (1978)

Il meurt en 1978, 33 jours après sa nomination. Il laisse le souvenir de son très bon sourire.

Jean-Paul II (1978-)

Il s'appelle Karol Wojtyla et est né en 1920 en Pologne. Il devient le premier pape polonais, en 1978. Quelques mois plus tard, il commence ses voyages à travers le monde. En 1981, il est victime d'une tentative d'assassinat et manque de mourir. Il interrompt ses voyages pendant presque un an.
À peine remis, il repart car il veut rencontrer et connaître les catholiques du monde entier, en particulier les plus pauvres. Au total, il a fait plusieurs fois le tour du monde.

Jean-Paul II

Le Vatican

Le pape est le chef du plus petit État du monde. Il est situé à Rome sur la colline du Vatican : on l'appelle l'État ou la cité du Vatican. C'est un véritable État en miniature, avec une poste, une gare, une radio, un journal quotidien, un gouvernement et des ministres. C'est aussi un immense musée, les bâtiments, construits au cours des siècles par les plus grands architectes, abritent des trésors.

1. La place Saint-Pierre
Le grand architecte Le Bernin construit cette immense place au 17e siècle comme deux grands bras accueillants. Chaque dimanche, à midi, des milliers de catholiques viennent du monde entier pour recevoir la bénédiction du pape.

2. La gare
Des marchandises de tous les pays arrivent par cette gare.

3. L'héliport
Le pape utilise parfois l'hélicoptère pour se déplacer. Ainsi, il peut éviter les embouteillages de Rome pour se rendre à l'aéroport ou pour aller se reposer à la campagne, à Castel Gondolfo à quelques kilomètres de Rome.

4. Radio Vatican
Ses émissions en plus de trente langues font le tour de la Terre.

5. Les musées
Des milliers d'œuvres d'art sont exposées dans les 1400 salles des musées et à la Pinacothèque. C'est un des trésors de l'humanité. Des milliers de touristes les visitent chaque année.

6. La bibliothèque
Deux millions de livres environ y sont conservés. C'est la collection de manuscrits anciens et de livres rares la plus précieuse du monde.

7. L'imprimerie
Elle publie les textes de l'Église, les discours et les textes du pape dans toutes les langues. Chaque jour, elle publie aussi un journal, *Osservatore Romano*, qui est le point de vue de ceux qui travaillent auprès du pape sur ce qui se passe dans le monde.

8. La poste
C'est une vraie poste, différente de la poste italienne. C'est surtout une curiosité. Elle est célèbre pour ses timbres qui font le bonheur des collectionneurs.

9. Le palais du pape
C'est un grand bâtiment carré, l'appartement du pape se trouve au troisième étage.

10. La salle des bénédictions
Ses fenêtres donnent sur la place Saint-Pierre. C'est là que le pape apparaît et donne sa bénédiction au monde entier à l'occasion des grandes fêtes. On dit que c'est une bénédiction « Urbi et orbi », expression latine qui signifie : « à la Ville (Rome), et à l'univers ».

Les gardes suisses
C'est à eux que sont confiées la garde et la tranquillité du Vatican.

Le plus précieux trésor du Vatican : le tombeau de saint Pierre

La cité du Vatican est riche d'innombrables trésors artistiques. Mais pour les croyants, le plus grand des trésors est le tombeau de l'Apôtre saint Pierre, situé sous la basilique. Le pape Pie XII a fait faire des fouilles et les spécialistes ont découvert les traces d'une tombe très ancienne, datant de l'époque de la mort de Pierre. Pour beaucoup de spécialistes, c'est bien la tombe de Pierre sur laquelle les chrétiens viennent prier depuis les premiers temps de l'Église.

11. La chapelle Sixtine
Elle est célèbre pour les peintures de ses murs et de ses plafonds, en particulier, « la Création » et le « Jugement dernier » du grand peintre de la Renaissance, Michel-Ange. C'est là que les cardinaux se réunissent pour élire un nouveau pape.

12. La basilique Saint-Pierre
C'est une immense église. Elle a été construite au 16e siècle. Elle est célèbre pour sa coupole. Elle est bâtie sur l'emplacement probable du tombeau de saint Pierre.

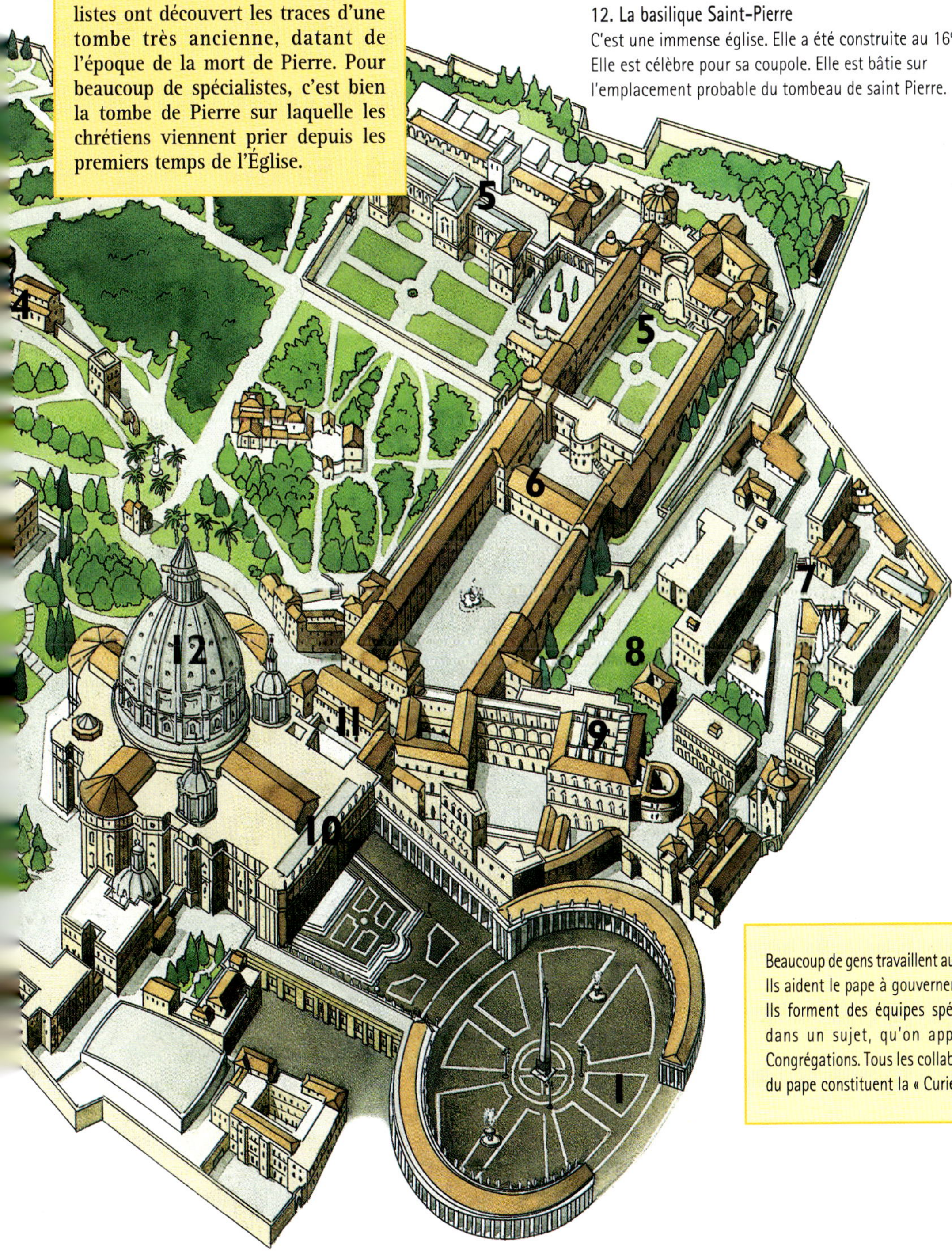

Beaucoup de gens travaillent au Vatican. Ils aident le pape à gouverner l'Église. Ils forment des équipes spécialisées dans un sujet, qu'on appelle les Congrégations. Tous les collaborateurs du pape constituent la « Curie ».

L'Église aujourd'hui

Pour les chrétiens, l'Église commence à Jérusalem le jour de la Pentecôte. Les Apôtres, emportés par le souffle de l'Esprit Saint, proclament la Bonne Nouvelle : Jésus est ressuscité. Parmi ceux qui les entendent, beaucoup rejoignent le groupe des Apôtres. Jésus a confié à ses Apôtres la mission d'annoncer la Bonne Nouvelle jusqu'aux limites de la Terre. Dans toutes les villes de l'Empire romain, de petits groupes de chrétiens naissent. Rapidement, il faut organiser tous ces chrétiens qui forment l'Église.

L'organisation de l'Église

Depuis les premiers siècles, des hommes, les évêques, sont les responsables des chrétiens d'une région. Ils sont les successeurs des Apôtres. La région dont l'évêque est responsable s'appelle un diocèse. Aujourd'hui en France, il y a à peu près autant de diocèses que de départements. Dans certains grands diocèses, l'évêque est aidé par un ou plusieurs autres évêques, ses auxiliaires. Au total, il y a une centaine d'évêques en France (et en plus quarante évêques en retraite ; les évêques sont en retraite à 75 ans).

La paroisse

Le territoire du diocèse est divisé en paroisses. La paroisse est la plus petite division de l'Église. Tous les catholiques appartiennent à une paroisse en fonction du lieu où ils habitent. Le responsable de la paroisse est le curé. Les prêtres qui l'aident sont les vicaires. Parfois, dans les campagnes, un curé est responsable de plusieurs paroisses. Tous les prêtres d'un diocèse sont les collaborateurs de l'évêque.

Comment devient-on évêque ?

Personne ne demande à devenir évêque. Le pape demande régulièrement à certains responsables de l'Église d'un pays de dire qui est capable d'être évêque. À partir de ces conseils, le pape nomme les nouveaux évêques.

Les grandes réunions de l'Église

En diverses occasions, les représentants de l'Église se réunissent pour réfléchir ensemble aux moyens de mieux remplir la mission que Jésus leur a confiée.

La conférence épiscopale

Chaque année, tous les évêques de France se rencontrent et réfléchissent ensemble. En 1992, pour mieux travailler, les évêques ont

Comment appeler les prêtres et les évêques ?

On peut appeler le curé de sa paroisse « Monsieur le curé » et le vicaire « Monsieur l'abbé ». On peut aussi appeler « père » tous les prêtres, les curés, les vicaires ou les aumôniers. Si on les connaît très bien, il arrive qu'on les appelle par leur prénom. On appelle les évêques « Monseigneur » ou « Père ». Pour commencer une lettre pour demander la Confirmation, on peut écrire « Monseigneur » ou « Père ».

Conférence épiscopale à Lourdes

La foi ne change pas

Pendant des siècles, l'Église a essayé de mieux s'organiser pour être capable de remplir la mission que Jésus lui a confiée. Il a fallu à l'Église beaucoup de réformes et d'imagination pour être toujours attentive aux changements du monde et des hommes. Les moyens changent, mais le message est toujours le même.

Pour préparer l'entrée dans le XXIe siècle, les évêques de France ont invité les 700 plus jeunes prêtres de France à Lourdes, en novembre 1999.

L'argent de l'Église

En France, l'Église ne reçoit pas d'argent de l'État.
Les catholiques participent librement et volontairement à la vie financière de l'Église en payant le « denier du culte » qu'on appelle aussi « denier de l'Église ». Cet argent sert à payer les prêtres et les salariés du diocèse (les secrétaires des paroisses, de l'évêque, et aussi certains chrétiens qui acceptent de quitter leur travail pour devenir responsables de la catéchèse, des aumôneries). Le diocèse doit aussi payer la formation des futurs prêtres. Tous les prêtres d'un même diocèse reçoivent chaque mois la même somme, environ le salaire minimum.

décidé de se voir une fois par an. Ils se réunissent donc tous à Lourdes au mois de novembre.
Épiscope est un autre mot d'origine grecque qui désigne les évêques.

Le synode diocésain

Le mot synode vient du grec, il signifie « chemin parcouru ensemble ».
Un synode permet à tous les catholiques d'un diocèse de travailler ensemble. Ceux-ci se réunissent d'abord régulièrement par petits groupes pendant une ou plusieurs années et font des propositions. Ils élisent des représentants qui participent au grand rassemblement du synode présidé par l'évêque. Le synode vote pour choisir parmi toutes les propositions celles qui seront les priorités du diocèse pendant les années à venir. En France, l'un des premiers synodes diocésains a eu lieu à Limoges en 1985. Depuis, presque tous les diocèses ont réuni un synode.

Les synodes d'évêques

Ils rassemblent des évêques du monde entier. Ils sont réunis par le pape pour l'informer et le conseiller sur des questions importantes. En octobre 1999, le pape a réuni un grand synode des évêques de toute l'Europe.

Les conciles

Ils réunissent tous les évêques du monde convoqués par le pape. Ils sont rares, le dernier, le concile Vatican II, a eu lieu à Rome de 1962 à 1965. Les conciles, lorsqu'ils s'expriment sous la responsabilité du pape, sont la plus haute autorité dans l'Église.

Une Église qui vit

La mission de l'Église est d'inviter tous les hommes et toutes les femmes à suivre Jésus ressuscité et vivant pour toujours. Au cours des siècles, l'Église a cherché des moyens d'être efficace pour rencontrer les gens et les aider à être chrétiens. Un des moyens les plus anciens est la vie de la paroisse. Avec Théo, pars à la découverte d'une paroisse.

La plus petite unité de l'Église est la paroisse

Elle rassemble les catholiques d'un ou de plusieurs villages, ou d'un quartier. Chaque dimanche, les catholiques sont invités à se rassembler dans l'église paroissiale pour la messe.
Le responsable de la paroisse est le curé. Il est aidé par des laïcs qui acceptent de donner une partie de leur temps pour faire vivre la paroisse.

Accueil

Répondre au téléphone. Accueillir les gens, les renseigner, leur donner les horaires des messes, leur faire connaître les groupes et les activités de la paroisse. Réconforter les familles en deuil. Organiser une fête pour le quartier ou le village.

La maison où habitent les prêtres de la paroisse s'appellent le presbytère.

Formation

Faire le catéchisme aux enfants et aux jeunes, préparer le baptême des petits enfants, des adultes. Aider les jeunes couples à préparer leur mariage. Étudier la Bible avec des jeunes ou des adultes. Réfléchir avec toute sorte de groupe, par exemple les gens en retraite, les commerçants, les agriculteurs.

Liturgie

Préparer les messes, les grandes fêtes, choisir les chants. Fleurir l'église, la décorer. Animer la chorale, les groupes de prière. Rassembler les chrétiens pour célébrer les fêtes, la messe, les sacrements, les enterrements.

Entraide

Aider les personnes âgées du village ou du quartier, visiter les malades, aider les chômeurs. Récolter de l'argent pour aider les plus pauvres et les nouvelles Églises d'Afrique, d'Asie, d'Amérique du Sud.

Vie matérielle

Faire les comptes (c'est le rôle du conseil économique, il est composé du curé et de catholiques laïcs), nettoyer l'église, envoyer le courrier, faire les courses.
Aujourd'hui, les habitants de la paroisse aident et conseillent le curé. Presque toutes les paroisses ont un conseil pastoral qui s'occupe de la vie de la paroisse.

1. L'autel

C'est la grande table de bois ou de pierre où le prêtre célèbre la messe. Il est bien en vue au centre de l'église.

2. Le bénitier

C'est une sorte de bassine de pierre remplie d'eau bénite, souvent en forme de coquille, fixée au mur à l'entrée de l'église. Les croyants y prennent un peu d'eau du bout des doigts pour faire le signe de croix.

3. Des statues de saints

Quand les croyants confient une prière à un saint, ils peuvent allumer un cierge ou déposer des fleurs devant sa statue.

4. La sacristie

C'est une petite pièce où les prêtres s'habillent pour la messe. On y conserve les aubes, les livres et les nappes.

5. L'orgue

C'est l'instrument de musique le plus utilisé dans les églises. On le reconnaît à ses énormes tuyaux.

6. Les fonds baptismaux

C'est une sorte de grande cuve en pierre, où le prêtre baptise les enfants (ou les adultes).

7. Le crucifix

8. Le tabernacle

C'est une petite armoire fermée à clef. À la fin de la messe, le prêtre y dépose les hosties qui restent. Cette « provision » peut être utilisée en cas d'urgence, pour un malade par exemple.

Le tabernacle est situé derrière l'autel ou parfois dans une petite chapelle. Pour le reconnaître, il suffit de repérer la petite lampe rouge qui brûle jour et nuit. Pour les croyants, c'est le signe de la présence de Jésus. Quand on visite une église, on peut s'incliner en passant devant le tabernacle ou faire une génuflexion (poser un genou à terre) : c'est une façon de dire qu'on croit que Jésus est vraiment présent.

Le renouveau de l'Église

Aujourd'hui, certains disent que l'Église va mal, certains regrettent le passé. En fait, face aux changements très importants dans le monde, les chrétiens font preuve d'un extraordinaire dynamisme. Avec Théo, pars à la découverte d'une petite partie de la formidable diversité de la vie de l'Église.

Le rôle des laïcs

La grande nouveauté du 20e siècle, c'est la place des laïcs dans l'Église, c'est-à-dire des chrétiens qui ne sont ni prêtres, ni religieux, ni religieuses. Les laïcs participent de plus en plus à la vie de l'Église. Ils ne se contentent pas d'aller à la messe et d'écouter les prêtres. Ils partagent la mission que Jésus-Christ a confiée à l'Église. Ils font le catéchisme, s'engagent dans la société pour construire un monde plus juste. Grâce aux laïcs, l'Église devient de plus en plus le peuple de Dieu au service de tous les hommes et de toutes les femmes de la Terre.

Rassemblement de scouts à Jambville

L'Église à la rencontre des jeunes

Les aumôneries de collège et de lycée

Elles permettent aux jeunes chrétiens qui fréquentent le même lycée ou le même collège de se rencontrer, de grandir et de réfléchir ensemble à leur vie de chrétien. Les jeunes peuvent aussi inviter à l'aumônerie leurs copains qui ne connaissent pas Jésus-Christ. L'aumônerie n'est pas un mouvement spécialisé, c'est une communauté chrétienne de jeunes.

Les nouveaux mouvements

On les appelle aussi les charismatiques ou les mouvements du renouveau. À l'origine, ce sont surtout des laïcs qui essaient, comme les premiers chrétiens, de se laisser emporter par la force de l'Esprit Saint. Comme les Apôtres le jour de la Pentecôte, ils laissent éclater en eux la joie de croire. Poussés par l'Esprit, ils inventent de nouvelles façons d'annoncer l'Évangile aux hommes et aux femmes de leur époque. Parfois, on est un peu surpris de les voir prier, chanter, danser et remercier Dieu dans la rue.
En France, les principaux mouvements charismatiques sont « L'Emmanuel », « Le Chemin Neuf », « Les Béatitudes ».

Le scoutisme

Le scoutisme est un grand mouvement mondial fondé en 1907 pour les jeunes. En France, il y a des scouts catholiques : les scouts de France pour les garçons et les filles, et les guides de France pour les filles. Les scouts d'Europe et les scouts unitaires de France sont aussi des scouts catholiques.
Le scoutisme est une façon d'apprendre à vivre ensemble et à prendre des responsabilités, à travers la vie en équipe.

L'étude de la Bible

Les chrétiens prennent aussi le temps d'étudier. L'étude des textes de la Bible s'appelle l'exégèse. Grâce au patient travail des exégètes, on connaît de mieux en mieux les textes de la Bible. On découvre comment ils ont été écrits. Au début, l'Église a été méfiante devant les nouvelles façons d'étudier la Bible. On avait peur d'abîmer les textes. En fait, tout ce travail permet de mieux comprendre l'immense foi des hommes d'autrefois qui ont écrit ces textes. Cette découverte est une grande richesse pour les croyants d'aujourd'hui.

Au service des plus pauvres, Mère Teresa

Mère Teresa est la catholique la plus connue du monde. Elle est née en Macédoine en 1910. En 1928, elle devient religieuse et part pour l'Inde. Elle découvre la terrible pauvreté des Indiens. Dans la grande ville de Calcutta, des gens meurent dans la rue, abandonnés de tous. Elle décide de leur consacrer sa vie. En 1950, elle fonde « les Filles Missionnaires de la Charité ». Elle se dépense sans compter, ouvre une maison des mourants, des orphelinats pour les enfants abandonnés, des écoles, des crèches. Les responsables du monde entier admirent son courage. Elle reçoit de nombreux prix dont le prix Nobel de la Paix en 1979. Elle est morte en 1997. Sa vie est un exemple si extraordinaire de ce qu'on peut faire quand on choisit de vivre vraiment comme Jésus que le pape a décidé de la déclarer sainte – on dit la canoniser – très bientôt.

Donner sa vie

Comme Mère Teresa, de nombreux chrétiens luttent partout dans le monde aux côtés des plus pauvres. Certains payent leur action de leur vie, comme les moines cisterciens de Tiberhine, en Algérie, qui ont été kidnappés et égorgés en 1996.

Les Journées Mondiales de la Jeunesse

En 1985, le pape a invité les jeunes du monde à se réunir à Rome. 250 000 jeunes ont répondu à l'invitation. Depuis, ils se réunissent chaque année. Soit tout simplement dans chaque diocèse, soit dans un immense rassemblement de partage et de prière dans une capitale du monde, autour du pape. Au mois d'août 1997, un million de jeunes sont venus à Paris pour les XIIe J. M. J. En l'an 2000, le pape a invité les jeunes du monde entier à Rome pour les J. M. J. du Jubilé et en 2002 à Montréal.

La foi des chrétiens

UAP
ATHENA

Les grandes religions

Nous sommes six milliards d'hommes sur la Terre, un milliard et demi sont chrétiens. D'autres vivent, croient, prient différemment. Pars avec Théo à leur rencontre en découvrant leurs religions.

L'hindouisme

Les Hindous croient en une multitude de dieux : Brama qui crée, Shiva qui détruit et Vishnou qui maintient sont les principaux. Ces dieux sont les visages innombrables d'un être unique.
Les Hindous cherchent à se détacher de la vie sur Terre pour s'approcher de cet être, de cette réalité unique. Ils lisent les textes sacrés, les Védas (savoir), et essaient de mener une vie juste pour échapper au cycle sans fin de la réincarnation*.
Les Hindous offrent aux divinités des fleurs, du feu, et chaque geste de la vie de tous les jours peut devenir prière. Au cours des fêtes, de grandes foules dansent et promènent les statues des divinités sur des chars fleuris.

* La réincarnation est la croyance selon laquelle chaque être vit des existences successives pour se purifier : après la mort, l'esprit reprend chair dans un nouvel être qui naît.

La religion des juifs, le judaïsme

Les juifs croient en un Dieu unique qui se fait connaître aux hommes et cherche leur amitié. Ils croient que Dieu les a choisis et leur a offert une Alliance. Vers 1250 av. J.-C., dans le désert du Sinaï, Dieu révèle à Moïse, le chef du peuple, les dix paroles de la loi d'amitié. Dans cette loi, Dieu dit : « Écoutez ma parole, vous serez mon peuple, et je serai votre Dieu. » Le judaïsme est la religion de Jésus.
Au sens le plus large, la Tora est la partie de la Bible que les chrétiens appellent l'Ancien Testament ; de façon plus précise, ce sont seulement les cinq premiers livres.

Les rites judaïques

Depuis la destruction du Temple de Jérusalem en 63 ap. J.-C., les juifs ne font plus de sacrifices d'animaux. Le jour du sabbat (samedi) et les jours de fête, ils se réunissent dans les synagogues ou en famille pour lire la Tora, chanter les psaumes et prier. Tous les jours, les juifs récitent la prière du « Shema Israël » (Écoute Israël).
Tous les garçons sont circoncis. Au cours d'une fête, on incise un petit morceau de la peau qui recouvre le sexe du bébé : c'est le signe ineffaçable de l'Alliance de Dieu avec son peuple.

Les fêtes

Pessah (le passage, la pâque) : les juifs se souviennent qu'ils sont passés de l'esclavage en Égypte à la liberté.
Chavouoth : 50 jours après Pessah, les juifs fêtent le don de la loi au Sinaï.
Roch Ha Chana : le nouvel an, les juifs fêtent la création. Pendant les 10 jours qui suivent, ils demandent à Dieu le pardon de leurs fautes.
Yom Kippour (jour du pardon) : les juifs commencent une nouvelle année en essayant d'être davantage à l'écoute de Dieu.
Souccoth (fête des tentes) : les juifs se souviennent de la longue marche du peuple des Hébreux dans le désert vers la Terre Promise par Dieu.

Jérusalem

Élevée dans les montagnes de Judée, sur la colline de Sion,
Tu es la ville où Dieu parle aux juifs, aux chrétiens et aux musulmans.
Les peuples se mettent en route et montent vers toi à la rencontre de Dieu.
Ville de la Terre, ville du Ciel, tu es la demeure de Dieu avec les hommes.

Jérusalem

L'animisme

Les animistes croient que le monde est rempli d'esprits bons ou mauvais ; esprit du vent, du tonnerre, de la rivière, des ancêtres... Ils cherchent à rendre ces esprits favorables en leur offrant des danses, des chants ou des sacrifices. Les grandes étapes de la vie sont l'occasion de grandes fêtes : naissance, mort, passage de l'adolescence à l'âge adulte.

Le bouddhisme

Les bouddhistes suivent l'enseignement de Bouddha, un prince indien qui a vécu au 6e siècle avant J.-C. Les bouddhistes croient qu'il a trouvé le chemin qui mène à la paix totale, au bonheur : le nirvana.
Pour atteindre cet idéal, l'homme doit laisser de côté ses désirs, ses passions, et apprendre l'oubli de lui-même.
Pour beaucoup de bouddhistes, le bouddhisme est une façon de vivre ; la question de Dieu ne se pose pas.
Le bouddhisme a beaucoup de formes, car il respecte les divinités de tous les peuples. Il devient le lamaïsme au Tibet, le zen au Japon...

La religion des musulmans, l'islam

Vers l'an 600 ap. J.-C., un marchand arabe, Mahomet, fonde une nouvelle religion, l'islam (mot qui veut dire « soumis à la volonté de Dieu »). Les croyants de l'islam sont les musulmans : ils adorent un seul Dieu, Allah. Le livre du Coran est le message de Dieu transmis par le prophète Mahomet.
Les musulmans se sentent tous solidaires les uns des autres. Tous ensemble, ils forment la communauté islamique, l'oumma.
La guerre sainte, djihad, est une obligation pour les musulmans. Les uns affirment que c'est un combat contre le mal qui est en chacun, les autres, que c'est un combat contre les incroyants.

Les cinq piliers de la foi des musulmans

La profession de foi : « Il n'y a pas d'autre Dieu qu'Allah, et Mahomet est son prophète. »
La prière : cinq fois par jour, tous les musulmans arrêtent leurs activités pour prier.
Le ramadan : pendant tout le mois de Ramadan, ils ne mangent ni ne boivent du lever au coucher du soleil.
L'aumône aux pauvres.
Le pèlerinage à la Ville Sainte de La Mecque en Arabie : les musulmans le font au moins une fois dans leur vie. Le dernier jour, les pèlerins offrent en sacrifice un mouton qui est égorgé. C'est l'Aïd El-Kébir, une grande fête pour les musulmans du monde entier.

Les rites musulmans

Le vendredi et les jours de fête, les musulmans se rendent à la mosquée. Avant d'entrer dans la salle de prière, ils se lavent pour se purifier et ôtent leurs chaussures en signe de respect pour Dieu. Ils écoutent le religieux qui préside la prière, l'imam, et récitent des versets du Coran : ils remercient Allah et lui demandent son aide.

L'Église

Toutes les religions du monde cherchent ce qu'il y a de plus important à connaître pour être heureux. Les chrétiens affirment que seul Dieu donne le bonheur, et qu'il le donne à ceux qui croient en Jésus, son Fils. Beaucoup de gens disent : « Dieu existe, mais j'ai ma religion à moi. » « Je veux penser ce qui me plaît sur Dieu. » Les chrétiens pensent que Jésus parle au nom de Dieu, et que, puisque Dieu parle, il faut l'écouter. Les catholiques croient que c'est à la messe que Dieu parle le plus clairement à ceux qui savent l'écouter ensemble.

Au cœur de la vie des catholiques : la messe

Le cœur de la messe, c'est le moment où Jésus, par l'action du prêtre, redit à ceux qui sont là, ce qu'il a dit le soir de sa mort : « Ceci est mon corps livré pour vous. » Il rappelle ainsi qu'il s'est offert à Dieu pour chacun de ceux qui l'écoutent. La messe apprend que Dieu aime chaque homme.

Mais rappeler la mort de Jésus aujourd'hui n'aurait pas de sens si les chrétiens ne croyaient pas qu'il est ressuscité et vivant à ce moment ; à chaque messe, on est heureux de la victoire de Dieu sur la mort.

Pour pouvoir comprendre ce que veut dire Jésus en donnant sa vie pour ceux qui l'écoutent, on lit à chaque messe des passages de de la Bible, souvent de l'Ancien et toujours du Nouveau Testament. Chaque messe rappelle que Dieu s'intéresse à la vie des hommes et à celle de son peuple en particulier : il demande qu'on l'aime et que l'on suive ses commandements.

À chaque messe du dimanche, on chante comme un résumé de ce que croient ceux qui écoutent Jésus : c'est le Credo.

À chaque messe, les croyants sont envoyés en mission : « Allez dans la paix du Christ. » C'est comme si Jésus disait : « J'ai donné ma vie, à votre tour de le faire. »

UNE PAROLE QUI RASSEMBLE

Prenez, et mangez en tous :
ceci est mon corps livré pour vous.
Prenez, et buvez en tous,
car ceci est la coupe de mon sang,
le sang de l'Alliance nouvelle et éternelle
qui sera versé pour vous et pour la multitude,
en rémission des péchés.
Vous ferez cela, en mémoire de moi.

Les croyants rassemblés

Le Credo

Je crois en Dieu, le Père tout puissant,
créateur du ciel et de la terre.
Et en Jésus-Christ, son Fils unique,
notre Seigneur,
qui a été conçu du Saint-Esprit,
est né de la Vierge Marie,
a souffert sous Ponce Pilate,
a été crucifié, est mort, a été enseveli,
est descendu aux enfers,
le troisième jour, est ressuscité des morts,
est monté aux cieux,
est assis à la droite de Dieu, le Père tout puissant,
d'où il viendra juger les vivants et les morts.
Je crois en l'Esprit Saint,
à la sainte Église catholique,
à la communion des saints,
à la rémission des péchés,
à la résurrection de la chair,
à la vie éternelle.
Amen.

Les jeunes du Fraternel d'Ile-de-France.
Messe de clôture à Lourdes.

L'Église

Voici les images que l'on utilise pour nommer l'Église : Sacrement du Salut, Peuple de Dieu, Corps du Christ, Épouse du Christ, Mère, Bercail, Troupeau, Champ de Dieu, Habitation de Dieu dans l'Esprit, Famille de Dieu, Temple saint, Temple spirituel, Vierge, Fiancée, Jérusalem d'en haut, Nouvelle Israël, Sel de la terre et Lumière du monde, Ferment de la société humaine, Signe levé parmi les nations, Colonne et fondement de la vérité, Plénitude du Christ.

Si Jésus n'est pas ressuscité

Être chrétien, c'est croire que Jésus est ressuscité, c'est-à-dire qu'il est vivant aujourd'hui. Cela semble fou, mais les chrétiens le croient parce qu'ils croient le témoignage des amis et disciples de Jésus.

Théo : *Pourquoi les chrétiens attachent-ils une si grande importance à la Résurrection de Jésus ?*

Les premiers chrétiens ont beaucoup de mal à accepter que Jésus soit ressuscité. C'est normal : jamais personne n'a vécu une telle expérience ! Mais ce qui est frappant, c'est que, dès qu'il sont certains d'avoir vu Jésus vivant, dès qu'ils le reconnaissent, alors ils disent : « Il est le Fils de Dieu », ils l'appellent « Seigneur » et le reconnaissent comme Dieu.

En réfléchissant, ils découvrent que si Jésus est vraiment ressuscité, alors Dieu est fidèle à ses promesses, beaucoup plus qu'ils n'ont osé l'espérer.

Les amis de Jésus, comme tous les juifs, croient que Dieu leur a promis de les libérer.

Et ils pensent : Il nous libérera des Romains... et voici que Jésus est libéré de la mort et des conséquences du péché ! Ils découvrent que si Jésus est libre des conséquences du péché et de la mort, eux aussi, liés à Jésus, ils peuvent être libres...

Lorenzo Monaco, entre 1390 et 1425, *Saintes femmes au tombeau*, musée du Louvre, Paris, France

Théo : *Je ne suis pas sûr de tout comprendre, mais ce dont je suis sûr, c'est que même si Jésus est ressuscité, les Apôtres sont restés sur terre sans lui et ils sont morts.*

C'est vrai. Devant le tombeau vide, les Apôtres peuvent se dire : Dieu ne se rendra plus jamais présent matériellement sur la terre. Les juifs pensent que Dieu est présent dans le Temple de Jérusalem. Jésus avait affirmé qu'il était le Temple de Jérusalem et qu'il était donc l'unique présence de Dieu sur Terre...

S'il n'y a pas de cadavre, si le tombeau est vide, cela veut dire que Dieu n'est plus présent de cette manière-là. Et pour celui qui ne comprend pas la Résurrection, c'est dramatique. Dieu est totalement absent, il n'y a plus d'espoir. Les disciples d'Emmaüs en étaient tout tristes. Mais ils rencontrent Jésus après sa Résurrection et comprennent qu'il est vivant et présent aujourd'hui d'une autre manière. Il est présent dans sa Parole et dans son corps quand il dit : « Prenez et mangez. » Personne ne peut le saisir mais il est là.

Le grain de blé tombé en terre

En vérité, en vérité, je vous le dis, si le grain de blé qui tombe en terre ne meurt pas, il reste seul ; si au contraire il meurt, il porte du fruit en abondance. Celui qui aime sa vie la perd et celui qui cesse de s'y attacher en ce monde la gardera pour la vie éternelle.

Jn 12, 24-25

Matthias Grünewald, *La Résurrection*, 1512-1516, détail, musée d'Unterlinden, Colmar, France

Théo : *Jésus est « là » ? Ici, avec moi ou au Ciel ?*

Là, c'est ici avec toi quand tu lis ce livre, mais c'est aussi avec son Père (on dit au Ciel pour faire comprendre qu'on ne sait pas où c'est et que cela nous dépasse).

Ce qui est certain, c'est que Jésus-Christ est avec son Père et qu'il veut vivre son amour pour son Père avec tous les hommes qui veulent se lier à lui. C'est le premier à entrer dans la maison du Père. Grâce à lui, tous les hommes peuvent suivre.

Un des premiers symboles chrétiens : le poisson

En grec, poisson s'écrit ichthus : Iesous Christos Theou Uios Soter, c'est-à-dire Jésus-Christ, Fils de Dieu, Sauveur.

Jésus, quel est ton nom ?

Nous attachons beaucoup d'importance au prénom en France, mais moins que les juifs du temps de Jésus : pour eux il n'y avait pas de nom de famille et le prénom servait à désigner quelqu'un dans toutes les circonstances de la vie. Généralement, on choisissait pour ses enfants un prénom qui signifiait quelque chose : Jésus veut dire « Dieu sauve », Pierre veut dire « caillou »... et lorsque deux personnes avaient le même prénom, on les distinguait soit en rappelant le nom de leur père (Jésus, fils de Joseph), leur origine (Jésus de Nazareth), ou en leur donnant une sorte de surnom (Thomas le Didyme, c'est-à-dire le jumeau).

Christ Pantocrator, mosaïque, Istanbul, Turquie

CHRIST : En grec ce nom veut dire « celui qui a reçu l'huile qui consacre ». Les juifs attendaient un Messie (Messiah, en hébreu, veut dire la même chose que Christ en grec), c'est-à-dire quelqu'un que Dieu choisirait – consacrerait comme on consacrait un roi – et qui deviendrait le Sauveur du peuple.

SAUVEUR : Les premiers chrétiens veulent affirmer par ce titre que dans un monde de malheur, Jésus apporte le bonheur, notamment en pardonnant les péchés.

LUMIERE ET PAROLE : Pour les premiers chrétiens, Jésus est la Lumière par excellence qui éclaire tout dans le monde et il est la Parole par laquelle Dieu – inconnu – se fait connaître.

JÉSUS : En hébreu ce nom veut dire « Dieu sauve ». Comme tout enfant juif, il reçoit son nom de celui qui est son père aux yeux des hommes, Joseph, qui lui donne ce nom parce qu'un messager de Dieu, un ange, lui a annoncé que cet enfant sauvera son peuple de ses fautes. (Mt 1, 20)

FILS DE DAVID : Dieu avait promis aux juifs que le Sauveur de leur peuple serait un descendant de David. En donnant ce titre à Jésus, les premiers chrétiens veulent souligner que Dieu est fidèle et qu'il tient ses promesses.

Christ en gloire, église Sainte-Foy, Conques, France

Discours de Pierre

C'est par le nom de Jésus-Christ, le Nazaréen, crucifié pour nous, ressuscité des morts par Dieu, c'est grâce à lui que cet homme se trouve là, devant vous guéri... Il n'y a, sous le ciel, aucun autre nom offert qui soit nécessaire à notre salut.

Ac 4, 10-12

Les frères Van Eyck, *L'Adoration de l'agneau mystique*, 1425-1429, détail du polyptyque, cathédrale Saint-Bavon, Gand, Belgique

FILS D'HOMME : Tous les hommes sont « fils d'homme » ; c'est peut-être pour cela que Jésus aime se désigner lui-même ainsi. Il aime probablement cette manière de s'appeler parce que dans le livre de Daniel, un Fils d'homme relie mystérieusement les hommes à Dieu.

Un mot, un nom que tu ne connais pas ? Va voir dans l'index page 283.

SEIGNEUR : Au temps du Christ, le mot peut vouloir servir à appeler un chef (un peu comme « patron ») et à désigner Dieu... Les empereurs veulent se faire appeler Seigneur pour se faire adorer. C'est pour dire qu'il est Dieu que les chrétiens appellent le Christ, Seigneur.

Beaucoup d'autres noms ont été donnés à Jésus. Tu peux chercher dans l'Évangile de Marc. Il y a plus de 21 manières de nommer Jésus. (Mc 1, 11 - 1, 24 - 3, 11 - 4, 38 - 5, 7 - 6, 3 - 7, 28 - 8, 29 - 10, 47-48 - 11, 9 - 11, 21 - 14, 61 - 14, 71 - 15, 2 - 15, 32 - 16, 6, etc.)

Salvador Dali, *Le Christ de Saint Jean de la Croix*, 1951, musée des Beaux-Arts, Glasgow, Écosse

SERVITEUR ET AGNEAU : Dans la langue de Jésus, le même mot veut dire serviteur et agneau. En grec, le même mot veut dire fils et serviteur. Alors les premiers chrétiens « jouent » avec les mots pour dire leur foi en Jésus : il est le Fils de Dieu, mais il est aussi le « Serviteur » que le prophète Isaïe annonce pour sauver son peuple. Il est aussi l'Agneau de Dieu. Comme l'agneau pascal a sauvé, par son sang, les juifs lors de la fuite d'Égypte, Jésus-Christ sauve le monde par son sang.

Dieu

Beaucoup de gens pensent que les chrétiens, les juifs et les musulmans, comme la plupart de ceux qui croient en Dieu, croient au même Dieu.
C'est en partie vrai, s'il n'y a qu'un seul Dieu et qu'on y croit. Mais c'est aussi faux, car les chrétiens croient que, grâce au témoignage de Jésus, Dieu se fait vraiment connaître et ce que dit Jésus sur Dieu, son Père est bien différent de ce que les hommes peuvent imaginer. Avec Jésus, les chrétiens découvrent le vrai visage de Dieu.

Le Dieu des chrétiens

Comme les juifs, les chrétiens croient que Dieu est absolument unique. Pour eux, il n'y a qu'un seul Dieu qui a créé le monde. Mais ce qui fait qu'un chrétien est chrétien, ce n'est pas de croire simplement en un Dieu unique : il croit que le Dieu unique est tellement relié en lui-même qu'il est trois personnes qui s'aiment d'un amour inimaginable.
Parfois, en voyant deux amis, ou un mari et une femme, on dit : ils sont inséparables. C'est une expression qui n'est jamais totalement vraie... sauf pour les trois personnes qui sont un seul Dieu.
Ces trois personnes sont Dieu le Père, Dieu le Fils et Dieu l'Esprit Saint. Tout ce que fait l'un, l'autre le fait aussi. Mais c'est tellement extraordinaire à comprendre qu'il faut se détourner un peu pour « voir »... un peu comme lorsqu'on veut comprendre ce qu'est le Soleil : il ne faut pas le regarder en face, ou il faut mettre des lunettes pour commencer à savoir ce qu'est le Soleil, sinon on est ébloui.

Dieu pour les musulmans

Dieu est le seul Dieu. Il est Unique et le Dieu des chrétiens ne peut pas être le vrai Dieu. Et Mahomet est son prophète. Dieu, au début de l'Histoire, a écrit le Coran en arabe qui est la langue de Dieu.
Le Coran est le seul lien entre Dieu et l'homme : Dieu est tellement grand que l'on ne peut rien comprendre de lui. Dieu aime les croyants. Mais l'incroyant est condamné. Et chacun peut avoir peur d'être condamné.
Les chrétiens aiment que les musulmans parlent de la grandeur de Dieu. Mais ils pensent que cette grandeur pousse Dieu à aimer tous les hommes, même les pécheurs.

Andrei Roublev, *La Trinité*, icône, vers 1411

La Trinité

Pour dire que Dieu est tellement amour en lui-même qu'il est trois personnes, tout en demeurant unique, un évêque d'Antioche inventa un mot grec que l'on a bientôt traduit par le mot « trinité ». Ce mot que l'on emploie au singulier puisqu'il s'agit d'un seul Dieu, indique que ce Dieu unique est trois personnes.

Et Père

Jésus apprend à ceux qui l'écoutent que Dieu (quand on ne parle que de Dieu, on sous-entend Dieu le Père) est un Père pour tous les hommes et qu'il les aime du même amour qu'il aime son Fils.
Jésus apprend à ceux qui l'écoutent qu'il est le Fils de Dieu venu sur Terre et qu'il est toujours lié au Père par l'amour de l'Esprit.

Dieu pour les juifs

Dieu est créateur : rien ne peut exister sans qu'il l'ait voulu et Dieu est créateur de tous les hommes.
Dieu est vivant : il s'intéresse à l'homme, l'écoute, agit.
Dieu est fidèle : il a promis de sauver son peuple et il le fera parce qu'il tient toujours ses promesses.
Dieu est juste : il aime que les hommes soient honnêtes et justes, s'ils ne le sont pas, il les rejette. C'est d'abord le cœur de l'homme que Dieu regarde.
Dieu aime l'homme : c'est pourquoi il appelle sans cesse les hommes à « se convertir », c'est-à-dire à suivre sa Loi.

Symbole trinitaire

Hymne à la sagesse de Dieu

O abîme de la richesse, de la sagesse
et de la science de Dieu !
Que ses secrets sont insondables
et ses voies incompréhensibles !
Qui, en effet, n'a jamais connu la pensée du Seigneur, qui en fut le conseiller ?
Ou bien qui l'a prévenu de ses dons pour devoir être payé en retour ?
Car tout est de lui et par lui et pour lui.
À lui soit la gloire éternellement ! Amen.

Rm 11, 33-36

Le don de Dieu

Avant le monde, qu'est-ce qu'il y avait ? Avant la ville, il y avait des champs ; avant les champs, il y avait de la forêt... avant la forêt ? On ne sait pas : il n'y avait pas d'homme ! Et avant encore, comment cela se passait-il ? Les savants cherchent toujours à savoir comment cela se passait. C'est leur métier de chercher. C'est normal. Les chrétiens cherchent à savoir pourquoi tout est arrivé. Et Jésus leur répond, à la suite des juifs : Dieu a créé le monde par amour pour l'homme.

Sept jours !

Dans le premier livre de la Bible, la Genèse, on trouve deux récits de la création très différents l'un de l'autre : le premier raconte la création en sept jours, le deuxième la raconte d'une toute autre manière.
Certains, encore aujourd'hui, reprochent à ces chapitres de ne pas être scientifiques. Mais la Bible ne fait pas le travail des savants. Elle guide les hommes pour qu'ils découvrent une vérité plus importante : c'est Dieu qui a tout créé.

Le premier jour : Dieu crée la lumière. Et le croyant découvre que sans Dieu ce serait le noir total.

Le deuxième jour : Dieu crée le ciel et la mer. Et le croyant apprend qu'au-delà de tous les voyages, il y a toujours la présence de Dieu.

Le troisième jour : Dieu crée la terre et la végétation. Et le croyant apprend que s'il peut tenir debout, respirer, manger, c'est à Dieu qu'il le doit.

Dieu est-il visible ?

Personne ne peut voir Dieu. Il est trop grand pour nous. Mais s'il n'est pas visible directement, il a tout créé. Tout parle de lui : les lacs et les rivières, les chats et les dromadaires, le petit nuage et le grand soleil, la voiture et les copains... tout a été créé par Dieu.

Art médiéval roman, *La Création du monde*, Bible de Souvigny, fin 12e siècle, miniatures, bibliothèque municipale, Moulins, France

Le quatrième jour : Dieu crée les étoiles, le Soleil et la Lune. Et le croyant apprend que les astres ne parlent pas et ne font pas le destin des hommes car la seule chose qu'ils peuvent dire, c'est que Dieu les a créés.

Le cinquième jour : ce sont les oiseaux et les poissons qui sont créés. Et le croyant sait que la vie vient de Dieu et ne lui appartient pas.

Le sixième jour : Dieu crée les autres animaux puis c'est l'homme, aussi, qui est créé.
« Dieu créa l'homme à son image et à sa ressemblance
à l'image de Dieu il le créa
mâle et femelle il le créa. »
Et le croyant découvre qu'il est créé à l'image de Dieu, ou plutôt que l'amour de l'homme et de la femme est une image du Dieu-Amour.

Le septième jour : Dieu se repose, comme pour inviter l'homme à se reposer aussi et à prendre le temps de regarder tout ce que Dieu a fait pour lui et à dire avec lui : « Voilà, c'est très bon. »

TOUS CRÉÉS PAR DIEU

◆ *On dit que Dieu a tout créé au début de l'univers. Et après, est-il parti se reposer définitivement ?*

– D'une certaine manière, tu as un peu raison : Dieu a voulu que l'homme puisse lui ressembler au point d'être aussi créateur. Mais tu as quand même tort : Dieu continue à créer à chaque instant. Sans lui, l'univers n'existerait pas.

◆ *Moi, je n'ai pas été créé par Dieu, c'est mon papa et ma maman qui ont voulu que j'existe.*

– D'une certaine manière, tu as un peu raison : c'est vraiment ton père et ta mère qui ont voulu que tu existes.
Mais tu as quand même tort : aucun parent au monde ne crée la vie, ils la transmettent. Aucun parent au monde ne transmet ce qui fait que tu es toi, une personne unique, aucun parent ne transmet l'âme. Elle est donnée par Dieu (dans la Bible, on préfère dire le « Souffle de l'âme »).

Le don de Dieu

Jésus a été un grand homme : sa vie et sa mort sont un exemple. Ses paroles aident à réfléchir encore aujourd'hui. Mais pour les chrétiens, Jésus est bien plus qu'un exemple : il est Fils de Dieu, Dieu lui-même. Les chrétiens croient que lorsqu'ils communient (en partageant son Corps à la messe), ils partagent la vie même de Jésus, sa vie de Fils de Dieu. Ils deviennent membres de la famille de Dieu, ils entrent dans l'amour de Dieu. Pourquoi les chrétiens peuvent-ils croire cela ? Pour le comprendre, il faut reprendre toute l'histoire de la Bible.

La Sortie de l'arche, mosaïque, 13e siècle, basilique Saint Marc, Venise, Italie

La longue histoire de l'Alliance

De tout temps, Dieu veut que les hommes et les femmes soient ses amis et partagent sa vie. Mais pour Dieu, il n'y a de véritable amitié que si l'on est libre d'aimer ou pas. Donc, Dieu crée l'homme libre.

Dieu offre à l'homme les merveilles de la création. Il se dit : « L'homme va regarder la nature, il va la trouver belle et bonne et nourrissante, il va y reconnaître le signe de mon amour pour lui et ma volonté d'amitié et d'alliance avec lui. L'homme va se tourner vers moi. »

Les hommes n'ont rien vu et ils se sont détournés de Dieu.

Dieu s'est dit : « Je vais envoyer des prophètes, des hommes qui diront avec des mots ce que les hommes n'ont pas compris en voyant l'univers. Je vais choisir un peuple, un petit peuple. Je vais l'accompagner, lui donner une terre, lui montrer le chemin. Les hommes verront que j'aime ce peuple, que je tiens mes promesses, et que ce que j'ai donné à ce peuple, le peuple juif, je veux le donner à tous les hommes. Ils comprendront que ce que je veux, c'est le bonheur des hommes. »

Mais même les juifs, qui étaient pourtant si proches de Dieu, n'ont pas toujours compris.

Alors, Dieu a envoyé son Fils pour faire avec tous les hommes une alliance nouvelle et définitive.

Le cadeau de la vie

La Résurrection de Jésus montre aux chrétiens qu'il est Dieu, plus fort que la mort.

- Même si Jésus est mort : il est vivant aujourd'hui.
- Même si chaque homme meurt : lié à Jésus, la mort arrêtera sa vie terrestre, mais n'arrêtera pas l'amour de Dieu et, l'amour de Dieu le gardera en vie pour toujours.
- Même si le monde s'arrête : il existera pour l'homme une nouvelle forme de vie. Jésus rachète l'homme, le rend libre. Il montre qu'il est possible de donner sa vie pour les autres et pour Dieu et donne à l'homme son Esprit pour le faire.

Jésus-Christ, la merveille de l'amour de Dieu

Par toute sa vie et jusqu'à la mort, Jésus prouve l'amour de son Père pour les hommes. Il accepte de mourir comme un malfaiteur alors qu'il est innocent. Il aime jusqu'au bout. Il accepte de porter

Jésus n'a jamais péché

Il n'injuriait pas ceux qui l'injuriaient, il ne se battait pas contre ceux qui l'accusaient injustement. Alors que tous les hommes pèchent et que tous méritent d'être punis pour cela, Jésus lui ne méritait pas d'être puni. D'une certaine manière, il a pris sur lui de subir les conséquences de ce que tous les autres ont fait de mal.

lui-même les péchés et les injustices des hommes parce que les hommes sont vraiment ses frères. Il accepte librement de souffrir et de mourir sur la croix à cause des péchés des hommes. Jésus demande à son Père le pardon pour tous les hommes. Et Dieu donne à Jésus la vie au-delà de la mort, la vie qui ne finit pas, sa propre vie. C'est cela la Résurrection. La merveille, c'est que cette vie n'est pas seulement pour lui Jésus, mais aussi pour tous ceux qui croient qu'il est Dieu et qu'il aime les hommes comme des frères. Par Jésus, la vie même de Dieu est offerte à tous les hommes.

Paul Gauguin, *Le Christ jaune*, 1889,
Allbright Knox Art Gallery,
New York, États-Unis

« Par son sang nous sommes délivrés, en lui nos fautes sont pardonnées... »
« Lui qui, dans son propre corps, a porté nos péchés sur le bois de la croix. »
1 P 2, 24

4e prière eucharistique

Comme l'homme avait perdu
ton amitié en se détournant de toi,
tu ne l'as pas abandonné au pouvoir de la mort.
Dans ta miséricorde, tu es venu en aide à tous les hommes
pour qu'ils te cherchent et puissent te trouver.
Tu as multiplié les alliances avec eux et tu les as formés par les prophètes dans l'espérance du salut.
Tu as tellement aimé le monde, Père très saint, que tu nous as envoyé ton propre fils lorsque
les temps furent accomplis pour qu'il soit notre Sauveur.

Le don de Dieu

Les chrétiens croient que l'Esprit Saint est vraiment Dieu ; il est une des personnes de la Sainte Trinité. On dit de Dieu le Père qu'il est à l'origine de tout. On dit de Dieu le Fils qu'il s'est incarné en Jésus. On dit de l'Esprit Saint qu'il est la présence de Dieu au cœur de chaque homme, qu'il est l'amour qui anime l'Église et la garde dans la vérité de Dieu.

L'Esprit qui fait vivre

Personne ne peut vivre sans respirer d'air. Mais, heureusement, on peut respirer sans y penser. Il n'est pas sûr que les poissons rouges réfléchissent, mais même s'ils le faisaient, il n'est pas du tout certain qu'ils penseraient qu'ils sont dans l'eau.
Le plus souvent, c'est quand le poisson manque d'eau ou que l'homme manque d'air que, d'un seul coup, ils s'aperçoivent qu'ils ne peuvent pas vivre sans eau ou sans air.
C'est un peu la même chose pour le chrétien et l'Esprit Saint. Le chrétien ne pourrait pas vivre sans amour de Dieu... il ne pourrait même pas savoir que Dieu l'aime s'il n'a pas dans son cœur la présence de l'Esprit.

L'Esprit qui éclaire

C'est aussi l'Esprit Saint qui inspire à chacun la découverte de son péché. Mais s'il met dans le cœur ce sentiment d'avoir fait une faute, ce n'est pas pour condamner, mais au contraire pour inviter à changer et à se tourner vers Dieu. Dieu ne veut pas que les hommes restent dans le péché. C'est pourquoi, par l'action de l'Esprit, le prêtre peut dire, au nom de Dieu : « Je te pardonne tes péchés. »

Voici une très ancienne prière à l'Esprit Saint

Viens, Esprit Saint
Et fais jaillir l'éclat de ta splendeur,
Viens, Père des pauvres,
Viens, Esprit généreux,
Viens, Lumière des cœurs,
Et fais jaillir l'éclat de ta splendeur.
Toi, le parfait consolateur, merveilleuse fraîcheur,
En nous, tu fais habiter la paix.
Dans la peine tu es le repos
Dans l'épreuve la force
Dans la tristesse la consolation.
Lumière bienfaisante pénètre l'intimité de nos cœurs
car nous sommes tes fidèles.
Sans ta présence, dans l'homme, rien n'est pur.
Lave notre péché,
Abreuve notre sécheresse,
Guéris notre blessure,
Fléchis notre rigidité,
Enflamme notre tiédeur,
Redresse notre égarement.
À ceux qui se confient en toi
Et te reçoivent dans la foi
Accorde tous tes dons
Donne-leur de grandir en toi,
De persévérer dans le chemin du salut
Donne-leur la joie qui demeure.
Amen – Alléluia.

LE DON DE L'ESPRIT

L'Esprit Saint est celui qui a rendu libres les Apôtres au tout début de l'Église, à la Pentecôte. Ils avaient peur. Ils se sentaient prisonniers. Ils se sentaient incapables de parler parce qu'ils ne comprenaient pas la langue des gens qui les entouraient. L'Esprit Saint leur a donné le courage d'annoncer le Christ et la possibilité d'être compris.
Les chrétiens pensent que l'Église a toujours connu l'Esprit Saint tout au long de son histoire. Même quand certains chrétiens trahissent le Christ, l'Esprit veille sur l'Église et la guide.

L'Esprit qui rend libre

Celui qui fait attention à ce que l'Esprit Saint lui suggère devient libre par rapport « à ce qu'il faut faire », par rapport aux habitudes. Il découvre bientôt que c'est en s'occupant des autres, en se donnant aux autres, que l'on devient libre. L'Esprit Saint s'est manifesté dans l'Histoire, surtout dans la vie des saints, mais aussi par les conciles. Et grâce à lui, l'Église durera jusqu'à la fin des temps.

Le Greco, 1541-1614, *La Pentecôte*, musée du Prado, Madrid, Espagne

Prier à la suite du Christ

Prier, c'est savoir que Dieu a parlé et parle encore à chaque homme. C'est prendre le temps de l'écouter et de lui répondre.
Dieu ne parle pas à la manière de la radio ou de la télévision et c'est pourquoi les gens ont du mal à l'écouter. Le silence de Dieu a toujours été l'une des difficultés de la prière : mais ce silence n'est qu'une impression. En réalité, Dieu parle par toute la création, par l'histoire du Peuple de Dieu et par la Bible, par les rencontres que chacun fait ; il parle au fond du cœur. C'est l'homme qui, quelquefois, est comme bloqué, et n'entend pas.

Un mot, un nom que tu ne connais pas ? Va voir dans l'index page 283.

Charles Lebrun, 1619-1690, *La Sainte Famille en prière*, musée du Louvre, Paris, France

Apprendre à prier

Pour apprendre à prier, on peut tout simplement regarder Jésus prier en cherchant dans l'Évangile les moments où il prie.

Jésus aime prier tout seul, dans le silence... souvent sur une montagne.
Mais il prie aussi à tous les moments importants de sa vie.
Au début de sa vie « publique », quand il quitte son village de Nazareth.
Quand il guérit, pardonne et fait des miracles.
Quand il sait qu'il va être condamné.
Sur la croix, au moment de mourir.
Il prie pour demander pardon (pour le péché des hommes).
Il prie pour le bonheur des petits et de tous ceux qu'il rencontre.
Il prie pour dire merci à son Père, pour lui rendre grâce.
Parfois aussi, il prie pour lui-même.

Jésus demande de prier

Saint Paul résume ainsi la demande de Jésus : « Soyez toujours dans la joie, priez sans cesse, rendez grâce en toute circonstance, car c'est la volonté de Dieu à votre égard dans le Christ Jésus. »

Jésus demande de prier sans cesse, sans chercher à faire de belles phrases : c'est l'Esprit qui enseigne ce qu'il faut dire.

Jésus demande de savoir demander

« Demandez, on vous donnera ; cherchez, vous trouverez ; frappez, on vous ouvrira. En effet, quiconque demande reçoit ; qui cherche trouve ; à qui frappe, on ouvrira. »

Une prière

L'évangile de Jean (Jn 17) rapporte la prière que Jésus a adressée à son Père juste avant d'être arrêté.
Il commence par prier pour lui et demande d'être capable de mourir dans l'amour total de son Père - sans le trahir - quoiqu'il arrive.
Puis il dit à son Père ce qu'il a fait dans sa vie et comment il a cherché à le faire connaître à tous les hommes.
Ensuite Jésus prie pour ses amis, les Apôtres, pour que, malgré les difficultés, ils soient fidèles à Dieu.
Enfin, il prie pour tous les hommes qui, un jour, croiront en lui grâce aux disciples... « afin que l'amour dont tu m'as aimé soit en eux ».

Jésus dit encore : « Qui d'entre vous, si son fils lui demande du pain lui donnera une pierre ? Ou s'il lui demande un poisson lui donnera-t-il un serpent ? Si donc vous, qui êtes mauvais, vous savez donner de bonnes choses à vos enfants, combien plus votre Père qui est aux cieux, donnera-t-il de bonnes choses à ceux qui les lui demandent. » Lc 11, 9-11

Maître de Trébon, *Christ en prière*, 1380, détail, monastère Saint-Georges, Prague, Tchécoslovaquie

Mais je prie et cela ne sert à rien

Jésus a prié et il est mort. Jésus aimait sa mère et elle a souffert.
Dieu ne change pas la nature des choses et des hommes, même si on l'en prie. Cela est difficile à comprendre car on aimerait que ceux que nous aimons ne souffrent pas.
Les chrétiens croient que Dieu change les cœurs. Dieu donne la vie après la mort. Dieu aime l'homme même quand l'homme le rejette parce qu'il souffre.
Pourtant Dieu – exceptionnellement – peut faire un miracle pour donner un signe visible de son amour qui est tellement grand qu'on ne le comprend pas toujours.

La dernière prière que le Christ a prononcée sur la croix

Mon Dieu, mon Dieu, pourquoi m'as-tu abandonné ?
J'ai beau crier, mon salut reste loin.
Le jour j'appelle et tu ne réponds pas mon Dieu
La nuit je ne trouve pas le repos.
Ps 22

Notre Père

Chrétien signifie « qui est au Christ ». Parce qu'ils sont liés à Jésus-Christ, Fils de Dieu, les chrétiens sont vraiment fils de Dieu. Ils appellent Dieu « Père » et ils le tutoient. Parce qu'ils sont tous liés à Jésus-Christ, les chrétiens sont liés entre eux. Ils refusent de fabriquer « leur petite religion », chacun pour soi : ils prient en union avec tous ceux qui prient. La prière des chrétiens, celle que Jésus a apprise à ses amis, c'est le « Notre Père ».

Maître de la Manne, *La Récolte de la manne*, 15e siècle, musée de la Chartreuse, Douai, France

Quel pain ?

Le Notre Père est dit par ceux qui vont communier parce qu'il comporte la demande : « Donne-nous notre pain de ce jour. » On pourrait traduire : « Nous avons besoin de pain matériel, mais aussi et surtout du pain qu'est le Corps du Christ. » Par le Notre Père, les chrétiens affirment que la présence du Corps et du Sang du Christ les libère de tout ce qui les emprisonne. Il leur permet d'affirmer aussi que Dieu est un Père pour eux et que les chrétiens de tous les temps sont leurs frères. Avec les morts, avec les vivants, avec ceux qu'ils aiment et ceux qu'ils détestent, les chrétiens, en communiant, deviennent le Corps du Christ.

Notre Père qui es aux Cieux, que ton nom soit sanctifié,

Même s'il est Père, même s'il est proche, Dieu est infiniment plus grand que l'homme (pour le dire, les juifs emploient l'image des « Cieux », inaccessibles à l'homme) et le nom de Dieu est le plus grand de tous. Dieu n'est pas un copain. C'est Dieu.

Que ton règne vienne,

C'est le cœur du « Notre Père » : demander à Dieu de régner, c'est demander qu'il libère le monde... et le cœur des hommes et des femmes. Le règne de Dieu, c'est sa présence acceptée. Dieu libère les cœurs de ceux en qui il règne.

Que ta volonté soit faite sur la Terre comme au Ciel.

La volonté de Dieu règne « au Ciel » ; les chrétiens supplient pour que ce règne s'étende sur la Terre (la volonté de Dieu, c'est l'amour, la justice, le respect des hommes).

Donne-nous aujourd'hui notre pain de ce jour.

Se souvenant du peuple juif nourri au désert par la « manne », les premiers chrétiens disaient « donne-nous aujourd'hui le pain de demain ». Le « pain de demain » pour eux représentait le bonheur promis par Dieu. L'extraordinaire, c'est que ce pain-là a la forme du pain quotidien.

Pardonne-nous nos offenses, comme nous pardonnons aussi à ceux qui nous ont offensés.

Il est parfois très difficile de pardonner. Quand les chrétiens y arrivent, ils font l'expérience de la force de Dieu qui les aide et les libère. Les chrétiens demandent que cette force de libération qui dépasse l'homme, traverse le monde.

UN SECRET DE FAMILLE

Les premiers chrétiens aimaient dire le « Notre Père » parce que c'était la prière que leur avait apprise Jésus. Un des premiers textes chrétiens connus, la Didaché, invitait à le dire trois fois par jour.
Mais ils lui attribuaient un très grand prix, ils ne voulaient pas que les non chrétiens le connaissent et le disent n'importe comment. Aussi quand ils priaient ensemble, ils ne disaient le Notre Père que lorsque les non baptisés étaient partis. Dans certaines régions, semble-t-il, seul le prêtre le prononçait à voix basse. Le « Notre Père » est un secret de famille.

Et ne nous soumets pas à la tentation, mais délivre-nous du mal.

La tentation, ce n'est pas les tentations. Le chrétien n'est pas une plante de serre qui doit être protégée des tentations. Ce qu'il demande, c'est de ne pas être confronté à la grande épreuve finale, à la rencontre avec le Mal absolu. Ce qu'il demande : ne jamais douter totalement de Dieu.

Car c'est à toi qu'appartiennent le règne, la puissance et la gloire pour les siècles des siècles.

Ce n'est pas Jésus qui a transmis cette partie du texte, c'est la première communauté chrétienne qui l'a inventée, en pleine persécution, comme pour remercier Dieu qui lui avait donné la force de ne pas le renier malgré les menaces.

L'ancêtre du Notre Père

Au temps du Christ, dans les maisons de prière, les synagogues, les juifs rassemblés disaient souvent le qaddish. C'est sans doute cette prière que Jésus a voulu reprendre et modifier en apprenant le « Notre Père » à ses Apôtres.

« Que ton nom soit sanctifié et glorifié
Dans le monde qu'il a créé suivant sa volonté
Puisse-t-il établir son Royaume
De vos jours et dans votre vie
Et dans celle de la maison d'Israël
Et même bientôt dans un temps rapproché. »

La prière des fils

Quel bonheur de savoir que Dieu est la personne la plus importante et la plus respectable du monde et qu'il nous aime mieux qu'un père n'aime son fils !

Changez vos cœurs

Chaque homme peut dire plus ou moins : « je mens, je triche, je suis jaloux, égoïste… Vais-je le rester définitivement ? J'ai essayé de changer, je n'y suis pas arrivé. » Le chrétien dit : « Dieu peut changer mon cœur si je lui fais confiance. »

Les « Béatitudes »

C'est le nom donné dans l'Église à un texte dans lequel Jésus parle du bonheur (béatitude vient du mot « heureux » en latin). Avec un peu d'entraînement, on peut trouver assez facilement dans l'évangile les passages qui montrent que Jésus vit les Béatitudes.

Jésus et Zachée

Jésus est un homme heureux

La description que Jésus fait du bonheur s'applique d'abord à lui-même.
Malgré la souffrance que Marie, sa mère, endure à cause de lui, malgré la trahison de ses amis, malgré les supplices qu'il subit et sa mise à mort, Jésus se présente comme l'exemple même de l'homme heureux.

Pourquoi ?

Parce que, malgré les apparences, l'homme n'est vraiment heureux que lorsqu'il donne, que lorsqu'il cherche à faire plaisir, que lorsqu'il protège ou qu'il s'occupe de l'autre. Lorsqu'il aide quelqu'un à grandir. Et Jésus a passé sa vie à cela.
Jésus est heureux parce que tout ce qu'il donne aux hommes, la guérison, le pardon, le salut, est en même temps un geste d'amour envers son Père. Il est le Fils de Dieu, et il est heureux de se donner entièrement à son Père.
Le Père l'aime et Jésus est heureux parce qu'il est aimé de Dieu. Le signe de cet amour, c'est qu'il est ressuscité.

Les « béatitudes » : Le bonheur selon le Christ

Le bonheur est pour les pauvres de cœur,
Le Royaume des cieux est à eux.
Le bonheur est pour les doux,
ils posséderont la terre.
Le bonheur est pour ceux qui sont dans le deuil, ils seront consolés.
Le bonheur est pour les affamés et les assoiffés de justice, ils seront rassasiés.
Le bonheur est pour ceux dont le cœur est pur, ils verront Dieu.
Le bonheur est pour les fabricants de paix,
ils seront considérés comme de la famille de Dieu.
Le bonheur est pour ceux que l'on poursuit parce qu'ils se battent pour la justice. Le Royaume des cieux est à eux. Oui le bonheur est pour vous si on dit du mal de vous, ou si l'on vous chasse à cause de moi. Soyez dans la joie car votre récompense sera grande dans les cieux.
Mt 5, 3-12

Le Sermon sur la montagne, miniature, fin 13e siècle, bibliothèque Mazarine, Paris, France

Jésus donne à chaque homme la possibilité d'être heureux

D'abord parce qu'il est un exemple. Mais il faut reconnaître que c'est un exemple difficile à suivre... Ensuite parce qu'il aime. Ceux qui ont confiance en Dieu savent qu'ils ne sont pas seuls, et quand quelqu'un compte sur vous, on se sent bien plus fort. Et surtout parce qu'il donne son Esprit. Les chrétiens disent aussi : « Il nous donne sa grâce. »

Celui qui croit reçoit de Dieu ce qu'il sent comme une sorte de force intérieure qui, en réalité, est la présence de Dieu en lui. Chacun, un jour, s'est senti capable d'être meilleur qu'il ne le pensait... en donnant quelque chose, en rendant service. Cette générosité est la marque de l'Esprit Saint en soi.

Les chrétiens reçoivent cette grâce quand ils rencontrent Dieu dans les sacrements.

Enfin, Jésus promet à celui qui le suit et vit en communion avec lui de ressusciter comme lui et de vivre avec lui dans l'amour extraordinaire de Dieu, son Père.

Un mot, un nom que tu ne connais pas ? Va voir dans l'index page 283.

Vivre comme Jésus

Dans un corps, la jambe prend-elle la place du nez et l'oreille, celle du coude ? Dans le corps que forment ceux qui sont liés à Jésus parce qu'ils communient à son corps et à son sang, chacun a sa place et peut jouer son rôle. Peut-on imaginer un orchestre où chaque instrument jouerait exactement la même chose que l'autre ? Ce serait triste ! Il en est de même dans l'Église ! Ceux qui veulent suivre Jésus doivent le suivre à leur manière.

Dans l'Histoire, certains ont inventé des manières nouvelles d'aimer Jésus et ont donné des idées aux autres... On dit qu'ils ont inventé une spiritualité, c'est-à-dire une manière de vivre de l'Esprit de Jésus.

Giotto, *Saint François rend ses vêtements à son père*, 1290-1295, basilique San Francesco, Assise, Italie

François d'Assise

Nous sommes en 1201. Dans la ville d'Assise, le ciel est bleu et François, le fils du riche marchand de tissus a vingt ans. Il fait la fête : c'est vrai, il aime mieux sa mandoline que le magasin de son père ! 1202. C'est la guerre entre Assise et la ville voisine. Voici François prisonnier. C'est le début d'un grand changement dans son cœur. Il est libéré et rentre à Assise différent. Un peu plus tard, il va à Rome pour faire un pèlerinage. Il y échange ses vêtements avec un mendiant et il se met à mendier. Il découvre alors ce que c'est qu'être pauvre et décide d'être pauvre volontairement pour le Seigneur ; pour lui, Dieu est la seule richesse.

Son père est furieux de ce choix et ne veut plus le connaître. François alors lui abandonne même ses vêtements et le quitte tout nu. Alors, il va prier. Prier beaucoup. Prier comme Jésus. Il prie tellement qu'il commence à ressembler à Jésus de plus en plus. Et, plus tard, Dieu lui donne de porter sur lui les mêmes plaies que Jésus sur la croix, comme pour dire : « J'accepte que tu ressembles à mon Fils le plus totalement possible. »

La pauvreté, la prière ne suffisent pas à décrire François : il est l'ami universel, l'ami des hommes, des femmes, des animaux, de la nature... et il a tellement d'amitié dans le cœur que beaucoup veulent le suivre. On les appelle les franciscains. François est un saint joyeux qui toute sa vie aime la musique.

La vie religieuse

Les moines sont des hommes (on appelle les femmes, des moniales) qui ont décidé de tout quitter pour suivre Jésus. Ils vivent dans une abbaye et passent leur temps dans la prière, le travail manuel et la réflexion. Ils vivent ensemble, sous la direction de l'un d'entre eux, appelé souvent abbé, selon une loi qu'on appelle la Règle.

Être saint

On peut être saint sans inventer une nouvelle manière d'aimer Dieu... Des enfants sont devenus saints, comme des rois, des ménagères (Dame Jacqueline par exemple qui faisait de si bon gâteaux que saint François s'en régalait), comme des savants, des militaires ou des assistantes sociales. Chacun a sa manière de suivre Dieu.

Voici l'horaire des moines de l'abbaye de Lérins (une toute petite île proche de Cannes) :

03 h 40 : Vigiles (prière de la nuit).
07 h 15 : Chapitre (rencontre où on lit un chapitre de la règle de saint Benoît).
07 h 45 : Laudes (prière du matin).
09 h 50 : Messe.
12 h 20 : Sexte (prière de midi).
14 h 00 : None (prière de l'après-midi).
17 h 45 : Vêpres (prière du soir).
18 h 15 : Adoration (une heure).
19 h 45 : Complies (prière du soir).

À Lérins, les moines travaillent beaucoup : ils exploitent la lavande, font du vin et produisent dans leur ferme la plus grande partie de ce dont ils ont besoin pour se nourrir.

À travers les siècles, de nombreux chrétiens ont inventé des façons de vivre ensemble et de suivre Jésus : on les appelle les fondateurs d'ordre. Il y en a des centaines. Voici quelques-uns des plus connus. Tu trouveras leur vie racontée à la fin du livre.

Fondateurs		Ordres
Saint Benoît	(480 - 547)	Bénédictins
Saint Robert	(1025 - 1190)	Cisterciens
Saint Bruno	(1030 - 1101)	Chartreux
Saint Norbert	(1080 - 1134)	Prémontrés
Saint Dominique	(1170 - 1221)	Dominicains
Saint François	(1189 - 1226)	Franciscains
Saint Ignace	(1452 - 1556)	Jésuites
Sainte Thérèse d'Avila	(1515 - 1582)	Réformatrice des Carmélites
Saint Vincent de Paul	(1580 - 1660)	Lazaristes
Saint Jean Eudes	(1601 - 1680)	Eudistes
Sainte Jeanne Jugan	(1792 - 1879)	Petites Sœurs des Pauvres
Cardinal Lavigerie	(1825 - 1892)	Pères Blancs

Suivre Jésus

Au désert, pour vaincre les tentations, Dieu avait donné les dix Paroles de vie (ce que l'on appelle les dix Commandements) au peuple d'Israël, pour l'inviter à écouter dans son cœur la voix qui disait : « Je t'aime Israël et parce que je t'aime, je veux te donner les Paroles qui font grandir ceux qui les mettent en pratique par amour pour moi. »
Jésus dit : « Je suis le Chemin, la Vérité, la Vie. »
Jn 14,6

Le récit des tentations du Christ au début des évangiles est comme le résumé de toutes les tentations que Jésus a affrontées pendant sa vie. C'est aussi le résumé des questions que les croyants doivent affronter. À chaque fois, Jésus répond par une parole de la Bible, une des paroles que Dieu donne pour aider son peuple à vivre avec lui dans l'amitié. Les réponses de Jésus montrent que celui qui a une confiance totale dans la Parole de Dieu peut triompher des tentations.

Les Tentations du Christ, miniature, 13e siècle, musée Condé, Chantilly, France

« Ayant ainsi épuisé toutes les formes de la tentation, le diable s'éloigna de lui pour revenir au temps marqué. »
Lc 4, 1-4

Comme tout homme, Jésus a été tenté

Pour résister à la tentation, Jésus a la Loi de Dieu. Mais la Loi n'empêche pas de succomber (de faire ce que la tentation demande). Jésus résiste grâce à l'Esprit de Dieu. Les chrétiens croient que Jésus leur donne son Esprit, pour qu'à leur tour, ils deviennent capables de résister à la tentation.
Suivre Jésus, c'est demander la force de son Esprit pour être capable comme lui de préférer mourir que de céder à la tentation et d'oublier son Père ou ses frères.

Jésus et la Loi

« N'allez pas croire que je sois venu supprimer la Loi et les prophètes ; je ne suis pas venu supprimer, mais accomplir. Car en vérité, je vous le déclare, avant que ne passent le Ciel et la Terre, pas un "i", pas un point sur le i ne passera de la Loi, que tout ne soit arrivé. »
Mt 5, 17-18

Après son baptême, Jésus est tenté

Jésus rempli de l'Esprit Saint revient des bords du Jourdain. Et il est conduit par l'Esprit à travers le désert où, pendant quarante jours, il est tenté par le diable. Il ne mange rien durant ces jours-là et lorsqu'ils sont écoulés, il a faim.
Le diable lui dit alors : « Si tu es le Fils de Dieu, ordonne à cette pierre de se changer en pain. » Mais Jésus lui réplique : « Il est écrit : "L'homme ne vit pas seulement de pain mais de toute parole qui sort de la bouche de Dieu." »
L'emmenant alors plus haut, le diable lui fait voir en un instant tous les royaumes de l'Univers et lui dit : « Je te donnerai toute cette puissance et la gloire de ces royaumes car elle m'a été remise et je la donne à qui je veux. Si donc tu te prosternes devant moi, elle t'appartiendra tout entière. » Mais Jésus lui réplique : « Il est écrit : "Tu adoreras le Seigneur ton Dieu et c'est à lui seul que tu rendras un culte." »
Puis il le conduit à Jérusalem le plaçant au sommet du Temple et lui dit : « Si tu es le Fils de Dieu, jette-toi en bas, car il est écrit : "Il donnera pour toi des ordres à ses anges afin qu'ils te gardent et encore, ils te porteront dans leurs mains de peur que tu ne heurtes de ton pied quelques pierres." » Mais Jésus lui réplique : « Il est dit : "Tu ne tenteras pas le Seigneur ton Dieu." »

Le Peuple de Dieu aussi a été tenté. Il est conduit au désert après avoir été « baptisé » dans la mer Rouge. Il y reste quarante ans et affronte toutes sortes de tentations. La première est de prendre la place de Dieu et de vouloir conquérir la Terre Promise par sa seule force. Or ce sont des hommes faibles. Ils ont besoin du pain que Dieu leur donne, la manne. Ils ne peuvent arriver à la Terre Promise sans être guidés par Dieu.

Les commandements de Dieu, est-ce utile ?
Honorer Dieu, est-ce bien utile ?
Faire confiance à l'Alliance avec Dieu, est-ce nécessaire ?
Est-ce nécessaire de ne pas mentir ?
Pourquoi ne pas préférer l'argent et le pouvoir ?

Penser qu'on est plus fort que tout,
penser qu'on trouvera toujours quelqu'un pour nous recueillir sans se fatiguer, sans prendre de responsabilités,
penser qu'il suffit de rêver pour grandir, pour être soi-même, est aussi une grave tentation.

Jérôme Bosch, vers 1450-1516, *La Tentation de saint Antoine*, musée des Beaux-Arts, Bruxelles, Belgique

La conscience

Quand on aime son papa, on voudrait qu'il réussisse tout ce qu'il entreprend. Quand on aime ses enfants, on aimerait qu'ils soient heureux. Dieu, lui, aime quand les hommes et les femmes acceptent de grandir et d'être amis avec lui. Il les aide à devenir plus forts, plus compétents, plus responsables.

Grandir

Pour faire grandir un arbre, il faut trouver une bonne terre, le protéger, lui mettre un tuteur quand il est encore fragile et lui donner de l'espace. Pour faire grandir les hommes et les femmes, Dieu leur donne :

- une famille,
- sa loi pour apprendre à aimer (on n'aime pas vraiment quelqu'un si on lui ment, si on le vole),
- l'exemple de Jésus qui donne sa vie pour ses amis,
- l'Esprit de Jésus qui parle au cœur de chacun et appelle à parler à Dieu comme à un père et à préférer quelquefois les autres à soi-même,
- l'Église qui, par la voix du pape, des évêques et de ceux qui les représentent, fait entendre l'appel de Jésus.

Faire grandir sa conscience

Pour la faire grandir, il est important de prier Dieu pour lui demander de ressembler à son Fils ; il est aussi important d'entendre la Parole de Jésus à travers l'Évangile que rappelle l'Église ; il faut aussi réfléchir et se mettre à la place des autres.

La conscience, quand elle a grandi, fait deviner à l'intérieur de soi-

Les conflits de conscience

Quelquefois, on veut bien faire, on veut faire plaisir à tout le monde et cela ne semble pas possible. Il faut choisir et tous les choix semblent mauvais. Il est bon alors d'en parler à ceux qui peuvent écouter et donner de bons conseils. Il est bon de choisir ce qui va dans le sens du plus grand respect et de l'amour des autres (pour le chrétien, l'amour est ce qui permet de tout juger). Il faut quelquefois avoir de l'imagination pour être chrétien, car le Christ a demandé de ne pas faire le mal même pour éviter un plus grand mal.

Maximilien Kolbe, un homme qui écoute sa conscience au prix de sa vie

En 1942, au camp de concentration d'Auschwitz, un camp où les Allemands font mourir ceux qu'ils considèrent comme des ennemis, le chef de camp condamne à mort des hommes qu'il choisit au hasard, pour punir une tentative d'évasion. Le prêtre Maximilien Kolbe demande à prendre la place d'un père de famille et accepte de mourir à sa place.

Maximilien Kolbe a été déclaré saint par le pape Jean-Paul II en 1982.

même ce que pensent les autres (ce que pense Dieu, ce que pensent ceux qui sont intéressés par ce que je fais, et par ce que je vais faire). D'ailleurs, le mot conscience vient d'un mot latin qui veut dire « savoir avec ».

La conscience

La conscience c'est cette sorte de voix qui vient du secret du cœur et qui dit à chacun : « Ce serait bien que tu fasses ceci », « Non, cela, tu ne devrais pas le faire, c'est mal ».
Il faut que cette conscience grandisse, car il lui arrive de se tromper quand elle n'est pas bien formée : souvent, quand on est petit, la conscience vous dit de ne pas faire quelque chose quand il y a un risque de se faire « prendre » et punir. Mais elle ne dit rien si elle a l'impression que personne ne le saura, même si c'est mal. Elle ajoute souvent dans ce cas : « Mais tout le monde le fait ! »

Le rôle de l'Église

Jésus a demandé à ceux qui voulaient le suivre d'écouter ses Apôtres et leurs successeurs, les évêques, à qui il a donné la responsabilité de faire entrer dans l'Église ou d'exclure de l'Église !
C'est pourquoi les catholiques cherchent à connaître ce que disent le pape et les évêques, à le comprendre et à le vivre.
Pourtant, les chrétiens sont des hommes et des femmes libres. Ils n'entendent pas ce que demandent le pape et les évêques comme ils entendraient les ordres d'un chef, mais ils les écoutent parce qu'ils croient que, par eux, c'est la Parole de Jésus lui-même qu'ils peuvent entendre.
Sur un bateau, un bon capitaine connaît la navigation. Il sait où sont les courants, il prévoit le vent et repère les passes. Quand il dit : « Ne faites pas cela », tous les membres de l'équipage savent que ce qu'il dit n'est pas un refus de leur liberté. Au contraire, c'est une chance pour le bateau et l'équipage d'arriver à bon port.

La triche et le mensonge

Tricher, faire semblant, faire les choses à moitié, ne pas tenir ses promesses, mentir. On fait souvent toutes ces choses pour se protéger, mais après, on se sent petit et misérable. La triche et le mensonge empêchent de grandir. Les chrétiens croient que Dieu appelle les hommes et les femmes à la vérité pour qu'ils deviennent libres et responsables.

Une histoire de tricheurs

Un homme du nom d'Ananie vendit une propriété, puis en accord avec Saphire sa femme, il dissimula une partie du prix, apporta le reste et le déposa aux pieds des Apôtres. Mais Pierre lui dit : « Ananie, pourquoi Satan a-t-il rempli ton cœur ? Tu as menti à l'Esprit Saint et tu as retenu une partie du prix du terrain. Ne pouvais-tu pas le garder sans le vendre, ou si tu le vendais, disposer du prix à ton gré ? Comment ce projet a-t-il pu te venir au cœur ? Ce n'est pas aux hommes que tu as menti, mais à Dieu. » Quand il entendit ces mots, Ananie tomba et expira.
Ac 5, 1-6

Aubin Vouet, 1595-1641, *Mort de Saphire et d'Ananie*, musée des Beaux-Arts, Rouen, France

Les faits

Nous sommes au début de l'histoire de l'Église. Les gens sont si heureux de devenir chrétiens que beaucoup se mettent à tout donner. Ce n'était pas obligatoire, mais cette envie venait du fond de leur cœur. Ananie et Saphire n'osent pas faire le pari de tout donner. Personne ne leur reproche cela. En revanche, ils font semblant de tout donner : ils trichent. Ils veulent se faire passer pour plus généreux qu'ils ne sont. Et ils vont mourir sur le coup de leur mensonge ! Ananie d'abord, Saphire, quelques heures plus tard.
Heureusement, tous les tricheurs et les menteurs ne meurent pas sur le coup ! Heureusement, ils ont le temps de réfléchir à leur bêtise et de changer. La mort d'Ananie et de Saphire rappelle que tout homme peut mourir sans avoir réparé ses tricheries et que Dieu n'aime pas cela. Car la triche et le mensonge ne font pas grandir. Ils montrent surtout le manque de courage d'être un homme ou une femme libre qui sait dire « je suis ».

LA PROMESSE DE DIEU

« Je vous donnerai un cœur nouveau.
Je mettrai en vous un esprit nouveau.
J'ôterai de vous le cœur de pierre.
Et vous donnerai un cœur de chair. »

Ez 36, 26

C'est vrai que beaucoup de gens mentent et trichent. C'est vrai qu'il est quelquefois très difficile de faire autrement. C'est vrai que l'attitude de celui qui refuse le mensonge et la tricherie peut être très désagréable pour les autres... mais il n'empêche que le Christ appelle à être parfait.

Sortir du mensonge et de la triche

Quelquefois tout le monde triche tellement qu'il n'est pas possible de changer tout seul... Le pape Jean-Paul II parle dans ce cas-là de « structures de péché » ; cela veut dire que les choses sont organisées de telle manière que l'on ne peut pas faire autrement que de tricher (cela arrive quand, dans une classe, tout le monde triche tellement que celui qui ne tricherait pas serait toujours dernier). Il faut alors s'organiser à plusieurs pour essayer de changer les choses.

« L'information scolaire », 1956, photo de Robert Doisneau

L'appel à la perfection

« Vous êtes le sel de la terre.
Si le sel perd sa saveur, comment redeviendra-t-il du sel ?
Il ne vaut plus rien ;
On le jette dehors et il est foulé aux pieds par les hommes.
Vous êtes la lumière du monde.
Une ville située sur une hauteur ne peut être cachée.
Quand on allume une lampe, ce n'est pas pour la mettre dans un tonneau
Mais sur son support et elle brille pour tous ceux qui sont dans la maison.
De même que votre lumière brille aux yeux des hommes pour qu'en voyant
Vos bonnes actions, ils rendent gloire à votre Père qui est aux cieux. »
Lc 5, 13-16

Un mot, un nom que tu ne connais pas ? Va voir dans l'index page 283.

Un corps pour aimer

Le plus beau cadeau que Dieu fait à chaque homme, c'est son corps. Un corps fait pour grandir, pour devenir fort et résistant et beau pour aimer. Chacun d'entre nous est soit un garçon, soit une fille. Cela veut dire que chacun d'entre nous a un corps fait pour aimer.

L'histoire d'une rencontre

L'histoire de chacun des hommes et de chacune des femmes avant leur naissance a commencé de la même manière. Un jour, une nuit, leur père a déposé un spermatozoïde dans le ventre de leur mère. Le spermatozoïde a rencontré un ovule. La rencontre des deux a donné une sorte d'œuf qui a mis 275 jours à se développer, est devenu 2500 fois plus grand qu'au début et 800 millions de fois plus lourd. Alors un enfant est né. Mais notre vie n'est pas seulement une histoire de cellules.

Dieu veut que l'histoire de chacun soit une histoire d'amour. Il a fait l'homme et la femme pour que l'enfant naisse de leur amour.

Aimer à la vie, à la mort

Aimer c'est dire à l'autre que quoi qu'il arrive, de bon ou de mauvais, on l'aimera toujours et donc qu'il peut compter sur nous tant que nous serons vivants. C'est au fond faire une alliance avec lui, à la vie, à la mort.

Le mariage est cette alliance à la vie et à la mort entre un homme et une femme. Et comme c'est quelquefois difficile d'être fidèle à cette alliance, Dieu en a fait un sacrement où il s'engage à soutenir ceux qui se marient.

Apprendre à aimer

Beaucoup de gens pensent qu'il n'est pas nécessaire d'apprendre à aimer parce que l'on sait aimer par instinct. Ils ont tort. Il faut du temps et cela s'apprend.

Dans la famille, chacun apprend à être aimé. Le bébé qui naît n'a encore rien fait de bien, ni de mal, et chacun l'aime parce que c'est un bébé. En grandissant, on se dispute, on se fait mal, mais on est quand même content de se retrouver ; dans la famille on apprend à aimer. C'est une chance d'avoir une famille.

Quand on devient plus grand, on aime avoir des copains. Avec eux, on est bien. On peut jouer ensemble. Petit à petit on découvre qu'on peut trouver des amis en dehors de la famille.

Un mot, un nom que tu ne connais pas ? Va voir dans l'index page 283.

Faisons l'homme
à notre image

Dieu dit : « Faisons l'homme à notre image, selon notre ressemblance et qu'il soumette les poissons de la mer, les oiseaux du ciel, les bestiaux, toute la terre et toutes les petites bêtes qui remuent sur la terre. »
Dieu créa l'homme à son image, à l'image de Dieu, il le créa ; mâle et femelle il les créa.
Dieu les bénit et Dieu leur dit : « Soyez féconds et prolifiques, remplissez la terre et dominez-la... Dieu vit ce qu'il avait fait. Voilà. C'était très bon. »

Gn 1, 26-29

« Promenade au paradis », photo d'Eugène Smith

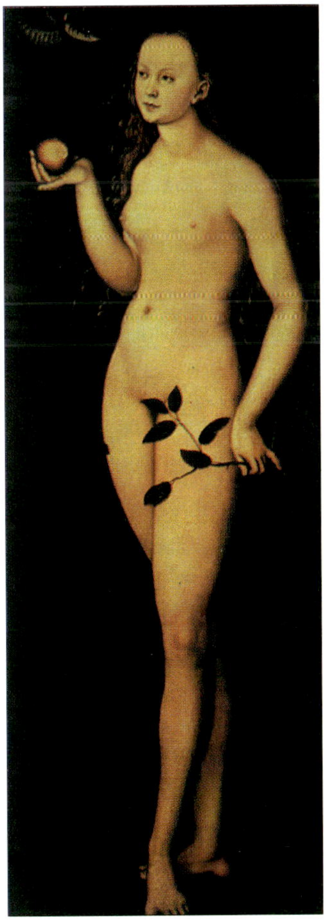

Aimer avec son corps

Quand on devient grand, on découvre aussi que l'on est un garçon ou bien une fille. On n'aime pas que n'importe qui nous voie tout nu. C'est normal. On a envie de savoir comment on est né. Quelquefois, on a envie de toucher ses organes génitaux et ceux de quelqu'un de l'autre sexe.
Petit à petit, on va sentir que le corps devient comme celui de son père ou celui de sa mère... Cela veut dire qu'un jour, on sera capable d'avoir, comme eux, des relations sexuelles. C'est formidable parce que c'est très agréable. Cela fait très plaisir.
Mais quelquefois, cela fait tellement plaisir que les adultes oublient l'essentiel : Dieu a voulu que l'homme et la femme soient différents pour se rencontrer et être à son image, c'est-à-dire pour s'aimer. La seule chose qui donne vraiment le bonheur ce n'est pas le plaisir du corps, c'est l'amour.

Lucas Cranach, *Adam et Ève*, 1528, musée des Offices, Florence, Italie

Jouer et travailler

Parmi les premiers chrétiens, certains ont cru que la fin du monde allait venir, que ce n'était plus la peine de travailler, qu'il suffisait de prier et de se préparer pour rencontrer Dieu. Saint Paul les rappelle à l'ordre : les chrétiens doivent participer à la vie ordinaire des hommes. Il dit même : « Que ceux qui ne travaillent pas, ne mangent pas. » (2 Th, 3-10). Les chrétiens essaient de tourner leur vie vers Dieu, mais ils n'oublient pas qu'ils sont comme tous les hommes de la Terre. Ils mangent, travaillent, se reposent et se réjouissent.

Mon Dieu, qui donnes l'eau tous les jours à la source
Et la source coule et la source fait
Des espaces au vent pour qu'il prenne sa course
Et le vent galope à travers la nuit,

Donne de quoi rêver à moi dont l'esprit erre
Du songe de l'aube au songe du soir
Et qui sans fin écoute parler la Terre
Avec le ciel rose, avec le ciel noir.

Donne moi de quoi chanter à moi pauvre poète
Pour les gens pressés qui vont, viennent, vont
Et qui n'ont pas le temps d'entendre dans leur tête
Les airs que la vie et la mort y font.

Marie-Noël, *Les Chansons et les Heures*

Ce que dit Jésus

Jésus sait qu'à certains moments, il faut jouer, faire la fête et qu'à d'autres, il faut travailler. Il sait qu'il y a des moments tristes et des moments joyeux... Et par cette petite histoire, il invite chacun à mettre chaque chose à la bonne place.

« À quoi vais-je comparer les gens d'aujourd'hui ? À qui sont-ils comparables ? Ils sont comparables à des gamins, qui sont assis sur une place qui s'interpellent et disent : "Nous avons joué de la flûte et vous n'avez pas dansé, nous nous sommes lamentés et vous n'avez pas gémi." » Lc 7, 31-35

Quentin Metsys, *Le Changeur et sa femme*, 1514, musée du Louvre, Paris, France

L'argent

Généralement les adultes travaillent pour gagner de l'argent. Il faut chaque jour de l'argent pour acheter de quoi manger, s'habiller, se loger. Il faut aussi payer des impôts à l'État et aux communes pour pouvoir construire et entretenir les routes, pour bâtir des hôpitaux, des écoles, payer les médecins, les infirmières, les professeurs, les policiers, les juges...

Les enfants ne savent pas toujours que l'argent est difficile à gagner. Ils ne savent pas non plus que beaucoup d'enfants dans le monde ne peuvent jamais rien s'acheter. Ils n'ont même pas le temps d'aller à l'école, car ils doivent travailler et gagner un peu d'argent pour aider leurs parents.

Pour obtenir de l'argent, certains sont tentés d'employer des moyens malhonnêtes, de voler par exemple. D'autres sont fascinés par l'argent et veulent en avoir toujours plus : ils ne pensent plus qu'à ça.

Jésus est très clair. Dans la vie, il faut choisir : ou l'argent, ou l'amitié avec Dieu et avec les autres. L'argent n'est pas mauvais quand on s'en sert bien. Mais il est mauvais quand on l'aime au point d'oublier ce qui est vraiment important : le temps de vivre et d'être heureux avec les autres, avec sa famille.

photo de Robert Capa

Jésus a travaillé

Il a travaillé avec son père de la Terre, Joseph, qui était charpentier. Ensuite, il a travaillé pour son Père du Ciel, il a parcouru tout son pays, il a parlé, enseigné. Jésus aime aussi prendre du temps pour connaître les gens, pour se réjouir avec eux. L'Évangile le montre souvent invité à de grands repas joyeux, à un mariage à Cana, ou à un festin chez Lévi. Jésus prend aussi le temps de se reposer à l'écart avec ses amis, les disciples.

Pietro Annigoni, *Saint Joseph*, église San Lorenzo, Florence, Italie

Prière

Seigneur, je te remercie pour cette soirée
Pendant longtemps j'ai regardé le feu :
La flamme qui dansait et qui s'éteignait.
Personne ne disait rien. Mais on était bien.

Seigneur, je te remercie pour l'après-midi.
Qu'est-ce que j'ai couru !
J'ai même battu David. J'en étais tout essoufflé.
C'est beau la forêt !

Seigneur, je te remercie pour la baignade !
Merci pour les forces que tu m'as données
Merci pour l'eau qui est si bonne...
Et pardon pour la tasse que j'ai fait boire à Amélie.

Travailler

Les parents travaillent. Les enfants vont en classe.
Il y en a qui n'aiment pas.
Il y en a qui aiment beaucoup.
Ce qui est certain c'est qu'il faut étudier.
Il faut apprendre, connaître, savoir.
D'abord pour Dieu :
Il a fait un monde si grand, si beau
Que ce serait dommage de ne pas le connaître.
Ensuite, pour les hommes...
Ils ont fait tellement de choses
Que c'est beau de connaître leur histoire.
Et puis pour toi... Pour devenir grand.
Et avoir un métier et être compétent.
Dieu lui-même a travaillé...
Et tu ne travaillerais pas ?

Le catéchisme

Imagine-t-on apprendre les mathématiques sans aller en classe ? Imagine-t-on savoir faire un gâteau sans une recette ou sans quelqu'un qui vous montre ? Imagine-t-on connaître l'Histoire de France sans ouvrir un seul livre ? Imagine-t-on avoir un ami sans jamais le rencontrer, sans jamais jouer avec lui ? Imagine-t-on apprendre à lire par correspondance ? Alors pourquoi imaginer que l'on puisse connaître la Parole de Dieu sans l'étudier et sans la vivre ?

Un mot, un nom que tu ne connais pas ? Va voir dans l'index page 283.

Connaître la parole de Dieu

Depuis le début de l'Église, la Parole de Dieu a été transmise de différentes manières. Autrefois, beaucoup de gens ne savaient ni lire, ni écrire : les sculptures et les vitraux des églises étaient leurs seuls livres. C'est en les regardant que l'on apprenait le catéchisme. Au fond, nos ancêtres apprenaient le catéchisme un peu comme si on l'apprenait aujourd'hui avec des bandes dessinées que quelqu'un expliquerait au fur et à mesure.

Aujourd'hui, le pape et les évêques souhaitent que la formation des chrétiens repose sur trois éléments :

– la participation à la messe et aux sacrements. On connaît Dieu par le cœur. Et c'est à la messe que le Christ donne à manger son corps. Il n'y a pas meilleure manière de le connaître. Participer à la messe, c'est marquer son appartenance à la communauté des chrétiens ;

Vitrail de la cathédrale de Chartres, 13e siècle, France

Les catéchismes

Ce sont des livres qui présentent la Parole de Dieu de manière à ce qu'elle soit comprise.

La catéchèse

Lorsqu'on va au catéchisme et que l'on se fait expliquer ce qu'il y a écrit dans un catéchisme, on reçoit une catéchèse. La catéchèse, c'est le contenu et l'explication du catéchisme.

Le catéchuménat

Lorsque une personne demande le baptême, on dit qu'elle est catéchumène. Le catéchuménat, c'est donc l'état de celui qui se prépare au baptême, mais c'est aussi le nom donné à l'organisation de ceux qui aident les catéchumènes à se former.

– le catéchisme qui est une présentation de ce que Dieu enseigne par sa Parole. Mais il ne suffit pas de savoir par cœur le catéchisme pour connaître Dieu. Il faut découvrir, à travers les mots, un chemin vers Dieu ;
– le témoignage. On n'est pas chrétien si l'on ne témoigne pas de sa foi : les enfants peuvent être des témoins et des apôtres pour leurs familles et de leurs amis.

Les catéchismes pour les adultes

– Le *Catéchisme de l'Église catholique* (1992). Il s'adresse aux catholiques du monde entier et d'abord aux évêques et aux prêtres car ils ont la responsabilité de faire connaître la foi aux catholiques de leur pays.

– Le *Catéchisme pour adultes* des évêques de France (1991). Il s'adresse d'abord aux catholiques français et à tous les Français que la foi catholique intéresse.

Pour les enfants et les jeunes

Il existe de nombreux catéchismes. Pour être de vrais catéchismes, ils doivent être approuvés par un évêque (c'est écrit au début) car c'est l'évêque qui a la responsabilité, dans son diocèse, de la formation des chrétiens.

Les évêques de France ont demandé que chaque enfant de CM ou de 6e qui suit le catéchisme puisse se référer à un livre intitulé *Pierres Vivantes*.

Les évêques ont aussi demandé que les enfants suivent le catéchisme entre 8 et 12 ans. Les petits enfants peuvent dès l'âge de trois ans participer à l'éveil à la foi avec leurs parents, dans leur famille, et avec d'autres enfants dans leur paroisse. Ainsi, ils commencent à découvrir qui est Jésus, et ils apprennent à prier avec tous les chrétiens. Après 12 ans, on peut continuer à chercher avec d'autres comment être vraiment chrétien et essayer de mieux comprendre la parole de Dieu en allant à l'aumônerie de son collège ou de son lycée. On peut continuer quand on est étudiant, et même après.

Bâtir une société juste

Le mot justice a deux sens et souvent il y a confusion entre les deux. Beaucoup de gens peuvent être justes parce qu'ils ne volent pas et ne réclament rien de ce à quoi ils n'auraient pas droit : en ce sens-là, ils sont justes.
Mais l'Évangile va beaucoup plus loin : avoir le droit pour soi ne rend pas forcément juste. Pour l'Évangile, être juste, c'est partager avec celui qui en a besoin pour vivre.

Secours Catholique : distribution de panier repas

Comité Catholique contre la Faim et pour le Développement : construction d'un puit en Afrique

La doctrine sociale de l'Église

Ces mots désignent l'ensemble des réflexions que l'Église a faites au cours des siècles pour que les sociétés soient justes envers tous. La doctrine sociale de l'Église détermine des droits dont tout homme devrait pouvoir jouir.

- Tout homme a le droit, dès sa conception, au respect : au respect de son corps (pas de torture, ni de violence), au respect de son avis (il doit pouvoir participer aux décisions qui le concernent, par le vote). Cela s'applique spécialement aux plus pauvres.
- Tout homme a le droit de se former, d'aller à l'école.
- Tout homme a le droit de s'informer librement.
- Tout homme a le droit de vivre avec sa famille.
- Tout homme a le droit au travail.
- Tout homme a le droit à une certaine sécurité dans sa vie. (La propriété peut donner cette sécurité.)
- Tout homme a le droit de suivre sa conscience et de pratiquer sa religion.

Mais, dans le même temps, l'Église pense que les droits de l'homme ne peuvent être respectés si la société n'est pas organisée et s'il n'y a pas d'État.

- Tout homme doit travailler.
- Tout homme doit accepter que l'État organise la société et, éventuellement, limite des droits, comme celui de la propriété pour le bien de tous. Par exemple, il faut accepter – moyennant une légitime compensation – qu'une route absolument nécessaire coupe un morceau de son jardin.
- Tout homme doit accepter que l'État impose des règles à tous pour que les plus pauvres soient aidés dans leurs plus grandes difficultés.
- Tout homme doit participer aux décisions qui le concernent et, en particulier, doit s'informer et voter.

JUSTICE

Le mot justice a plusieurs sens.
Être juste, c'est rendre à chacun ce à quoi il a droit.
Rendre la justice, c'est faire respecter les droits de l'homme et punir les coupables.
Être juste, c'est surtout permettre à chacun d'obtenir ce dont il a absolument besoin : par exemple, la liberté, les moyens de vivre, l'instruction.
C'est pourquoi les pauvres, ceux qui n'ont rien ou presque rien, ont droit à cette justice. Agir ainsi s'impose à chaque homme.

Les évêques de France, *Pierres Vivantes.*

Les grandes organisations catholiques pour lutter contre la pauvreté

Beaucoup de chrétiens ont fondé des associations pour aider les personnes en difficulté et pour faire en sorte qu'elles soient le moins nombreuses possibles.

– Le Secours Catholique : 78 000 bénévoles, 4 200 équipes locales en France. Il accueille des sans-logis et aide des malades, des handicapés, des détenus sortant de prison, et toutes sortes de personnes en difficulté. Il organise des secours d'urgence en cas de catastrophe. Il informe et fait réfléchir sur les situations de pauvreté.

– Le Comité Catholique contre la Faim et pour le Développement a été créé par les évêques de France pour répondre à l'appel lancé par l'Organisation des Nations Unies et lutter contre la faim dans le monde. Il rassemble tous les principaux mouvements de l'Église de France et il comporte, de plus, 1 800 équipes locales. Il rassemble l'argent que les catholiques français veulent donner dans ce but (généralement au moment du Carême)... et cherche à éveiller les chrétiens au besoin de développement du Tiers-Monde.

Pour lutter contre la pauvreté et l'injustice

- Aide à Toute Détresse-Quart-Monde pour les plus pauvres des pauvres en France.
- Association Emmaüs fondée par l'abbé Pierre pour les sans-domicile fixe.
- Les Petits Frères des Pauvres.
- Les fondations Raoul Follereau.
- Les équipes Saint-Vincent.
- Les banques alimentaires, etc.

En 1997, lors des JMJ à Paris, le pape Jean-Paul II a prié devant la dalle à l'honneur des victimes de la Misère. Parvis des Libertés et des Droits de l'Homme Place du Trocadéro.

L'environnement, les animaux

Les chrétiens ne se considèrent jamais comme des propriétaires. Ce qu'ils ont reçu ou gagné, ils savent que c'est pour eux, mais aussi pour les autres. C'est vrai dans tous les domaines. Mais c'est spécialement vrai dans le domaine de la nature et de l'écologie.

Douanier Rousseau, *Paysage exotique*, 1910, Fondation Norton Simon, Pasadena, États-Unis

« Les créatures et les éléments ne seront protégés de toute violation que dans la mesure où on les considérera comme des êtres à l'égard desquels l'homme est lié par des devoirs. »
Jean-Paul II

Protéger la nature...

Si l'on veut que la nature se renouvelle, serve aussi aux autres, il faut la respecter, la laisser propre. Avant de l'utiliser, il faut savoir comment elle peut se renouveler.
Si l'on coupe des arbres, il faut savoir comment vivront les animaux qui avaient besoin de ces arbres.
Il faut se demander si l'on ne gaspille pas ce qui est nécessaire aux autres... ou aux hommes de demain.
En détruisant la nature sans raison, l'homme risque aussi de se détruire lui-même... d'abord parce que, ainsi, il se laisse aller à ses plus mauvais penchants.

... et les animaux

Les animaux sont associés à l'Alliance que Dieu fait avec les hommes. Mais les hommes ont une dignité, une importance bien plus grande aux yeux de Dieu que tous les animaux du monde : depuis Jésus-Christ, les hommes sont de la famille de Dieu.

LES ANIMAUX ONT-ILS DROIT AU MÊME RESPECT QUE L'HOMME ?

Les animaux ont le droit à un grand respect. Ils sont créés par Dieu. Dans la Bible, on dit que Dieu les bénit après leur création.

Dans l'histoire de l'Arche de Noé, Dieu fait comprendre que leur sort est lié à celui de l'homme. On ne peut pas envisager que l'homme puisse vivre sans l'animal.
« Voici que je conclus mon alliance avec vous et avec vos descendants et avec tous les êtres animés qui sont avec vous : oiseaux, bestiaux, toutes bêtes sauvages, bref tout ce qui est sorti de l'Arche, tous les animaux de la Terre. »

Gn 9, 8-11

Giotto, vers 1267-1337, *Saint Francois prêchant aux oiseaux*, détail de la prédelle : *Saint François d'Assise recevant les stigmates*, musée du Louvre, Paris, France

Le cantique du Soleil de saint François

1. Très Haut, tout-puissant, bon Seigneur,
à toi sont les louanges, la gloire, l'honneur et toute bénédiction ;
à toi seul, Très Haut, ces hommages sont dus,
et nul homme n'est digne de te nommer.

2. Loué sois-tu, mon Seigneur, avec toutes tes créatures,
spécialement messire le frère Soleil,
qui fait le jour et par qui tu nous éclaires ;
et il fait beau et rayonnant avec grande spendeur ;
de toi, Très haut, il est l'image et le signe.

3. Loué sois-tu, mon Seigneur, pour sœur Lune et les Étoiles,
dans les cieux tu les as formées, claires, précieuses et belles.

4. Loué sois-tu, mon Seigneur, pour frère Vent
et pour l'Air et le Nuage et le Serein et tout Temps,
par lesquels à tes créatures tu donnes le soutien.

5. Loué sois-tu, mon Seigneur, pour sœur Eau,
qui est fort utile et humble et précieuse et chaste.

6. Loué sois-tu, mon Seigneur, pour frère Feu,
par qui tu éclaires la nuit,
et il est beau et joyeux et robuste et fort.

7. Loué sois-tu, mon Seigneur, pour sœur notre mère Terre,
qui nous porte et nous mène,
et qui produit les fruits divers avec les fleurs colorées et l'herbe.

11. Louez et bénissez mon Seigneur et remerciez-le,
et servez-le avec grande humilité.

◆ *Est-ce que Dieu est écologiste ?*

– Oui, bien sûr, d'une certaine façon. La Bible dit que Dieu a créé le monde et tout ce qui vit. Dieu aime sa création : « Il vit que cela était bon. »

◆ *Alors, Dieu aime la nature ?*

– Bien sûr, mais Dieu préfère l'homme, il lui confie le monde. Les chrétiens proclament : « Père très saint, nous proclamons que tu es grand et que tu as créé toutes choses avec sagesse et par amour : tu as fait l'homme à ton image et tu lui as confié l'univers afin qu'en te servant, toi son Créateur, il règne sur la Création. »

◆ *Alors les chrétiens sont écologistes ?*

– Oui, mais les hommes ne sont pas les serviteurs de la nature, ils en sont les protecteurs. La nature n'est jamais plus importante que l'homme.

Le chrétien et la paix

Jésus est un homme de paix. Il veut la paix dans le monde. Ressuscité, il va même plus loin et dit aux disciples : « La paix soit avec vous. Comme le Père m'a envoyé, à mon tour je vous envoie. » Les chrétiens sont envoyés pour bâtir la paix. La difficulté est de savoir comment bâtir cette paix aujourd'hui.

La Flagellation du Christ,
église Notre-Dame et Saint-Pol,
Lampaul-Guimiliau, France

Quelle paix ?

Certains chrétiens disent : « On bâtit la paix en n'employant jamais la force contre quelqu'un. » D'autres disent : « Tant que l'on est sur Terre, il est impossible de ne jamais employer la force : refuser d'employer la force contre les méchants, c'est encourager la violence. Il faut savoir, en dernier recours donner sa vie pour protéger les plus faibles. »

Chacun a le devoir de lutter contre le mal

D'abord en luttant contre son propre péché : le mal, la guerre naissent du péché de l'homme et chacun en est un peu (ou beaucoup) responsable ou complice.

Ensuite, en osant parler à ses amis et en leur disant que l'on n'est pas d'accord avec le mal qu'ils font.

En travaillant à bâtir un monde juste.

Quelques paroles de Jésus

« Tout ce que vous voulez que les hommes fassent pour vous, faites le vous-mêmes pour eux. » Mt 7, 12

« Aimez vos ennemis, priez pour ceux qui vous persécutent. » Mt 5, 43-44

« Si quelqu'un te gifle sur la joue droite, tends-lui aussi l'autre. » Mt 5, 38

(À un garde qui le gifle) : « Si j'ai mal parlé, montre ce que j'ai dit de mal, si j'ai bien parlé, pourquoi me frappes-tu ? » Jn 18, 23

La paix et moi

Très souvent on pense que la guerre c'est la faute des autres.
Pourtant, il peut arriver à chacun d'être en colère, d'être méchant.
Quand le Christ parle de paix au moment de sa Résurrection, il parle immédiatement de pardon de Dieu.
Lutter pour la paix, c'est lutter contre son propre péché. C'est aussi avoir du courage.
Quand quelqu'un se fait agresser, quand une injustice se commet, l'indifférent dit : « Tant mieux, ce n'est pas à moi que cela arrive. » Le chrétien dit : « Qu'est-ce que je peux faire pour arrêter ce mal ? »
Très souvent la faiblesse des uns devant la violence rend les violents et les méchants encore plus violents et plus méchants.
Mais pour dire non à la violence, la force morale est souvent plus efficace que la force physique.

Marche pour la paix à Washington en 1967, photo de Marc Riboud

Pablo Picasso, *Guernica*, 1937, musée de la reine Sophie, Madrid, Espagne

Les conditions de la paix

Il n'y a pas de paix s'il n'y a pas de justice, si l'on triche, si l'on vole.
Il n'y a pas de paix s'il y a de la misère, de la famine, et que l'on ne partage pas, si l'on ne cherche pas à améliorer la marche du monde.
Il n'y a pas de paix, s'il y a du racisme, si l'on méprise les personnes, si l'on ne protège pas l'environnement.
Il n'y a pas de paix si l'on se moque de l'opinion des autres et en particulier si l'on ne respecte pas leur liberté religieuse.
Il n'y a pas de paix si l'on ne participe pas à la vie politique en votant, en donnant du temps, etc.

Employer la force contre le mal

Dans certains cas extrêmes, on peut penser qu'il faut employer la force pour rétablir la paix. Mais cela ne peut se faire qu'à certaines conditions.
Il faut que l'injustice que l'on veut arrêter soit grave ; il faut que l'on ait tout fait pour arrêter cette injustice par des moyens pacifiques (discussions, « menaces », etc.).
Il faut aussi que l'intervention ne fasse pas plus de mal que l'injustice qu'elle prétend réparer et qu'elle se limite à réparer l'injustice.
Il faut être sûr que l'intervention servira à quelque chose (ce serait horrible de faire souffrir des gens pour rien).
Même si « l'ennemi » emploie des méthodes épouvantables, le chrétien doit le respecter, aider les blessés, enterrer les morts, refuser la torture, les sévices.
Un pays a le droit – et le devoir – de demander aux citoyens de défendre la sécurité de leur pays. Cependant, il doit accepter que certains choisissent de défendre leur pays sans arme.

La vie avec Dieu

Quelquefois, les enfants rêvent d'être adultes : « Quand je serai grand, disent-ils, je serai plus fort que toi, j'arrêterai les guerres »... « Quand je serai grand ! » Beaucoup d'enfants rêvent d'être grands ; ils savent aussi qu'ils n'arriveront pas à faire tout ce dont ils rêvent. Et bien Jésus-Christ leur dit : « Vous ne rêvez pas assez. Si vous me suivez, vous serez encore plus grands que vous ne pouvez l'imaginer ! Vous êtes déjà plus grands que vous ne le croyez. »

LE RETOUR DU CHRIST

Les chrétiens croient qu'un jour, Jésus reviendra et rassemblera tous ceux qui ont voulu le suivre. Il les présentera à son Père, et son Esprit habitera le cœur de tous. Alors, ils formeront tous ensemble un immense peuple de frères unis dans l'Esprit de Jésus, et Dieu les accueillera dans sa maison pour partager sa vie pour toujours.

L'Assomption

Depuis très longtemps, beaucoup de chrétiens fêtent l'Assomption de Marie. Ils croient qu'après sa mort, elle a été élevée au Ciel dans la vie même de Dieu. Ils croient qu'elle est déjà ce qu'eux aussi seront. Ils croient qu'à cause de Jésus, Marie est sauvée du péché : et elle l'est dès le tout début de sa vie. Ils croient qu'ils sont sauvés eux aussi à cause de Jésus, s'ils disent « oui » à Dieu comme Marie a dit « oui », toute sa vie. La foi en l'Assomption de Marie a été proclamée par le pape Pie XII en 1954. C'est une très grande fête pour tous les catholiques.

Jésus, l'homme qui a réussi

Luc écrit dans son évangile que, quarante jours après sa Résurrection, Jésus a été enlevé au Ciel. Qu'est-ce que cela veut dire ? Pour comprendre, il faut se souvenir que, dans la Bible, le Ciel est la maison de Dieu. On voit le ciel, il est là et pourtant, on ne peut pas l'attraper. L'Ascension, c'est la fête qui célèbre l'homme Jésus ayant réussi sa mission, entrant dans la maison de Dieu.

Si Jésus entre dans la maison de Dieu, c'est pour qu'à sa suite, les hommes y entrent, eux aussi. Beaucoup de gens disent : « Je ne serai jamais un saint, je ne serai jamais capable d'aimer comme Jésus a aimé. » S'ils sont chrétiens, ils se trompent. Ils devraient dire : « Seul, je ne serai jamais capable d'être un saint, mais avec Jésus, c'est possible, c'est même certain. Cela prendra du temps, il faudra accepter de changer, de se laisser transformer par l'Esprit de Jésus, mais chaque homme, chaque femme, chaque enfant est appelé à être saint, à vivre dans l'amour de Dieu, à partager la vie de Dieu avec Jésus. »

Francisco de Zurbaran, *L'Assomption*, 1661, musée des Beaux-Arts, Budapest, Hongrie

Fra Angelico, *Le Jugement dernier*, vers 1431, musée Saint-Marc, Florence, Italie

Une promesse déjà commencée

Les chrétiens croient que cette vie avec Dieu – la vie qui ne finit pas – est déjà commencée. Aujourd'hui, le monde n'est pas encore parfait. L'Esprit de Dieu n'habite pas encore entièrement le cœur des hommes. Beaucoup d'hommes et de femmes ont peur ; ils n'osent pas aimer à fond et font du mal à ceux qui les entourent. Les chrétiens ne sont pas différents des autres hommes. Pour eux aussi, la vie peut être difficile, mais ils connaissent la promesse de Dieu. Ils croient que Dieu ne les abandonnera jamais. Par leur baptême, ils sont liés au Christ dans sa mort et dans sa vie pour toujours.

Être unis à Dieu

Au cours de la messe, en mêlant une goutte d'eau au vin qui va devenir le sang du Christ, le prêtre dit : « Comme cette eau se mêle au vin pour le sacrement de l'Alliance, puissions-nous être unis à la divinité de celui qui a pris notre humanité. »

Giotto, vers 1267-1337, *L'Ascension*, Chapelle Scrovegni, Padoue, Italie

Dire Dieu

Les chrétiens affirment qu'on ne peut pas croire en Dieu sans avoir envie de chanter et de dire à tout le monde : Dieu aime. Dieu m'aime, Dieu aime tous les hommes. C'est un peu comme si l'amour du Père pour le Fils dans l'Esprit était contagieux... Il est impossible de s'en approcher sans devenir contagieux soi-même ; et c'est une bonne maladie.

L'exemple de Souliana

Souliana est originaire de Wallis (c'est un territoire français à 24 000 km de la France) ; elle est devenue missionnaire en Afrique, au Sénégal.
Pour Théo, elle raconte son histoire.
« À l'âge de sept ans, un missionnaire m'a parlé d'un tremblement de terre au Pérou. Alors, j'ai senti en moi un appel pour me mettre au service des malheureux. Puis j'ai un peu oublié.
J'ai même failli me marier. Mais à 23 ans, en pèlerinage, j'ai de nouveau prié et réfléchi : j'ai su que je serais missionnaire. J'ai été en Nouvelle-Calédonie chez les sœurs Missionnaires de la Société de Marie. Mais je désirais me mettre au service des malades, alors je me suis rendue aux Îles Vanuatu pour faire des études... et quand je suis revenue chez moi, il y avait besoin de sœurs infirmières au Sénégal. La vie est difficile car il y a de plus en plus de malades. Nous sommes dans un village où neuf habitants sur dix sont musulmans. Mais je trouve que les Sénégalais ont un grand sens du partage et de l'accueil. Connaître les autres, leurs besoins, leur soif d'amour pousse à se donner davantage, j'en ai fait l'expérience. »

De la publicité pour Dieu ?

Les chrétiens font une bonne publicité pour Dieu quand ils le font connaître par leur vie, leur exemple, leurs paroles, leurs prières, leur témoignage. Et cela, les chrétiens ne le font pas assez.
Mais il y a une publicité qui n'est pas bonne. Elle cherche à « séduire », à « avoir » les gens par le jeu, par la ruse et les fausses promesses : on ne peut faire connaître Dieu ainsi. Il aime trop la liberté. Il veut être aimé librement. Dieu veut respecter la liberté de chacun.

Les dernières paroles de Jésus à ses disciples

« Tout pouvoir m'a été donné au Ciel et sur la Terre. Allez donc, de toutes les nations faites des disciples, les baptisant au nom du Père et du Fils et du Saint-Esprit, leur apprenant à garder tout ce que je vous ai prescrit. Et moi je suis avec vous tous les jours jusqu'à la fin des temps. »
Mt 28, 17-20

Ceux qui ne connaissent pas Dieu

Dieu, nul homme ne le connaît. Seul le Christ peut en parler. Beaucoup de gens s'imaginent savoir quelque chose sur Dieu et ils ne savent rien : ils restent dans leur solitude, dans leur malheur. D'autres qui ne connaissent pas le Christ sont tellement honnêtes qu'ils sont sans le savoir sur le chemin du Christ. Il ne faut pas oublier que tous les hommes ont été créés par Dieu pour le connaître et que l'Esprit du Christ agit même chez les non chrétiens.

QUELLE MISSION ?

◆ *Est-il vraiment nécessaire de partir en mission si loin ?*
– C'est vraiment nécessaire de se sentir en mission tout le temps. Mais il ne faut pas forcément aller très loin pour rencontrer des gens qui ne connaissent pas Dieu, ou qui ont besoin d'être aidés ou aimés au nom de Dieu. On peut très bien être missionnaire dans une cour de récréation.

◆ *Beaucoup de gens se passent très bien de Dieu. Faut-il les ennuyer avec lui ?*
– C'est vrai que beaucoup de gens se font une telle idée de Dieu qu'ils n'ont pas envie d'en parler. Souvent, c'est parce qu'il ne savent pas que Dieu les aime et leur veut du bien. Souliana est missionnaire d'abord parce qu'elle se met au service des gens gratuitement. Et si elle est forte malgré les difficultés, c'est qu'elle a un secret. Et ce secret, c'est l'amour qu'elle a pour Dieu et pour chacun des malades. Elle ne cache pas son secret. Tout le monde sait qu'elle est chrétienne. Elle n'en parle pas tout le temps, mais elle agit comme le Christ.

◆ *Annoncer le Christ aux malheureux, d'accord. Mais faut-il l'annoncer aux gens heureux ou à ceux qui ont déjà une religion ?*
– Bien sûr que oui ! Si Dieu a envoyé le Christ sur Terre, c'est parce qu'il voulait être connu et aimé par tous les hommes. Le bonheur de Dieu, c'est la rencontre avec tous les hommes. Être missionnaire, c'est chercher le bonheur de Dieu ; c'est aider chaque homme à aller au bout de son chemin ; c'est vouloir le bonheur des hommes.

Théodore Chasseriau, 1819-1856, *Saint Philippe baptisant l'eunuque de la reine d'Éthiopie*, musée du Petit Palais, Paris, France

ET APRÈS LA MORT ?

Notre journal ouvre ses colonnes à nos lecteurs qui se posent des questions sur la vie après la mort, sur la résurrection et la vie éternelle.

PRIER POUR CEUX QUI SONT MORTS

Souvent, je pense à mon grand-père qui est mort. J'aimerais pouvoir parler avec lui. Est-ce qu'il peut m'entendre ? Est-ce qu'il me voit ?

Aude

Oui, c'est difficile de ne plus voir, de ne plus entendre ceux qu'on aime. Les chrétiens croient que les morts sont proches de Dieu. Tu peux penser à ton grand-père et lui parler dans la prière. Son silence ne doit pas t'effrayer. Les chrétiens ont toujours eu l'habitude de prier pour les morts, pour qu'ils soient plus proches de Dieu. Tu peux prier pour ton grand-père, pour qu'il soit gagné totalement par l'amour de Dieu et qu'il vive avec lui. Lui, il prie pour toi, pour que Dieu te donne joie et courage. Vous vous tendez la main et vos mains se rejoignent en Dieu.

LA RÉINCARNATION

Parfois j'ai l'impression d'avoir déjà vécu certaines choses. J'ai peut-être eu une autre vie il y a très longtemps. Il m'arrive de rêver que j'étais quelqu'un de célèbre.

Julien

L'impression de déjà vécu dont tu parles est assez fréquente. Les scientifiques pensent que c'est tout simplement notre cerveau qui se trompe. Ce que tu es en train de vivre est enregistré à la fois comme un souvenir et comme le présent. Il se peut aussi que cette situation que tu crois avoir vécue vienne d'un rêve dont tu ne te souviens plus ou d'une image à la télévision qui t'a marqué, ou encore d'une description dans un livre, le tout surgissant à un moment inattendu. C'est vrai que cela peut faire penser à la réincarnation. L'esprit de l'homme renaîtrait après sa mort dans un autre corps. Mais la croyance en la réincarnation n'a rien à voir avec la foi des chrétiens dans la Résurrection. Pour les chrétiens, l'esprit et le corps ne sont rien l'un sans l'autre. Ils se construisent ensemble pour faire un être unique. Les chrétiens disent dans une petite phrase du Credo qu'ils croient « à la résurrection de la chair », c'est-à-dire à une vie nouvelle que Dieu donne à l'homme, à toute sa personne telle qu'elle est. La Résurrection, c'est la vie avec Dieu pour toujours, une vie qui n'a pas de fin, qui ne connaît plus la mort.

L'ENFER EXISTE-T-IL ?

Je crois que Dieu nous aime très fort, il ne peut donc pas y avoir d'enfer. On se retrouvera donc tous au paradis.

Paul

Cela va te sembler absurde Paul, mais l'enfer existe parce que Dieu est Amour. Dieu t'aime, il t'aime d'un amour si grand et si parfait, qu'il te laisse libre d'accepter d'être aimé ou de refuser.
L'amour de Dieu est une invitation : c'est comme un cadeau. Tu peux ouvrir les bras pour le recevoir. Tu peux découvrir que ce que Dieu te donne, c'est ce dont tu as le plus besoin : « Si tu savais le don de Dieu ... » Tu es aimé, reconnu, entouré, en confiance... Il offre un sens à ta vie. Mais ce cadeau, tu peux aussi le laisser dans un coin et l'oublier. Chacun est libre de dire oui ou non à Dieu.
L'enfer n'est pas un lieu, c'est une situation. C'est se fermer à l'amour offert, c'est se refuser à aimer et à être aimé. Le paradis aussi est une situation. C'est s'ouvrir, grandir, découvrir, construire en aimant. Dieu ne veut pas l'enfer. À chaque homme il dit : « Choisis la vie. »

LE PARADIS

Moi je me demande comment ce sera au paradis. Est-ce qu'on aura le même corps ? Ce serait bien parce qu'on pourrait reconnaître sa famille et ses amis.

Claire

La Bible est pleine d'images et de signes pour nous parler de la vie promise par Dieu : avoir très faim et trouver une table couverte de plats à se lécher les babines ; avoir très soif et trouver une fontaine d'eau bien fraîche... Mais ce que Dieu offre dépasse ce que nous pouvons voir, entendre, sentir et même imaginer.
Les chrétiens croient en Dieu qui leur offre la vie après la mort. Une vie autre, qui n'est pas le retour à la vie de notre cadavre. Comme la graine mise en terre qui devient fleur, nous nous épanouirons. La graine ne sait pas qu'elle porte en elle la fleur à venir. De même, à la résurrection des morts, tu seras toi-même, mais tout autre qu'avant.

Quand Jésus apparaît à ses Apôtres après la Résurrection, il est au milieu d'eux : il montre son corps marqué par la mort sur la croix. Il mange avec eux, il refait les gestes qu'il a déjà faits. Il dit : « C'est bien moi. » Toi aussi, tu pourras dire : « C'est bien moi » ; tu porteras en toi ce que tu as vécu, tes choix, tes goûts, tes pensées... Tu seras vivante du souffle et de l'amour de Dieu, avec tous ceux que tu aimes.

C'EST TRISTE D'ÊTRE SÉPARÉ

Ma grand-mère est morte, je suis très triste. Pourtant je crois que je la retrouverai un jour au Ciel. On sera ensemble à la fin du monde.

Elise

Tu es très triste, c'est normal, la mort est absurde et révoltante, surtout la mort de ceux que nous aimons. Tu dis que tu crois que tu la retrouveras au Ciel. Cela ne te console pas entièrement, car tu souffres d'être séparée d'elle. Pourtant, la grande espérance des chrétiens, c'est croire que Dieu est un Père qui aime pour toujours, croire que son amour donne la vie, et que cette vie ne finit pas. Ils croient qu'à la fin de l'histoire du monde, nous nous retrouverons ensemble en Dieu pour toujours. Cette espérance peut t'aider à surmonter ta peine.

Marie

Magnificat ! Le Seigneur est magnifique ! En embrassant sa cousine Elisabeth, Marie laisse éclater sa joie : elle chante les merveilles de l'amour de Dieu. Les chrétiens aiment reprendre le chant de Marie pour remercier Dieu.

Les noms de Marie

On invente souvent des noms secrets pour ceux qu'on aime. Les chrétiens ont donné les plus beaux à Marie.

Marie est Toute-Sainte parce qu'elle a vécu avec Dieu et pour Dieu.

Vierge Marie : Jésus est un cadeau de Dieu... Un cadeau si merveilleux que Marie s'est entièrement consacrée à lui : elle est restée vierge pour n'être rien d'autre que la mère de Jésus.

Mère de Dieu : Quel drôle de nom ! Bien sûr que Dieu n'a pas de mère ! Mais Jésus, lui, a eu besoin d'une maman. Comme Jésus est Dieu, en devenant mère de Jésus, Marie a accueilli Dieu lui-même.

Marie a toujours dit « oui » à Dieu. Elle est le modèle des chrétiens, qui l'appellent Notre Mère.

En conduisant à Jésus, Marie conduit au Ciel. Elle est la Porte du ciel ou l'échelle de Jacob.

Elle est aussi : Miroir de justice, Étoile du matin, Reine des anges...

Marie, l'aventure d'un « oui »

Marie est une jeune fille de Galilée que personne n'a jamais remarquée. Personne... sauf Dieu ! Il lui demande d'être la mère du Messie. Quelle aventure ! Où cela va-t-il la mener ? Que diront les gens ? Marie s'en moque, elle dit oui de tout son cœur.

L'ange dit à Marie que sa cousine Elisabeth va avoir un fils. Vite, Marie court la voir, et elle chante sa joie : tout ce qu'elle voit lui dit que Dieu aime la vie et les hommes.

Quarante jours après la naissance de Jésus, Marie va au Temple pour présenter à Dieu son enfant. C'est la coutume juive, mais pour Marie c'est aussi un geste d'amour : elle ne veut pas garder Jésus pour elle, car elle sait qu'il est vraiment pour Dieu.

Au mariage de Cana, la fête va finir car il n'y a plus de vin. Mais Marie a la foi audacieuse : elle demande à Jésus d'agir, et Jésus fait un miracle !

Jésus est cloué sur la croix. Ses amis l'ont abandonné et Dieu même semble absent. Mais le courage de Marie est plus fort que sa souffrance. À côté de Jésus, elle reste debout.

Je vous salue Marie

Je vous salue, Marie, pleine de grâce ;
le Seigneur est avec vous
Vous êtes bénie entre toutes les femmes
Et Jésus, le fruit de vos entrailles,
est béni.
Sainte Marie, Mère de Dieu,
Priez pour nous, pauvres pécheurs
Maintenant et à l'heure de notre mort.

Maurice Denis, *L'Annonciation*, 1913, musée d'Orsay, Paris, France

Magnificat

Oui, le Seigneur est grand, je veux chanter pour lui.
Lui, mon sauveur, m'a regardée, moi qui suis si petite et mon cœur bondit de joie.
Hier, aujourd'hui et demain, le monde entier parlera de mon bonheur parce qu'en moi Dieu a fait de grandes choses.
Oui, le Seigneur est saint, il se donne à tous les hommes droits.
Pour eux, il montre sa force : les orgueilleux, il les fait taire ; les oppresseurs, il les renverse, mais les pauvres, il les relève.
Aux affamés, il donne l'abondance et il vide les mains des riches.
Ce que nos pères avaient espéré, il nous l'a donné.
Ce qu'il avait promis, il l'a fait.
Dieu a montré sa tendresse, aujourd'hui et pour toujours.

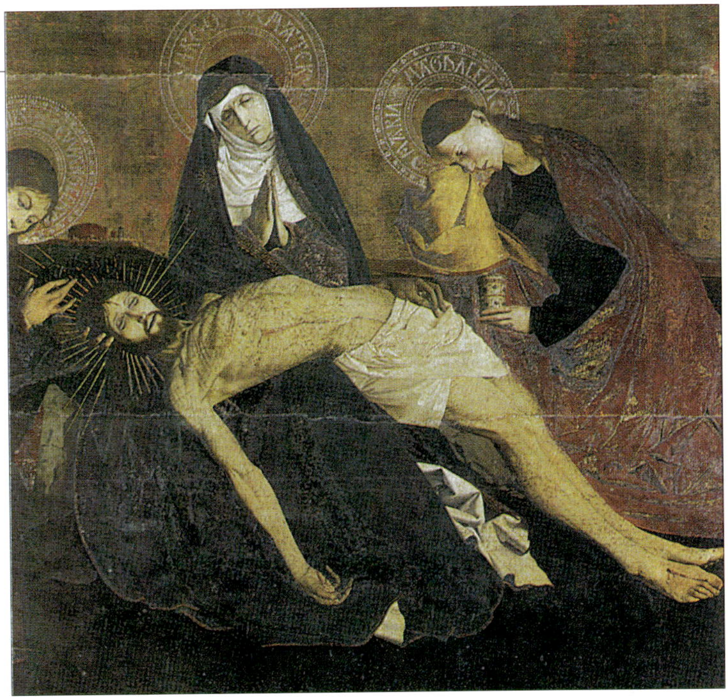

Enguerrand Quarton, *Pietà de Villeneuve-lès-Avignon*, 1444-1446, musée du Louvre, Paris, France

PRIER AVEC MARIE

◆ *Pourquoi y a-t-il des images et des statues de Marie dans les églises ?*
– Les chrétiens aiment regarder Marie pour se tourner avec elle vers Jésus. Marie ne retient pas à elle ceux qui la contemplent, car elle sait qu'elle n'est rien sans Jésus.

◆ *Alors, pourquoi est-ce qu'on la prie ?*
– Regarde Marie à Cana. Elle se tourne vers Jésus car elle sait qu'il donne toujours la joie. Prier Marie, c'est prier Jésus avec elle.

◆ *Oui, mais Marie est morte !*
– Les chrétiens croient qu'elle est montée au Ciel et qu'elle vit dans le cœur de Dieu. C'est ce qu'ils fêtent le quinze août, le jour de l'Assomption.

C'est la Pentecôte. Marie prie au milieu des disciples. Et voici que l'Esprit Saint les illumine, voici qu'ils comprennent vraiment la vie et la mort de Jésus. Tous brûlent d'annoncer que Jésus est le Fils de Dieu : l'aventure de l'Église commence.

Marie invite l'Église à chanter

Marie est toute entière tournée vers Dieu car elle sait bien qu'elle ne serait rien sans lui. Quand Dieu, lui-même, pose son regard sur elle et l'aime, elle s'émerveille ! Marie ouvre tout grand son cœur, et Dieu le remplit à ras bord d'une joie folle.
Marie chante pour les amis de Dieu : non pas ceux qui ferment leur cœur en croyant tout savoir, mais ceux qui écoutent Dieu et se tournent vers lui ; non pas ceux qui commandent, mais ceux qui demandent ; non pas les riches qui se passent de Dieu, mais les pauvres qui ont besoin de lui et l'appellent... Dieu donne la force de son amour à ceux qui sont faibles : c'est une vraie révolution !
Avec Marie, les chrétiens remercient Dieu de leur avoir donné Jésus.

Prier

Prier, ce n'est pas simplement réciter des prières, c'est d'abord se mettre en présence de Dieu, être là devant lui, lui parler et l'écouter. La prière c'est un temps pour Dieu, fait de paroles et de silence. La première prière, c'est celle que Jésus a apprise à ses Apôtres, quand il leur a dit de s'adresser à Dieu en disant : « Notre Père. » Et le sommet de la prière des chrétiens, c'est la messe ; mais il y a mille et une façons de prier.

QU'EST-CE QUI CHANGE QUAND ON PRIE ?

Les chrétiens croient que celui qui prie laisse Dieu agir en lui, à travers lui. Celui qui prie ouvre son cœur aux dimensions du cœur de Dieu. Alors, il devient capable de changer son regard sur les autres, de les regarder et de les aimer comme Dieu les regarde et les aime.

Où et quand peut-on prier ?

On peut prier à tout moment de la journée : le matin, le soir, en allant à l'école, au collège, dans l'autobus, dans la salle d'attente du médecin...

Orante, stèle funéraire, 5e-7e siècle

Parfois, avant les repas, les chrétiens disent le « Bénédicité » pour demander à Dieu de les aider à partager avec les autres.

On peut aussi prier seul dans le silence et le secret, dans sa chambre. On peut installer un « coin prière », disposer une croix, une icône, une bougie, des fleurs, un évangile ou un livre qui aide à prier.

On peut aussi prier avec d'autres chrétiens. Il existe des groupes de prière qui réunissent des personnes heureuses d'unir leurs voix.

Quand on ne sait pas comment prier

Pour parler à Dieu dans la prière, voici 4 mots tout simples de la vie de tous les jours, qui sont comme les 4 directions d'une boussole.

Je t'aime — Pardon
Merci — S'il te plaît.

Un mot, un nom que tu ne connais pas ? Va voir dans l'index page 283.

Comment prier ?

Chacun a sa manière de prier. Les uns aiment le silence pour se mettre en présence de Dieu, d'autres préfèrent lire une page de l'Évangile ou réciter une prière.

Mais prier, c'est toujours penser à Jésus (on peut le faire en lisant une page de l'Évangile), le remercier, demander pardon et demander à Dieu d'envoyer son Esprit.

Prier de manière à plaire à Dieu

Quand tu pries, retire-toi au fond de la maison, ferme la porte, et prie ton Père qui est présent dans le secret ; ton Père voit ce que tu fais dans le secret : il te le revaudra.

Les différentes formes de prière

Jean Siméon Chardin, *Le Bénédicité*, 1740, musée du Louvre, Paris, France

Les psaumes sont des prières sous forme de poèmes, de cantiques. Il y en a 150 regroupés dans un livre qu'on appelle le psautier. On y trouve des psaumes pour chaque moment de la vie, pour chaque événement : pour chanter l'amour de Dieu, pour demander pardon, pour appeler au secours dans la tristesse ou le découragement, pour remercier, pour dire la joie et la confiance en Dieu.

Comme Jésus l'a fait tout au long de sa vie, les chrétiens peuvent eux aussi prier avec les psaumes.

La prière des heures est l'ensemble des prières que disent les prêtres au cours de la journée. Cela ressemble à la prière des moines, l'office divin en plus court. Autrefois, cela s'appelait le bréviaire.

L'office divin : dans les monastères, les moines et les moniales prient tout au long de la journée et même la nuit. Cet ensemble de prières, principalement des psaumes, s'appelle l'office divin.

Le chapelet ressemble à un long collier composé de plusieurs grains. Chaque grain représente une prière à Marie, un « Je vous salue Marie ». Le chapelet comprend cinq dizaines de grains, chacune séparée par un grain isolé : le « Notre Père ».

Le rosaire est une prière à Marie qui fait réfléchir sur sa vie et celle de Jésus. Dire le Rosaire c'est dire trois fois le chapelet.

Les litanies sont une suite d'appels lancés à Dieu, à la Vierge et aux saints pour qu'ils prient pour nous : « Sainte Marie, priez pour nous. Saint Jean, priez pour nous. » Dans une prière familiale, on nomme les saints de la famille.

DIEU RÉPOND-IL QUAND ON PRIE ?

On peut prier pour qu'une guerre cesse et il peut arriver que la paix revienne.

On peut prier pour la guérison de sa grand-mère qui est très malade et pourtant, elle va mourir quand même. Dieu n'est pas un magicien mais il peut aider à vivre plus paisiblement cet événement.

On peut prier avant de prendre une décision importante. Ce n'est pas Dieu qui prendra cette décision, mais il peut éclairer celui qui prie et l'aider à trouver la paix.

On peut prier avant de passer un examen. Ce n'est pas Dieu qui répondra aux questions, mais il peut aider celui qui prie à trouver la force de travailler pour mieux réussir cet examen.

Le calendrier liturgique

Tout au long de l'année, les chrétiens revivent les grands événements de la vie de Jésus-Christ. Théo t'invite à découvrir ces grands moments de l'année pour les chrétiens, ce qu'on appelle le calendrier liturgique.

À la messe, les textes des évangiles sont répartis sur trois ans : année A, lecture de l'évangile de Matthieu ; année B, lecture de l'évangile de Marc ; année C, lecture de l'évangile de Luc. Les textes de l'évangile de Jean sont répartis tout au long des trois années. Chaque dimanche, avant de lire l'évangile, on lit un texte de l'Ancien Testament et un texte tiré des lettres de Paul.

1er novembre : **Toussaint**, fête de tous les saints. Les catholiques fêtent tous les saints, les hommes, les femmes et les enfants de tous les temps qui ont cherché à vivre en amitié avec Dieu.
C'est un jour de fête en France.
Les orthodoxes, eux, célèbrent cette fête quelques semaines après Pâques.

Dernier dimanche de l'année liturgique : **Christ-Roi.**

15 août : **Assomption de Marie**,
Marie près de Dieu. Les catholiques et les orthodoxes fêtent le passage de Marie, la mère de Jésus, dans la vie de Dieu. C'est la promesse qu'après leur mort, tous les hommes participeront comme Marie à la vie de Dieu.
C'est un jour de fête en France.

Cinquante jours après Pâques : **Pentecôte**,
fête du Saint-Esprit. Les chrétiens fêtent l'Esprit Saint, le souffle de la vie de Dieu que Jésus a donné à ses amis, les Apôtres. Avec la force de l'Esprit Saint et à la suite des Apôtres, les chrétiens annoncent Jésus ressuscité au monde entier.

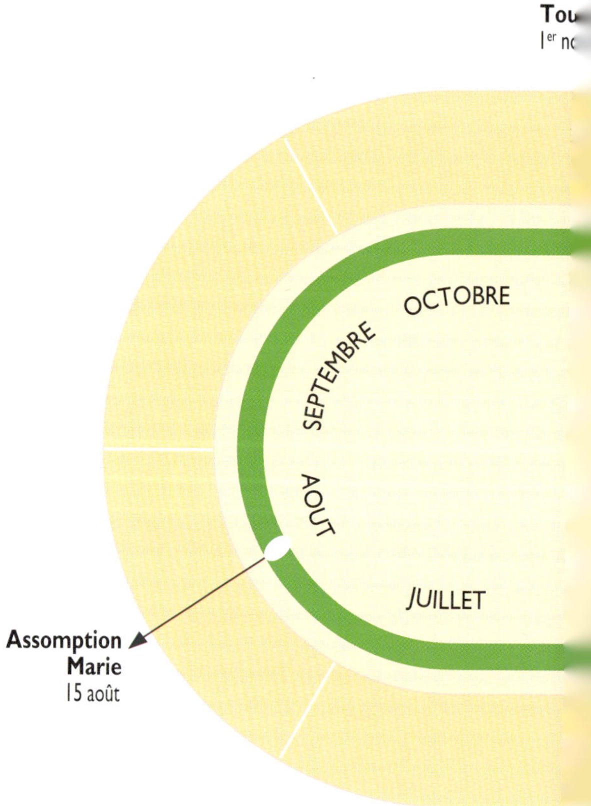

Ascension : Jésus part vers son Père.
L'Évangile raconte que pendant 40 jours après Pâques, Jésus s'est montré à ses amis.
Puis, ils ne l'ont plus vu.
Le jeudi de l'Ascension, les chrétiens fêtent Jésus ressuscité : il n'est plus visible à leurs yeux.
Maintenant, il est entré dans une vie nouvelle avec Dieu et au milieu d'eux.
En France, c'est toujours un jeudi et c'est un jour de fête.

Vendredi Saint : mort de Jésus.
C'est un jour chômé en Alsace.

Pâques : Résurrection de Jésus. Pâques veut dire « passage ».
Dans la nuit de Pâques, les chrétiens chantent leur joie. Jésus est passé de la mort à la vie, il est vivant pour toujours.
C'est un jour de fête en France.

Les fêtes de Marie

8 septembre : naissance de Marie, mère de Jésus.
8 décembre : Immaculée Conception.
1er janvier : Marie, mère de Dieu
25 mars : Annonciation ; les orthodoxes et les catholiques fêtent le jour où un envoyé de Dieu, l'ange Gabriel, a annoncé à une jeune fille juive, Marie : « Tu auras un fils, tu le nommeras Jésus, il sera Fils de Dieu. »
31 mai : Visitation ; les catholiques fêtent le jour où Marie visite sa cousine Elisabeth. Ce jour-là, Marie dit une très belle prière, le Magnificat.
15 août : Assomption.

Quatre dimanche avant le 25 décembre, c'est le début de l'**Avent**, les catholiques et les protestants attendent et préparent Noël, la fête de la venue de Jésus. Les orthodoxes commencent l'Avent 40 jours avant Noël.

25 décembre, **Noël** : naissance de Jésus, tous les chrétiens fêtent cette naissance.
C'est un jour de fête en France.

2e dimanche après Noël, **Épiphanie** : visite des Mages, adoration. Épiphanie veut dire « se manifester, se montrer ». En relisant l'histoire des Mages – des savants étrangers venus de loin pour adorer l'Enfant Jésus – les chrétiens annoncent que Jésus est venu pour tous les hommes.

2 février, 40 jours après Noël, **Chandeleur** : présentation de Jésus au Temple. Les chrétiens se souviennent que Marie et Joseph, les parents de Jésus, sont venus au Temple avec leur bébé. Selon la coutume, ils ont offert deux colombes pour remercier Dieu de leur avoir donné un fils.

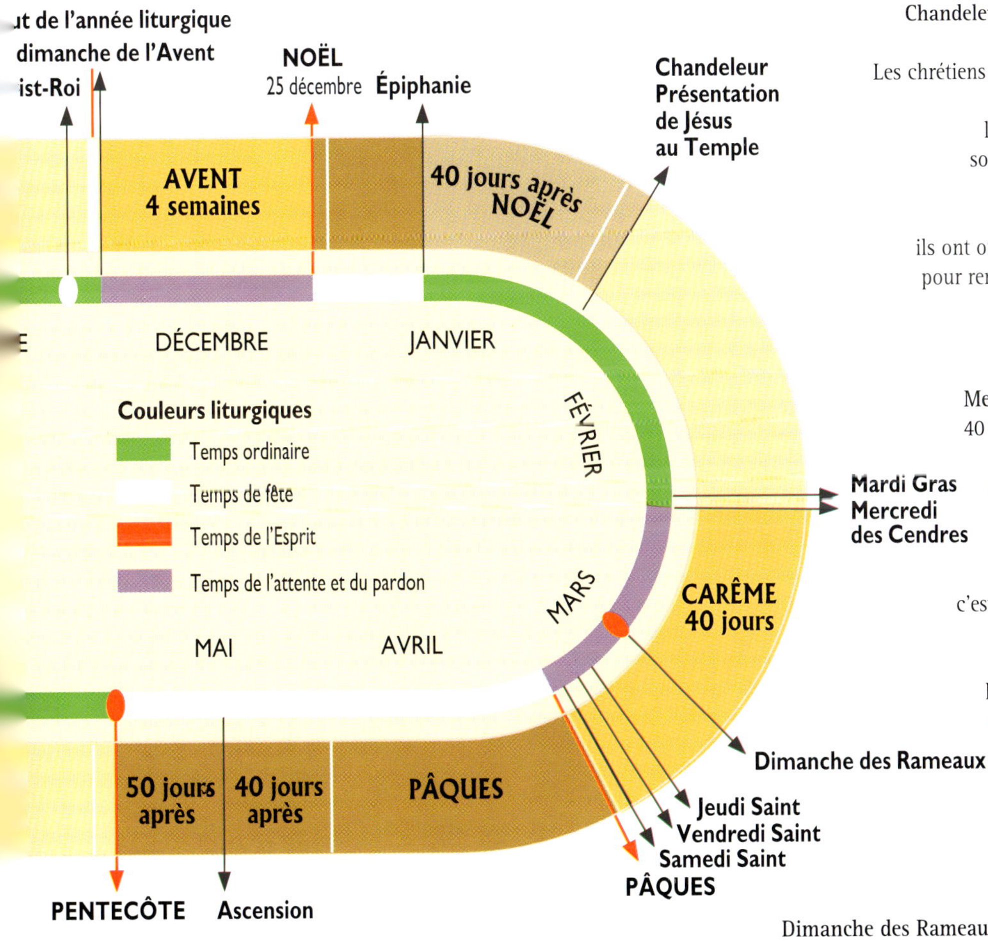

Mercredi des Cendres, 40 jours avant Pâques, ce jour marque le début du Carême, préparation à Pâques. Pour les chrétiens, c'est un temps de prière pendant lequel ils essaient de changer leurs habitudes pour mieux écouter Dieu.

Dimanche des Rameaux : le premier jour de la semaine de Pâques, en agitant des branches vertes, les chrétiens fêtent l'entrée triomphale de Jésus à Jérusalem.

Jeudi Saint : dernier repas de Jésus.
Les chrétiens fêtent le dernier repas de Jésus avec ses amis.
Ils se souviennent de ses paroles : « Ceci est mon corps, ceci est mon sang, donnés pour vous. Faites ceci en mémoire de moi. »

Les sacrements

Quand deux personnes s'aiment, elles se le disent par des paroles, des gestes, des signes. Les chrétiens croient que Dieu aime les hommes comme des amis et leur dit son amour par des paroles, des gestes, des signes : ce sont les sacrements. Le sacrement est le signe de la présence de Jésus ressuscité.

LES SEPT SACREMENTS

Le baptême, l'eucharistie et la confirmation donnent la vie de Dieu et aident à grandir dans son amour. On les appelle les sacrements de l'initiation.
La réconciliation et l'onction des malades sont des sacrements de guérison.
Le sacrement de l'ordre et de mariage sont au service de la mission des chrétiens.
Le baptême est le premier sacrement. Seul un baptisé peut recevoir les autres sacrements.

Le signe de la présence

Quand tu rentres de l'école ou du collège, et que tu vois l'anorak de ton frère accroché au portemanteau, tu sais que ton frère est là, même s'il est dans sa chambre et que tu ne le vois pas. Dieu, on ne le voit pas, mais grâce aux sacrements, les chrétiens savent qu'il est là, présent, vivant au milieu d'eux.

Van der Weyden, *Tryptique des Sept Sacrements*, vers 1450, détail, musée royal des Beaux-Arts, Anvers, Belgique

Quand on aime quelqu'un, petit à petit, la relation que l'on a avec cette personne se fait plus grande, plus profonde, plus intime. Peu à peu, à cause de cet amour, on change sa façon de voir, de parler, d'être. Pour un chrétien, un sacrement est une rencontre avec Dieu qui l'aime. Cette rencontre le transforme, le remplit de joie. Son amour pour Dieu grandit, devient plus fort. Grâce aux sacrements, il comprend mieux de quel amour Dieu l'aime et ce que Dieu attend de lui. Son amour pour les autres va aussi être plus fort, plus vrai, car le sacrement n'est pas donné pour le chrétien tout seul ; il l'envoie vers les autres. Celui qui est pardonné doit annoncer que Dieu est pardon ; celui qui est confirmé reçoit la force de l'Esprit Saint pour aller annoncer la Bonne Nouvelle de Jésus-Christ ; ceux qui se marient acceptent d'annoncer que Dieu est Amour.
Dans chaque sacrement, Dieu est présent auprès du chrétien. Dans les situations particulières de sa vie également : lorsqu'il est malade, pécheur, amoureux, pour l'aider à vivre toujours mieux dans l'Amour de Dieu et des autres.

Tout sacrement est un signe, une parole et un symbole

Le signe, c'est ce que l'on voit. La parole, c'est ce que l'on entend. Le symbole, c'est ce que ce signe et cette parole expriment, ce que Dieu dit à travers eux.
Quand un sacrement est donné, toutes les personnes présentes découvrent le signe et la parole. Mais le symbole ne peut être

compris que par ceux qui croient en Dieu. Par exemple, pour le baptême, tout le monde voit l'eau que l'on verse sur le front du baptisé ; tout le monde entend la parole : « Je te baptise au nom du Père et du Fils et du Saint-Esprit. » Ceux qui croient en Dieu comprennent, au-delà des gestes et des mots, que c'est la vie même de Dieu qui coule, purifie et fait du baptisé un enfant de Dieu.

La présence de Jésus

Après la Résurrection, Jésus s'est montré plusieurs fois, puis, à l'Ascension, il est monté aux cieux et on ne l'a plus vu. Mais il a laissé aux hommes un signe de sa présence : la communauté des chrétiens, c'est-à-dire l'Église, qui communique aux hommes la vie du Christ, qui leur dit tout l'amour de Dieu pour eux.
Dans la Bible, le mot choisi pour exprimer l'amour de Dieu et des hommes est le mot « alliance ». L'Église est signe de cette Alliance de Dieu avec son peuple. C'est pourquoi on dit que l'Église est sacrement.

Van der Weyden, *Tryptique des Sept Sacrements*, vers 1450, détail, musée royal des Beaux-Arts, Anvers, Belgique

Sacrement	Signe	Parole
Baptême	Eau	Je te baptise au nom du Père et du Fils et du Saint-Esprit.
Eucharistie	Pain et Vin	Prenez et mangez, ceci est mon corps ; prenez et buvez, ceci est mon sang.
Confirmation	Onction	Sois marqué de l'Esprit Saint, le don de Dieu.
Réconciliation	Dialogue renoué	Je te pardonne tous tes péchés, au nom du Père et du Fils et du Saint-Esprit.
Sacrement des malades	Onction imposition des mains	Par cette onction sainte, que le Seigneur, en sa grande bonté, vous réconforte par la grâce de l'Esprit Saint. Ainsi, vous ayant libéré de vos péchés, qu'il vous sauve et vous relève.
Ordre	Onction Imposition des mains	Prière consécratoire.
Mariage	Le couple	Je te reçois comme époux et je me donne à toi pour t'aimer fidèlement tout au long de notre vie.

Le baptême

Devenir chrétien, c'est entrer par le baptême dans la vie nouvelle des enfants de Dieu. Le baptême est le premier sacrement de la vie chrétienne.

Saint Sylvestre baptise l'empereur Constantin par immersion,
9e siècle, basilique des Quatre Saints Couronnés, fresque, Rome, Italie

Une seconde naissance

L'Évangile raconte qu'au baptême de Jésus, le ciel s'ouvre et une voix se fait entendre : « Celui-ci est mon fils bien-aimé, en lui j'ai mis tout mon amour. » De même, le jour de son baptême, Dieu dit à chacun : « Tu es mon fils (ma fille) bien aimé(e), en toi j'ai mis tout mon amour. » Mt 3, 17

Les gestes du baptême

L'accueil dans l'Église : le prêtre fait le signe de la croix, qui est le signe des chrétiens, sur le front du futur baptisé : il entre ainsi dans la grande famille des chrétiens. Il peut aussi faire ce signe sur les oreilles, les yeux, les lèvres, le cœur, et les épaules du futur baptisé pour qu'il entende et voie ce que dit et fait Jésus, qu'il sache lui répondre, qu'il l'accueille et reçoive sa force.

Le signe de l'eau : l'eau est signe de mort lorsque c'est l'eau des inondations, des raz-de-marée, des noyades. Mais c'est aussi le signe de la vie : sans eau, il n'y a pas de vie possible. L'eau que l'on verse sur le front du baptisé est à la fois signe de vie et de mort. Le baptême est signe de la mort au péché. Il est le signe que le baptisé accepte de mourir pour les autres comme Jésus l'a fait. Il est aussi signe de vie, et même de vie éternelle. C'est Dieu qui est la source de cette vie-là.

Anonyme, 17e siècle, *Baptême*, détail, musée des Beaux-arts, Nantes, France

Le signe de l'huile : il suffit d'une petite goutte d'huile pour faire une marque indélébile. Avec une huile parfumée, le saint chrême, le prêtre marque le front du baptisé. C'est le signe de l'Esprit Saint qui se répand en lui pour lui donner sa force et l'aider à rester toujours fidèle à Jésus.

Le vêtement blanc : le blanc, dans notre pays est le signe de la fête. Le jour de son baptême, le baptisé revêt un vêtement blanc, vêtement de fête. Le blanc est aussi la « couleur de Dieu ». Le baptisé a revêtu le Christ, il est un homme nouveau : c'est pourquoi il porte un vêtement blanc.

> **Je te baptise au nom du Père et du Fils et du Saint-Esprit.**

Devenir fils de Dieu

◆ *On dit qu'être baptisé, c'est passer de la mort à la vie avec le Christ : je ne comprends pas bien cette phrase.*

Le signe principal du baptême, c'est l'eau. En fait, baptême est un mot qui veut dire « plonger ». Le passage dans l'eau est comme un passage dans la mort ; on laisse au fond de l'eau ce qui nous attire vers le mal et on ouvre les yeux à la lumière pour commencer une nouvelle vie avec le Christ. Les premiers chrétiens étaient plongés entièrement dans l'eau. Aujourd'hui, on peut soit plonger la tête dans l'eau, soit verser de l'eau sur le front du baptisé. Ce qui est important, c'est que le signe de l'eau soit bien visible.

◆ *Peut-on être baptisé à tous les âges ?*

Quand un tout petit enfant est baptisé, ce sont ses parents, son parrain et sa marraine qui s'engagent à lui faire connaître l'amour de Dieu.
Lorsqu'un enfant plus grand ou un adulte sont baptisés, ils prennent le temps de réfléchir eux-mêmes à leur décision. Le baptême se fait en plusieurs étapes ; la préparation dure un an ou deux.

◆ *Qui peut baptiser ?*

En général, c'est un prêtre ou un diacre qui célèbrent le baptême. Mais dans des cas graves, n'importe qui peut célébrer le baptême. Autrefois, quand la vie des enfants nouveau-nés était en danger, la sage-femme ou le médecin qui faisaient l'accouchement baptisaient l'enfant. Ils versaient de l'eau sur le front du bébé en disant les paroles du baptême. On disait que les enfants étaient ondoyés (onde est un mot ancien qui veut dire « eau »).

La lumière : on donne au baptisé un cierge allumé pour dire que maintenant il est la lumière du Christ et que cette lumière doit briller autour de lui : « Vivez comme des fils de lumière. » Ep 5, 8. Si le baptisé est un bébé, le cierge est remis à son parrain et à sa marraine en attendant qu'il soit assez grand pour comprendre.

Ceux qui ne sont pas baptisés

Les chrétiens croient que Dieu aime tous les hommes. Mais ceux qui ne sont pas baptisés ne le savent pas. Les baptisés eux veulent répondre à l'amour de Dieu et essayent de vivre comme Jésus le leur demande.

À cause de leur baptême, ils croient que Dieu les aime comme des fils et qu'ils sont « chargés d'annoncer les merveilles de Celui qui les a appelés des ténèbres à son admirable lumière ». 1 P 2, 9

La confirmation

Jésus ressuscité promet à ses amis les Apôtres de leur envoyer le souffle de la vie de Dieu, son Esprit qui les rendra courageux et capables d'aller dans le monde entier et de tous les peuples faire des disciples. Le jour de la Pentecôte, les Apôtres reçoivent l'Esprit Saint qui les jette dehors et leur donne la force de proclamer devant tous les habitants de Jérusalem que Jésus est ressuscité. C'est ce même Esprit Saint que les chrétiens reçoivent à leur tour dans le sacrement de confirmation ; c'est la même mission qui leur est confiée, parler de Jésus au monde entier.

Pourquoi reçoit-on le sacrement de confirmation ?

Les chrétiens croient que Jésus leur demande d'annoncer la bonne nouvelle de l'amour de Dieu, là où ils vivent, dans leur quartier, leur école. Mais ce n'est pas facile. Ils savent que, tout seuls, ils n'en sont pas capables, ils ont besoin de la force de l'Esprit Saint ; alors ils reçoivent le sacrement de confirmation.

Les chrétiens croient que l'Esprit Saint donne le courage d'aller vers ceux qui ne connaissent pas Dieu, donne la force de parler de Dieu, aide à vivre comme Jésus le demande et aide à être témoin de l'amour de Dieu : « L'Esprit vient au secours de notre faiblesse », dit saint Paul dans sa lettre aux Romains (Rm 8, 26-27). « L'Esprit met en nos cœurs l'amour de Dieu. »

L'onction du saint chrême

Le saint chrême est la même huile parfumée que celle reçue le jour du baptême. L'évêque, tout en ayant la main sur la tête du confirmand, trace une croix sur son front avec l'huile sainte pour signifier que l'Esprit Saint sera toujours avec lui. Généralement, ce geste est précédé d'une première prière à l'Esprit Saint que l'évêque dit, les mains étendues. Par ce geste, il implore l'Esprit Saint pour que le confirmand le reçoive dans toute sa richesse : esprit de sagesse et d'intelligence pour comprendre ce que Dieu attend de lui et savoir comment vivre ce projet de Dieu sur lui ; esprit de conseil et de force pour décider de quelle manière il va vivre et avoir le courage de le faire ; esprit de connaissance et d'amour pour découvrir qui est Dieu et pour respecter son alliance, l'aimer comme un fils aime son père ; et l'esprit d'adoration.
Autrefois, l'évêque donnait ensuite une petite gifle au confirmé pour montrer que le nouveau confirmé est devenu fort. Aujourd'hui, l'évêque échange un signe de paix avec le nouveau confirmé.

Un mot, un nom que tu ne connais pas ? Va voir dans l'index page 283.

Être témoin du Christ

Prière de la confirmation

Dieu très bon, Père de Jésus, le Christ notre Seigneur, répands ton Esprit Saint. Donne-leur en plénitude l'Esprit qui reposait sur ton Fils Jésus...
Sois marqué de l'Esprit Saint, le don de Dieu.

Une histoire pour comprendre

Un homme possède une ferme. Un jour, cet homme annonce à ses amis la naissance de son fils : celui-ci est donc l'héritier, celui qui plus tard s'occupera, à son tour, de la ferme de son père. Un jour, il devient adulte, son père rassemble tous ses amis et leur présente son fils. Désormais, c'est lui qui prend la ferme en charge. Pour le fils, c'est une étape importante : il est reconnu, il a sa place, il a un rôle à tenir. Pour un chrétien, c'est un peu la même chose : sa naissance, c'est son baptême et lorsqu'il prend sa place, sa part de responsabilité dans l'Église, c'est sa confirmation. Être confirmé, c'est devenir un chrétien adulte. L'Église demande à ceux qui se marient, qui sont parrains ou marraines ou qui votent dans les paroisses, d'être des chrétiens confirmés.

Pour parler de l'Esprit Saint on utilise des images

– une colombe : l'Évangile nous dit en effet que le jour de son baptême, Jésus vit « l'Esprit de Dieu descendre comme une colombe et venir sur lui » Mt 3, 16 (une colombe peut voler sans faire le moindre bruit) ;
– un souffle : on ne voit pas le vent mais on voit ce qu'il fait ; il couche les épis de blé dans les champs, il agite les branches des arbres, il fait tourbillonner les feuilles en automne. Ainsi, on ne voit pas l'Esprit Saint mais on voit ce qu'il fait dans le cœur des hommes.
Quand un feu est prêt de s'éteindre, il suffit de souffler dessus pour le faire repartir ; ainsi l'Esprit Saint est un souffle de vie en nous, il nous ranime, nous redonne force et vitalité ; c'est un feu qui réconforte et réchauffe.

Quand peut-on être confirmé ?

Recevoir le sacrement de la confirmation est un choix personnel que l'on peut faire lorsqu'on est adolescent ou adulte : quand on a compris que l'amour de Dieu reçu au baptême est un trésor que l'on ne peut pas garder pour soi, qu'il faut le partager.

La réconciliation

Les chrétiens croient que Dieu les aime sans condition. Ils croient que Dieu attend sans cesse qu'ils se tournent vers lui. Dans le sacrement de réconciliation, les catholiques reconnaissent qu'ils se sont éloignés de Dieu, qu'ils ont péché. Ils reviennent vers Dieu de tout leur cœur, ils demandent pardon, et par l'intermédiaire d'un prêtre, Dieu pardonne et leur donne la force de vivre de nouveau avec Lui comme des amis.

La réconciliation

Les chrétiens savent bien qu'ils ne font pas toujours ce que Dieu attend d'eux. Souvent, ils préfèrent vivre sans penser aux autres, sans penser à Dieu. Ils sont méchants, égoïstes, injustes. Mais ils croient que même lorsqu'ils se sont enfoncés dans l'obscurité de leur péché, ils peuvent revenir à la lumière. Dieu leur tend toujours la main. Recevoir le sacrement de la réconciliation, c'est reconnaître que Dieu est la vraie lumière, c'est accepter de prendre la main que Dieu tend et se laisser ramener vers la lumière.

Comment recevoir le pardon de Dieu ?

Celui qui désire recevoir le pardon de Dieu va auprès d'un prêtre. Là, il peut s'asseoir à côté de lui, ou se mettre à genoux. Il peut choisir une parole de l'Évangile pour guider sa réflexion. Ensuite, avec l'aide du prêtre, il essaie de dire les paroles, les actions, les attitudes qui l'ont conduit loin de Dieu. Il reconnaît que ce qu'il a fait est mal, qu'il veut avec l'aide de Dieu essayer de changer ce qui ne va pas dans sa vie. Par une prière, il dit qu'il attend le pardon de Dieu. Le prêtre étend la main au-dessus de sa tête et dit : « Que Dieu notre Père te montre sa miséricorde ; par la mort et la résurrection de son fils, il a réconcilié le monde avec lui et il a envoyé l'Esprit Saint pour la rémission des péchés : par le ministère de l'Église, qu'il te donne le pardon et la paix. Et moi, au nom du Père et du Fils et du Saint-Esprit, je te pardonne tous tes péchés. Amen. » Le prêtre termine en disant : « Va dans la paix et la joie du Christ. » Après avoir quitté le prêtre, on peut rester un moment dans l'église pour remercier Dieu, en silence, au fond de son cœur et lui dire la joie d'être réconcilié avec lui.

Le secret

Le prêtre qui écoute ne répétera jamais à personne ce qu'on lui a dit. Ce qu'il entend au cours d'une confession est un secret qui n'est jamais dévoilé. Ainsi, si quelqu'un vient lui demander le pardon de Dieu pour un vol et que la police fait une enquête pour trouver le voleur, jamais le prêtre ne pourra dire qui est le coupable.

Différentes façons de recevoir le pardon de Dieu

Au cours d'une rencontre personnelle avec un prêtre, on peut recevoir le pardon de Dieu. Dans toutes les paroisses, il est possible de rencontrer un prêtre, soit en venant aux heures d'accueil, soit en prenant rendez-vous.

Je te pardonne tous tes péchés, au nom du Père et du Fils et du Saint-Esprit.

Être pardonné

Au cours d'une célébration communautaire de la réconciliation, tous écoutent ensemble la Parole de Dieu. Puis, ceux qui le souhaitent vont auprès de l'un des prêtres présents et reçoivent le pardon de Dieu. Quand tout le monde est revenu à sa place, tous chantent leur joie d'être réconciliés avec Dieu : c'est l'action de grâce.

Dans des circonstances exceptionnelles, quand il y a beaucoup trop de monde pour un seul prêtre, l'évêque permet une absolution collective, c'est-à-dire que l'ensemble des personnes présentes est pardonné, chacune ayant dit ses péchés dans son cœur et promettant de les dire à un prêtre plus tard.

La confession

Autrefois le sacrement de réconciliation s'appelait la confession, mais beaucoup de gens se trompaient ; ce qui est important, ce n'est pas de dire, de confesser ses fautes, mais de croire, de confesser que Dieu aime toujours. Comme le berger qui part à la recherche de sa brebis perdue et la ramène sur ses épaules, Dieu lui-même fait le chemin et vient chercher celui qui s'est égaré. Même quand on se sent coincé, perdu, trop fatigué, abandonné, Dieu, lui n'abandonne jamais.

Pompéo Batoni, *Le Retour du fils prodigue*, 1773, musée d'histoire de l'Art, Vienne, Autriche

On peut lire dans l'Évangile la très belle histoire du fils prodigue qui quitte son père puis regrette son départ et décide de revenir vers lui et lorsqu'il arrive, c'est son père qui court à sa rencontre : c'est l'histoire de la réconciliation. Dieu vient au devant de celui qui reconnaît qu'il ne peut pas vivre loin de son amour. Lc 15, 11-32

Acte de contrition

« Père, Dieu de tendresse et de miséricorde, j'ai péché contre toi et mes frères. Je ne suis pas digne d'être appelé ton enfant, mais près de toi se trouve le pardon. Accueille mon repentir. Que ton Esprit me donne la force de vivre selon ton amour en imitant celui qui est mort pour nos péchés, ton Fils Jésus-Christ, aujourd'hui et pour les siècles des siècles. Amen ! »

Je confesse à Dieu

« Je confesse à Dieu tout puissant, je reconnais devant mes frères, que j'ai péché en pensée,
en parole, par action et par omission. Oui, j'ai vraiment péché. C'est pourquoi je supplie la Vierge Marie, les anges et tous les saints, et vous aussi mes frères, de prier pour moi le Seigneur notre Dieu. »

Le sacrement de mariage

Pour les chrétiens, le mariage n'est pas seulement le signe de l'amour entre un homme et une femme. Il est aussi le signe de l'Amour de Dieu pour les hommes, signe de son Alliance.

« Je te reçois comme époux et je me donne à toi pour t'aimer fidèlement tout au long de notre vie. »

Le mariage

Dans presque tous les pays, dans presque tous les temps, les gens qui s'aiment se marient : c'est-à-dire qu'ils se promettent de s'aimer fidèlement pour toujours. C'est normal quand on aime quelqu'un : on voudrait que cela ne s'arrête jamais et qu'on ne soit jamais séparé. Les chrétiens croient que les hommes et les femmes, même s'ils ne sont pas chrétiens, reçoivent de Dieu cette capacité d'aimer totalement, fidèlement. Ils croient que c'est ainsi que Dieu aime les hommes, que sa fidélité est pour toujours.

Le mariage chrétien

Quand deux chrétiens s'aiment, ils croient que Dieu est la source de leur amour et qu'il sera à leur côté pour leur donner la force de s'aimer, même dans les moments difficiles. Au cours d'une belle fête, à l'église, ils se promettent de s'aimer toujours avec l'aide de Dieu. Dieu lui-même s'engage et leur donne son amour et sa fidélité. Leur alliance devient le signe de l'Alliance de Dieu avec les hommes. À travers leur amour, c'est un peu comme si l'Amour de Dieu devenait visible. Leur amour devient image de l'Amour de Dieu.

L'Amour plus grand que l'amour

Bien sûr, l'Amour de Dieu est plus grand, plus parfait que l'amour d'un homme et d'une femme, mais c'est le même amour :
un amour qui rend libre,
un amour plein de tendresse,
un amour qui pardonne,
un amour exigeant, qui demande qu'on lui donne toute sa vie ; un amour personnel qui dit : « Tu as du prix à mes yeux et je t'aime »,
un amour tourné vers les autres
un amour plus fort que tout,
un amour fidèle.
Mais l'Amour de Dieu est un amour qui réussit toujours, alors que parfois, l'amour d'un homme et d'une femme s'achève dans un échec, un divorce.

Giotto, vers 1267-1337, *Rencontre d'Anne et Joachim à la Porte Dorée*, chapelle Scrovegni, Padoue, Italie

Le sacrement de mariage

Le sacrement de mariage est un signe et une parole. Le couple est le signe, ce qui se voit ; et voici ce que l'on entend :
« Sophie, veux-tu être ma femme ?
Oui. Et toi Jean-Baptiste, veux-tu être mon mari ?
Oui. Sophie, je te reçois comme épouse et je me donne à toi pour t'aimer fidèlement tout au long de notre vie.
Jean-Baptiste, je te reçois comme époux et je me donne à toi pour t'aimer fidèlement tout au long de notre vie. »
Souvent, les époux chrétiens s'offrent un anneau qu'ils portent à l'annulaire gauche : « Je te donne cette alliance signe de notre amour et de notre fidélité. »

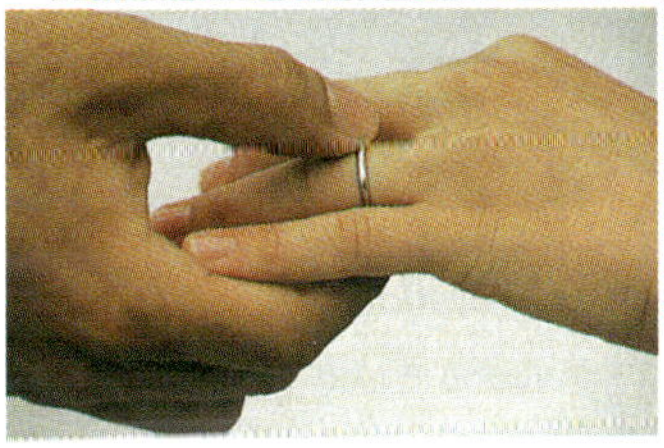

Dans le sacrement de mariage, Dieu aussi s'engage et promet de soutenir le couple. Le prêtre bénit les nouveaux époux en disant : « Nous te prions de bénir Sophie et Jean-Baptiste : tout au long de leur vie, qu'ils se donnent la grâce de ton amour et qu'ils soient l'un pour l'autre un signe de ta présence. »

Le divorce

Un divorce est toujours très triste, pour le mari et la femme, pour les enfants aussi. C'est un amour qui meurt, c'est une blessure grave. Quand un mariage se casse, c'est comme si l'image de l'Amour de Dieu qu'il représente se déchirait. Les catholiques divorcés sont toujours catholiques, car, au baptême, c'est Dieu qui fait alliance et Dieu ne change pas d'avis. L'Église catholique, à la suite de Jésus, demande aux catholiques de ne pas se remarier. Pourquoi ? Parce que dans le mariage, chacun promet d'aimer et d'être fidèle comme Jésus l'a été, jusqu'à la mort. On ne peut pas être fidèle jusqu'à la mort plusieurs fois. Quand des catholiques divorcés se remarient, ils ne peuvent pas communier, parce que communier, c'est rappeler chaque fois qu'on veut vivre comme Jésus fidèle jusqu'à la mort.

Prière d'un enfant pour sa famille séparée

« Seigneur, regarde ma famille avec bonté. Me voilà parfois chez Maman, parfois chez Papa. Aide-les à te faire confiance et à se reposer sur toi. Qu'ils sachent que tu les aimes et que tu les accueilles comme un Père. Que ton amour soit sur nous. Aide-moi à vivre cet amour éclaté dans la paix, avec la certitude que tu aides ma famille telle qu'elle est, là où elle en est. Apprends-moi à aimer, comme tu aimes tous les hommes. »

La vocation

Un jour, dans sa vie, on se pose la question : « Qu'est-ce que je ferai quand je serai grand ? Qu'est-ce que j'aimerais être ? » Certains disent : « Je serai médecin ou je serai ingénieur ou je serai pompier. Je me marierai et j'aurai des enfants. » D'autres ont le sentiment d'être appelés par Dieu à son service : « Je serai prêtre ou je serai religieuse. »

Michel Corneille, 1642-1708,
Vocation de saint Pierre et saint André,
musée des Beaux-Arts,
Rennes, France

Célibataire

Aujourd'hui, et depuis presque mille ans, l'Église catholique en Occident (mais pas en Orient) demande aux prêtres d'accepter de rester célibataires. Ainsi, ils sont totalement au service de Dieu et des chrétiens. Leur choix montre la confiance qu'ils font à Dieu. C'est un choix difficile : il signifie ne pas fonder de famille, ne pas avoir d'enfants, ne pas connaître l'amour d'une femme. Faire ce choix, c'est croire que l'amour de Dieu peut remplir toute une vie. Dans l'Église orthodoxe, les prêtres peuvent être choisis parmi les hommes mariés, mais les évêques sont toujours des célibataires.
Chez les protestants, les pasteurs peuvent se marier mais ils n'ont pas exactement le même rôle que les prêtres. Ils ne reçoivent pas un sacrement particulier.

Les séminaires

Il y a actuellement trente séminaires français dont le séminaire de Rome.

Les vocations

Vocation est un mot qui veut dire « appel ». Dieu appelle chacun personnellement ; chacun répond à sa manière.
Dans l'Église, chaque baptisé est appelé à annoncer la Parole de Dieu. Mais certains sont appelés de façon particulière au service de l'Église : ce sont les évêques, les prêtres, les diacres, les religieux, les religieuses. Ils sont des chrétiens parmi d'autres avec une mission bien précise.

Appelé par Dieu, le témoignage d'Éric

Éric est devenu prêtre. Il y a quelques mois, il a été ordonné par son évêque. Pour Théo, il raconte son histoire.
« C'est en priant que j'ai entendu pour la première fois l'appel de Dieu. Dans mon cœur, j'ai entendu cette question : "Veux-tu consacrer toute ta vie à mon service ? Veux-tu me suivre ? " Est-ce que c'était vraiment Jésus-Christ qui m'appelait ? En même temps, j'ai rencontré des chrétiens formidables qui mettaient toute leur vie au service de Dieu et des autres. En les voyant vivre, j'avais moi

Le Tintoret, 1518-1594, *Le Lavement des pieds*, détail, musée du Prado, Madrid, Espagne

Diacre permanent

Le papa d'Antoine est diacre permanent : cela veut dire qu'il a entendu un appel de Dieu pour se mettre au service des plus pauvres, des incroyants, là où il habite et là où il travaille. Pour cette mission qui lui est confiée par l'évêque, il a été ordonné. On dit diacre « permanent » parce qu'il restera diacre, il n'est pas appelé à devenir prêtre.

Pourquoi les femmes ne peuvent-elles pas devenir prêtres ?

Quand Jésus a choisi des Apôtres parmi les hommes et les femmes qui le suivaient et l'écoutaient, il n'a pas choisi de femmes. Pour continuer la mission des Apôtres, rendre le Christ présent au milieu de son peuple, l'Église, à son tour, choisit les prêtres parmi les hommes. Aujourd'hui, les femmes ont de plus en plus de responsabilités dans le monde et dans l'Église. Mais il y a encore beaucoup à faire pour que chacun trouve sa juste place.

aussi envie de faire comme eux. J'en ai d'abord parlé avec un prêtre en qui j'avais confiance. J'ai commencé à réfléchir sérieusement. Un jour, j'ai décidé d'aller voir le responsable des vocations de mon diocèse. Il m'a écouté, et il m'a demandé de réfléchir encore. En attendant, j'ai continué mes études, j'ai passé une licence de droit, puis j'ai fait mon service militaire. Finalement, un jour du mois de mai, nous avons décidé ensemble que je rentrerais au séminaire en septembre. Le séminaire est une grande maison où j'ai vécu pendant six ans avec d'autres garçons qui, comme moi, voulaient devenir prêtre. Pendant toutes ces années, j'ai étudié très sérieusement. J'ai réfléchi, j'ai prié Dieu pour qu'il m'aide à bien choisir. J'ai aussi appris mon futur "métier" ; j'ai été voir comment vivent les prêtres et les chrétiens dans les paroisses. Un jour, mon évêque a décidé que j'étais prêt. Au nom de l'Église, il m'a appelé au service de Jésus-Christ, au service des chrétiens. L'évêque m'a d'abord ordonné* diacre, puis, environ un an plus tard, dans la cathédrale, avec d'autres garçons qui étaient au séminaire avec moi, il m'a ordonné prêtre.

Tout cela m'a semblé très long, j'étais très impatient. Mais, devenir prêtre, ce n'est pas seulement une décision personnelle. C'est l'évêque et les responsables du séminaire qui, au nom de l'Église, m'ont aidé à vérifier que Dieu m'appelait vraiment. Maintenant, je suis très heureux. Je sais que je n'ai pas choisi une vie facile, mais je crois que Dieu sera toujours avec moi par son Esprit car c'est lui qui m'a choisi pour l'aimer et le servir, pour aimer et servir les chrétiens vers qui je vais être envoyé. »

* Être ordonné : recevoir le sacrement de l'ordre.

Le sacrement de l'ordre

Jésus est venu sur la Terre pour dire au monde entier l'Amour de Dieu. Avant de mourir, il a confié cette mission à douze hommes, les Apôtres, qui, à leur tour, ont choisi d'autres hommes pour les aider à annoncer l'Évangile jusqu'au bout de la Terre. Aujourd'hui, Dieu appelle encore les hommes à le servir, comme l'ont fait les Apôtres. Ils reçoivent le sacrement de l'ordre qui fait d'eux des évêques, des prêtres ou des diacres.

L'évêque porte tous les jours, au doigt, l'anneau pastoral et, sur la poitrine, la croix suspendue à une chaîne passée autour du cou. Quand il préside une célébration solennelle, il porte la calotte violette, la mitre et la crosse.

Le sacrement de l'ordre

Le sacrement de l'ordre est le sacrement que reçoivent l'évêque, le prêtre et le diacre, pour continuer la mission confiée par le Christ à ses Apôtres. Chacun le reçoit de manière particulière. Par le sacrement de l'ordre, un baptisé devient diacre, un diacre devient prêtre, un prêtre devient évêque.

Le geste essentiel du sacrement de l'ordre est l'imposition des mains qui signifie le don de l'Esprit Saint. L'ordination d'un diacre ou d'un prêtre est faite par l'évêque. Celle d'un évêque est faite par au moins trois évêques. Elle est suivie d'une prière qui demande à Dieu d'aider et de soutenir celui qui vient d'être ordonné.

L'évêque

Lorsqu'un évêque est ordonné, il entre dans le groupe des successeurs des Apôtres. Comme eux, il reçoit la force de l'Esprit Saint pour remplir la mission qui lui est confiée.

L'évêque est nommé par le pape et ordonné par trois autres évêques. Il est responsable des chrétiens de son diocèse et, avec le pape et les autres évêques, il est aussi responsable des chrétiens du monde entier.

Il annonce l'Évangile : pendant la prière d'ordination, le livre de l'Évangile est placé au-dessus de la tête du futur évêque pour rappeler sa mission d'enseignement.

Il doit veiller à ce que l'Église reste fidèle à la Parole de Dieu ; c'est pourquoi il reçoit un anneau, symbole de fidélité.

Il conduit et guide la communauté chrétienne, il en est le berger : il reçoit la crosse qui rappelle le bâton que porte le berger lorsqu'il veille sur son troupeau.

Il est ordonné au cours d'une messe ; il dirige la prière de l'assemblée.

Le prêtre

Le prêtre aide l'évêque dans sa mission. Il annonce la Parole de Dieu et donne les sacrements, sauf le sacrement de l'ordre.

.a prostration : le diacre, le prêtre ou l'évêque ui reçoit le sacrement de l'ordre, s'allonge sur e sol face contre terre, dans une attitude l'adoration devant la grandeur de Dieu.
Jne cathédrale : c'est l'église principale du iocèse. Dans la ville où elle se trouve est situé évêché, la maison où habite l'évêque.
.e diocèse : c'est un ensemble de paroisses. Il y n a 93 en France. Chaque diocèse est conduit ar un évêque.
'ordinand : celui qui va être ordonné, qui va ecevoir le sacrement de l'Ordre.

Il rencontre les chrétiens pour les aider à vivre de la vie de Jésus et à en témoigner autour d'eux. Il rencontre des incroyants qui se posent des questions sur Dieu. Il rencontre des enfants avec leurs parents pour le catéchisme.

Un exemple d'une journée d'un prêtre

7 h 45 :	Petit-déjeuner. Prière.
9 h :	Messe.
9 h 45 :	Réunion avec des catéchistes ou célébration ou préparation d'une homélie.
12 h 30 :	Déjeuner au presbytère ou à l'aumônerie du lycée.
13 h 30 :	Prière.
14 h 30 :	Célébration d'un enterrement ou rencontres personnelles.
17 h :	Préparation d'une célébration ou d'une réunion ou rencontre de jeunes se préparant au mariage.
19 h 00 :	Prière.
19 h 30 :	Dîner au presbytère ou dans une famille ou avec un groupe d'adultes.
20 h 45 :	Réunion avec des parents ou avec des adultes qui désirent grandir dans la foi.
23 h 15 :	Prière du soir.

◆ *Être prêtre, est-ce un métier ?*

C'est un métier au sens où le prêtre a un travail à faire, une mission que lui confie son évêque. Il est le responsable, le curé d'une paroisse, ou l'aumônier d'un collège, d'un lycée, d'un hôpital, c'est son travail. Mais c'est plus qu'un métier au sens où l'on n'est pas prêtre seulement 8 h par jour. On est prêtre dans toute sa vie, pour toute la vie. Le sacrement de l'ordre marque l'homme tout entier, pas seulement son travail. Par toute sa vie, le prêtre est le signe de la présence de Jésus-Christ.

Le sacrement des malades

Lorsqu'un chrétien est affaibli par la maladie ou la vieillesse, ou s'il doit subir une opération importante, il peut recevoir le sacrement des malades pour l'aider à supporter ses souffrances. Le sacrement des malades est le sacrement du réconfort : c'est le Christ qui rejoint celui qui souffre dans son corps ou dans son cœur. Le Christ, qui a souffert jusqu'à donner sa vie, vient porter avec lui ses propres souffrances et les offrir à Dieu.

Van der Weyden, *Tryptique des Sept Sacrements*, vers 1450, détail musée royal des Beaux-Arts, Anvers, Belgique

La souffrance

Quand une personne est gravement malade, la souffrance risque de la détourner de Dieu ; elle peut penser : « Si Dieu existait vraiment, si Dieu m'aimait, il ne me laisserait pas souffrir de la sorte. » Or Dieu ne veut pas la souffrance. Les Apôtres ont vu Jésus pleurer la mort de son ami Lazare ; la veille de sa propre mort, il a prié pour que la souffrance s'éloigne de lui. Puis, il a accepté cette souffrance et l'a offerte à Dieu, son Père. Dieu souffre avec celui qui souffre, pleure avec celui qui pleure. Le sacrement des malades aide le malade à donner un sens à sa souffrance. À travers ce sacrement, Dieu l'aide et lui donne le courage de surmonter cette épreuve.

Le réconfort

Le sacrement des malades, même s'il ne supprime pas la souffrance, apporte :
- le réconfort, la paix et le courage de supporter les souffrances de la maladie ou de la vieillesse,
- la force et le don de s'unir aux souffrances de Jésus,
- le pardon des péchés.

Comment recevoir le sacrement des malades ?

Le malade ou la personne âgée peut recevoir le sacrement des malades de deux façons :

- soit au cours d'une célébration communautaire, lors d'un pèlerinage ou dans sa paroisse,

- soit seul, entouré de sa famille et de ses amis, chez lui ou à l'hôpital.

Le chrétien reçoit le sacrement des malades par une imposition des mains, en silence, puis par l'onction d'huile sur le front et à l'intérieur des mains, accompagnée d'une prière. Lorsque l'onction est donnée à plusieurs malades, elle se déroule de préférence au cours d'une messe.

« Par cette onction sainte, que le Seigneur, en sa grande bonté, vous réconforte par la grâce de l'Esprit Saint. Ainsi, vous ayant libéré de tous péchés, qu'il vous sauve et vous relève. »

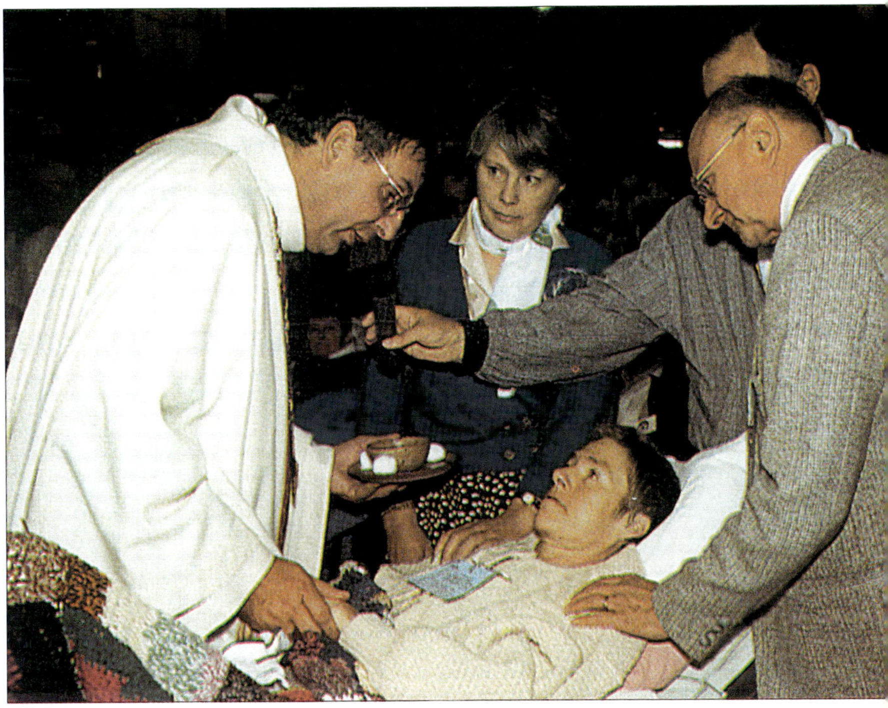

Extrait d'une prière écrite par un homme qui a perdu accidentellement ses yeux et ses mains. Après une période de révolte, il dit :

« Je Lui ai donné toute ma tristesse,
Il m'a donné toute sa joie.
Je Lui ai donné tout mon tourment,
Il m'a donné toute sa paix.
Chante, mon âme, toute ta joie.

Je Lui ai donné toute ma douleur,
Il m'a donné tout son bonheur.
Je Lui ai donné toute mon angoisse,
Il m'a donné toute sa sérénité.
Chante, mon âme, toute ta joie. »

Jacques Lebreton.

Comme tout sacrement, l'onction des malades est une rencontre du chrétien avec Dieu. Et cette rencontre va transformer le malade, va changer son cœur, même s'il ne guérit pas dans son corps.

Jésus dit dans l'Évangile : « Venez à moi vous tous qui peinez et ployez sous le fardeau, et moi je vous soulagerai. Oui, mon joug est facile à porter et mon fardeau léger. » Mt 11, 28-30

Le dernier voyage

Quand un chrétien sent que sa vie touche à sa fin, l'Église lui propose l'eucharistie « en viatique » (« pour le voyage »). L'eucharistie en viatique est le pain pour la route, pour le voyage qui le conduit à Dieu.

Devant la mort, celui qui part et qui reçoit le viatique témoigne du chemin qui s'ouvre devant lui : il va rencontrer un Père, tout amour et tendresse, qui lui tend les bras. Celui qui communie, au seuil de la mort, affirme qu'il meurt avec Jésus pour ressusciter avec lui.

« Sur le seuil de sa maison, notre Père t'attend, et les bras de Dieu s'ouvriront pour toi. »

Un mot, un nom que tu ne connais pas ? Va voir dans l'index page 283.

Le sacrement de l'eucharistie

La veille de sa mort, pour montrer à ses amis combien il les aime, Jésus veut partager un dernier repas avec eux. Au cours de ce repas, il prend un morceau de pain, le bénit, le partage et le leur donne en disant : « Prenez et mangez-en tous, ceci est mon Corps livré pour vous. » Ce dernier repas de Jésus est à l'origine de ce que les chrétiens appellent la messe, la célébration de l'eucharistie.

L'eucharistie est un mot qui veut dire « action de grâce », c'est-à-dire merci. Une célébration eucharistique, une messe, est une grande prière pour remercier Dieu.

Domenico Ghirlandajo, 1449-1494,
La Cène, musée Saint-Marc,
Florence, Italie

Comment communier ?

Ceux qui communient peuvent recevoir l'hostie directement sur la langue ou bien dans le creux de la main, en disant : « Amen , c'est vrai, je crois que Jésus est présent et je crois aussi que je suis un membre de son corps. » Puis ils retournent à leur place et, en silence, ils remercient Dieu pour Jésus qui donne sa vie pour ne faire qu'un avec eux.
Voici ce que disait saint Cyrille de Jérusalem, il y a bien longtemps : « Lorsque tu t'avances, ne t'approche pas les mains grandes ouvertes, ni les doigts écartés ; mais avec la main gauche, fais un trône pour la droite qui va recevoir le Roi. Reçois le Corps du Christ dans le creux de ta main et réponds : Amen. »

L'eucharistie

L'eucharistie est un sacrement. Pour les chrétiens, c'est une vraie rencontre avec Jésus-Christ. Le pain et le vin sont le signe de la présence du Christ, de sa vie donnée pour tous. À travers le pain et le vin, corps et sang du Christ, ils reçoivent la vie même de Jésus ressuscité.
Au cours de la messe, le prêtre prend le pain et le vin et redit les paroles même de Jésus :
« Prenez et mangez-en tous, ceci est mon Corps livré pour vous. »
« Prenez et buvez-en tous, ceci est mon Sang versé pour vous. »
Les yeux voient une hostie, un morceau de pain, mais le cœur sait que tout l'Amour de Jésus s'est emparé de ce pain, pour que Jésus vienne habiter en celui qui le reçoit et le fasse vivre de sa vie.

La présence de Jésus

Peut-être as-tu lu le livre d'Antoine de Saint-Exupéry *Le Petit Prince*. Te souviens-tu du secret que le renard confie au petit prince ? « On ne voit bien qu'avec le cœur, l'essentiel est invisible pour les yeux. »
Ce qui est essentiel dans l'eucharistie, c'est la présence de Jésus et cela ne se voit qu'avec le cœur.

Que veut dire « Faites ceci en mémoire de moi » ?

Quand on retient bien ses leçons, on dit qu'on a une bonne mémoire. Mais Jésus ne parle pas du tout de la même mémoire. Il ne s'agit pas ici de se souvenir de ce qu'a fait Jésus, il y a deux mille ans ; il s'agit de rendre Jésus présent, lui qui est vivant aujourd'hui et pour toujours. Dans l'eucharistie, Jésus est présent : il est là, bien vivant. On ne le voit pas car il n'a pas un corps comme le nôtre, mais, du fond du cœur, dans la foi, les chrétiens croient qu'il est là au milieu d'eux.

Avec les autres

Communier, cela veut dire être en union avec les autres. Le chrétien ne reste pas seul avec Jésus dans son cœur. La communion l'invite à aller à la rencontre des autres, à partager avec eux cet immense Amour de Jésus, à donner sa vie comme Jésus.
Un chrétien a besoin de cette nourriture, de cette vie de Jésus en lui pour avancer sur la route ; il peut recevoir ce sacrement de l'eucharistie aussi souvent qu'il le souhaite, tous les jours s'il le veut, puisque, chaque jour, les prêtres disent la messe.

Drôle de pain

Pour participer au repas du Seigneur, on pourrait partager du pain comme celui que l'on achète chez le boulanger. Mais Jésus au cours de son dernier repas, à la Cène, a utilisé du pain sans levain. Aujourd'hui, les catholiques utilisent ce pain fabriqué par des religieux avec de la farine et de l'eau en souvenir des galettes que les Hébreux ont fait cuire avant leur départ du pays d'Égypte. Dans leur hâte, ils n'ont pas mis le levain, ils n'avaient pas le temps de laisser lever la pâte. La pâte est étalée très finement puis découpée en petits cercles. Ce pain a l'avantage de se conserver et de ne pas prendre trop de place. On lui a donné le nom d'hostie.

Communier, c'est :

- partager avec des frères,
- faire confiance,
- ouvrir son cœur,
- recevoir Jésus et devenir corps du Christ,
- se donner à lui et aux autres,
- partir en mission pour dire sa joie d'être chrétien,
- retrousser ses manches pour changer les choses : faire taire le mensonge, la violence, faire reculer l'injustice, la pauvreté.

Un chrétien qui a communié doit se demander ce qu'il peut faire dans son quartier, son école, son collège, son club de sport, pour que Jésus ait toujours davantage sa place.

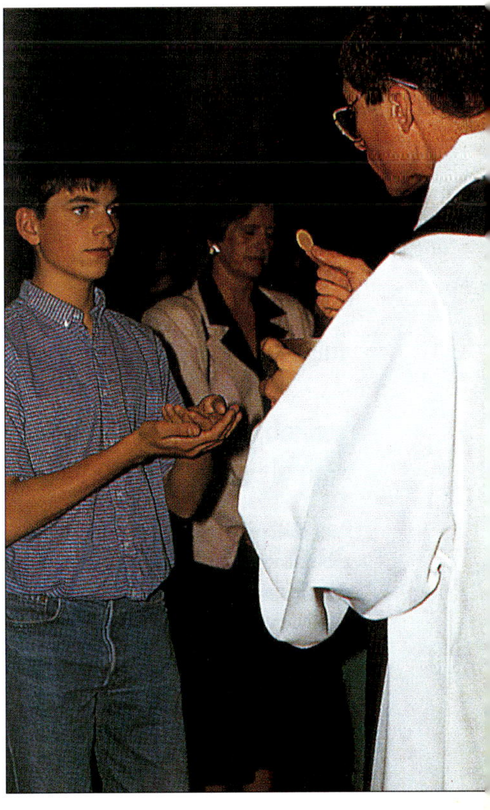

La messe

La messe est la grande prière qui rassemble les chrétiens. Au cours de la messe, ils rappellent la mort et la résurrection de Jésus, ils partagent le pain et le vin, corps et sang de Jésus-Christ, ils reçoivent le sacrement de l'eucharistie.

La Pâque juive

Chaque année, au cours d'un repas, les juifs célèbrent la Pâque, le passage de leur esclavage en Égypte à la liberté, de la mort à la vie. Ils rappellent ce que Dieu a fait pour son peuple ; puis ils chantent et remercient Dieu. Ils bénissent le pain et la coupe et les partagent. Ce repas de la Pâque est à l'origine de la messe.

La messe

Même si cela ne se voit plus bien, la messe est d'abord un repas partagé entre frères. Les premiers chrétiens appelaient la messe, le Repas du Seigneur. Au cours de ce repas, Jésus renouvelle le sacrifice de sa vie pour son Père et pour les hommes.

Pour célébrer la messe, le prêtre porte une aube blanche et une étole, longue bande d'étoffe qu'il pose sur ses épaules et qui retombe sur la poitrine. Parfois, par-dessus l'aube, le prêtre porte une chasuble. L'étole et la chasuble sont de couleurs différentes suivant le moment de l'année liturgique : vert pour le temps ordinaire, blanc pour les jours de fête, violet pendant l'avent et le carême, et rouge quand on célèbre l'Esprit Saint.

La messe se compose de cinq parties.

1. Les chrétiens se rassemblent. Dieu invite un peuple de frères, son Église. Ensemble, ils se reconnaissent pécheurs puis chantent la gloire de Dieu.
2. Ils écoutent la Parole de Dieu. À travers la lecture de l'Ancien et du Nouveau Testament, c'est la Parole de Dieu qui est proclamée. Le commentaire du prêtre, l'homélie, aide à comprendre cette parole pour mieux la vivre aujourd'hui.
3. Ils remercient. Dans une grande prière, la prière eucharistique, les chrétiens rendent grâce à Dieu, puis le prêtre lui demande d'envoyer l'Esprit Saint sur le pain et le vin pour qu'ils deviennent le Corps et le Sang de Jésus. Il prie pour tous les hommes, les vivants et les morts.
4. Ils partagent. Les chrétiens disent ensemble la prière des enfants de Dieu, le « Notre Père » et s'avancent en procession pour communier.
5. Ils sont envoyés. Comme le vent qui souffle sur un tas de feuilles et les disperse un peu partout, à la messe, l'Esprit souffle sur les chrétiens et les disperse. Tout au long de la semaine, partout où ils sont, auprès de tous ceux qu'ils rencontrent, ils sont chargés de témoigner de la joie d'être chrétien.

Le geste de paix

Après sa Résurrection, Jésus vient au milieu de ses Apôtres et leur donne la paix. À la messe, avant de communier au Corps et au Sang du Christ, les chrétiens partagent la paix que donne Jésus. Ils échangent un geste de paix (poignée de main, sourire) en se disant : « paix du Christ ».

L'ambon est une sorte de pupitre sur lequel est posé le livre de la Parole de Dieu. C'est autour de ce livre que se déroule la célébration de la Parole.

Le calice est la coupe contenant le vin qui, au cours de la messe, deviendra le Sang du Christ.

La patène est un petit plat rond sur lequel le prêtre pose l'hostie pendant la messe.

◆ *Pourquoi les catholiques vont-ils à la messe ?*

– Pour eux, aller à la messe, ce n'est pas remplir un devoir pour être en règle. Ils vont à la messe pour rencontrer quelqu'un qui les aime et qu'ils aiment, quelqu'un qui les invite. Il n'y a pas d'amitié sans partage. Et puis, pour vivre comme Jésus le leur demande, les chrétiens ont besoin de l'aide et de la prière de leurs frères ; on ne peut pas être chrétien tout seul. Surtout, ils vont à la messe pour recevoir Jésus ; ils ont besoin de sa force et de sa présence auprès d'eux pour parler de lui et vivre de sa vie.

◆ *Pourquoi le dimanche ?*

– Depuis le dimanche de Pâques, les chrétiens ont choisi ce jour-là pour se rassembler afin de célébrer la mort et la Résurrection de Jésus-Christ. Pour les chrétiens, le dimanche est un jour consacré à Dieu.

Célébration de l'eucharistie : voici l'Agneau de Dieu

La grande prière des chrétiens

On retrouve tout au long de la messe toutes les attitudes de prière des chrétiens.

Prière de pardon : « Seigneur prends pitié ; Ô Christ prends pitié ; Seigneur prends pitié. »

Prière d'adoration, de louange : « Gloire à Dieu, au plus haut des cieux, et paix sur la Terre aux hommes qu'il aime. Nous te louons, nous te bénissons, nous t'adorons... car toi seul est saint, toi seul est Seigneur, toi seul est le Très Haut, Jésus-Christ avec le Saint-Esprit, dans la gloire de Dieu le Père. »

Attitude d'écoute : « Heureux celui qui écoute la parole, heureux celui qui accueille Jésus-Christ. »

Prière d'offrande : « Tu es béni, Dieu de l'univers, toi qui nous donnes ce pain, fruit de la terre et du travail des hommes : nous te le présentons, il deviendra le pain de la vie. »

Prière d'action de grâce : « Oui, Père très bon, c'est une fête pour nous, notre cœur est plein de reconnaissance ; avec Jésus nous te chantons notre joie. »

Prière de demande : « Toi qui n'oublies jamais personne, nous te prions pour ceux que nous aimons et pour ceux qui sont partis vers toi. Souviens-toi de ceux qui souffrent et qui ont de la peine, de la grande famille des chrétiens et de tous les hommes dans le monde entier. Nous te prions aussi pour nous, et nous prions les uns pour les autres. »

DICTIONNAIRE DES NOMS DE SAINTS

A

ADÈLE, veuve, fêtée le 24 décembre.
Adèle, qui vit au 8e siècle, est la grand-mère de saint Grégoire d'Utrecht, ami de saint Boniface. Adèle se fait religieuse, après la mort de son mari.

ADELINE (ou Aline), moniale, fêtée le 20 octobre.
Adeline est la sœur de saint Vital. Elle est bretonne. Elle vit et meurt dans son couvent de Mortain dans la Manche à la fin du 11e siècle.

ADOLPHE, évêque, fêté le 30 juin.
À Cologne, c'est un moine riche et tranquille. Un jour, il se met à aimer Dieu pour de bon et devient le modèle des autres moines. Il aime tendrement les pauvres et surtout les lépreux. Tout le monde l'aime. Il est évêque en Saxe de 1216 à 1224.

ADRIEN DE CANTORBÉRY, abbé, fêté le 9 janvier.
À la fin du 7e siècle, l'archevêque de Cantorbéry, en Angleterre, vient de mourir. Le pape veut y nommer Adrien. « Prenez plutôt mon ami Théodore », supplie Adrien. Finalement, les deux amis partent ensemble pour l'Angleterre. Théodore devient évêque et nomme Adrien abbé du monastère Saint-Pierre et Saint-Paul. Pendant 30 ans, il enseigne le grec et le latin à ses moines pour qu'ils puissent lire les Écritures. Les deux amis ont joué un rôle important dans l'histoire de l'Église en Angleterre.

AGATHE, vierge et martyre, fêtée le 5 février.
Le nom de cette jeune Sicilienne née à Catane veut dire « bonté ». Elle se donne tout entière à Jésus. À cause de cela, elle résiste au consul Quintinus qui veut en faire sa maîtresse. Furieux, il la fait torturer à mort. Ceci se passe sous le règne de l'empereur Dèce en 251, temps de persécutions pour les chrétiens.

AGNÈS, vierge et martyre, fêtée le 21 janvier.
Pendant la terrible persécution de l'empereur Dioclétien, aux environs de 304, à Rome, on tue même les enfants. Agnès a 12 ans et elle a donné tout son cœur à Jésus. Elle résiste avec un courage incroyable à ses bourreaux et meurt la tête tranchée. Cette petite sainte devient vite très populaire.

AIGNAN, évêque, fêté le 17 novembre.
Au 5e siècle, ce saint, évêque d'Orléans, défend sa ville contre Attila, le chef des terribles guerriers les Huns.

ALAIN DE LA ROCHE, bienheureux, moine, fêté le 8 septembre.
Ce moine dominicain de Dinan (Côtes d'Armor) répand une belle prière à Marie : le Rosaire. Il meurt en Hollande, au 15e siècle.

ALBERT LE GRAND, évêque et docteur de l'Église, fêté le 15 novembre.
On l'appelle Albert le Grand parce qu'il est à la fois un grand savant et un grand professeur. Il naît en Allemagne au 13e siècle. Il entend l'appel de Dieu et entre dans l'ordre fondé par saint Dominique. Maître Albert enseigne en Allemagne et aussi à Paris où l'un de ses élèves est le futur saint Thomas d'Aquin. Tous ceux qui étudient à cette époque le respectent. Une place de Paris porte son nom : place Maubert (pour Maître Albert).

ALEXANDRE, évêque et martyr, fêté le 18 mars.
Il est d'abord évêque en Turquie où il est emprisonné pour sa foi. Puis il part pour la Terre Sainte. Il est nommé évêque de Jérusalem où il fonde une bibliothèque. Il accueille le grand écrivain chrétien Origène. Pendant une autre persécution contre les chrétiens vers 250, il est arrêté malgré son grand âge. Il meurt en prison. Origène disait d'Alexandre qu'il n'avait jamais rencontré un évêque aussi doux et aussi bon. Trois autres saints s'appellent Alexandre. Le premier

meurt martyr à Lyon en 177. Le deuxième est martyrisé avec son frère et d'autres chrétiens au Tyrol, en 397. Le troisième est un moine de Turquie qui vit au 5e siècle dans un monastère où les moines chantent et prient nuit et jour.

ALEXIS FALCONIERI, fêté le 17 février.
C'est un riche marchand de la ville de Florence, en Italie. Un jour, Alexis et six autres marchands abandonnent tous leurs biens et fondent l'ordre des Servites de Marie. Ils consacrent toute leur vie à la prière et à l'annonce de la parole de Dieu. Alexis est le seul qui ne devient pas prêtre. Il a plus de 100 ans quand il meurt en 1310.

ALFRED LE GRAND, fêté le 28 octobre.
Il est roi d'Angleterre au 9e siècle. Il lutte contre les Danois et réussit à convertir leur chef dont il est même le parrain. Ce roi est aussi un savant qui traduit les livres de saint Augustin et de saint Grégoire le Grand.

ALICE, moniale, fêtée le 11 juin.
Alice ou Adélaïde est née et morte à Bruxelles, en Belgique, au 13e siècle. Alors qu'elle vient de se faire religieuse, elle attrape la lèpre et passe sa vie enfermée dans un petit pavillon pour éviter la contagion. Elle supporte avec patience et même joyeusement ses terribles souffrances par amour pour Jésus. Elle meurt aveugle le 11 juin 1250.

ALINE. Voir ADELINE

ALIX LE CLERC, bienheureuse, éducatrice, fêtée le 9 janvier.
Elle est née à Remiremont dans les Vosges en 1576. C'est une belle jeune fille riche qui aime les fêtes. À 21 ans, elle change de vie et sous la conduite de Pierre Fourier, elle fonde l'ordre des chanoinesses de Saint-Augustin pour l'éducation des jeunes filles aussi bien riches que pauvres. Aujourd'hui encore, les « filles d'Alix Le Clerc » ont des pensionnats et des écoles en de nombreux endroits. Elle meurt le 9 janvier 1622.

ALPHONSE-MARIE DE LIGUORI, évêque et docteur de l'Église, fêté le 1er août.
À la fin du 17e siècle, Alphonse-Marie est un brillant avocat de Naples, en Italie. Il répond à l'appel de Dieu et devient un humble prêtre qui veut dire et redire que Jésus sauve tous les hommes. Il parle avec des mots très simples pour que tout le monde comprenne. Il écrit un livre, *La Théologie morale*, pour aider les prêtres à bien comprendre les pécheurs. Il est nommé évêque et supporte avec courage les méchancetés de ses ennemis et les douleurs de la maladie. Il meurt le 1er août 1787, à 91 ans.

AMAURY. Voir MAUR

AMBROISE, évêque et docteur de l'Église, fêté le 7 décembre.
Le père d'Ambroise est un haut fonctionnaire de Rome au 4e siècle. Ambroise fait de brillantes études. Il devient préfet de Milan. Une émeute éclate à la mort du vieil évêque qui ne croyait pas à la divinité de Jésus. Ambroise apaise la foule qui se met à crier : « Ambroise, évêque ! » Quelques temps après, Ambroise est évêque de Milan. Il se donne entièrement à sa tâche de « père du peuple ». Il apaise, prêche magnifiquement, enseigne la vraie foi, étudie les Écritures. Il est avant tout l'ami des pauvres : « La terre appartient à tous, dit-il, et non pas aux riches. » Sa porte est toujours ouverte pour accueillir ceux qui passent. Il ne craint même pas l'empereur Théodose qu'il oblige à faire pénitence pour avoir fait massacrer 7 000 personnes. Saint Augustin commence à se convertir en entendant parler Ambroise et en le voyant agir.

AMÉLIE. Voir ÉMILIE

ANAÏS. Voir ANNE

ANASTASIE, épouse, fêtée le 14 août.
Anastasie vit au 9e siècle dans une petite île de Grèce, Égine. Mariée par ses parents à un jeune homme riche, elle devient veuve et se remarie avec un homme encore plus riche que le premier. Ils sont si bons tous les deux qu'ils passent leur temps à prier et à secourir les pauvres et les malades. Ils vivent vieux et se retirent chacun dans un couvent pour y mourir.

ANATOLE, ermite, fêté le 3 février.
Ce saint vit au 4e ou 5e siècle sur un rocher qui domine la ville de Salins dans le Jura. Le beau paysage qu'il a sous les yeux l'aide à louer Dieu.

ANDRÉ, Apôtre, fêté le 30 novembre.
André est le frère de saint Pierre. Ils sont tous les deux pêcheurs quand Jésus les appelle à le suivre. Ils laissent tout de suite leur barque et leurs filets. C'est André qui donne à Jésus les cinq pains et les deux poissons pour nourrir la foule. Il meurt sur une croix en forme d'X qu'on appelle toujours la croix de Saint-André.

ANGÈLE DE FOLIGNO, bienheureuse, fêtée le 4 janvier.
Angèle naît à Foligno, en Italie. Riche et gâtée, elle se marie jeune. Elle a plusieurs enfants et mène une vie remplie de distractions. Un jour, elle décide de vendre tous ses biens et vit dans la pauvreté comme saint François qu'elle prend comme modèle. Elle a laissé des écrits magnifiques. Elle meurt le 4 janvier 1309.

ANGÈLE DE MÉRICI, éducatrice, fêtée le 27 janvier.
Angèle naît à Venise en 1474 puis s'installe à Brescia, en Lombardie. Cette jeune Italienne regroupe, sous la protection de sainte Ursule, des

jeunes filles qui, tout en restant dans le monde, se consacrent à Dieu et à l'éducation des filles dont personne ne s'occupe. On les appelle encore aujourd'hui les ursulines. Angèle meurt en 1540.

ANGELICO (FRA), bienheureux, religieux, fêté le 18 mars.
Fra Angelico (frère angélique) est le surnom de Jean de Fiesole, religieux dominicain. Il fait des études de peinture à Florence. Quand il entre au couvent, il n'abandonne pas ses pinceaux. Au contraire, il consacre toute sa vie à peindre des tableaux magnifiques, à décorer des couvents. Il peint des Vierges, des scènes de la vie de Jésus, de la vie des saints. Toute sa peinture exprime la joie de croire. Sa réputation est si grande que le pape l'appelle à Rome pour peindre sa chapelle. C'est là qu'il meurt en 1455. Jean-Paul II l'a proclamé bienheureux et patron des artistes en 1984. Mais depuis des siècles déjà, sa peinture donne envie à ceux qui la voit, de prier et de remercier Dieu.

ANGES, fêtés le 29 septembre et le 2 octobre (anges gardiens).
Si des créatures de Dieu peuvent être appelées saintes, ce sont bien les bons anges ! Nous savons peu de choses sur les anges qui sont des créatures de Dieu avec un esprit mais sans corps. Jésus affirme dans le Nouveau Testament que chaque enfant a un ange qui le garde et l'accompagne. Ce sont les anges gardiens que l'Église fête le 2 octobre. Trois anges sont connus par leur nom et vénérés par les chrétiens : saint Gabriel qui annonce à Marie la venue de Jésus ; saint Michel, le chef de tous les anges, qui combat le démon, ce qui l'a rendu très populaire ; saint Raphaël qui accompagne comme un grand frère le jeune Tobie dans une belle histoire de la Bible.

ANNE, mère de Marie, fêtée le 26 juillet.
Sainte Anne et son mari saint Joachim sont vénérés par les chrétiens depuis le 5e siècle comme les parents de la Sainte Vierge. Sainte Anne est donc la grand-mère de l'Enfant Jésus. On aime beaucoup sainte Anne en Bretagne (à Sainte-Anne-d'Auray) et au Canada français. Beaucoup de très beaux tableaux et de très belles statues la représentent avec Jésus et Marie.

ANNE-MARIE, (1), vierge, fêtée le 26 mai ; (2), épouse et mère, fêtée le 10 juin.
Il existe deux saintes Anne-Marie. La première vit en Amérique Latine à Quito, au 17e siècle. Elle veut être sainte et prie beaucoup. Elle n'entre pas dans un couvent, mais vit dans une chambre avec son crucifix, les Écritures et sa guitare. Elle ne sort que pour aller à l'église et visiter les pauvres. Elle meurt le 26 mai 1645, à 27 ans. La seconde vit à Sienne et à Rome au 19e siècle. Elle est pauvre et femme de chambre quand elle épouse Dominique Taïgi. Ils ont sept enfants et recueillent aussi leurs vieux parents. Anne-Marie, douce, affectueuse, toujours joyeuse, prie beaucoup. Elle sait mettre la paix dans sa maisonnée et bien élever ses enfants. Une troisième Anne-Marie est bienheureuse. C'est une bourguignonne qui vit au 19e siècle. Elle est la fondatrice des sœurs missionnaires de Cluny. Sa passion est l'éducation des enfants noirs et la lutte contre l'esclavage. Elle n'hésite pas à entreprendre de longs voyages dangereux. Le roi Louis-Philippe a dit d'elle : « Anne-Marie Javouhey c'est un grand homme. »

ANSELME, moine puis évêque, docteur de l'Église, fêté le 21 avril. Anselme naît dans le Val d'Aoste, en Italie en 1033. Anselme est très intelligent. Il part étudier à l'abbaye du Bec, en Normandie. Devenu moine, il consacre son temps à prier, à étudier et à enseigner. Il est si bon et affectueux qu'il a beaucoup d'amis. Il devient archevêque de Cantorbéry en Angleterre où il a bien des ennuis avec le roi Guillaume le Roux qui l'exile deux fois. Anselme est un grand théologien, un grand philosophe et un grand saint. Il meurt le 21 avril 1109 à l'âge de 76 ans.

ANTOINE DE PADOUE, prêtre et docteur de l'Église, fêté le 13 juin. Antoine est né au Portugal en 1195. Il rencontre des disciples de saint François d'Assise et s'embarque pour le rejoindre. Un naufrage le jette sur les côtes de Sicile. Devenu franciscain, il découvre un jour qu'il sait très bien parler en public. Il va prêcher dans toute l'Italie et le sud de la France. On vient de partout pour l'entendre parler de Dieu. Il fait de nombreux miracles. Un de ses amis a une vision de lui tenant l'Enfant Jésus dans ses bras : c'est pourquoi on le représente ainsi dans presque toutes les églises, car il est très populaire. On le prie pour retrouver les objets perdus. Antoine meurt le 13 juin 1231, à Padoue, en Italie. Il n'a que 36 ans mais a bien rempli sa vie.

ANTOINE, père des moines, fêté le 17 janvier.
Antoine naît en Égypte, au sud du Caire en 251. À 20 ans, il lit l'Évangile du jeune homme riche. Il donne tous ses biens aux pauvres et s'en va au désert. Le démon, sous la forme d'un cochon, essaye de l'empêcher de prier mais sans y arriver ! De nombreux jeunes gens viennent le rejoindre pour vivre dans la prière. Antoine meurt à plus de 100 ans, en 356. On peut dire qu'il est le père de tous les moines. Un autre Antoine, Antoine-Marie Zaccaria, fêté le 5 juillet, est né à Crémone, en Italie, au début du 16e siècle. Il est d'abord médecin, puis prêtre.

Antoinette, (1), religieuse, fêtée le 28 février, (2), religieuse, fêtée le 27 octobre.
Toutes deux vivent en Italie, au 15ᵉ siècle. L'une est clarisse à Florence, l'autre est dominicaine.

Antonin, évêque, fêté le 2 mai. Antonin naît à Florence, en Italie, en 1389. Il se fait moine dans l'ordre de saint Dominique et devient plus tard archevêque de Florence. Il travaille pendant 14 ans pour écrire un livre de théologie pour les prédicateurs et les confesseurs. Il meurt dans sa ville le 2 mai 1459, à 70 ans.

Arielle, fêtée le 1ᵉʳ octobre.
Sainte Arielle ou Urielle vit au 7ᵉ siècle et serait la sœur de saint Judicaël en Bretagne où une église porte son nom.

Arlette. Voir **Charlotte**

Armand, évêque, fêté le 23 décembre.
Armand est moine en Bavière au 12ᵉ siècle. Il devient évêque de Brixen en Vénétie où il meurt le 23 décembre 1164.

Arnaud, bienheureux, abbé et martyr, fêté le 10 février.
Au 13ᵉ siècle à Padoue, en Italie, règne un vrai monstre : Ezzelino le Féroce. Arnaud est abbé du monastère de Sainte-Sabine. Pour éviter d'être tué, il se réfugie dans une grotte. Il revient dans sa ville qu'il croit délivrée du monstre. Mais il est arrêté et jeté dans un cachot où il meurt le 10 février 1255.

Arsène, ermite, fêté le 19 juillet. Ce saint ermite naît sans doute à Rome au 4ᵉ siècle. Il se retire dans le désert en Égypte où il passe sa vie dans la prière et l'étude des évangiles.

Arthur, bienheureux, moine et martyr, fêté le 15 novembre. Ce moine et quelques-uns de ses compagnons sont exécutés en novembre 1539 parce qu'ils refusent de reconnaître le cruel roi d'Angleterre Henri VIII comme chef de l'Église d'Angleterre à la place du pape.

Athanase, évêque d'Alexandrie et docteur de l'Église, fêté le 2 mai. Sa vie ressemble à un roman d'aventures : voyages, persécutions, poursuites, exil, cachettes. Tout cela, pour défendre envers et contre tout la vérité : Jésus est le vrai Dieu. Cet homme très intelligent et très courageux est né en Égypte et vit au 4ᵉ siècle. Évêque d'Alexandrie, il participe activement au concile de Nicée. Obligé plusieurs fois de se cacher chez les ermites du désert d'Égypte, il écrit la vie de saint Antoine du désert. Ses écrits, ses sermons sont pleins d'enthousiasme. Il meurt à 70 ans.

Aubert, évêque, fêté le 10 septembre.
Aubert est évêque d'Avranches, en Normandie, au 8ᵉ siècle. En songe, l'archange saint Michel lui demande de construire une chapelle sur un gros rocher qu'on ne peut atteindre qu'à marée basse. C'est ce que fait Aubert. Ce rocher avec sa merveilleuse abbaye devient le célèbre Mont Saint-Michel.

Albin. Voir **Aubin**

Aubin ou **Albin**, évêque, fêté le 1ᵉʳ mars.
Aubin est né à Vannes en 469. Il devient évêque d'Angers dans le Maine-et-Loire et lutte contre les seigneurs qui ne respectent pas les lois religieuses du mariage. Il meurt le 1ᵉʳ mars 550 à Angers où on le vénère toujours. Son nom veut dire : blanc.

Aude ou **Odette**, fêtée le 18 novembre.
Hélas ! On ne sait rien d'elle sinon qu'elle est aimée et priée à Paris au 13ᵉ siècle.

Auguste Chapdelaine, bienheureux, missionnaire, martyr, fêté le 29 février.
Auguste naît en 1814. Il répond à l'appel de Dieu qui le pousse à aller annoncer la Bonne Nouvelle au loin. Prêtre des Missions étrangères, il part seul pour la Chine et fonde, malgré les persécutions, à Kouang-Si une petite communauté chrétienne. Il est décapité, à l'âge de 38 ans, dans les derniers jours de février 1852.

Augustin de Cantorbéry, évêque, missionnaire, fêté le 27 mai. Augustin est moine bénédictin à Rome au 6ᵉ siècle quand le pape Grégoire le Grand lui demande de partir annoncer la Bonne Nouvelle aux Angles et aux Saxons qui peuplent les îles britanniques. Augustin accomplit sa mission avec douceur, patience et grand respect de tous les hommes. Il a fondé l'abbaye de Cantorbéry.

Augustin, évêque et docteur de l'Église, fêté le 28 août.
Né en Algérie en 354, Augustin est à la fois un grand docteur de l'Église, un grand penseur, un grand écrivain et un grand saint qui ne cesse de chanter la bonté de Dieu.
Lire pages 100 et 101.

Aurélie, martyre, fêtée le 15 octobre.
Elle a certainement vécu en Alsace puisqu'au 10ᵉ siècle, il y a déjà une église Sainte-Aurélie à Strasbourg.

Aurélien, évêque, fêté le 16 juin. Aurélien est évêque d'Arles, en Provence, au 6ᵉ siècle. Il fonde deux monastères, un pour les hommes et un pour les femmes, où il veut que tout le monde apprenne à lire, ce qui est très rare en ce temps-là.

Aurore Voir **Lucie**.

B

Baptiste (voir **Jean-Baptiste**)

Barbara (voir **Barbe**)

Barbe, vierge et martyre, fêtée le 4 décembre.
C'est une belle jeune fille. Elle vit au 3e siècle. Persécutée et dénoncée par son propre père comme chrétienne, elle est horriblement torturée et décapitée. Les artilleurs et les pompiers l'ont depuis longtemps choisie comme patronne.

Barnabé, apôtre et martyr, fêté le 11 juin.
Les Actes des Apôtres nous racontent son histoire. Il vend ses terres pour se joindre aux Apôtres car il est « rempli de l'Esprit et de foi ». Il accompagne saint Paul dans ses premiers voyages. Puis ils se séparent probablement en 49, pour porter la Bonne Nouvelle chacun de son côté. Barnabé s'installe dans l'île de Chypre où il meurt martyr.

Barthélemy, Apôtre, fêté le 24 août.
Né à Cana, en Galilée, Barthélemy est l'ami de Philippe qui vient l'appeler à connaître Jésus alors qu'il enseigne assis sous un figuier. Tout de suite, il suit Jésus.

Basile le Grand, évêque et docteur de l'Église, fêté le 2 janvier.
C'est en Cappadoce, pays d'Asie Mineure, à l'ouest de l'Arménie que naît Basile en 329 et dans quelle famille ! Macrine, sa grand-mère, est sainte. Basile, son père, est saint ; sa mère Emmelie est sainte, ses deux frères, Grégoire de Nysse et Pierre Sébaste sont saints. Son cher ami, Grégoire de Nazianze, est saint lui aussi. Ils font ensemble leurs études à Césarée et à Athènes où leurs camarades se moquent de leur accent. Basile devient moine au désert puis évêque de Césarée. Pour défendre les vérités de la foi, il tient tête à l'empereur Valens. « Personne n'a osé me parler ainsi », dit Valens. « C'est que tu n'as jamais rencontré un évêque », répond Basile. Il est l'ami des pauvres : « Posséder plus que nécessaire, c'est voler les pauvres. » Jusqu'à sa mort en 379, Basile écrit des textes remarquables, c'est pourquoi il est l'un des docteurs de l'Église.

Bathilde, reine, épouse et mère, fêtée le 30 janvier.
Bathilde naît vers 634, à une époque bien difficile. Enfant, elle est enlevée par des corsaires. Elle est vendue et devient la femme de Clovis II, fils du fameux roi Dagobert. Elle est reine de Neustrie, la partie nord-ouest de ce qui sera la France. Elle a trois enfants quand son mari meurt. Elle gouverne bien son royaume jusqu'à ce qu'un ministre jaloux de sa bonté la fasse enfermer à l'abbaye de Chelles près de Paris. Elle y meurt en 680, en pardonnant à ses ennemis.

Baudouin de Ford, bienheureux, évêque, fêté le 16 octobre.
Ce moine, d'abord abbé de son couvent au 12e siècle, devient évêque d'Exeter en Angleterre.

Béatrice, (1) moniale, fêtée le 17 octobre ; (2) moniale, fêtée le 16 août.
Les deux saintes Béatrice ont consacré leur vie à Dieu. La première vit dans l'Isère au 13e siècle. La seconde, nièce de la reine de Castille, fonde un ordre en l'honneur de la Sainte Vierge et meurt à Tolède en 1490.

Bénédicte, moniale, fêtée le 16 mars.
Bénédicte donne sa vie au Seigneur dans la joie et la pauvreté à Saint-Damien d'Assise. Elle succède à sainte Claire comme abbesse de ce couvent. Elle meurt en 1260.

Benjamin, martyr, fêté le 31 mars.
Benjamin est diacre en Perse au 5e siècle. Il est tué en même temps que son évêque Abdas qui a brûlé un temple païen.

Benoît, abbé, fêté le 11 juillet.
Benoît est né à Nurcie, en Italie vers la fin du 5e siècle. Très jeune, il cherche la solitude pour prier. Il vient vers 529 s'installer au mont Cassin, près de Naples. De nombreux jeunes viennent le rejoindre. Il écrit pour eux une si belle règle de vie qu'elle sert encore à beaucoup de moines et de moniales. On l'appelle le « père des moines d'Occident ». Il est depuis 1964 patron de l'Europe.
Un autre moine, Benoît Biscop, est fêté le 12 janvier. Né vers 628, il est d'abord moine à Lérins, en France, puis il part pour l'Angleterre et fonde des abbayes. Il amène de Rome des sculpteurs, des peintres, et remplit les bibliothèques de livres pour permettre aux moines de s'instruire.

Benoît-Joseph Labre, mendiant, fêté le 16 avril.
Le petit Benoît est l'aîné d'une famille de 15 enfants. Sa mère est épicière dans le Pas-de-Calais. Benoît veut se donner à Dieu mais les monastères ne lui conviennent pas, car il aime voyager : il est pèlerin et mendiant. Il passe son temps à prier. Il va en Espagne, en Suisse, en Allemagne et jusqu'en Pologne. Il va souvent à Rome et y meurt le mercredi saint 1783. Il a 35 ans.

Béranger, abbé, fêté le 29 octobre.
Il fonde un célèbre monastère en Bavière, en Allemagne, au 12e siècle. Il y vit et y meurt saintement. Si l'on a pour prénom Bérangère on peut le prendre comme patron.

Bernadette, religieuse, fêtée le 18 février.
Cette petite fille pauvre et ignorante, née dans un petit village des Pyrénées, est connue dans le monde entier parce qu'elle a vu 18 fois la Sainte Vierge dans le creux d'un rocher à Lourdes. Elle devient religieuse à Nevers. Elle aime de tout son cœur Jésus et Marie et souffre sans se plaindre d'une terrible maladie des os. Elle meurt à 37 ans. Depuis 1858, des millions de gens viennent prier à Lourdes à cause de cette petite fille toute simple.

Bernard, abbé et docteur de l'Église, fêté le 20 août.
Bernard est un jeune seigneur bourguignon du 12e siècle. Il est abbé de Clairvaux et conseille les papes. Mais surtout il chante l'amour de Dieu. « La mesure d'aimer Dieu est de l'aimer sans mesure », dit-il, et aussi : « Ne pas vouloir monter, c'est descendre. »
Voir page 121.

Bernardin de Sienne, moine et prédicateur, fêté le 20 mai.
Bernardin est d'une famille noble de Sienne, en Italie, au 14e siècle. À 22 ans, il entre dans l'ordre des franciscains. Bernardin sait parler aux foules. Il fait rire et pleurer et convertit bien des gens. Malgré sa célébrité, il reste toujours humble, bon et doux. De santé fragile, il meurt à 64 ans, le 20 mai 1444.

Berthe, veuve, fêtée le 4 juillet.
Veuve, Berthe se retire avec ses deux filles au monastère de Blangy dans le Pas-de-Calais. Elle y est abbesse puis se retire dans un réduit près de la cathédrale où elle vit dans la prière et la pénitence. Elle meurt vers 725.

Bertille, moniale, fêtée le 6 novembre.
Bertille est une moniale qui vit au 7e siècle. Elle habite Jouarre et devient ensuite abbesse de Chelles en Seine-et-Marne. Elle est l'amie fidèle de la reine Bathilde.

Bertrand, un abbé, un évêque, un moine.
Il y a trois saints Bertrand ! Le premier vit au 7e siècle, il est abbé de Saint-Quentin. Le deuxième, évêque, meurt le 15 octobre 1123 à Comminges dans les Pyrénées-Centrales. On y admire encore la belle cathédrale qu'il a fait bâtir. Le troisième est l'un des premiers compagnons de saint Dominique, vers 1230. On fête le premier le 24 janvier, le deuxième le 16 octobre et le troisième le 6 septembre.

Blaise, médecin, évêque et martyr, fêté le 3 février.
Blaise est médecin en Arménie au 4e siècle. Il devient évêque de Sébaste, mais continue d'habiter dans une grotte. Il prie, il écoute tous ceux qui viennent, il soigne les gens et les bêtes malades. Le gouverneur Agricola le fait arrêter. En prison, il guérit un enfant qui s'étrangle avec une arête de poisson. Il est torturé et décapité. C'est un saint très populaire. On le prie pour guérir les maux de gorge.

Blanche, martyre, fêtée le 29 août.
On sait seulement qu'elle meurt martyre à Rome dans les premiers siècles.

Blandine, vierge et martyre, fêté le 2 juin.
À Lyon, au 2e siècle, de nombreux chrétiens sont martyrisés à cause de leur foi en Jésus. 48 sont connus, dont Blandine qui est une esclave. Elle résiste avec un courage extraordinaire à toutes les tortures, répétant seulement : « Je suis chrétienne. » On la représente souvent avec des lions couchés à ses pieds.

Bonaventure, évêque et docteur de l'Église, fêté le 15 juillet.
Bonaventure est né en Toscane en Italie, au 13e siècle. Il fait des études à Paris, puis entre comme moine chez les franciscains qui mettent en premier la joie et la pauvreté. Bonaventure enseigne la théologie. Il étudie les écrits de saint Augustin et les évangiles. Il participe au concile de Lyon pour réconcilier les Églises séparées d'Orient et d'Occident. Il meurt à l'âge de 53 ans.

Boniface, évêque et martyr, fêté le 5 juin.
Boniface est moine en Angleterre, à la fin du 7e siècle. Il part évangéliser la Germanie. Infatigable, il va de province en province, fonde des monastères, forme des missionnaires, ordonne des évêques, installe des écoles. Il vient jusqu'en France conseiller le roi Pépin le Bref. Il meurt massacré par des païens au cours d'un voyage. Il a mérité son nom qui veut dire « bien faire » !

Brice, évêque, fêté le 13 novembre.
Brice vit au 5e siècle. Petit, il est recueilli par saint Martin. Il devient prêtre puis évêque de Tours. Au début, sa vie n'est pas très exemplaire. Il passe 7 ans à Rome et se convertit tout à fait avant de revenir à Tours et d'y mourir vers 444.

Brieuc, missionnaire, fêté le 1er mai.
Il vient du pays de Galles apporter la Bonne Nouvelle en Bretagne. Il meurt centenaire au début du 6e siècle dans un monastère qu'il a fondé et qui a donné naissance à la ville actuelle de Saint-Brieuc.

Brigitte, veuve, fêtée le 23 juillet.
Brigitte est mariée à un prince suédois. Elle a 8 enfants dont l'une, Catherine, est aussi une sainte. Devenue veuve, elle s'installe à Rome avec sa fille et essaie de suivre à la lettre l'Évangile. Des chefs d'État et des papes viennent lui demander conseil. Elle fait à la fin de sa vie un pèlerinage en Terre Sainte, ce qui au

14e siècle est long et dangereux. Elle meurt à Rome le 23 juillet 1373.

Bruno, moine, fêté le 6 octobre.
Bruno naît à Cologne. Très intelligent, il devient professeur à Reims. Mais Dieu l'appelle vers une vie solitaire de prière. Il s'installe dans le Dauphiné, sur le massif de la Grande-Chartreuse et fonde un ordre d'ermites qui vivent seuls, ne se retrouvant que pour prier ensemble. Ce sont les chartreux. À cause de sa science et de son intelligence, on veut le faire évêque et même conseiller du pape. Mais Bruno préfère rester un humble ermite. Il meurt le 6 octobre 1101. Depuis ce temps-là, il y a toujours des chartreux.

C

Calixte ou **Calliste**, pape et martyr, fêté le 14 octobre.
Au début de sa vie, il est esclave. Il devient diacre du pape Zéphyrin et s'occupe alors de l'organisation des cimetières chrétiens. Il est élu pape en 217. Il consacre les cinq années de son pontificat à défendre la foi chrétienne.

Camille de Lellis, prêtre, fêté le 14 juillet.
Il est italien et vit au 16e siècle. D'abord soldat, il se convertit. Il se met au service des malades comme infirmier. Sur le conseil de saint Philippe Néri, il devient prêtre. Il est le saint patron des infirmes et des infirmiers.

Candide, martyre romaine, fêtée le 29 août, premiers siècles.

Carine, martyre, fêtée le 7 novembre.
Elle vit sans doute au 4e siècle. On raconte qu'elle est arrêtée et tuée avec son mari et son fils parce qu'elle est chrétienne.

Carole. Voir **Charlotte** ou **Charles**

Caroline. Voir **Charlotte** ou **Charles**

Catherine d'Alexandrie, fêtée le 25 novembre.
On ne sait pas si son histoire est tout à fait vraie, ni à quel moment elle s'est passée. La légende raconte qu'elle est la fille d'un roi à Alexandrie, en Égypte. Elle est chrétienne et s'oppose à l'empereur Maxence qui ne croit pas en Dieu. Il l'arrête et la torture avec une machine pleine de lames et de pointes. Mais la foudre tombe sur la machine et aveugle les bourreaux. Catherine est finalement décapitée. On raconte son histoire depuis des siècles. Avant, on la fêtait en couronnant sa statue. Cette coutume est restée et aujourd'hui, dans certains endroits, on offre à cette date un chapeau aux jeunes filles célibataires de 25 ans : on les appelle les catherinettes.

Catherine de Sienne, (1347-1380), vierge, docteur de l'Église. fêtée le 29 avril.
Catherine est née à Sienne, en Italie. À cette époque-là, les papes n'habitent plus à Rome. Depuis plus de 60 ans, ils sont installés à Avignon, en France. L'Église vit une période très difficile. Catherine réussit à convaincre le pape Grégoire XI de revenir à Rome. Un peu plus tard, l'Église retrouve à sa tête deux papes élus : l'un habite à Rome et l'autre à Avignon. Le pape de Rome, Urbain VI, appelle Catherine à ses côtés pour l'aider, ce qu'elle fait jusqu'à sa mort en 1380. Elle a dicté des livres très importants pour l'Église (elle ne savait pas écrire). Elle a été proclamée docteur de l'Église par le pape Paul VI en 1970.

Catherine Labouré, (1806-1876), fêtée le 30 décembre.
Elle devient religieuse à 24 ans et entre chez les Filles de la Charité, rue du Bac à Paris. Dès la première année, la Vierge Marie lui apparaît plusieurs fois. Elle lui demande de faire graver une médaille portant l'inscription « Marie conçue sans péché, priez pour nous qui avons recours à vous ». Elle ne parle de ces apparitions qu'au prêtre auquel elle se confesse. Le monde entier ne connaîtra cette histoire qu'après la mort de Catherine. La médaille, dite miraculeuse, est aujourd'hui connue dans le monde entier. Catherine Labouré a été canonisée par le pape Pie XII en 1947.

Cécile, vierge et martyre, fêtée le 22 novembre.
Sainte Cécile est très populaire et tout le monde la connaît comme la patronne des musiciens. Mais on ne sait pas bien en réalité qui elle est : une dame romaine qui, dans les premiers siècles, aide les chrétiens, ou bien une jeune fille martyrisée, après avoir été mariée de force à un jeune homme qui se convertit ? Mais il y a tant de martyres inconnues en ce temps-là, qu'on peut bien les fêter avec notre sainte Cécile !

Cédric, évêque, fêté le 7 janvier.
Cédric porte la Bonne Nouvelle aux Saxons qui habitent alors l'est de l'Angleterre et devient leur évêque. En 664, il meurt de la peste à l'abbaye de Lastingham qu'il a lui-même fondée. Son frère, saint Chad, a été moine aussi dans cette abbaye et même évêque en 669. Il meurt lui aussi de la peste qu'on ne sait alors pas soigner.

Céline, fêtée le 21 octobre.

Céline vit au 6e siècle, elle est la mère de saint Rémi.

CÉSAIRE D'ARLES, évêque, fêté le 27 août.
Au temps des invasions barbares, Arles, en Provence, a un évêque extraordinaire : Césaire. Il est instruit et a beaucoup lu les écrits de saint Augustin. Il aime annoncer la parole de Dieu avec fermeté, simplicité et humour. « Le pauvre, dit-il, est le coffre-fort du Christ » ou bien : « Si tu aimes ton prochain sans aimer Dieu, tu es boiteux et tu ne peux plus courir. » Césaire est évêque d'Arles pendant 40 ans. Il meurt en 543.

CHAD. Voir **CÉDRIC**

CHANTAL, veuve, fêtée le 12 décembre.
Chantal est le nom de famille de Jeanne-Françoise de Chantal qui naît à Dijon, en Bourgogne, en 1572. Mariée, mère de famille, puis veuve, elle rencontre saint François de Sales et fonde avec lui un ordre de religieuses, les visitandines, qui se répand rapidement en France. Elle est la grand-mère d'une femme écrivain célèbre par ses lettres : Madame de Sévigné.

CHARLES BORROMÉE, (1538-1584), évêque, fêté le 4 novembre.
Il est nommé cardinal à 22 ans et part à Rome auprès de son oncle, le pape Pie IV. Il participe au concile de Trente. Puis il regagne son diocèse sur les bords du lac Majeur. Il y crée, en 1564, une des premières écoles pour la formation des prêtres : un séminaire. Il meurt à 46 ans. Il est proclamé patron des catéchistes par Pie XI en 1934.

CHARLOTTE, bienheureuse, fêtée le 17 juillet.
Elle appartient à une congrégation de religieuses qui s'appellent les carmélites. Pendant la Révolution française, sous le règne de la Terreur, beaucoup de religieux sont arrêtés. Charlotte est la plus âgée (elle a 80 ans) des carmélites de la ville de Compiègne qui sont guillotinées en 1794. Un écrivain français, Bernanos, a raconté cette histoire dans un très beau livre, *Le Dialogue des Carmélites*.

CHRISTEL. Voir **CHRISTINE**

CHRISTIAN et ses frères camaldules, fêté le 12 novembre.
Christian fait partie d'un groupe de moines qui vivent isolés du monde, les ermites camaldules. Ils sont chargés d'évangéliser la Pologne. Ils sont tous tués par des brigands dans leur ermitage.

CHRISTINE. Plusieurs saintes portent ce nom : la patronne de Palerme, vierge et martyre du 4e siècle, fêtée le 24 juillet ; une autre martyre morte à Césarée en Cappadoce (Turquie actuelle), fêtée le 6 février ; et sainte Christine l'Admirable, née vers 1150 en Belgique, fêtée aussi le 24 juillet. Elle finit sa vie au couvent Sainte-Catherine-de-Troud. Elle donne l'exemple de l'obéissance et de l'humilité et prie toute sa vie pour les pécheurs.

CHRISTOPHE, fêté le 25 juillet.
On a fait de saint Christophe le patron des voyageurs et des automobilistes, mais on ne sait pas s'il a vraiment existé. Selon la légende, il fait passer le fleuve aux gens. Un jour, il fait traverser un enfant et manque de couler sous le poids : cet enfant n'est-il pas le Christ portant le monde ? D'autres saints (ou bienheureux) Christophe ont réellement existé, dont saint Christophe de Cordoue, décapité en 852 parce qu'il est chrétien et le bienheureux Christophe de Cahors, disciple de François d'Assise.

CLAIRE D'ASSISE, vierge, fêtée le 11 août.
Claire est née à Assise en 1193 dans une famille riche. Attirée par la manière de vivre de saint François, elle devient religieuse à 18 ans. Elle entre d'abord dans l'ordre des bénédictines, puis sur la demande de saint François, elle fonde l'ordre des Pauvres Dames (ou clarisses). Sa sœur, puis sa mère et de nombreuses amies la rejoignent peu à peu. Elle meurt à 60 ans. L'ordre qu'elle a fondé continue aujourd'hui d'exister. Il est basé sur la pauvreté. Sainte Claire a été proclamée patronne de la télévision dans le monde par le pape Pie XII en 1958. Sept autres saintes ou bienheureuses portent le nom de Claire.

CLARISSE ou **CÉCILE** ou **SIGEBERGE**, (7e siècle), fêtée le 12 août.
Elle est la première abbesse de l'abbaye de femmes fondée par Romaric et saint Aimé à côté d'une abbaye d'hommes. Une autre Clarisse est aussi fêtée : religieuse franciscaine, elle crée des groupes de gens, des fraternités, qui s'occupent des pauvres et des malades.

CLAUDE DE LA COLOMBIÈRE, jésuite, prêtre, fêté le 15 février.
Claude entre chez les jésuites à 17 ans. On est au 17e siècle à Paray-le-Monial, en Saône-et-Loire. Une religieuse, la future sainte Marguerite-Marie, voit Jésus qui lui montre son cœur plein d'amour pour les hommes. Elle se confie au père de la Colombière qui la croit et la soutient. Ses écrits expriment combien il faut avoir confiance en l'amour de Jésus. Il meurt à 41 ans en 1682.

CLAUDE DU JURA, (6e ou 7e siècle), fêté le 6 juin.
Claude est évêque de Besançon. Il termine sa vie dans une abbaye qui prend son nom au 12e siècle. C'est autour de cette abbaye que se crée la ville de Saint-Claude dans le Jura.

Il est le patron des tourneurs et des bimbelotiers.

Clémence, bienheureuse, fêtée le 21 mars.
Clémence de Hohenberg perd son mari et devient alors religieuse bénédictine. Toute sa vie est un modèle de bonté.

Clément, pape et martyr, fêté le 23 novembre.
Il est le 3e pape à succéder à saint Pierre. Sous l'empereur Trajan, il aurait été exilé à Chersonèse, sur la mer Noire dans laquelle il aurait été jeté. Il est le patron des bateliers. Un autre Clément, saint Clément d'Alexandrie, est un des premiers théologiens à avoir écrit. Il est considéré comme un Père de l'Église.

Clémentine. Voir **Clément**

Clotilde, reine de France, fêtée le 4 juin.
Au début du 6e siècle, Clotilde est la femme de Clovis, roi des Francs. Avec saint Rémi, elle joue un grand rôle dans la conversion de son mari et du peuple franc. Elle est enterrée aux côtés de Clovis dans une église située à l'emplacement actuel du Panthéon à Paris.

Colette, fêtée le 6 mars.
De son vrai nom Nicolette, on l'appelle Colette. Elle devient religieuse. Elle vit seule et sans aucune richesse pendant quatre ans. Elle décide alors de créer des monastères où les religieuses vivront exactement comme l'a demandé sainte Claire : une vie très pauvre et très austère. Ces religieuses, des clarisses, sont appelées colettines. Colette meurt à Gand au 15e siècle, dans un des monastères qu'elle a fondé.

Colomban, abbé, fêté le 23 novembre.
Né en Irlande, il devient moine. En 590, il part dans le nord-est de la Gaule avec 12 autres moines. Durant sa vie, il fonde 3 monastères où la vie est très austère.

Côme, martyr, fêté le 26 septembre.
La tradition raconte que Côme et son frère Damien sont médecins et qu'ils soignent les gens gratuitement. Tous les deux meurent martyrisés, sans doute vers 300, en Syrie. Ils sont les patrons des médecins, chirurgiens, pharmaciens et sages-femmes. Trois autres saints et bienheureux portent le nom de Côme.

Constance, martyre, fêtée le 17 juillet.
C'est une des carmélites de Compiègne guillotinées pendant la Révolution française en 1794.

Coralie (**Cora**, **Corinne**). Voir **Dioscore**.

Corentin, fêté le 12 décembre.
Il serait le premier évêque de Quimper en Bretagne au 5e siècle. La cathédrale de Quimper lui est dédiée et il est le patron du diocèse.

Corneille, militaire, fêté le 2 février.
Corneille est un sous-officier romain vivant à Césarée en Palestine. Il est le premier païen baptisé par saint Pierre. C'est saint Luc qui raconte son histoire au chapitre 10 des Actes des Apôtres. Un autre Corneille, pape au 2e et 3e siècle, est fêté le 16 septembre.

Cyprien de Carthage, évêque et martyr, fêté le 16 septembre.
Avocat, Cyprien se convertit au christianisme à 40 ans. Il est ordonné prêtre et devient évêque de Carthage en 248. À cette époque, l'empereur Dèce persécute les chrétiens. Cyprien arrive à se cacher. Le calme revient pendant quelques années mais l'empereur Valérien recommence à tuer les chrétiens. Cyprien refuse de changer de religion. Il est décapité. Durant toute sa vie, Cyprien a été un exemple pour les chrétiens. Il a beaucoup écrit sur la foi chrétienne. Pour cette raison, il est un des Pères latins de l'Église. On fête deux autres Cyprien. L'un vit au 5e siècle. Il a donné son nom à la petite ville de Saint-Cyprien, en Dordogne. L'autre est évêque de Toulon au 6e siècle. Il est fêté le 3 octobre.

Cyr, enfant martyr, fêté le 16 juin.
On raconte qu'au 4e siècle, en Turquie, le petit Cyr qui a 5 ans veut être martyr comme les grands. Il se faufile dans la salle du tribunal où l'on condamne les chrétiens, en criant : « Moi aussi, je suis chrétien ! » On veut l'attraper, le faire taire, mais il court partout en criant toujours : « Je suis chrétien ! ». Furieux, le juge le rattrape et le tue. Ce petit saint martyr devient vite célèbre, particulièrement en France où beaucoup de villages portent son nom.

Cyrille d'Alexandrie, évêque et docteur de l'Église, fêté le 27 juin.
Il commence sa vie par prier seul comme ermite. Puis, il succède à son oncle Théophile comme patriarche d'Alexandrie en 412. Au concile d'Éphèse, il fait proclamer que Jésus est vrai Dieu et vrai homme, ce que les chrétiens disent dans le Credo depuis ce temps-là. Il est proclamé docteur de l'Église par Léon XIII en 1883.

Cyrille de Jérusalem, évêque et docteur de l'Église, fêté le 18 mars.
Il est élu évêque de Jérusalem en 348. Il a laissé beaucoup d'écrits, *Les Catéchèses*, pour expliquer la foi chrétienne aux adultes qui demandent le baptême. Il a été proclamé docteur de l'Église en 1882 par Léon XIII.

Cyrille et **Méthode**, moines, fêtés le 14 février.
On ne peut pas séparer ces frères qui, ensemble, au 9e siècle, vont porter

la Bonne Nouvelle aux peuples slaves. Malgré les critiques et les persécutions, ils traduisent les évangiles et les prières de la messe en slavon. Cyrille invente même un alphabet de 38 lettres pour écrire ces textes. On se sert encore de cet alphabet en Europe de l'Est.

D

DAMIEN. Voir CÔME

DANIEL BROTTIER, bienheureux, prêtre, fêté le 26 février.
Il est ordonné prêtre en 1899 et entre dans la congrégation des Pères du Saint-Esprit. Il s'installe en Afrique jusqu'en 1911. Revenu en France, il est nommé directeur de l'Œuvre des Orphelins Apprentis d'Auteuil en 1923. Il aide beaucoup d'enfants et de jeunes en difficulté à apprendre un métier. Daniel Brottier a été béatifié le 25 novembre 1984 par le pape Jean-Paul II.

DANIEL LE STYLITE, fêté le 11 décembre.
Né en Syrie au 5e siècle, Daniel devient moine à 12 ans. Plus tard, il va voir Siméon, un moine stylite, c'est-à-dire qui vit au sommet d'une colonne. Daniel décide de suivre son exemple. Un autre Daniel, qui vit au 4e siècle, a été martyrisé en Arménie.

DAVID, évêque, fêté le 1er mars.
Il vit au 6e siècle. Il est le patron du pays de Galles.

DAISY. Voir MARGUERITE

DELPHINE DE SABRAN, bienheureuse, fêtée le 26 novembre.
Elle est née dans la montagne du Lubéron (Vaucluse). À la mort de son mari, en 1323, elle décide de passer le reste de sa vie dans la pauvreté et la prière.

DENIS ou DENYS, évêque et martyr, fêté le 9 octobre.
Denis est le premier évêque de Paris au 3e siècle. Il meurt décapité. Selon la légende, il aurait marché en portant sa tête dans ses mains, après son martyre. Saint Denis est le patron des diocèses de Paris, de Saint-Denis en France et de Saint-Denis de la Réunion. Vingt autres saints ou bienheureux portent le nom de Denis ou Denys.

DENISE ou DENYSE, martyre, fêtée le 15 mai.
Au 3e siècle, les chrétiens d'Asie Mineure sont persécutés et doivent abandonner leur foi pour ne pas être tués. Un chrétien, par peur de mourir, fait un sacrifice d'animal aux dieux païens. Denise s'indigne. Elle est aussitôt arrêtée et tuée. Deux autres martyres aux 3e et 4e siècles portent le nom de Denise ou Denyse.

DÉSIRÉ, évêque, fêté le 8 mai.
Il devient évêque de Bourges en 543. Il participe à des conciles de sa région. Il est enterré à Bourges. Trois autres saints portent le nom de Désiré.

DIANE D'ANDALO, bienheureuse, religieuse, fêtée le 9 juin.
Elle vit à Bologne au 13e siècle. À 20 ans, elle veut devenir religieuse, mais sa famille la fait sortir de force du couvent. Elle n'abandonne pas son idée et deux ans plus tard, elle fonde un couvent de dominicaines. Elle meurt à 35 ans.

DIDIER, évêque, fêté le 23 mai.
Il est évêque de Vienne, dans l'Isère, au 7e siècle. Il reproche sa conduite au roi mérovingien Thierry II. Le roi le fait arrêter et tuer à coups de pierre et de bâton dans un endroit qui devient Saint-Didier-sur-Chalaronne, dans l'Ain. Neuf autres saints portent le nom de Didier.

DIOSCORE, fêté le 18 mai.
Martyr à Alexandrie au 4e siècle.

DOLORÈS, fêtée le 15 septembre,.
Dolorès veut dire douleur en espagnol. Elle est fêtée en même temps que Notre-Dame des Douleurs.

DOMINIQUE SAVIO
Il vit au 19e siècle. Il est le jeune élève de saint Jean Bosco, et le plus jeune saint non martyr. Une quarantaine de saints et bienheureux portent le nom de Dominique.

DOMINIQUE, prêtre, fêté le 8 août.
Fondateur des dominicains.
Voir page 120.

DONALD, fêté le 15 juillet.
Donald est un moine écossais, entré dans la vie religieuse en même temps que ses neuf fils au 8e siècle.

DORA, DORINE. Voir THÉODORE

DORIS. Voir DOROTHÉE

DOROTHÉE, fêtée le 6 février.
On dit qu'elle est morte martyre à Césarée en Cappadoce (en Turquie) au 4e siècle. Un jeune avocat, Théophile, qui est devenu chrétien après un miracle, a été tué en même temps qu'elle.

E

Edgar le pacifique, roi d'Angleterre, fêté le 8 juillet.
Ce roi fait régner la paix dans son pays, ce qui est rare au 10e siècle. Il est le père de sainte Edith et de saint Edouard le Martyr.

Edith, fêtée le 16 septembre.
Fille de saint Edgar, roi des Anglo-Saxons, elle passe la plus grande partie de sa vie au monastère de Wilton, en Angleterre. Elle y meurt à 23 ans.

Edmond Rich, évêque, fêté le 14 novembre.
Il est élu archevêque de Cantorbéry en 1234. Il veut que l'Église soit moins riche et qu'elle ne dépende pas du roi. Personne n'est d'accord avec lui, il doit partir et s'exiler en France. Il finit sa vie dans une abbaye cistercienne à Pontigny, dans l'Yonne, et meurt à Soisy en Seine-et-Marne. Cinq autres saints ou bienheureux portent le nom d'Edmond.

Édouard le Confesseur, roi d'Angleterre, fêté le 5 janvier.
Édouard n'est pas vraiment fait pour être un chef d'État ! Comme il a horreur du sang versé et qu'il secoure les pauvres, son peuple l'aime. Il meurt le 5 janvier 1066, peu avant la conquête de l'Angleterre par Guillaume-le-Conquérant.

Edwige. Voir **Hedwige**

Églantine. Voir **Rose**

Éléonore, fêtée le 25 juin.
Elle épouse le roi Henri III d'Angleterre. Elle finit sa vie comme religieuse bénédictine au 13e siècle.

Éliane. Voir **Elisabeth**

Elisabeth de Hongrie, fêtée le 17 novembre.
Elle vit au 13e siècle ; elle est la fille du roi André II de Hongrie. Elle se marie à 14 ans et a trois enfants. Son mari meurt quand elle a 20 ans. Elle passe les quatre dernières années de sa vie à s'occuper des pauvres et des malades, comme saint François qu'elle admire beaucoup. Elle est déclarée sainte quatre ans seulement après sa mort.

Elisabeth de la Trinité, bienheureuse, carmélite, fêtée le 9 novembre.
Née à la fin du 19e siècle dans une famille riche, Elisabeth devient religieuse carmélite à 21 ans. Elle vit ces années dans la plus grande pauvreté et l'humilité. Elle meurt à 26 ans, à cause d'une maladie qui la fait beaucoup souffrir. Elle exprime le souhait que cette souffrance aide autant les gens que celle vécue par le Christ. Elisabeth a été béatifiée par le pape Jean-Paul II, le 25 novembre 1985.

Elisabeth ou Isabelle de Portugal, fêtée le 4 juillet.
Elle naît en 1271 et épouse à 12 ans le roi Denis de Portugal. Elle consacre sa vie à la prière et aux pauvres. Douze autres saintes ou bienheureuses portent le nom d'Elisabeth.

Elisabeth, fêtée le 5 novembre.
C'est la mère de saint Jean-Baptiste.
Lire page 65.

Elisabeth-Anne Seton, mère de famille, fêtée le 4 janvier.
Elisabeth-Anne (Betty-Ann) née à New York en 1774 est la première femme canonisée aux États-Unis. Elle se marie à 20 ans avec un commerçant, a cinq enfants, se convertit en 1804. Elle se dévoue aux malades. Elle a tellement confiance dans l'amour de Dieu qu'elle est toujours en paix et joyeuse même dans la souffrance.

Elme. Voir **Érasme**

Élodie, martyre, fêtée le 22 octobre.
On sait seulement qu'elle est martyrisée en Espagne, au 9e siècle.

Éloi, évêque, fêté le 1er décembre.
Saint Éloi est le patron des orfèvres, mécaniciens, forgerons, fermiers et de bien d'autres métiers.
Lire page 104.

Elsa. Voir **Elisabeth**

Elvire, fêtée le 16 juillet.
Elle était abbesse, c'est-à-dire la responsable d'une abbaye, à Ohren en Allemagne, au 11e ou au 12e siècle.

Émeline, fêtée le 27 octobre.
Elle vit seule près de Longeville, en Haute-Marne, au 12e siècle.

Émile, martyr, fêté le 22 mai.
Il meurt martyr au 3e siècle en Afrique. Quatre autres saints martyrs portent le nom d'Émile.

Émilie de Rodat, fêtée le 19 septembre.
Elle fonde en 1819 à Villefranche-de-Rouergue l'ordre des Sœurs de la Sainte-Famille. Les religieuses de cette congrégation passent leur vie au service des plus pauvres.

Émilie de Vialar, fêtée le 24 août.
Elle fonde avec trois amies la congrégation hospitalière et enseignante de Saint-Joseph de l'Apparition. Un an plus tard, en 1833, elle devient religieuse à Gaillac. Sa congrégation se développe rapidement.

Émilien, fêté le 12 novembre.

Berger espagnol, il devient curé de campagne et termine sa vie seul en ermite au 6e siècle.

ÉMILIENNE, fêtée le 5 janvier.
Cette sainte est la tante de saint Grégoire le Grand. Elle vit au 6e siècle.

ÉMILION, fêté le 16 novembre.
D'abord il vit seul. Puis il rassemble autour de lui quelques hommes pour vivre en obéissant à la règle de saint Benoît. Au 8e siècle, après sa mort, on fonde un monastère, autour duquel se développe la ville actuelle de Saint-Émilion en Gironde.

EMMANUEL, fêté le 10 juillet.
Religieux espagnol, il vit selon la règle de saint François (franciscain). Gardien du couvent de Damas, en Syrie, il est tué par les Druzes en 1860.

ÉRASME ou **ELME**, évêque et martyr, fêté le 2 juin.
La légende raconte que cet évêque a été martyrisé de façon épouvantable au 4e siècle. Il est le patron des marins.

ÉRIC ou **ERIK**, roi de Suède, fêté le 18 mai.
Ce roi répand la foi chrétienne dans le nord de son pays, la Suède, au 12e siècle. Il organise une expédition militaire, une croisade, pour convertir ses voisins, les Finlandais.

ERNEST, abbé, fêté le 7 novembre.
Il est abbé d'un monastère près de Constance ; il participe à la 2e croisade, au 12e siècle, avec l'armée de l'empereur Conrad III. Il meurt en Turquie.

ERWAN, **ERWIN**. Voir YVES

ESTELLE, martyre, fêtée le 11 mai.
Estelle veut dire étoile. Un joli nom pour cette sainte qui est morte martyre au 3e siècle, à Saintes, en Charente-Maritime.

ÉTIENNE, diacre, martyr au 1er siècle, fêté le 26 décembre.
Son histoire est racontée dans les Actes des Apôtres. Il proclame partout que Jésus, mort sur la croix, est ressuscité. Les juifs ont peur et l'arrêtent. Devant eux, Étienne fait une formidable profession de foi. Il est lapidé et meurt en demandant le pardon de ses bourreaux. Saint Étienne est le patron des diocèses d'Agen, Bourges, Cahors, Meaux, Metz et Toulouse.

EUDES. Voir JEAN EUDES

EUGÈNE, pape, fêté le 2 juin.
Élu pape en 654, il s'oppose à l'empereur Constant II qui refuse de croire que Jésus est vraiment homme et vraiment Dieu et qui veut imposer son erreur aux chrétiens. 21 autres saints ou bienheureux portent le nom d'Eugène.

EUGÉNIE SMET, bienheureuse Marie de la Providence, fêtée le 7 février.
Elle fonde en 1856 la Société des Auxiliatrices du Purgatoire. Ces religieuses se consacrent à la catéchèse et aux malades.

EULALIE, vierge et martyre, fêtée le 12 février.
On ne sait pas au juste quand a vécu cette petite fille espagnole. On sait qu'elle fut, il y a bien longtemps, brûlée vive pour avoir défendu ses frères chrétiens devant les juges. Elle n'avait que 12 ans. Cette petite martyre est très aimée en Espagne et dans beaucoup de pays. On parle d'elle dans un poème en vieux français où l'on dit : « Elle avait beau corps mais âme plus belle encore. »

EUSTACHE, martyr.
La légende raconte qu'il est général de l'empereur Trajan au 2e siècle. Un jour, pendant la chasse, le cerf qu'il poursuit se retourne vers lui et il croit voir apparaître une croix lumineuse entre ses bois. Il se fait alors baptiser et change son nom Placidas en celui d'Eustache. On dit qu'il est mort martyr. Six autres saints et bienheureux portent ce nom.

ÉVA. Voir Ève

ÉVANGÉLINE. Voir Jean l'Évangéliste

ÈVE, fêtée le 5 avril.
Elle vit seule à Liège au 13e siècle.

ÉVELYNE. Voir Ève

F

FABIEN, pape et martyr, fêté le 20 janvier.
Extraordinaire ! Fabien, qui est un simple chrétien, est nommé directement évêque de Rome, donc pape, en 236. Fabien est un homme organisé. Il divise Rome en 7 secteurs confiés à 7 diacres. Il charge 7 secrétaires d'écrire la première vie des saints. Il envoie 7 missionnaires en Gaule et a des liens étroits avec les évêques d'Afrique du Nord. Il est pape pendant deux fois sept ans. Fabien aime beaucoup ce chiffre 7 qui, chez les Anciens, est le chiffre parfait. C'est lui, aussi, qui demande qu'on se serve du saint chrême pour les sacrements. Il aménage les cimetières chrétiens de la ville. L'empereur Dèce lance une terrible persécution contre tous les chrétiens et Fabien meurt martyr en 250.

Fabiola, fêtée le 27 décembre.
Elle fonde un hôpital à Rome. En 395, elle crée à Ostie un « Accueil aux étrangers pauvres ».

Fabrice. Voir **Fabricien**

Fabricien, fêté le 22 août.
Il meurt martyr à Tolède en Espagne. C'est tout ce qu'on sait de lui.

Fanny. Voir **Étienne**

Félicité, fêtée le 7 mars avec sainte **Perpétue**.
Voir **Perpétue**

Félicité, martyre, fêtée le 23 novembre.
Elle aurait été martyrisée à Rome au 2e siècle avec sept autres martyrs dont elle serait la mère.

Félix, évêque, fêté le 6 janvier.
Il est le premier évêque de Nantes. Il y fait construire la première cathédrale et mène une vie très active. Il évangélise toutes les campagnes de la région. 70 saints ou bienheureux, la plupart martyrs, portent ce nom.

Ferdinand III, fêté le 30 mai.
Il est proclamé roi en 1230 et réunit ainsi les deux royaumes de Castille et Léon, en Espagne. Il lutte pour reconquérir les territoires espagnols aux mains des musulmans. Il donne l'exemple d'une vie chrétienne.

Fernand, Fernande. Voir **Ferdinand**

Fleur, fêtée le 5 octobre.
Née dans le Cantal vers 1300, elle consacre sa vie au service des pauvres dans un hôpital. Elle est la patronne de toutes celles qui portent un nom de fleur et n'ont pas déjà une patronne canonisée.

Florence, fêtée le 1er décembre.
Convertie au christianisme par saint Hilaire, évêque de Poitiers, elle se retire vers 360 à Celle-Lavescault (Vienne). Elle y meurt à 29 ans.

Florent, diacre et martyr, fêté le 14 décembre.
Florent est diacre à Reims. En 407, les guerriers Vandales envahissent la ville. L'évêque saint Nicaise, sa sœur sainte Eutropie, le lecteur Jucundus et Florent sont massacrés sur les marches de la cathédrale. Il existe plus de 10 autres saints qui portent le nom de Florent, dont le troisième évêque de Cahors qui vit aux 4e et 5e siècles. Il est fêté le 4 juillet.

Florentin, fêté le 25 avril.
Il est le premier abbé du monastère des Saints-Apôtres à Arles. Le monastère a été fondé par l'évêque saint Aurélien. Un autre Florentin est fêté le 1er décembre.

Florian, martyr, fêté le 4 mai.
Patron de la Basse-Autriche. Il meurt pour sa foi au 4e siècle.

Flour, fêté le 30 octobre.
Il aurait été le premier évêque de Lodève dans l'Hérault. Il est enterré en Auvergne. Sur son tombeau, on a construit une abbaye, autour de laquelle s'est développée la ville de Saint-Flour.

François d'Assise, fêté le 4 octobre.
Fondateur de l'ordre des franciscains.
Lire pages 120 et 196.

François de Sales, évêque et docteur de l'Église, fêté le 24 janvier.
Lire page 135.

François Xavier, prêtre, fêté le 3 décembre.
Après avoir fait ses études à Paris, il devient professeur de philosophie. Le 15 août 1534, avec cinq étudiants et Ignace de Loyola, il fonde la Compagnie de Jésus (les jésuites). Il devient prêtre en 1537. Quatre ans plus tard, il part en Inde comme missionnaire. Il parcourt des milliers de kilomètres et fonde beaucoup de communautés chrétiennes. Il veut aller jusqu'en Chine, mais on le lui interdit. Il meurt épuisé à 46 ans. François Xavier est le patron des missions. Soixante-deux autres saints ou bienheureux portent le nom de François.

Françoise, romaine, veuve.
Née à Rome en 1384, elle se marie très jeune. Elle a plusieurs enfants mais beaucoup meurent quand ils sont encore petits. Elle aide les malades avec d'autres dames romaines. Ensemble, elles créent une communauté de femmes non religieuses : les oblates bénédictines. Devenue veuve, Françoise les rejoint.

Françoise-Xavière (ou **Xavière**), religieuse missionnaire, fêtée le 22 décembre.
Françoise-Xavière Cabrini est une jeune Italienne du 19e siècle. Elle veut être missionnaire en Chine. Elle fonde avec quelques compagnes les Sœurs Missionnaires du Sacré-Cœur. Le pape Léon XIII les envoie non pas en Chine, mais aux États-Unis, où beaucoup d'Italiens sont partis et vivent dans la pauvreté. Françoise-Xavière ne se laisse pas arrêter par les difficultés et fonde des écoles, des hôpitaux. Elle fait de même au Brésil et en Argentine. Elle a une réelle confiance en Dieu et ses prières sont toujours exaucées. Elle meurt à Chicago, le 22 décembre 1917, à l'âge de 57 ans.

Frédéric, évêque et martyr, fêté le 18 juillet.
Évêque d'Utrecht, aux Pays-Bas vers 825, il participe au concile de Mayence en 839. Il envoie saint Odulphe évangéliser la Frise, une région qui borde la mer du Nord entre

les Pays-Bas et l'Allemagne. Il meurt probablement assassiné sur l'ordre de la reine Judith, femme de Louis le Pieux.

FULBERT, évêque, fêté le 10 avril.
Il dirige une école très renommée à Chartres. Il est élu évêque de cette ville en 1006. Il a beaucoup d'activités : professeur, écrivain, poète, musicien, et conseiller des rois de France. Il décide de reconstruire la cathédrale de Chartres détruite par un incendie en 1020.

G

GABRIEL. Voir **ANGES**

GAETAN DE THIENNE, (v. 1480-1547), prêtre, fêté le 7 août.
Il s'occupe des orphelins, des malades, des prisonniers de Rome en faisant partie d'une association du Divin Amour. En 1523, avec Jean-Pierre Caraffa (le futur pape Paul IV), il fonde les clercs réguliers Théatins. Il finit sa vie au service des pauvres.

GASPARD DEL BUFALO, prêtre, fêté le 2 janvier.
Prêtre romain, il est obligé de fuir car il ne veut pas se soumettre et prêter serment à Napoléon qui a chassé les papes de Rome. Après le départ de Napoléon, il parcourt la campagne romaine et annonce l'Évangile. Il fonde une congrégation pour l'aider dans sa mission et une autre pour l'éducation des jeunes filles. Selon la légende, Gaspard est aussi le nom d'un des savants d'Orient, un mage, venu adorer l'Enfant Jésus.

GASTON. Voir **VAAST**

GAULTIER, fêté le 11 mai.
Fils d'un seigneur riche des Charentes, il décide de vivre seul, en ermite, tout près du château de son père au 11e siècle.

GAUTIER, fêté le 9 avril.
Il fonde l'abbaye bénédictine de Saint-Martin-de-Pontoise, près de Paris. Il veut se retirer dans la solitude, mais partout où il va, ses moines le retrouvent et le ramène à Pontoise. C'est là qu'il meurt en 1099.

GÉLASE Ier, pape, fêté le 21 novembre.
Il écrit de nombreuses lettres pour dire que Jésus est à la fois Dieu et homme et aussi pour affirmer que l'évêque de Rome est le premier des évêques puisqu'il succède à saint Pierre. Pendant quatre ans, il se bat contre l'empereur, le patriarche de Constantinople et le roi ostrogoth Théodoric qui contestent son rôle.

GENEVIÈVE, vierge, fêtée le 3 janvier.
Sainte Geneviève est née à Nanterre, en 420. Dès l'âge de 9 ans, elle donne toute sa vie à Dieu. À la mort de ses parents, elle s'installe à Paris qui s'appelle encore Lutèce. Elle vit dans la prière et la pénitence et s'occupe des pauvres et des malades. Mais de terribles guerriers, les Huns, et leur chef, Attila, arrivent ! Geneviève rassure les Parisiens affolés : Attila ne viendra pas ici ! Quelques années plus tard, pendant le siège de Lutèce par Mérovée, roi des Francs, cette femme courageuse ravitaille les Parisiens en allant elle-même chercher du blé sur des bateaux pendant la nuit. Elle devient l'amie et la conseillère de Clovis et de Clotilde et meurt très âgée sur la colline qui porte toujours son nom, près du Panthéon actuel. Elle est la patronne de Paris et aussi celle des gendarmes et des policiers.

GEOFFROY, évêque, fêté le 8 novembre.
Né près de Soissons, il est évêque d'Amiens en 1104. Il soutient la population d'Amiens qui veut se libérer de la vie très dure que lui font mener les seigneurs. Il assiste aux conciles de Vienne et de Reims. Il meurt à l'abbaye de Saint-Crépin à Soissons.

GEORGES, martyr, fêté le 23 avril.
Son histoire est bâtie sur une légende que l'on ne connaît pas bien. Il aurait été martyrisé en Palestine au 4e siècle. Il est le patron de l'Angleterre, des cavaliers et des scouts. Dix-sept autres saints ou bienheureux portent le nom de Georges.

GEORGETTE, **GEORGIE**, **GEORGINA**, vierge, fêté le 15 février.
Georgette vit à la fin du 5e siècle à Clermont-Ferrand. Elle trouve que la ville est trop bruyante ! Elle se retire à la campagne pour prier en paix. On raconte que des colombes auraient suivi son enterrement.

GÉRALD, bienheureux, confesseur, fêté le 13 juin.
C'est le frère aîné de saint Bernard. Soldat, il est fait prisonnier. Libéré, il devient moine. Il rejoint son frère à Citeaux et lui apporte pendant 30 ans une aide précieuse.

GÉRALD, évêque, fêté le 5 décembre.
D'abord moine à Moissac (dans le Tarn-et-Garonne), il devient évêque de Braga au Portugal au 12e siècle.

GÉRALDINE. Voir **GÉRALD**

GERMAIN D'AUXERRE, évêque, fêté le 31 juillet.
Né dans une famille riche, marié, il est choisi en 418 comme évêque d'Auxerre. Il donne tous ses biens aux pauvres. Il défend les chrétiens contre les invasions barbares. Il est envoyé en mission à Ravenne, en Italie, où

il meurt. Son corps est enterré à Auxerre.

GERMAIN DE PARIS, évêque, fêté le 28 mai.
Il est prêtre et conseiller du roi Childéric. En 556, il devient évêque de Paris. Il fonde le monastère de Saint-Germain- des-Prés. Une église est édifiée là à l'endroit où était son monastère : elle porte aujourd'hui le nom de Saint-Germain-des-Prés.

GERMAINE COUSIN, vierge, fêtée le 15 juin.
Elle est la fille d'un pauvre laboureur de la région de Toulouse au 16e siècle. Chez elle, elle n'est pas très aimée, mais elle accepte sa pauvre vie dans la joie et la prière. Elle a été choisie comme patronne par la Jeunesse Agricole Chrétienne Féminine, JACF.

GERTRUDE LA GRANDE, moniale, fêtée le 16 novembre.
Elle vit au 13e siècle. Elle entre à 5 ans dans l'abbaye de Helfta. Elle a des apparitions, des visions extraordinaires : c'est une grande mystique du Moyen Age.

GHISLAIN, moine, fêté le 10 octobre.
Il est le fondateur de l'abbaye autour de laquelle s'est créée la ville de Saint-Ghislain, en Belgique, au 7e siècle.

GILBERT DE NEUFFONTS, abbé, fêté le 7 juin.
Seigneur, il part pour la deuxième croisade en 1146. À son retour, il devient religieux, comme sa femme (sainte Pétronille) et leur fille (sainte Poncin). Il fonde un monastère à Neuffonts, dans l'Allier. Il y meurt l'année suivante. Cinq autres saints ou bienheureux portent le nom de Gilbert.

GILBERT, moine, fêté le 4 février.
Le père du petit Gilbert est un chevalier normand qui débarque en Angleterre avec Guillaume le Conquérant. Gilbert est un doux. Il devient moine et l'ami de saint Bernard. Il fonde un ordre religieux original : dans un même village vivent des moines et des moniales qui accueillent les orphelins et les infirmes. Ceci se passe au 12e siècle.

GILDAS LE SAGE, abbé et missionnaire, fêté le 29 juin.
Né en Écosse au 6e siècle, il arrive en France à 20 ans. Il devient prêtre. Il passe sa vie à annoncer l'Évangile. Il fonde un monastère à Rhuys, en Bretagne. Il écrit beaucoup de livres, ce qui lui vaut le surnom de « Sage ».

GILLES, abbé, fêté le 1er septembre.
On ne sait rien de lui, mais c'est un des saints les plus populaires du Moyen Age. Une légende raconte qu'il vit seul, en ermite, avec pour seule compagnie un cerf ou une biche, peut-être au 6e ou 7e siècle.

GINA, GINO.
Voir LOUIS DE GONZAGUE

GINETTE. Voir GENEVIÈVE

GISÈLE, bienheureuse, fêtée le 7 mai.
Fille de Henri II de Bavière et de Gisèle de Bourgogne, elle épouse saint Étienne de Hongrie en 996. Elle est veuve en 1038. Elle entre alors dans le monastère allemand de Niedenburg où elle meurt quelques années plus tard.

GLADYS, épouse et mère, fêtée le 29 mars.
Elle est la fille d'un roi du pays de Galles au 5e siècle. C'est une bonne mère de famille et un de ses enfants est aussi un saint.

GONTRAN, confesseur, fêté le 28 mars.
En 561, il devient roi d'Orléans, de Bourgogne, du Berry et d'une partie de la Provence. Il fonde plusieurs monastères. Il consacre sa vie à la défense de la religion chrétienne.

GONZAGUE. Voir LOUIS DE GONZAGUE

GOULVEN, évêque, fêté le 1er juillet.
Évêque du Léon en Bretagne vers le 10e siècle. Il est très populaire dans cette région.

GRÂCE ou ZAÏDE, martyre, fêtée le 21 août.
Elle est martyrisée et tuée en même temps que son frère à Alcira, en Espagne.

GRÉGOIRE Ier LE GRAND, pape et docteur de l'Église, fêté le 3 septembre.
Né à Rome, il devient préfet de cette ville. En 575, il décide de devenir moine. Il est élu pape en 590, au moment où Rome est victime de la famine et de la peste et risque d'être envahie par les Lombards. Grégoire prend en main la défense de la ville et la sauve. Il envoit des missionnaires évangéliser l'Europe occidentale. Il écrit beaucoup de livres très importants pour l'Église.

GRÉGOIRE DE NAZIANZE, évêque et docteur de l'Église, fêté le 2 janvier.
Comme son ami saint Basile, Grégoire est né en Cappadoce (en Turquie actuelle) au 4e siècle. Sa mère est chrétienne, son père se convertit et devient évêque de Nazianze. Grégoire fait de bonnes études et devient moine, puis évêque de Constantinople. Grégoire est très sensible. Les intrigues et les méchancetés de la Cour l'écœurent. Il abandonne son évêché et laisse tous ses biens aux pauvres. Il se retire dans sa maison natale pour prier et écrire. Il a laissé 43 discours théologiques, 18 000 vers, car c'est un poète, et 244 lettres.

GRÉGOIRE DE NYSSE, évêque, fêté le 9 mars.
Né en Asie Mineure, il est fils de saint Basile l'Ancien et frère de saint Basile le Grand. Il devient moine en 362 et évêque de Nysse en 371. Il tient une

place importante au concile de Constantinople en 381. On le connaît grâce à ses nombreux écrits sur la foi chrétienne.

Grégoire de Tours, évêque, fêté le 17 novembre.
Il est élu évêque de Tours en 573. Il passe sa vie à défendre les droits de l'Église contre le pouvoir des rois. Il a écrit beaucoup de vie de saints et est l'auteur d'une *Histoire des Francs* en 10 volumes. Vingt-quatre autres saints ou bienheureux portent le nom de Grégoire, notamment Grégoire VII (v. 1015-1085), pape, Grégoire le Thaumaturge (210-270), évêque, et Grégoire Barbarigo (1625-1697), évêque.

Gudule, vierge, fêtée le 8 janvier.
Elle a été élevée à l'abbaye de Nivelles au 8e siècle, en Belgique. Elle est connue pour sa très grande gentillesse et sa charité. Elle est la patronne de Bruxelles.

Guenolé, Gwenolé, abbé, fêté le 8 janvier.
Il passe sa jeunesse au monastère de Lavré, dans les Côtes-d'Armor, près de l'île de Bréhat. Plus tard, il fonde une abbaye à Landévennec près de Brest, en Bretagne. Il est très populaire dans cette région. Son abbaye est détruite en 1793. Mais, en 1950, des moines reviennent et rebâtissent une abbaye tout près de la première.

Guillaume, évêque, fêté le 10 janvier.
Guillaume est moine chez les cisterciens de Pontigny dans l'Yonne quand il est élu évêque de Bourges, le 23 novembre 1200. Très courageux, il reproche au roi Philippe-Auguste d'avoir divorcé. Il est surtout plein de bonté pour les pauvres, les prisonniers et les malades. Il y a une cinquantaine d'autres saints Guillaume, dont Guillaume ou Guilhem le Grand qui, au temps de Charlemagne, fonde l'abbaye qui porte son nom, Saint-Guilhem-du-Désert, dans l'Hérault.

Guy ou **Gui d'Anderlecht**, prêtre et confesseur, fêté le 12 septembre.
Il est né au 12e siècle en Belgique. Il part pendant 7 ans en pèlerinage à Jérusalem et à Rome, et meurt d'épuisement à son retour. Huit autres saints ou bienheureux portent le nom de Guy ou Gui.

H

Hedwige (ou **Edwige**), mère de famille et religieuse, fêtée le 16 octobre.
Elle épouse en 1186 Henri Ier, duc de Silésie. Ils ont 6 enfants. Tout en remplissant ses tâches de mère et de princesse, elle passe sa vie au service des pauvres et des prisonniers. Veuve, elle entre dans une abbaye. Elle finit sa vie dans la pauvreté et l'humilité.

Hélène
Née dans une famille pauvre, elle vit plusieurs années avec le tribun Constance Chlore. Ils ont un fils qui deviendra l'empereur Constantin. Hélène est renvoyée par Constance Chlore. Mais, lorsque Constantin devient empereur, à la mort de son père, il rappelle sa mère auprès de lui. Elle devient impératrice en 325. Elle se convertit au catholicisme. Elle fait un des premiers pèlerinages à Jérusalem. Huit autres saintes ou bienheureuses portent le nom d'Hélène.

Héloïse, fêtée le 11 février.
Elle se fait volontairement enfermer dans une petite pièce et passe tout le reste de sa vie à prier sans jamais sortir jusqu'à sa mort. On dit que c'est une recluse. Beaucoup de gens viennent la voir et lui demandent de prier pour eux. Cela se passe en Normandie au 11e siècle.

Henri, confesseur, fêté le 13 juillet.
Il devient roi de Germanie en 1002 et empereur du Saint Empire romain germanique à Rome en 1014. Il prend le nom de Henri II. Il passe sa vie à favoriser le développement de la foi chrétienne en construisant des monastères, des églises. Huit autres saints ou bienheureux portent le nom d'Henri.

Henriette, bienheureuse, fêtée le 17 juillet.
Elle est l'une des carmélites de Compiègne guillotinée pendant la Révolution française en 1794.

Hervé, abbé, fêté le 7 juin.
La tradition fait de lui un chanteur aveugle. Il s'est sans doute retiré du monde et a vécu en ermite avec quelques disciples. Il est resté très populaire en Bretagne. Il est le patron des musiciens bretons, les bardes.

Hilaire de Poitiers, évêque et docteur de l'Église, fêté le 13 janvier.
Hilaire naît à Poitiers au début du 4e siècle. Il est très intelligent et très instruit. Il devient chrétien puis évêque de Poitiers. Il explique à ses chrétiens les évangiles. Hilaire défend énergiquement la vraie foi contre les Ariens, des hérétiques, qui prétendent que Jésus n'est pas vraiment Dieu. Un autre Hilaire, évêque d'Arles au 5e siècle, est fêté le 5 mai.

Honoré d'Amiens, fêté le 16 mai.
Ce saint Honoré est évêque d'Amiens à la fin du 6e siècle. À Paris, en

1206, on bâtit en son honneur une église qui donne son nom à l'actuelle rue Saint-Honoré. Les boulangers et pâtissiers l'ont choisi comme patron et, au 19e siècle, l'un d'eux donne à un gâteau le nom de « Saint-Honoré ».

Honoré de Bourges, fêté le 9 janvier.
N'importe quel chrétien peut devenir un saint ! Celui-ci est marchand de bestiaux à Bourges à la fin du 13e siècle. Il partage ce qu'il gagne avec les pauvres. Honnête et juste, il réprimande sévèrement des valets malhonnêtes qui, pour se venger, le tuent.

Hubert, évêque, fêté le 3 novembre.
Évêque de Liège, en 705, il participe activement à l'annonce de l'Évangile dans sa région. À partir du 15e siècle, une légende raconte que saint Hubert s'est converti au christianisme en voyant un cerf portant une croix entre ses bois. Il est le patron des chasseurs.

Hugues, évêque, fêté le 1er avril.
Il devient évêque de Grenoble en 1080. Il voudrait devenir moine, mais le pape le retient dans son diocèse. Il accueille saint Bruno et ses compagnons et leur fait découvrir le massif de la Grande-Chartreuse. Ils y installent une abbaye. Hugues vient souvent leur rendre visite. Quinze autres saints ou bienheureux portent le nom d'Hugues.

Hyacinthe, confesseur, fêté le 17 août.
Né en Silésie au 13e siècle, il entre dans l'ordre des dominicains à Rome. Il fonde un couvent à Cracovie et un autre à Gdansk en Pologne. Après en avoir fondé un troisième à Kiev, il revient mourir à Gdansk. Il est considéré comme l'apôtre de la Pologne. Onze autres saints ou bienheureux portent le nom de Hyacinthe.

I

Ida, fêtée le 13 avril.
On sait seulement qu'elle vit au 12e siècle. Elle est comtesse de Boulogne et mère de Godefroi de Bouillon.

Ignace d'Antioche, évêque et martyr, fêté le 17 octobre
Né en Syrie, il serait le successeur de saint Pierre comme évêque d'Antioche. Arrêté, il est envoyé à Rome pour être livré aux bêtes des jeux du cirque. Tout au long de son voyage, il témoigne de sa foi auprès des communautés chrétiennes.

Ignace de Loyola, prêtre, religieux, fêté le 31 juillet
Fondateur de la Compagnie de Jésus, les jésuites. *Lire page 135.*

Ingrid, fêtée le 2 septembre
C'est une religieuse suédoise qui fonde un couvent de sœurs dominicaines à Skäminge au 13e siècle.

Innocents (les), enfants martyrs, fêtés le 28 décembre
Il y a bien longtemps que les chrétiens fêtent ces victimes innocentes du méchant roi Hérode. Pour être sûr de faire mourir l'Enfant Jésus, Hérode ordonne de tuer tous les garçons de moins de deux ans de Bethléem et des environs. Ces enfants sont appelés « la fleur des martyrs », les premiers de la longue liste de ceux qui ont donné leur vie pour Jésus. Un joli poème qu'on chante le jour de leur fête, le 28 décembre, dit que, dans le ciel, ils jouent au cerceau avec leurs couronnes d'or et leurs palmes.

Irène, vierge et martyre, fêtée le 3 avril
Irène est une jeune fille grecque d'une famille aisée quand éclate une persécution. D'abord cachée avec d'autres chrétiens dans la montagne, elle est arrêtée et accusée d'être chrétienne et de posséder des livres saints. Comme elle ne veut pas dire où sont cachés ses amis, elle est brûlée vive en 304.

Irénée, évêque, fêté le 28 juin
Irénée est le disciple de saint Polycarpe, évêque martyr de Smyrne en Turquie. Polycarpe est le disciple de saint Jean l'Évangéliste. Irénée tient sa foi des Apôtres et il va la défendre de tout son cœur et de toute son intelligence contre ceux qui voudraient la déformer. Il devient évêque de Lyon en succédant à saint Pothin. Il est bon et tolérant envers tous. C'est lui qui a écrit cette belle phrase qui fait beaucoup réfléchir : « La gloire de Dieu, c'est l'homme vivant et la vie de l'homme, c'est la vision de Dieu. »

Isabelle, (1) vierge, fêtée le 22 février, (2) reine, épouse et mère, fêtée le 4 juillet
Quand on s'appelle Isabelle, on a le choix entre deux saintes, l'une princesse et l'autre reine. La première est la sœur du roi saint Louis. Elle mène une vie pieuse à Longchamp, près d'un couvent de clarisses. Elle meurt à Paris le 22 février 1270 à l'âge de 45 ans. La seconde est mariée à 12 ans au roi Denys de Portugal. Elle a deux enfants et mène une vie difficile en essayant de restaurer la paix entre les membres de sa famille. Elle prie beaucoup. Elle est une bonne épouse, une bonne mère et une bonne reine, ce qui n'est pas si facile !

Isidore, (1) de Séville, évêque, fêté le 4 avril, (2) le laboureur, fêté le 15 mai
Voilà deux saints Isidore bien différents ! Le premier vit aux 6e et 7e siècles. Il est Espagnol et est un grand savant. Pendant 40 ans, il a une

grande influence en Espagne. Le second, qui vit au 12e siècle, est lui aussi espagnol mais domestique dans la ferme d'un seigneur, près de Madrid. Il consacre beaucoup de temps à la prière et prend sur son sommeil pour aller chaque jour à la messe. Qu'on soit évêque ou laboureur, on peut être saint.

IVAN. Voir JEAN

J

JACINTHE, religieuse, fêtée le 30 janvier.
Elle se convertit et entre au couvent. On ne sait rien de plus sur cette sainte du 17e siècle.

JACQUELINE, bienheureuse, femme mariée, fêtée le 8 février.
Elle s'appelle madame de Frangipani. C'est une grande amie de François d'Assise. Alors qu'il est malade, elle invente pour lui cette pâte d'amande délicieuse qu'on appelle la frangipane. Elle aide à ensevelir François quand il meurt et elle est enterrée non loin de lui dans la basilique d'Assise.

JACQUES LE MAJEUR, Apôtre, évêque de Jérusalem, fêté le 25 juillet.
Jacques est le fils de Zébédée et de Salomé et le frère de Jean. Les deux frères sont pêcheurs comme Pierre quand Jésus les appelle à le suivre. Ce qu'ils font sans hésiter, car ils sont pleins d'énergie. C'est pourquoi Jésus les surnomme : « fils du tonnerre ». Après la Pentecôte, Jacques reste à Jérusalem. Il est le premier des Apôtres à mourir martyr. On a raconté que saint Jacques est venu en Espagne. C'est l'origine du grand pèlerinage à Saint-Jacques-de-Compostelle.

JACQUES LE MINEUR, Apôtre, fêté le 3 mai.
On l'appelle le Mineur parce qu'il est plus jeune que le frère de Jean qu'on appelle le Majeur. On sait par l'Évangile qu'il est le fils d'un certain Alphée, et voilà tout ! Mais il suit Jésus et cela suffit. On le fête en même temps que saint Philippe. Un autre Jacques, de Jérusalem, cousin de Jésus, est sans doute le premier évêque de Jérusalem.

JANVIER, évêque et martyr, fêté le 19 septembre.
Janvier est évêque de Bénévent en Italie, près de Naples. Il meurt martyr au 4e siècle. Les Napolitains l'ont choisi comme patron et le prient surtout quand le volcan du Vésuve entre en éruption. On garde depuis des siècles un peu de son sang dans une ampoule à la cathédrale de Naples. Ce sang devient liquide trois fois par an. C'est ce qu'on appelle le « miracle de saint Janvier ».

JEAN, Apôtre et évangéliste, fêté le 27 décembre.
Jean est le jeune frère de Jacques. Il est pêcheur comme lui. Il laisse sa barque et ses filets pour suivre Jésus. Après Pierre, c'est Jean qui est le plus souvent cité dans les évangiles. Il est le seul des Apôtres à avoir suivi Jésus jusqu'au pied de la Croix. C'est lui qui a écrit le 4e évangile, trois lettres et le livre de l'Apocalypse. Il s'appelle lui-même « le disciple que Jésus aimait ». Il a parlé de l'amour de Dieu comme personne ! Un grand nombre de saints s'appellent Jean comme lui.

JEAN BOSCO, prêtre et éducateur, fêté le 31 janvier.
Jean Bosco est né en 1815. Il est le fils d'un pauvre paysan de l'Italie du Nord. Pour devenir prêtre, il fait chaque jour 20 km à pied pour apprendre le latin. À Turin, où Jean Bosco est vicaire, beaucoup d'enfants sont malheureux, maltraités et abandonnés. Jean Bosco en recueille un, puis deux, puis des dizaines. Il s'occupe d'eux avec un immense amour et beaucoup de gaieté. Il en fait des hommes et des chrétiens. Pour continuer son œuvre, Jean Bosco fonde deux ordres religieux : les salésiens et les auxiliatrices. Il meurt en 1888, à l'âge de 73 ans.

JEAN CHRYSOSTOME, évêque et docteur de l'Église, fêté le 13 septembre.
Il est né au 4e siècle et élevé très chrétiennement par sa mère. Jean entend l'appel de Dieu et va vivre en ermite dans les montagnes de sa Turquie natale. Au bout de cinq ans, il devient prêtre. Il prêche si bien qu'on le surnomme « Chrysostome », ce qui veut dire « Bouche d'Or ». L'impératrice de Constantinople, Eudoxie, s'enthousiasme d'abord pour les belles et saintes paroles du nouvel évêque. Mais Jean n'hésite pas à dire leurs vérités aux riches, à tous ceux qui se conduisent mal et l'impératrice se sent visée. Furieuse, elle envoie Jean en exil. Maltraité par les soldats, il meurt en route. Les 600 discours magnifiques de Jean Chrysostome ont été conservés.

JEAN DE DIEU, confesseur, fêté le 8 mars.
Jean est né au Portugal à la fin du 15e siècle. Il a une enfance difficile et une vie pleine d'aventures. Il est berger, soldat, marchand. À 42 ans, il se convertit. Il est tellement fou de Dieu qu'on le croit vraiment fou. Il est enfermé pendant trois mois. À cette époque, on battait les fous pour les calmer ! Quand Jean sort de l'asile, il décide de consacrer sa vie aux malades et aux infirmes. Avec quelques compagnons, il fonde la

congrégation des Frères de Saint Jean de Dieu qui soignent les malades encore aujourd'hui. Jean meurt le 8 mars 1550, à l'âge de 55 ans.

Jean de la Croix, prêtre et docteur de l'Église, fêté le 14 décembre.
Jean est né près d'Avila, en Espagne, au 16e siècle. Il aime Dieu passionnément. C'est un très grand écrivain et il explique si bien dans ses écrits comment aimer Dieu qu'il devient docteur de l'Église. C'est un très grand poète. Il est le grand ami de sainte Thérèse d'Avila qui le persuade de réformer le carmel des hommes comme elle a réformé le carmel des femmes. Jean a un grand courage : il supporte toutes les méchancetés qu'on lui fait subir pour l'empêcher de faire son œuvre.

Jean Eudes, prêtre et missionnaire, fêté le 19 août.
Au 17e siècle, Jean Eudes fonde la Congrégation de Jésus et Marie pour organiser des séminaires. *Lire pages 135-136.*

Jean-Baptiste, martyr, fêté le 24 juin.
Jean est le fils d'Elisabeth, la cousine de la Sainte Vierge, et donc un cousin de Jésus.
Lire pages 64-65.

Jean-Baptiste de la Salle, éducateur, fêté le 7 avril.
Le petit Jean-Baptiste naît à Reims dans une famille noble, au 17e siècle. Il devient prêtre et consacre sa vie à l'instruction des enfants pauvres. En ce temps-là, il fallait être riche pour apprendre à lire ! Il fonde les Frères des Écoles Chrétiennes qui existent encore aujourd'hui. Il est le premier à avoir formé les maîtres d'école afin qu'ils prennent de bons moyens pour instruire et éduquer les enfants. Il meurt à Rouen à l'âge de 68 ans.

Jean-Marie Vianney, curé, fêté le 4 août.
Jean-Marie est un petit paysan pauvre, né près de Lyon quelques années avant la Révolution française. Il est le modèle et le patron de tous les curés du monde.
Lire page 148.

Jeanne d'Arc, fêtée le 30 mai.
Elle est condamnée à être brûlée vive comme une sorcière, à 19 ans, en 1431. Elle est patronne de la France.
Lire page 127.

Jeanne de Chantal. Voir **Chantal**

Jeanne de France (ou de **Valois**), fêtée le 4 février.
Elle est la fille du roi Louis XI. Elle n'est pas gâtée ! Parce qu'elle est laide et infirme, son père ne l'aime pas. Il la marie de force au futur roi Louis XII qui ne la rencontre jamais. Elle se retire pour prier Dieu et fonde un ordre religieux, les annonciades. Elle vit de 1463 à 1503.

Jeanne de Lestonnac, mère de famille, fêtée le 1er février.
Jeanne de Lestonnac naît à Bordeaux en 1556. Elle est la nièce du grand écrivain français Montaigne. Riche et jolie, elle épouse le baron de Montferrat et a sept enfants. Elle est veuve à 27 ans. Plus tard, elle fonde l'Institut des Filles de Notre-Dame pour l'éducation des filles. Elle meurt en 1640, à 84 ans.

Jeanne Jugan, bienheureuse, fêtée le 29 août.
Cette petite bretonne est née en 1792. Elle est servante pour gagner sa vie. À 47 ans, elle recueille deux vieilles infirmes et les installe chez elle. Puis elle fonde la Congrégation des Petites Sœurs des Pauvres qui accueille les vieillards pauvres et abandonnés. Pour les nourrir, elle quête de porte en porte. Elle meurt à l'âge de 87 ans.

Jérôme, docteur de l'Église, fêté le 30 septembre.
Il y a deux saints Jérôme. Le plus ancien (345-419) et le plus célèbre traduit la Bible en latin. Il est ermite, puis secrétaire du pape Damase et vit dans une grotte à Bethléem où il meurt. Il a très mauvais caractère, mais c'est quand même un grand saint, passionné pour la parole de Dieu. Ce qui montre qu'être un saint, ce n'est pas n'avoir aucun défaut, mais aimer Dieu par dessus tout. Saint Jérôme-Émilien, est un laïc, fêté le 8 février. Il est né à Venise au 15e siècle. Noble et riche, il aime profiter de la vie. Fait prisonnier, il se convertit. Il donne tous ses biens et ne s'occupe plus que des gens les plus pauvres pour les secourir et leur apprendre le catéchisme. Il meurt de la peste en soignant les malades, le 8 février 1537.

Joseph, époux de Marie et père adoptif de Jésus, fêté le 19 mars et le 1er mai comme patron des travailleurs.
Il croit à la parole de l'ange qui lui annonce la venue de Jésus en Marie. Il aime, protège et défend la Vierge Marie et l'Enfant Jésus. Il les sauve des tueurs d'Hérode en les emmenant en Égypte. Il est toujours là quand il faut. Il est, sur la terre, le plus beau des modèles des époux et des pères. C'est parce qu'il est charpentier que tous les travailleurs manuels l'ont pris comme patron.

Jude. Voir **Simon**

Judith, veuve, fêtée le 5 mai.
Judith naît en Thuringe, au centre de l'Allemagne au 13e siècle. Elle se marie, devient veuve et se retire en Prusse. Là, elle passe sa vie dans la prière et les œuvres charitables. Elle est patronne de la Prusse.

Jules Ier, pape, fêté le 12 avril.
Jules Ier est pape au 4e siècle. À cette

époque-là, les chrétiens proclament le Credo que nous proclamons aussi. Mais les disciples d'un certain Arius prétendent que Jésus n'est pas le fils de Dieu. D'autres hésitent. Le pape Jules Ier défend courageusement la vraie foi en la Trinité, Dieu Père, Dieu Fils et Dieu Esprit.

JULIE BILLIART, éducatrice, fêtée le 8 avril.
Julie Billiart, née au 19e siècle, consacre sa vie à l'éducation des filles et à la formation des institutrices. Elle fonde l'ordre des Sœurs de Notre-Dame, qui se répand surtout en Belgique. Elle meurt à Namur le 8 avril 1816, à 65 ans. Une autre sainte Julie, morte martyre aux premiers siècles, est la patronne de la Corse. On la fête le 22 mai.

JULIEN, évêque, fêté le 9 août.
Saint Julien de Constantinople est martyrisé au 8e siècle.

JULIEN, jésuite catéchiste, fêté le 28 janvier.
Saint Julien Maunoir a vécu de 1606 à 1683. C'est un jésuite qui annonce l'Évangile en Bretagne en se servant du chant et de dessins.

JULIEN, martyr, fêté le 16 mars.
Saint Julien d'Anazarba meurt martyr en Cilicie au 4e siècle.

JULIEN, martyr, fêté le 27 janvier.
Saint Julien est le premier évêque du Mans au 4e siècle.

JULIEN, prêtre, fêté le 2 août.
Saint Julien Eymard est le fils d'un commerçant. Il devient prêtre et a une grande dévotion pour l'Eucharistie. Né en 1811, il meurt en 1868. Une trentaine d'autres saints portent le nom de Julien dont saint Julien l'Hospitalier qui fut très populaire sans qu'on sache bien où et quand il a vécu. Une vieille légende dit que ce Julien est un assassin qui regrette tant son crime qu'il devient un saint !

JULIENNE, religieuse, fêtée le 7 août.
Elle est religieuse près de Liège en Belgique, au 13e siècle. Elle insiste auprès de son évêque pour que soit célébré la fête du « corps du Christ », La Fête-Dieu. Quand on porte ce prénom on peut aussi choisir Julien comme patron.

JULIETTE DE CÉSARÉE, veuve et martyre, fêtée le 30 juillet.
Juliette est une veuve chrétienne. Comme elle refuse d'adorer les faux dieux, elle est condamnée à être brûlée vive. Une autre Juliette est morte martyre, en Turquie, au 3e siècle.

JUSTIN, philosophe et martyr, fêté le 1er juin.
Les parents de Justin sont païens. C'est le début du 2e siècle. Justin cherche la vérité. Il étudie tous les grands philosophes grecs de son temps. Un vieil homme lui parle de Jésus et lui dit : « Prie, si tu veux recevoir la lumière. » Il devient chrétien. Il consacre sa vie à prier, à écrire, à enseigner, en se servant de ses connaissances philosophiques au service de sa foi. Il est arrêté comme chrétien et on lui dit de renier sa foi. « On ne retourne pas à l'erreur quand on a trouvé la vérité », dit-il. Il est exécuté à Rome en 166.

JUSTINE, moniale, fêtée le 12 mars.
Sainte Justine vit et meurt au couvent des bénédictines d'Arezzo, en Italie. D'autres Justine sont mortes martyres. Quand on porte ce nom, on peut aussi choisir pour patron saint Justin.

L

LAETITIA, fêtée le 18 août.
Le prénom Laetitia veut dire joie en latin. Laetitia est fêtée en même temps que Notre-Dame-de-Liesse (liesse veut aussi dire joie).

LAMBERT, évêque, fêté le 17 septembre.
D'abord soldat, Lambert, né en Hollande au 7e siècle, devient évêque de Maastricht. Il déplaît au roi et il est exilé dans un couvent de Belgique pendant sept ans, comme simple moine. À la mort du roi, il redevient évêque. Trente ans plus tard, il est assassiné. 140 églises belges portent son nom.

LAURE, martyre, fêtée le 19 octobre.
Laure meurt martyre à Cordoue en Espagne au 9e siècle.

LAURENCE. Voir LAURE

LAURENT, diacre et martyr, fêté le 10 août.
Laurent est diacre à Rome au 3e siècle et s'occupe des comptes de la communauté. Comme le pouvoir impérial lui ordonne de livrer les soi-disant richesses de l'Église, il amène des mendiants et des infirmes. « Voilà, dit-il, les richesses de l'Église. » Laurent est exécuté. De nombreuses statues le représentent avec un gril, car la légende veut qu'il a été brûlé sur un gril. 84 communes de France portent son nom.

LAZARE, fêté le 17 décembre.
Lazare et ses deux sœurs, Marthe et Marie, sont des amis de Jésus. L'Évangile de Jean raconte comment Jésus a ressuscité de la mort son ami Lazare.

Léa, veuve, fêtée le 22 mars.
Léa fait partie d'un groupe de riches dames romaines à qui saint Jérôme explique les Saintes Écritures au 4e siècle. Léa, devenue veuve, renonce à tous ses biens et se retire dans un monastère de Rome où elle meurt vers 383. Saint Jérôme dans une lettre dit beaucoup de bien d'elle.

Léon Ier le Grand, pape et docteur de l'Église, fêté le 10 novembre.
Au 5e siècle, les Barbares envahissent l'empire romain qui s'effondre. Les Barbares sont à peine chrétiens, ils ne croient pas que Jésus est Fils de Dieu. Le pape Léon se dresse pour défendre la vraie foi, avec un grand courage et une grande sagesse. Il va au devant du terrible Attila, roi des Huns, et obtient qu'il ne détruise pas Rome. Il réunit le concile de Chalcédoine en 451 où on proclame que Jésus est vrai Dieu et vrai homme. Un autre Léon, né en Normandie au 9e siècle, évangélise les Basques et meurt martyr. Il est le patron de la ville de Bayonne. On le fête le 1er mars. 28 autres saints, parmi lesquels 4 papes, portent le nom de Léon.

Léonard, (1) missionnaire, fêté le 6 novembre ; (2) franciscain, fêté le 26 novembre.
Le premier, qui a vécu au 6e siècle, consacre sa vie aux prisonniers ; le second est italien et vit au 17e siècle. Il devient franciscain à 21 ans et prêche presque tous les jours, de ville en ville en faisant méditer les souffrances du Christ. Il installe dans les églises des « Chemins de Croix ». Il meurt en chantant les louanges de Dieu.

Leslie. Voir Elisabeth

Line. Voir Adeline

Lionel. Voir Léon

Loïc. Voir Louis

Lola, Lolita. Voir Dolorès

Louis de Gonzague, religieux, fêté le 21 juin.
Louis naît à Mantoue en Italie dans une famille noble, il doit devenir militaire. Au 15e siècle, on se bat, on assassine, on se conduit mal. Sa mère et ses deux frères sont assassinés ! Malgré cela, à 11 ans, Louis donne tout son cœur à Dieu et fait de grands efforts pour vaincre son orgueil. Tout jeune, il entre chez les jésuites et se prépare à devenir prêtre et missionnaire. La peste arrive à Rome. Louis court soigner les malades, dépense ses forces sans compter et meurt à 23 ans, le 21 juin 1591. Il est le patron de la jeunesse.

Louis-Marie Grignon de Montfort, missionnaire, fêté le 28 avril.
Louis-Marie est le fils d'un avocat breton. Devenu prêtre, il va de ville en ville pour annoncer l'Évangile aux gens du peuple qui ignorent les vérités de la foi. En Bretagne, en Poitou, en Anjou, en Normandie, Louis-Marie est infatigable. Il aime tendrement la Sainte Vierge et écrit sur elle un beau livre. Il fonde deux congrégations encore bien vivantes aujourd'hui : les Montfortains et les Filles de la Sagesse. Malgré les ennuis qu'on peut lui faire, Louis-Marie garde son entrain. Il compose de nombreux cantiques et c'est en chantant « Allons mes amis au paradis » qu'il meurt le 28 avril 1716, à 43 ans.

Louise de Marillac, veuve, fêtée le 15 mars.
Louise de Marillac naît à Paris à la fin du 16e siècle dans une famille riche. Elle fait un beau mariage. Quand son mari tombe malade, elle le soigne avec dévouement. Louise est veuve à 34 ans avec un fils. Elle est malheureuse et a des doutes sur sa foi quand elle rencontre saint Vincent de Paul. Sa vie change tout à fait et elle se consacre aux enfants abandonnés, aux malades et aux infirmes. Elle fonde avec saint Vincent la congrégation des Filles de la Charité au service des plus pauvres, qui existe encore aujourd'hui. Louise meurt à Paris le 15 mars 1660.

Luc, évangéliste, fêté le 18 octobre.
Luc est probablement médecin à Antioche, en Syrie. Il rencontre saint Paul, se convertit et part avec lui. Luc entreprend d'écrire la Bonne Nouvelle. Il raconte la vie de Jésus depuis le début, car il a sans doute bien connu Marie, la mère de Jésus. Il raconte aussi la vie des premiers chrétiens et les voyages de saint Paul. Il est le patron des médecins et aussi des peintres, car il a peint, paraît-il, un portrait de la Sainte Vierge.

Luce. Voir Lucie

Lucie, vierge et martyre, fêtée le 13 décembre.
Lucie est morte pour sa foi, à Syracuse, en Sicile. On l'honore déjà au début du 5e siècle. Son nom veut dire lumière.

Lucien, prêtre et martyr, fêté le 8 janvier.
Lucien, prêtre romain, évangélise la Gaule. Il meurt martyr vers 300, non loin de Beauvais (Oise), avec ses deux compagnons, Maximien et Julien.

Lucile, martyre, fêtée le 16 février.
On sait seulement qu'elle a donné sa vie pour sa foi au 5e siècle, en Afrique du Nord.

Ludmilla, martyre, fêtée le 16 septembre.
Elle est duchesse de Bohême au 10e siècle. Elle meurt étranglée.

LUDOVIC. (voir LOUIS)

LYDIE, marchande, fêtée le 3 août.
Lydie est une païenne convertie par saint Paul vers l'an 55. Elle vend du pourpre, ce qui veut dire qu'elle vend de riches tissus teints en rouge. Après son baptême, raconte saint Luc, elle dit : « Si vous me considérez comme une servante de Dieu, venez habiter chez moi. » Et elle reçoit chez elle Paul et Luc. Elle est la patronne des teinturiers.

M

MADELEINE. Voir MARIE-MADELEINE

MAGALI. Voir MARGUERITE

MALO, évêque, fêté le 15 novembre.
Malo est évêque au pays de Galles, au 7e siècle, quand il décide de convertir les Bretons. Il débarque à l'endroit où se trouve maintenant la ville de Saint-Malo. Peu à peu, les Bretons se convertissent. Malo part ensuite pour la Saintonge (la Charente) où il meurt. On raconte qu'il aimait beaucoup les animaux et ne chargeait jamais trop son âne pour ne pas le fatiguer.

MANUEL. Voir NOËL

MARC, évangéliste, fêté le 25 avril.
C'est sans doute saint Pierre qui baptise Marc car il l'appelle son « cher fils ». Avec son cousin Barnabé, il accompagne Paul dans ses voyages. Il rejoint Paul qui est prisonnier à Rome. Il écrit son évangile d'après tout ce que Pierre lui raconte.

MARCEL, centurion et martyr, fêté le 30 octobre.
Marcel, officier romain dans la légion cantonnée en Espagne, se convertit. Il refuse de continuer à tuer et meurt décapité.

MARCELLE, veuve, fêtée le 31 janvier.
Marcelle est une grande dame romaine très riche et intelligente. Elle reçoit riches et pauvres dans son palais. Saint Jérôme, sainte Mélanie et sainte Paule sont ses amis. Mais, en 410, les Barbares et leur chef Alaric arrivent ! Marcelle est trop âgée pour s'enfuir. Elle est battue à mort par les soldats d'Alaric qui veulent savoir où elle cache ses richesses. En fait, elle a tout donné aux pauvres.

MARCELLIN, (1) martyr, fêté le 2 juin ; (2) évêque, fêté le 20 avril ; (3) fonctionnaire romain, fêté le 6 avril.
Il existe trois saints nommés Marcellin. Le premier est martyrisé à Rome avec son frère Pierre au début du 4e siècle. Le deuxième, évêque d'Embrun au 4e siècle, évangélise la région des Hautes Alpes. Le troisième est un fonctionnaire romain à Carthage (Tunisie). C'est un grand ami de saint Augustin. Il meurt assassiné. D'autres saints portent le nom de Marcellin.

MARGUERITE BOURGEOYS, éducatrice, fêtée le 12 janvier.
C'est une Champenoise née en 1520 dans une famille de douze enfants. Marguerite aime Dieu, les enfants et l'aventure. Elle s'embarque pour le Canada qu'on appelle alors la « Nouvelle France ». Elle s'installe à Ville-Marie qui deviendra Montréal et commence à instruire des fillettes. Pour aider les paroisses et faire l'école, Marguerite regroupe des jeunes filles qui consacrent toute leur vie à Dieu et aux enfants. Comme elle est intelligente et originale, on la jalouse. Elle continue malgré tout son œuvre avec beaucoup de courage. Elle meurt à 80 ans.

MARGUERITE-MARIE ALACOQUE, moniale, fêtée le 16 octobre.
Marguerite-Marie vit au 17e siècle. Elle aime Dieu de tout son cœur et entre dans le couvent des visitandines à Paray-le-Monial, en Saône-et-Loire. Jésus lui apparaît et lui montre son cœur empli d'amour pour les hommes. Ainsi se répand la dévotion au Cœur de Jésus. Marguerite-Marie meurt à 43 ans.

MARIANNE, martyr, fêté le 9 juillet.
Elle est religieuse, ursuline, et meurt guillotinée pendant la Révolution française en 1794.

MARIE, mère de Jésus, fêtée le 1er janvier (Mère de Dieu) et le 15 août (Assomption).
Aimée de Dieu, bénie entre toutes les femmes, elle est pour tous les chrétiens le plus bel exemple d'une vie entièrement donnée à Dieu.

MARIE-MADELEINE, fêtée le 22 juillet.
Marie-Madeleine dont parle saint Jean est guérie par Jésus de « sept démons ». Elle le suit jusqu'au Calvaire et le rencontre après sa résurrection. Saint Luc nous parle d'une pécheresse à qui Jésus pardonne « parce qu'elle a beaucoup aimé ». Il y a aussi dans les évangiles une autre Marie, sœur de Marthe et de Lazare. On a fini par les confondre toutes les trois, ce qui montre que les chrétiens ont compris combien ces trois femmes ont aimé Jésus.

MARIELLE. Voir MARIE

MARIA GORETTI, vierge et martyre, fêtée le 6 juillet.
Née en 1890, en Italie, Maria est

l'aînée d'une famille paysanne pauvre et perd son père très tôt. Maria, qui est courageuse, aide sa mère de tout son cœur en s'occupant de ses frères et sœurs. À 12 ans, elle est déjà grande et jolie et Alexandro, le fils d'un voisin, veut la violer. Elle se défend de toutes ses forces et le jeune homme lui porte 14 coups de couteau. Emmenée à l'hôpital, Maria meurt le lendemain en pardonnant à son assassin : « Je veux qu'il vienne avec moi un jour au paradis. » Condamné à de nombreuses années de prison, Alexandro voit une nuit Maria en songe et se convertit enfin. En 1950, il assiste à la canonisation de sa victime aux côtés de la mère de Maria.

Marilyne. Voir **Marie**

Marine. Voir **Marguerite**

Marion. Voir **Marie**

Marjolaine. Voir **Marie**

Marlène. Voir **Marie**

Marthe, fêtée le 29 juillet.
Elle est la sœur de Marie et de Lazare. Elle accueille souvent Jésus dans sa maison. Quand son frère Lazare meurt, Marthe déclare sa foi à Jésus : « Je crois que tu es le Christ, le Fils de Dieu qui vient dans le monde. »

Martial, évêque, fêté le 30 juin.
Malgré de jolies légendes à son sujet, on ne sait rien de saint Martial, sinon qu'il meurt évêque de Limoges au 3e siècle.

Martin de Tours, évêque, fêté le 11 novembre.
Originaire de Hongrie, fils d'un militaire romain, il est soldat à son tour. Il est envoyé à Amiens. Un jour, il croise un pauvre qui meurt de froid. Il coupe son manteau en deux et lui en donne la moitié. La nuit, il voit Jésus en songe qui le remercie de l'avoir réchauffé. Il se convertit et se fait baptiser. Il rejoint le grand évêque de Poitiers, Hilaire. Ensemble, ils fondent le monastère de Ligugé. En 371, Martin est élu évêque de Tours. Il fonde d'autres monastères qui forment de nombreux missionnaires. Il fonde les premières paroisses de campagne et lutte contre l'hérésie arienne.

Martine, martyre, fêtée le 30 janvier.
C'est une riche romaine qui dépense sa fortune pour aider les pauvres. Elle est martyrisée à Rome au 3e siècle et elle est très aimée dans cette ville depuis longtemps.

Marylise. Voir **Marie**

Mathilde, reine, fêtée le 14 mars.
Mathilde est l'épouse du roi de Germanie au 10e siècle. Ses deux fils (l'un est roi et l'autre duc) se jalousent et font enfermer leur mère dans un couvent. Mathilde supporte tout cela en pardonnant. Ses fils finissent par lui rendre sa liberté et ses biens. Mathilde en profite pour faire construire des églises, des couvents et des hôpitaux.

Matthias, Apôtre, fêté le 14 mai.
Après l'Ascension de Jésus, Pierre et les Apôtres décident de donner un remplaçant à Judas qui a trahi Jésus et s'est pendu. Ils prient avant de choisir deux fidèles disciples, Justus et Matthias qui, tous les deux, ont été témoins de la vie et de la mort de Jésus. Après avoir encore prié, ils tirent au sort et c'est Matthias qui est désigné. Il meurt martyr.

Matthieu, Apôtre, fêté le 21 septembre.
Matthieu ou Lévi, fils d'Alphée, est publicain : il ramasse les impôts pour les Romains qui occupent la Palestine. Il est riche, mais mal vu par les juifs. Jésus s'approche de lui et dit seulement : « Viens, suis-moi. » Matthieu obéit aussitôt, invite Jésus à prendre un repas chez lui et quitte tout pour le suivre. Il raconte dans son évangile tout ce que Jésus a fait et dit.

Maud. Voir **Mathilde**

Maur, moine, fêté le 15 janvier.
Maur est confié au grand saint Benoît. C'est un très bon moine. Il succède à saint Benoît à l'abbaye du mont Cassin. Il meurt en 584. Il est aussi le saint patron de ceux qui se nomment Amaury.

Maurice, officier et martyr, fêté le 22 septembre.
En Suisse, vers l'an 290, Maurice et ses compagnons légionnaires des armées romaines refusent de massacrer des chrétiens. À cause de cela, tout le régiment est massacré. Saint Maurice est le patron de la ville d'Angers.

Maxime, évêque, fêté le 27 novembre.
Maxime, moine au 5e siècle dans l'abbaye de Lérins en Provence, est humble et charitable. Les habitants de Riez, dont l'évêque est mort, le réclament. Maxime aimerait mieux rester moine, mais il finit par accepter et devient leur évêque pendant 27 ans. Un autre Maxime appelé le Confesseur est un moine savant du 6e siècle à Constantinople, mort martyr. On le fête le 25 juin. Plus de 30 autres saints portent ce nom.

Maximilien, martyr, fêté le 12 mars.
Fils de militaire romain, il refuse de rentrer dans l'armée en raison de sa foi. Il meurt décapité.

Maximilien Kolbe (1894-1941), prêtre franciscain polonais, fêté le 14 août.
Avant la Seconde Guerre mondiale, il

dirige la plus grande édition polonaise. Il meurt au camp de concentration d'Auschwitz. *Lire pages 202-203.*

Médard, évêque, fêté le 8 juin.
Évêque de Noyon dans l'Oise au 6e siècle, il est bon et donne si généreusement aux pauvres qu'il est resté très populaire. Un proverbe dit : « Quand il pleut à la saint Médard, il pleut 40 jours plus tard. »

Mélanie la Jeune et **Pinien** (époux), fêtés le 31 décembre.
Mélanie et Pinien sont des nobles romains très riches du 5e siècle. Un jour, ils décident de donner leurs biens aux pauvres et de libérer leurs esclaves. Ils fuient les Barbares et vont en Sicile, puis en Afrique du Nord et finalement à Jérusalem. Après la mort de son mari, Mélanie dirige un couvent sur le Mont des Oliviers.

Méthode. Voir **Cyrille**

Michel. Voir **Anges**

Mireille. Voir **Marie**

Monique, épouse et mère, fêtée le 27 août.
À Thagaste en Algérie, au 4e siècle, Monique est la femme d'un païen. C'est une pieuse chrétienne qui élève bien ses trois enfants. L'aîné est le futur saint Augustin. Elle l'aime tendrement et se désole de voir qu'il ne croit pas en Dieu. Elle pleure et prie pendant des années. Enfin Augustin se convertit. Quelle joie pour Monique !

Morgan, fêté le 26 septembre.
On sait seulement qu'il vit en Angleterre au 6e siècle.

Morvan. Voir **Maurice**

Muriel. Voir **Marie**

Myriam. Voir **Marie**

N

Narcisse, évêque, fêté le 29 octobre.
Narcisse a 100 ans quand il devient, au 2e siècle, évêque de Jérusalem. Il préside la réunion d'évêques où l'on décide de la date de Pâques, fête de la Résurrection. Narcisse est mort à plus de 116 ans !

Natalie (ou **Nathalie**), épouse et martyre, fêtée le 27 juillet.
Natalie, son mari Aurèle et leurs cousins Félix et Liliane vivent au 9e siècle à Cordoue, en Espagne, où tout le monde doit être musulman. Ces bons chrétiens et un de leurs amis nommé Georges sont arrêtés et tous décapités.

Nathanaël. Voir **Barthélémy**

Nestor, évêque et martyr, fêté le 26 février.
Au 3e siècle, Nestor est évêque de Magydos, en Turquie. Nestor conseille aux chrétiens persécutés de fuir plutôt que de renier Jésus. Il est arrêté et condamné à être crucifié comme Jésus.

Nicolas, évêque, fêté le 6 décembre.
Saint Nicolas est un des saints les plus populaires, autant en Orient qu'en Occident. Il est évêque de Myre, en Turquie au 4e siècle. Il est le patron de la Grèce et de la Russie. Il est aussi celui des petits enfants, car sa légende raconte qu'il en a ressuscité trois qui avaient été tués par un boucher. Une jolie chanson raconte cette légende. Le 6 décembre, dans beaucoup de pays, on donne des jouets aux enfants.

Nicolas de Flue, père de famille et ermite, fêté le 25 septembre.
Soldat puis paysan, il se marie et a 11 enfants. Il se retire dans la montagne en Suisse pour se consacrer uniquement à la prière et à la louange de Dieu. Il meurt 20 ans plus tard, le 21 mars 1487, à 50 ans. Il est patron de la Suisse.

Nicole. Voir **Colette**

Noël, prêtre et martyr, fêté le 20 février.
Quand on se prénomme Noël, on a sa fête le jour de Noël ! Mais on peut choisir comme patron saint Noël Pinot. Il est curé d'un village d'Anjou quand la Révolution française l'oblige à prêter serment à une Constitution qui sépare l'Église de France de l'Église de Rome. Comme beaucoup de prêtres, Noël Pinot refuse. Il dit la messe la nuit et se cache le jour. Il est arrêté et monte à l'échafaud habillé comme s'il allait dire la messe en chantant : « Je monterai à l'autel de Dieu. »

Norbert, évêque, fêté le 6 juin.
Norbert naît en Allemagne, au 11e siècle. Il est de la famille de l'empereur et mène une vie facile. À 35 ans, il se convertit et se met à prêcher de ville en ville pour inviter les chrétiens à vivre saintement. Il fonde un ordre de prêtres qui vivent en communauté comme des moines et qui s'occupent aussi des paroisses. Norbert devient évêque de Magdebourg et joue un rôle important dans son pays. Il meurt à 54 ans, le 6 juin 1134. L'ordre des Prémontrés, qu'il a fondé, existe encore aujourd'hui.

O

Odette de Brabant, vierge, fêtée le 20 avril.
Les parents d'Odette veulent la marier de force. Comme c'est Jésus qu'elle aime, elle refuse et se retire dans un couvent où elle meurt âgée d'à peine 25 ans.

Odile, abbesse, fêtée le 13 décembre.
La petite Odile naît aveugle et son père veut la tuer. Sauvée et baptisée, elle recouvre la vue. Plus tard, son père veut la marier de force. Elle s'enfuit déguisée en mendiante, car tout son cœur est à Jésus. Elle fonde un monastère dans la montagne d'Alsace et s'occupe des pauvres et des malades. On n'est pas très sûr de tout cela. Mais déjà au 9e siècle, on la prie pour guérir ceux qui souffrent de maladies des yeux et on se rend en pèlerinage au Mont Sainte-Odile (près de Strasbourg). Sainte Odile est la patronne de l'Alsace.

Odilon, moine, fêté le 1er janvier.
Il est père abbé de 998 à 1048 du monastère de Cluny qui a une grande influence en Europe. Odilon devient conseiller des papes et des princes. Il décide d'une journée de prières pour les morts (le 2 novembre) et de journée de paix (la Trêve de Dieu) qui interdit guerre et brigandage du mercredi soir au lundi matin.

Olivier Plunket, évêque et martyr, fêté le 12 juillet.
Irlandais, Olivier vit au 17e siècle, époque difficile où Irlandais et Anglais se battent sauvagement. Olivier est un évêque énergique, courageux et gai. Accusé à tort, il est emprisonné à la Tour de Londres et pendu. Il pardonne de bon cœur à ses ennemis, heureux d'aller auprès du Christ.

P

Pacôme, moine, fêté le 9 mai.
Né en Égypte vers la fin du 3e siècle, Pacôme rencontre de vrais bons chrétiens, ce qui lui donne l'idée de demander le baptême. Il donne toute sa vie à Dieu et se retire au désert. Peu à peu, des hommes le rejoignent et Pacôme établit pour eux une sage et belle règle de vie qui les aide tous à devenir des saints.

Pascal Baylon, franciscain, fêté le 17 mai.
Pascal est berger en Aragon (Espagne) pendant 24 ans. Il entre chez les franciscains et y vit avec simplicité et humilité, faisant ce qu'on lui dit : cuisine, jardinage, quête. Il prie de tout cœur et avec une telle confiance qu'il obtient de Dieu beaucoup de miracles. Toujours content et joyeux, il meurt le 17 mai 1591, à 52 ans.

Patrice (ou Patrick), évêque, fêté le 17 mars.
Patrick est enlevé à 16 ans par des pirates qui le vendent à un paysan irlandais. Il réussit à s'enfuir et revient chez ses parents au pays de Galles. Plus tard, il devient évêque et il retourne en Irlande pour convertir les Irlandais. Il a bien du mal mais il est si courageux, si bon qu'il parvient à fonder des monastères dans toute l'île. Les Irlandais, bien sûr, l'ont pris comme patron !

Paul Miki, martyr, fêté le 6 février.
Au Japon, au 16e siècle, l'empereur ordonne d'arrêter tous les missionnaires. Il y a 24 arrestations. On les conduit à Nagasaki où ils sont tous crucifiés sur une colline, face à la mer. Parmi eux, un jésuite japonais, Paul Miki, que l'on fête avec tous ses compagnons.

Paul, Apôtre, fêté le 29 juin.
On fête en même temps saint Pierre et saint Paul et on les appelle parfois « colonnes de l'Église » car l'Église repose sur leur foi en Jésus et sur l'enseignement qu'ils ont transmis. On fête même le 25 janvier la conversion de saint Paul puisque ce jour-là commence pour Paul la grande aventure qui le conduit à porter la Bonne Nouvelle jusqu'à Rome. 65 autres saints portent le nom de Paul.

Paule, épouse et mère, fêtée le 19 - janvier.
Paule naît à Rome au 4e siècle dans une riche famille. À 17 ans elle se marie avec Toxotius dont elle a 5 enfants. Devenue veuve à 32 ans, elle partage ses biens entre ses enfants et part avec une de ses filles pour la Terre Sainte où elles retrouvent saint Jérôme qui leur enseigne les Écritures. Paule meurt le 26 janvier 404, à l'âge de 56 ans. Elle est enterrée à Bethléem.

Paulin d'Aquilée, évêque, fêté le 11 janvier.
Il vit à la fin du 8e siècle. Il est évêque d'Aquilée, au nord de Venise, en Italie. C'est un des hommes les plus savants de son temps et Charlemagne demande ses conseils. Il meurt à l'âge de 70 ans.

Paulin de Nole, évêque, fêté le 22 juin.
Il est né à Bordeaux en 353, sous l'Empire romain. Marié et père de famille, il se convertit et, en accord avec sa femme, vend ses biens et

distribue l'argent aux pauvres. Ils s'installent à Nole, au sud de l'Italie, et vivent dans la pauvreté et la prière. Finalement, Paulin est ordonné évêque. Il a un cœur affectueux et fidèle et a beaucoup d'amis : saint Martin, saint Jérôme, saint Ambroise, saint Augustin. Dix autres saints portent le nom de Paulin.

PEGGY. Voir MARGUERITE

PERPÉTUE, mère et martyre, fêtée le 7 mars.
Perpétue se prépare au baptême et a un bébé qu'elle allaite encore quand elle est arrêtée avec Félicité, sa servante enceinte. Perpétue écrit son journal dans sa prison de Carthage. On sait donc que sa famille a pu reprendre le bébé quand Perpétue est condamnée à mourir dans l'arène avec Félicité, qui a eu son bébé en prison, et trois autres compagnons. Tous meurent courageusement pour leur foi.

PERRETTE. Voir PÉTRONILLE

PERRINE. Voir PÉTRONILLE

PÉTRONILLE, martyre, fêtée le 31 mai.
À Rome, on a trouvé dans un vieux cimetière le nom de Pétronille, martyre. On suppose qu'elle a été baptisée par saint Pierre lui-même.

PHILÉMON, fêté le 22 novembre.
Philémon est un riche citoyen de Colosses (au sud de la mer Noire) que saint Paul convertit. On sait par une belle lettre de Paul que Philémon a un esclave insupportable que saint Paul réussit à convertir : cet esclave devient saint Onésime. Un autre saint Philémon qui joue superbement de la flûte est martyrisé en Égypte au 3e siècle.

PHILIBERT, abbé, fêté le 20 août.
Philibert naît dans le Gers au 7e siècle. Il quitte la cour du roi Dagobert pour se faire moine et fonde de nombreuses abbayes, en particulier à Jumièges, près de Rouen, et à Noirmoutier, en Vendée, où il meurt.

PHILIPPE NÉRI, prêtre, fêté le 26 mai.
Philippe naît à Florence en 1515. C'est un enfant très intelligent. Il aime la poésie, le chant, la musique. Il est drôle et toujours de bonne humeur. À 20 ans, il va à Rome. Il donne des leçons et écrit des vers pour gagner sa vie et prie longuement la nuit. Le soir, il réunit des jeunes qui errent dans les rues. Il leur parle de Jésus, les fait rire et chanter. À 37 ans, il est ordonné prêtre et parle si bien de Dieu que tout le monde vient l'écouter. Il est si heureux de dire la messe qu'il n'en finit pas ! Il fonde un nouveau type d'ordre, l'Oratoire, du nom de la chapelle où il faisait prier et chanter. Philippe est un saint joyeux.

PHILIPPE, Apôtre, fêté le 3 mai.
Philippe, comme Pierre et André, suit Jésus qui l'appelle. C'est lui qui entraîne vers Jésus son ami Nathanaël devenu saint Barthélémy. C'est lui qui dit à Jésus : « Montre-nous le Père et cela nous suffit. » Et Jésus lui répond : « Celui qui m'a vu a vu le Père. » On pense qu'après la Pentecôte, Philippe va porter la Bonne Nouvelle au nord de la mer Noire où il meurt martyr. Un autre Philippe est diacre et les Actes des Apôtres nous racontent comment il baptise un Éthiopien. On le fête le 6 juin.

PIE V, pape, fêté le 30 avril.
Berger dans son enfance, puis dominicain, il est pape de 1566 à 1572. Le grand concile de Trente vient de finir. Pie V publie un bréviaire (livre de prières pour les prêtres) et un missel dont on se sert jusqu'en 1965.

PIE X, pape, fêté le 21 août.
Il est d'une famille pauvre. Il est d'abord curé de campagne puis devient pape au début du 20e siècle. Il rétablit l'habitude de la communion fréquente, en particulier pour les jeunes enfants. Il meurt quelques jours avant le début de la Première Guerre mondiale en août 1914.

PIERRE CANISIUS, docteur de l'Église, fêté le 21 décembre.
Pierre est hollandais et vit au 16e siècle. Il fait partie des premiers jésuites. Il enseigne, prêche, écrit, fonde des séminaires et écrit un catéchisme. Au moment où catholiques et protestants s'opposent, discutent et même se battent, Pierre préfère bien expliquer pour convaincre. Après avoir beaucoup circulé en Allemagne, il meurt à Fribourg le 21 décembre 1597.

PIERRE DAMIEN, évêque et docteur de l'Église, fêté le 21 février.
Abandonné par ses parents, il est élevé par son frère Damien et prend son nom. Dans sa jeunesse, il aime beaucoup les fêtes. Il devient moine et se passionne pour ses études. Il écrit avec beaucoup de facilité. On compte plus de 200 lettres, des traités, des livres sur la foi, des vies de saints. Le pape Alexandre II le nomme cardinal, mais Pierre préfère rester dans son couvent pour prier, chanter les louanges de Dieu et écrire. Il y meurt à l'âge de 65 ans.

PIERRE, Apôtre, fêté le 29 juin.
Pierre est pêcheur sur le lac de Tibériade quand il quitte tout pour suivre Jésus. Pierre est généreux, plein d'ardeur et prêt à aller de l'avant. Il aime très fort Jésus et entraîne les autres. Mais, il a aussi des défauts. Il parle parfois sans réfléchir et ne comprend pas bien ce que dit Jésus. Quand Jésus est arrêté, Pierre dit qu'il ne le connait pas. Mais après la Pentecôte, tout change.

Pierre, rempli du Saint-Esprit, n'a plus peur de rien et porte la Bonne Nouvelle chez les juifs, chez les païens et jusqu'à Rome où il meurt crucifié la tête en bas. Il est le chef des Apôtres et le premier pape. Jésus lui a dit : « Tu es Pierre et sur cette pierre je bâtirai mon Église. » Plus de 120 autres saints portent le nom de Pierre.

Pol de Léon, évêque, fêté le 12 mars.
Pol de Léon, venu d'Angleterre, dirige un groupe de moines ermites dans l'île de Batz, en Bretagne. Pendant 20 ans, il évangélise les païens de la région du Léon. À bout de force, il regagne son île de Batz pour se préparer à la mort en priant. Ceci se passe au 6e siècle et les Bretons n'ont pas oublié saint Pol.

Polycarpe, évêque et martyr, fêté le 23 février.
Polycarpe a connu saint Jean l'Apôtre et ceux qui avaient vu Jésus. Il est évêque de Smyrne en Turquie depuis de longues années quand il est arrêté, malgré son grand âge. « Depuis 86 ans que je sers mon Sauveur, comment pourrais-je le renier ? » dit-il à ses bourreaux. Il meurt le 23 février 155, brûlé vif en bénissant Dieu. C'est un certain Marcianus qui dans une lettre raconte en détail le martyre de saint Polycarpe.

Pothin, évêque et martyr, fêté le 2 juin.
En 177, à Lyon, 48 chrétiens donnent leur vie pour le Christ. À leur tête, le premier évêque de Lyon qui, malgré son grand âge, est battu à mort. À Lyon, on vénère ces martyrs. L'évêque de Lyon est appelé « Primat des Gaules » parce que Pothin est le premier évêque de Gaule.

Prudence, évêque, fêté le 6 avril.
Prudence est né en Espagne au 9e siècle. Il est aumônier à la cour du roi Louis le Débonnaire, fils de Charlemagne. Prudence aime beaucoup Dieu et ceux dont il a la charge. Il écrit un recueil des plus beaux passages des psaumes pour l'impératrice. Il devient évêque de Troyes en Champagne et écrit un petit livre à apprendre par cœur qui dit ce qu'il faut croire et comment se conduire pour vivre en bon chrétien. Enfin, il écrit une « chronique », sorte de journal où il raconte tout ce qui se passe de 836 au 6 avril 861, date de sa mort à Troyes.

Q

Quentin, martyr, fêté le 31 octobre.
Le nom de Quentin veut dire le cinquième. Il devait donc être le cinquième enfant de sa famille. Il meurt martyr à Rome dans les premiers siècles et est déjà vénéré en Gaule du temps de Clovis, dans un village qui deviendra plus tard la ville de Saint-Quentin, dans le département de l'Aisne.

R

Raoul. Voir **Rodolphe**

Raphaël. Voir **Anges**

Raymond de Peñafort, fêté le 7 janvier ;
Raymond Nonnat, fêté le 31 août.
Raymond de Peñafort est Catalan. Il fait des études de droit, entre chez les dominicains. Il devient conseiller du pape, consacre beaucoup de temps à annoncer l'Évangile, à écrire et à confesser. Il meurt centenaire le 6 janvier 1275. Raymond Nonnat perd sa mère à sa naissance. Devenu prêtre, il consacre presque toute sa vie à racheter les prisonniers chrétiens aux musulmans. Il meurt à 36 ans en 1240.

Reine, martyre, fêtée le 7 septembre.
Dès le début du 7e siècle, sainte Reine est vénérée à Alésia, où elle est sans doute martyrisée. La vieille ville d'Alésia en Bourgogne s'appelle maintenant Alise-Sainte-Reine.

Rémi, évêque, fêté le 15 janvier.
Rémi est gaulois, évêque de Reims au 5e siècle. C'est lui qui instruit et baptise Clovis, le roi des Francs. Grâce à lui, les Francs deviennent chrétiens. Il est le patron du diocèse de Reims.

Renan, ermite, fêté le 1er juin.
Renan ou Ronan naît en Irlande au 5e ou 6e siècle. Il débarque en Bretagne où il vit en ermite, priant et chantant les louanges de Dieu. Deux villes de Bretagne lui doivent leur nom : Saint-Renan et Locronan.

Renaud, ermite, fêté le 17 septembre.
Renaud vit en ermite dans la forêt du Craon, dans la Mayenne, puis dans une autre forêt, celle de Milinais dans la Sarthe où il meurt au début du 12e siècle.

René Goupil, martyr, fêté le 19 octobre.
Il fait partie d'un groupe de jésuites missionnaires français qui débarquent au Canada en 1635. Ils sont torturés et tués par les indiens Iroquois. Plus tard, les Iroquois deviendront chrétiens.

Richard, évêque, fêté le 3 avril.
Richard abandonne ses biens à son frère et enseigne à l'université

d'Oxford en Angleterre. Il est ordonné évêque de Chichester. Il est d'une extrême bonté pour les pauvres. Il meurt à Douvres le 3 avril 1253, à 56 ans.

RITA, veuve, fêtée le 22 mai.
Rita naît en Italie, au 14e siècle. Ses parents la marient à un seigneur brutal qui la rend très malheureuse. Devenue veuve, elle devient religieuse et demande à Jésus de pouvoir souffrir comme lui. Elle a une plaie au front qui sent si mauvais qu'elle doit vivre isolée. Mais les malades viennent la voir et repartent guéris parce que Dieu entend et exauce sa prière. Depuis, beaucoup de chrétiens lui demandent de prier pour eux quand les choses vont vraiment mal.

ROBERT BELLARMIN, évêque et docteur de l'Église, fêté le 17 septembre.
Au 16e siècle, Robert, neveu du pape Marcel II, entre chez les jésuites et enseigne à Louvain en Belgique. Il est très intelligent et très savant, mais un peu orgueilleux. Il est courtois même avec ses adversaires. Il écrit un grand et un petit catéchisme et fait vérifier la traduction de la Bible. Robert est évêque de Capoue, en Italie, au début du 17e siècle et meurt à Rome à 79 ans.

ROBERT DE MOLESME, abbé, fêté le 30 avril.
Il est moine bénédictin à 15 ans. Dans son abbaye, les moines sont devenus trop riches et mènent une vie confortable et paresseuse oubliant de bien prier Dieu. Il veut réformer tout cela, mais sans succès. Finalement, l'évêque de Lyon lui permet de partir avec quelques moines fonder un nouveau monastère à Citeaux, en Côte-d'Or. Les moines décident de suivre strictement la règle de saint Benoît. Cette réforme a rapidement un grand succès dans toute l'Europe : elle est à l'origine de l'ordre des cisterciens.

ROCH, pèlerin, fêté le 16 août.
Roch donne la moitié de ses biens aux pauvres et décide de partir à Rome en pèlerinage. Au 13e siècle, aller de Montpellier à Rome n'est pas une petite affaire surtout que Roch s'arrête ici ou là pour soigner les malades. Il reste des années à Rome. À son retour, Roch est atteint de la peste et se réfugie dans une cabane où un chien lui apporte à manger. C'est pourquoi, on représente toujours saint Roch accompagné d'un chien. De retour à Montpellier, il est pris pour un espion et meurt en prison. Ce saint est très populaire.

RODOLPHE (ou RAOUL), évêque, fêté le 21 juin.
Rodolphe est le fils d'un comte de Cahors. Il devient évêque de Bourges au 11e siècle et fonde plusieurs monastères. Il recommande aux chrétiens de communier tous les jours !

ROGER, martyr, fêté le 7 juillet.
En Angleterre, au 16e siècle, les catholiques sont persécutés par la reine Elisabeth. Le prêtre Roger Dickenson dit la messe en cachette. Arrêté avec un laboureur, Ralph Milner, qui le cachait, ils refusent de renier leur foi, et sont pendus côte à côte. Un autre Roger, évêque de Cannes au 12e siècle, est fêté le 30 décembre.

ROLAND, ermite, fêté le 15 septembre.
Au 14e siècle, dans la région de Parme en Italie, Roland vit dans une forêt sans parler à personne, sinon à Dieu dans la prière. Et cela pendant 26 ans !

ROLANDE, vierge, fêtée le 13 mai.
On raconte que cette princesse s'enfuit pour ne pas être mariée de force au fils du roi d'Écosse. Elle veut devenir religieuse à Cologne en Allemagne. Mais la route est longue et elle meurt près de Liège en Belgique. Ce qui est sûr c'est qu'en 1103 une église porte son nom et on y vient en pèlerinage.

ROMAIN, abbé, fêté le 28 février.
Romain vit au 5e siècle. À 35 ans, il se retire dans la forêt du Jura pour vivre dans la pauvreté, le silence et la prière. Son frère Lupicin et des amis viennent le rejoindre. Romain fonde deux monastères. C'est là que se trouvent maintenant la ville de Saint- Claude et le village de Saint-Lupicin. Les deux frères deviennent ensemble des saints.

RONALD. Voir RENAUD

ROSALIE, vierge, fêtée le 4 septembre.
On raconte que Rosalie est une jeune Sicilienne du 12e siècle. Elle est très belle mais veut donner sa vie à Jésus. Elle se cache dans une grotte pour prier et faire pénitence. Elle meurt à 30 ans. Les habitants de Palerme en Sicile l'ont choisie comme patronne.

ROSE DE LIMA, vierge, fêtée le 23 août.
Rose, née à Lima au Pérou, est la première sainte canonisée de l'Amérique. Elle vit au 16e siècle. En apparence, elle ne fait rien d'extraordinaire : elle coud, soigne les malades, cultive des fleurs qu'elle vend au profit des pauvres indiens. Elle aime vraiment Dieu et mène discrètement une vie de pénitence. On dit que Jésus, la Vierge et son ange gardien lui apparaissent souvent. Elle chante la gloire de Dieu accompagnée par les oiseaux qu'elle aime beaucoup. Elle meurt le 24 août 1617, à 31 ans.

S

SABINE, martyre, fêtée le 29 août.
La légende dit qu'elle est martyre en Italie dans les premiers siècles. Elle aurait été condamnée pour avoir enterré pieusement sa servante, Séraphine, elle aussi martyre. C'est peut-être simplement une romaine chrétienne qui a fait don d'un terrain où est bâtie la très belle église qui porte son nom. Une autre Sabine, fêtée le 8 décembre, est tuée avec ses deux sœurs, Frida et Édith, par trois princes qu'elles avaient refusé d'épouser car elles voulaient se consacrer à Dieu.

SACHA. Voir ALEXANDRE

SANDRINE, moniale, fêtée le 2 avril.
Née en 1385, Sandrine est clarisse ; elle fonde un couvent à Foligno, en Italie. Elle vit dans la prière et la pauvreté comme sainte Claire et saint François d'Assise. Elle meurt en 1458, à 73 ans.

SARA, vierge, fêtée le 18 juillet.
Elle aurait vécu seule en ermite au bord du Nil.

SCHOLASTIQUE, moniale, fêtée le 10 février.
Cette sainte est la sœur jumelle de saint Benoît. Comme son frère, elle donne sa vie à Dieu dans un monastère non loin de celui que Benoît a fondé au mont Cassin en Italie, au 6ᵉ siècle.

SÉBASTIEN, soldat et martyr, fêté le 20 janvier.
Ce saint est très populaire depuis longtemps et beaucoup de statues et de tableaux le représentent. On a raconté beaucoup de choses sur lui. En ce temps-là, l'empereur romain Dioclétien persécute les chrétiens. Sébastien est soldat de l'armée romaine, mais fait passer avant tout ses devoirs de chrétien. Il est attaché et criblé de flèches. C'est ainsi qu'on le représente souvent.

SÉGOLÈNE. Voir SIGOLÈNE

SERGE, martyr, fêté le 7 octobre.
Il est soldat de l'armée romaine en Syrie au 3ᵉ siècle. Il refuse d'abandonner la foi chrétienne. Il est décapité. Un autre Serge vit au 14ᵉ siècle à Moscou. Il est ermite. Plein de bonté pour tous, il réconcilie les ennemis. Il est très aimé en Russie : on le fête le 22 septembre. Trois autres saints portent le nom de Serge dont le pape Serge Iᵉʳ.

SÉVERIN DE NORIQUE, moine évangélisateur, fêté le 8 janvier.
Ce moine a prêché l'Évangile pendant 30 ans, sur les bords du Danube. Il construit des églises, fonde des monastères, au 5ᵉ siècle au moment où les Barbares envahissent l'Empire romain. Il meurt en chantant un psaume de remerciement.

SÉVERIN DE PARIS, ermite, fêté le 27 novembre.
Séverin vit au 6ᵉ siècle. Il est ermite où s'élève maintenant à Paris l'église Saint-Séverin. Saint Cloud, petit-fils de Clovis, vient le voir avant de se faire moine.

SIDOINE, homme politique puis évêque, fêté le 21 août.
Sidoine Apollinaire est un homme politique romain né à Lyon au 5ᵉ siècle. Riche, habile et heureux, tout change pour lui à l'arrivée des Barbares. Il perd presque tout mais son cœur change si bien qu'il partage tout ce qui lui reste avec les pauvres. Il est évêque de Clermont. Il est aussi poète et écrivain.

SIDONIE. Voir SIDOINE

SIGOLÈNE (ou **SÉGOLÈNE**), abbesse, fêtée le 24 juillet.
On pense qu'elle vivait au 5ᵉ ou 6ᵉ siècle et qu'elle est sans doute la première abbesse du monastère de Troclar dans le Tarn.

SIMÉON, évêque et martyr, fêté le 18 février. Il aurait succédé à l'Apôtre Jacques, le premier évêque de Jérusalem. Il est sans doute mort crucifié comme Jésus.

SIMON et **JUDE**, Apôtres, fêtés le 28 octobre.
On fête ensemble ces deux Apôtres. On appelle Simon le Zélote parce qu'avant de rencontrer Jésus, il devait appartenir à un parti politique qui voulait chasser les Romains de Palestine. Il aurait porté la Bonne Nouvelle dans les terres lointaines. Jude est appellé aussi Thaddée dans l'Évangile. C'est à lui que Jésus dit qu'il viendra avec son Père habiter dans le cœur de ceux qui l'aiment.

SOIZIC. Voir FRANÇOIS

SOLANGE, vierge et martyre.
Cette paysanne du 9ᵉ siècle habite à Villemont, près de Bourges. Travailleuse et très jolie, elle a décidé de ne pas se marier pour consacrer sa vie à Jésus. Le comte de Gothie, émerveillé par sa beauté, la demande en mariage. Solange refuse. Le comte veut l'enlever, Solange se défend de toutes ses forces et s'enfuit. Le comte la rattrape et lui tranche la tête d'un coup d'épée.

SOLINE (ou **ZÉLIE**), martyre, fêtée le 17 octobre.
Soline quitte le Poitou où elle est née pour vivre à Chartres en Eure-et-Loir. Elle meurt martyre au 3ᵉ siècle. Plusieurs villages du Poitou portent son nom.

SONIA, martyre, fêtée le 18 septembre.
Son nom, comme Sophie, veut dire sagesse. Elle est martyrisée en Russie avec ses trois filles, il y a bien longtemps.

SOPHIE, martyre, fêtée le 1er août.
On ne sait rien de cette sainte. La très belle église de Constantinople, Sainte-Sophie (devenue une mosquée), est dédiée à la sagesse de Dieu (*sophia* en grec).

STANISLAS KOSTKA, novice, fêté le 18 août.
Ce jeune noble polonais veut être jésuite. Son père refuse violemment. Stanislas s'enfuit. Il est accueilli par saint Pierre Canisius et entre au séminaire de Rome pour se préparer à être prêtre. Il meurt quelques mois plus tard. Malgré sa jeunesse, sa sainteté éclate aux yeux de tous. Stanislas a 18 ans en 1568.

STANISLAS, évêque et martyr, fêté le 11 avril.
En Pologne au 11e siècle, règne un roi cruel qui s'empare de force des femmes de ses sujets. Seul l'évêque de Cracovie, Stanislas, a le courage de lui reprocher sa conduite. Le roi Boleslas II refuse de changer de vie et assassine lui-même Stanislas alors qu'il célèbre la messe. Saint Stanislas est un des patrons de la Pologne.

STELLA. Voir ESTELLE

STÉPHANE. Voir ÉTIENNE

STÉPHANIE. Voir ÉTIENNE

SULPICE DE BOURGES, évêque, fêté le 19 janvier.
On ne sait de ce saint que trois choses : il prie beaucoup ; il est évêque de Bourges ; il meurt en 647.

SUZANNE, vierge et martyre, fêtée le 11 août.
On sait que Suzanne est martyrisée à Rome dans les premiers siècles. Une légende dit qu'elle est si jolie et si intelligente que l'empereur veut lui faire épouser son fils et lui envoie deux officiers. Suzanne refuse, convertit les deux officiers et est décapitée avec eux.

SYLVAIN, martyr, fêté le 16 octobre.
Ce saint, très aimé dans le Limousin, aurait été martyrisé à Ahun dans la Creuse.

SYLVESTRE, pape, fêté le 31 décembre.
Ce dernier saint de l'année est le premier pape à n'être pas mort martyr. Au 4e siècle, les chrétiens ne sont plus persécutés. Sylvestre construit des églises, réunit des responsables, reçoit des pèlerins. Il est pape pendant 21 ans.

SYLVETTE. Voir SYLVESTRE

SYLVIANE. Voir SYLVESTRE

SYLVIE, épouse et mère, fêtée le 5 novembre.
Elle vit au 4e siècle et elle épouse un noble romain qui s'appelle Gordien. Ils ont un fils qui devient le pape Grégoire le Grand. Sylvie veille tendrement sur la santé fragile de son célèbre fils à qui elle a appris à aimer Dieu.

T

THADDÉE. Voir SIMON

THÉODORE, évêque, fêté le 19 septembre.
Théodore est un grand voyageur. Il naît à Tarse, la ville de saint Paul, en Asie Mineure au 7e siècle. On le retrouve moine à Rome, et là, le pape l'envoie comme archevêque de Cantorbéry en Angleterre. Il organise l'Église anglaise et fait continuer l'évangélisation des campagnes.

THÉOPHILE, évêque, fêté le 10 octobre.
Il est le premier évêque d'Antioche au 2e siècle. Il dit qu'il faut soigner les yeux de son âme pour voir les choses invisibles. 18 autres saints portent le beau nom de Théophile (en grec cela signifie ami de Dieu).

THÉRÈSE D'AVILA, moniale, docteur de l'Église, fêtée le 15 octobre.
Thérèse est née en 1515. Elle est née en Espagne à Avila. Elle est jolie, intelligente, pleine de vie et aventureuse. Elle entre au carmel d'Avila à 23 ans. La vie y est plutôt facile et Thérèse passe plus de temps à recevoir des visites qu'à prier. En 1555, à 40 ans, elle se convertit pour de bon. Elle réforme le couvent pour que la vie y soit pauvre et consacrée à la prière. Aidée d'un autre grand saint, Jean de la Croix, elle fonde d'autres carmels réformés. Remplie de son amour pour Dieu, rien ne l'arrête, ni la maladie, ni les soucis, ni les méchancetés. Elle a confiance en Dieu et prend les choses avec humour car elle aime rire. Tout cela ne l'empêche pas d'écrire de nombreuses lettres et un très beau livre, *Le Château intérieur*. « La patience obtient tout, disait-elle, quand on a Dieu, rien ne manque. » Elle meurt à 67 ans heureuse de « voir enfin son bien-aimé Seigneur », le 15 octobre 1582.

THÉRÈSE DE LISIEUX, vierge, docteur de l'Église, fêtée le 1er octobre.
La « petite Thérèse » comme elle aime qu'on l'appelle, naît à Alençon en Normandie, le 2 janvier 1873, dans une famille très chrétienne. Elle perd sa maman quand elle a quatre ans.

Elle est volontaire, nerveuse et plutôt pleurnicheuse, mais elle aime beaucoup Jésus. À 13 ans, elle se « convertit », c'est-à-dire qu'elle change tout à fait et ne rêve plus que d'entrer au couvent du Carmel de Lisieux. Elle y entre finalement à l'âge de 15 ans et y mène une vie « ordinaire ». Mais, dans son cœur, elle a découvert le vrai chemin pour trouver Dieu : être avec lui comme un petit enfant et lui faire totalement confiance en s'abandonnant à son amour. Atteinte par la tuberculose, elle souffre beaucoup avant de mourir à 24 ans le 30 septembre 1897. Thérèse a beaucoup écrit et ses cahiers sont étudiés par des théologiens. Lors des Journées Mondiales de la Jeunesse, en 1997, le pape Jean-Paul II l'a nommé « docteur de l'Église ». Elle est aussi patronne de la France et patronne des missions. On l'aime et on la prie dans le monde entier.

THIBAULT, moine, fêté le 8 juillet.
Thibaut vit au 13e siècle. Il est moine à Vaux-de-Cernay dans les Yvelines. Il se lève le premier, se couche le dernier et fait tous les travaux pénibles. Saint Louis lui demande de prier pour lui et sa famille.

THIERRY, moine, fêté le 1er juillet.
On dit que le père de Thierry est un voleur de grand chemin au 5e siècle. Thierry veut donner sa vie à Dieu, mais son père l'oblige à se marier. Finalement, sous la direction de saint Rémi, il fonde un monastère près de Reims où son père, converti, vient le retrouver un jour. Quelle joie pour Thierry !

THOMAS BECKET, évêque et martyr, fêté le 29 décembre.
Thomas Becket est un grand personnage de la cour d'Angleterre au 12e siècle. Nommé par le roi (c'était l'habitude en ce temps-là), Thomas devient évêque de Cantorbéry. Mais il ne veut pas que le roi se mêle des affaires de l'Église. Il n'obéit plus qu'à Dieu et au pape. Le roi furieux veut le tuer. Thomas s'enfuit et se réfugie en France. Il revient au bout de 6 ans, toujours décidé à n'obéir qu'à Dieu. Alors, le roi Henri II trouve une solution. Il envoie quatre de ses amis qui tuent l'évêque Thomas alors qu'il vient de célébrer la messe.

THOMAS D'AQUIN, docteur de l'Église, fêté le 28 janvier.
Thomas naît près de Naples au début du 13e siècle. Il veut être dominicain malgré sa famille qui veut l'en empêcher. Il est très intelligent et, devenu prêtre, il poursuit ses études à Cologne en Allemagne puis à Paris où il a pour maître saint Albert le Grand. Il enseigne et écrit toute sa vie. Son livre le plus célèbre est la *Somme théologique*. Revenu à Naples vers la fin de sa vie, il part pour assister au concile de Lyon en 1274. Très malade, il meurt en route dans une abbaye. On l'appelle le Docteur Angélique parce qu'il est humble et prie de tout son cœur.

THOMAS MORE, martyr, fêté le 22 juin.
Thomas More vit à Londres au 16e siècle. Il se marie, a plusieurs enfants, est un excellent écrivain. C'est un ami du grand savant Érasme. Il est toujours gai et aimable. Il prie beaucoup et fait pénitence sans le montrer. Il devient grand chancelier d'Angleterre sous le cruel roi Henri VIII qui ne veut plus que les chrétiens soient fidèles au pape et à l'Église. Thomas refuse de renier sa foi. Henri VIII le fait emprisonner et au bout de 15 mois le fait décapiter. Thomas, qui n'a pas cessé de prier et de pardonner, va à la mort avec le sourire.

THOMAS, Apôtre, fêté le 3 juillet.
Thomas est l'un des douze Apôtres choisis par Jésus. Il aime poser des questions à Jésus car il ne croit pas tout et n'importe quoi. Il veut mettre son doigt sur les plaies de Jésus ressuscité pour croire que c'est bien lui. C'est pourquoi Jésus lui dit : « Bienheureux ceux qui ont cru sans avoir vu. » On dit que saint Thomas est allé jusqu'en Inde porter la Bonne Nouvelle.

TIMOTHÉE, missionnaire, fêté le 26 - janvier.
Timothée naît en Asie Mineure au 1er siècle. Son père est grec, sa mère est juive et s'appelle Eunice. Elle est convertie et baptisée par saint Paul avec son fils. Saint Paul aime beaucoup ce jeune homme qu'il appelle dans ses lettres « son vrai fils dans la foi ». Timothée voyage avec saint Paul pour porter la Bonne Nouvelle en Grèce et à Rome où ils partagent la même prison. Timothée est un bel exemple de foi et d'amitié fidèle. Saint Paul lui a écrit deux belles lettres que l'on peut lire dans le Nouveau Testament.

TITE, missionnaire, fêté le 26 janvier.
Tite rencontre saint Paul à Antioche. C'est un païen converti et il aide beaucoup saint Paul à porter la Bonne Nouvelle, surtout dans l'île de Crète. C'est là que l'on pense qu'il est mort. Saint Paul lui a écrit une belle lettre qu'on peut lire dans le Nouveau Testament.

U

URBAIN V, bienheureux, pape, fêté le 19 décembre.
Au 14e siècle, les papes quittent Rome et viennent habiter à Avignon.

Urbain est de ceux-là. Il essaye de revenir à Rome malgré l'opposition de ceux qui l'entourent. Finalement, il est obligé de revenir à Avignon où il meurt en 1370.

URSULE et ses compagnes, vierges et martyres, fêtées le 21 octobre.
Selon une légende, à Cologne en Allemagne, Ursule et d'autres jeunes filles sont massacrées par les Huns. Sainte Ursule et ses compagnes furent très populaires au Moyen Age. À cause d'une vieille inscription, on a longtemps cru que ces jeunes filles étaient 11 000 !

V

VAAST ou **GASTON**, évêque, fêté le 6 février.
Évêque d'Arras, il poursuit l'évangélisation du nord de la Gaule.

VALENTIN, martyr, fêté le 14 février.
Valentin vit au 3e siècle. Il aurait guéri la fille d'un officier romain qui se convertit. Furieux, le préfet de Rome fait mettre Valentin à mort. On ne sait pas très bien pourquoi il est le patron des amoureux et des fiancés.

VALENTINE, martyre, fêtée le 25 juillet.
Au début du 17e siècle, elle est jetée au feu avec deux autres chrétiens, sans renoncer à sa foi.

VALÈRE. Voir **VINCENT**

VALÉRIE, vierge et martyre, fêtée le 10 décembre.
Cette jeune fille est, dit-on, convertie par saint Martial et mise à mort par son fiancé qu'elle ne veut plus épouser pour donner tout son cœur à Jésus. Ceci se passe à Limoges au 3e siècle.

VALÉRY, moine, fêté le 1er avril.
Valéry naît en Auvergne à la fin du 6e siècle. Il visite plusieurs monastères avant de choisir celui qui lui convient le mieux. Il passe par Issoire, Auxerre, puis Luxeuil avant d'aller fonder en 613, le monastère de Saint-Valéry-sur-Somme.

VENCESLAS. Voir **WENCESLAS**

VÉRONIQUE, sainte femme, fêtée le 4 février.
Selon la tradition, cette jeune femme juive, pleine de cœur et de pitié, essuie avec son voile le visage de Jésus portant sa croix. Sur le voile, le visage de Jésus reste imprimé. Le mot véronique signifie « vraie image ». S'appeler Véronique, c'est essayer de ressembler à Jésus !

VICTOIRE, martyre, fêtée le 23 décembre.
Elle est morte martyre en même temps que son amie Anatolie pour avoir refusé de se marier et avoir donné leur vie à Jésus, dans les premiers siècles.

VICTOR, martyr, fêté le 21 juillet.
Officier de l'armée impériale, à Marseille, à la fin du 3e siècle, Victor préfère servir Jésus plutôt que l'empereur qui se prend pour un dieu. Il est torturé et tué.

VINCENT DE PAUL, prêtre, fêté le 27 septembre.
Vincent est né en 1581 dans les Landes. Il vend deux bœufs pour payer ses études et devenir prêtre. En 1609, il est nommé aumônier de la reine par Henri IV. Un an ou deux après, il se tourne complètement vers Dieu et se met au service des plus pauvres : enfants abandonnés, forçats, mendiants, vieillards et malades. Pour l'aider, il fonde deux congrégations : les Filles de la Charité et les lazaristes. « Monsieur Vincent » reste pour toujours un modèle d'amour et de bonté pour les pauvres et les petits. Il meurt à Paris, le 27 septembre 1660, à l'âge de 79 ans.

VINCENT FERRIER, moine et prédicateur, fêté le 5 avril.
Vincent naît en Espagne au milieu du 14e siècle. Il se consacre à Dieu dans l'ordre de saint Dominique et parle de Dieu avec un enthousiasme qui attire des milliers de personnes. Il meurt à Vannes, en Bretagne, le 5 avril 1419.

VINCENT, diacre et martyr, fêté le 22 janvier.
Son nom veut dire « vainqueur ». À Saragosse, en Espagne, au 4e siècle, l'empereur romain Dioclétien persécute les chrétiens. Vincent est arrêté avec son évêque, saint Valère. Vincent proclame sa foi : on lui fait subir d'atroces tortures qui n'entament pas son courage. Il prie et chante jusqu'à la fin. Il est le patron des vignerons. On fête son évêque en même temps que lui. Il y a deux autres saints Vincent.

VIRGINIE, vierge, fêtée le 7 janvier.
Virginie serait une bergère. Mais nous ne savons pas où et quand elle garde ses moutons. Peut-être dans les Deux-Sèvres où un village, Sainte-Verge, porte son nom abrégé.

VIVIANE, vierge et martyre, fêtée le 2 décembre.
Sous le règne de l'empereur Julien l'Apostat au 4e siècle. Cette jeune fille préfère mourir sous les coups de fouet, plutôt que de renier sa foi en Jésus-Christ.

VLADIMIR. Voir **WLADIMIR**

W

WALFROY. Voir GUENOLÉ

WALTER. Voir GAUTIER

WANDRILLE, moine, fêté le 22 juillet.
Wandrille est célèbre à cause de la belle abbaye qu'il fonde en Normandie et où il meurt le 22 juillet 668. Né en Lorraine, il voyage beaucoup avant de s'installer dans la forêt de Jumièges en Seine-Maritime.

WENCESLAS, duc de Bohême et martyr, fêté le 28 septembre.
En Bohême au 10e siècle, Wenceslas succède à son père comme duc de Bohême. Il fait beaucoup d'efforts pour évangéliser son pays et s'oppose à son frère Boleslas qui l'assassine.

WILLIAM. Voir GUILLAUME

WILLY. Voir GUILLAUME

WLADIMIR, empereur, fêté le 15 juillet.
La grand-mère de Wladimir, Olga, est une sainte, lui est un prince russe qui vit dans la deuxième moitié du 10e siècle. Après son baptême vers 959, il change complètement. Il devient doux et prie beaucoup. Il fait baptiser le peuple russe dont il est un des patrons.

X

XAVIER. Voir FRANÇOIS XAVIER

XAVIÈRE. Voir FRANÇOISE-XAVIÈRE

Y

YANN. Voir JEAN

YANNICK. Voir JEAN

YOLANDE, veuve, fêtée le 11 juin.
Yolande est princesse, fille du roi de Hongrie, Bela IV, au 13e siècle. Elle épouse un duc et sa sœur, le roi de Pologne. Les deux sœurs perdent leur mari la même année et se consacrent entièrement à Dieu chez les clarisses. Yolande meurt abbesse, dans son couvent, en 1299.

YVES, prêtre, fêté le 19 mai.
Ce saint est très populaire en Bretagne où il est né en 1253 près de Tréguier. Il devient prêtre et fait des études de droit pour être avocat. Il s'installe dans le château de ses parents où il recueille vieillards et orphelins. Il s'occupe surtout de défendre les pauvres et les ignorants et on vient le trouver de toute la Bretagne. Bien sûr, il ne fait rien payer à ces pauvres gens. Il est le saint patron des avocats.

YVETTE, bienheureuse, veuve, fêtée le 13 janvier.
Yvette vit en Belgique au 12e siècle. On la marie à 13 ans. À 18 ans, elle est veuve et elle a 3 enfants. Elle consacre sa vie à soigner les lépreux. À 40 ans, elle se retire dans une cellule près de l'église de Huy pour prier et pour faire pénitence pendant les trente dernières années de sa vie.

Z

ZACHARIE. Voir ELISABETH

ZÉLIE. Voir SOLINE

ZOÉ, esclave et martyre, fêtée le 2 mai.
On ne peut séparer Zoé de son mari Exupère et de ses deux fils Théodule et Cyriaque. Toute la famille est en esclavage chez un citoyen romain qui habite la Turquie, au 2e siècle. Quand leur maître apprend qu'ils sont chrétiens, il les fait brûler vifs tous ensemble.

INDEX

A

Aaron : frère de Moïse. *p. 45*

Abba : mot araméen qui signifie « Papa ». *p. 75*

Abbaye : lieu où vivent les moines. *p. 199*

Abbé :
- Nom donné au responsable d'un monastère. *p. 104* et *199*
- Nom donné aux prêtres. *p. 168*

Abbé de Rancé : fondateur de l'ordre des trappistes. *p. 107*

Abbé Pierre : fondateur de l'association Emmaüs. *p. 213*

Abigail : nom d'une épouse du roi David. *p. 37*

Abraham :
- L'histoire d'Abraham. *p. 22*
- L'époque à laquelle vivait Abraham. *p. 54*

Absolution : quand le prêtre donne le sacrement du pardon, il donne l'absolution. *p. 237*

Accueil : l'accueil dans l'Église, dans le sacrement du baptême. *p. 232*

Acte de contrition : une des prières par laquelle on reconnaît son péché. *p. 237*

Actes des Apôtres :
- Un des livres du Nouveau Testament. *p. 58*
- L'histoire des premiers chrétiens est racontée dans les « Actes des Apôtres ». *p. 84*

Action catholique : histoire de l'Action catholique. *p. 153*

Action de grâce :
- Le sacrement de l'eucharistie est une grande « Action de grâce ». *p. 246*
- Prière de remerciement après avoir reçu le pardon dans le sacrement de réconciliation. *p. 237*

Adam : Nom qui veut dire le « Terreux » (celui qui vient de la terre). Dans la Bible, un des récits de la création du monde donne ce nom au premier homme créé par Dieu.
- Dans son Évangile, Luc fait remonter l'origine de Jésus jusqu'à Adam. *p. 66*

Adoubement : cérémonie par laquelle on est fait chevalier. *p. 124*

Afrique : les missions en Afrique au 19e siècle. *p. 144*

Aggée :
- Un des prophètes de l'Ancien Testament. *p. 42*
- Aggée dans l'histoire du peuple d'Israël (chronologie). *p. 55*

Agneau : Au cours du repas de la Pâque, en souvenir du jour de la sortie de l'esclavage en Égypte, les juifs mangent un agneau.
- Jean-Baptiste appelle Jésus l'Agneau de Dieu. *p. 64*
- Le soir avant sa mort, Jésus partage le repas de la Pâque avec ses Apôtres. Il est lui-même l'agneau de la Pâque. *p. 78*
- Dans le texte de l'Apocalypse, l'agneau représente Jésus. *p. 90*
- Un des noms de Jésus. *p. 183*

Aide à Toute Détresse : *voir* **ATD Quart Monde**

Akhenaton : pharaon égyptien qui essaie d'imposer le culte d'un dieu unique. *p. 27*

Albert de Mun : catholique du 19e siècle. *p. 153*

Albigeois : la croisade contre les Albigeois. *p. 122*

Alexandre : roi de Macédoine qui conquiert un immense empire au 4e siècle av. J.-C. *p. 48*

Alexandrie : capitale de l'Égypte où de nombreux juifs se sont installés quelques siècles avant la naissance de Jésus-Christ. *p. 57*

Allah : nom de Dieu pour les musulmans. *p. 108* et *177*

Alléluia : mot hébreu qui signifie « louez Dieu ». *p. 16*

Alliance :
- La Bible est l'histoire de l'Alliance entre Dieu et les hommes. *p. 16*
- L'alliance avec Noé, le signe de l'arc-en-ciel. *p. 20* et *215*

• Dieu fait alliance avec Moïse et le peuple hébreu, le don de la Loi. *p. 30*
• Les prophètes sont les défenseurs de l'Alliance entre Dieu et son peuple. *p. 42*
• La circoncision, signe de l'Alliance. *p. 63* et *176*
• Le sang du Christ est le signe de la nouvelle Alliance. *p. 78*
• Dieu et les hommes, la longue histoire de l'Alliance. *p. 188*
• Le mariage, une alliance jusqu'à la mort. *p. 206* et *239*
• L'Église, signe de l'Alliance. *p. 231*
• L'anneau du mariage, signe de l'alliance. *p. 239*

Ambroise :
• Évêque de Milan au temps de saint Augustin. *p. 101*
• Saint Ambroise (prénom). *p. 251*

Amen : mot qui veut dire « c'est vrai, je crois, c'est du roc ». *p. 246*

Aménophis IV : *voir* **Akhenaton**

Amérique : la découverte de l'Amérique. *p. 139*

Âme : c'est Dieu qui donne l'âme. *p. 187*

Amos :
• Un des prophètes de l'Ancien Testament. *p. 42*
• Amos dans l'histoire du peuple d'Israël (chronologie). *p. 54*

Amour : les chrétiens croient que Dieu est Amour.
• Le Cantique des cantiques, une déclaration d'amour. *p. 52*
• Jésus accepte de mourir par amour. *p. 78*
• Jésus-Christ, la merveille de l'amour de Dieu. *p. 188*
• Dieu aime les hommes comme des fils, la prière du « Notre Père ». *p. 194*
• Un corps pour aimer, l'amour entre l'homme et la femme. *p. 206*
• L'amour de Dieu est un amour qui laisse l'homme libre. *p. 223*
• Dans le sacrement de réconciliation, confesser l'amour de Dieu. *p. 236*
• Le mariage, l'amour entre un homme et une femme est le signe de l'amour de Dieu. *p. 238*

Ananie :
• Au temps de la première communauté chrétienne, l'histoire d'Ananie et de sa femme Saphire. *p 84*
• Une histoire de tricheur. *p. 204*

Anathème : parole de condamnation. *p. 117*

Ancien Testament :
• Les livres de l'Ancien Testament. *p. VIII* et *p. 16*
• Explication du mot. *p. 51*
• À la messe, lecture de l'Ancien Testament. *p. 178* et *248*

André : un des Apôtres. *p. 69*
• L'appel des Apôtres. *p. 68*
• Saint André (prénom). *p. 251*

Âne : Jésus entre à Jérusalem monté sur un âne. *p. 78*

Ange : dans la Bible, les anges sont les messagers de Dieu.
• La vision de Jacob. *p. 24*
• Les anges chantent la naissance de Jésus. *p. 66-67*
• L'ange annonce à Marie la naissance de Jésus, TABLEAUX DE L'ANNONCIATION, FRA ANGELICO. *p. 14-15* et MAURICE DENIS, *p. 224*

Anglicanisme : l'Église d'Angleterre est anglicane : la naissance de l'anglicanisme. *p. 133*

Animal :
• Les animaux de l'arche de Noé. *p. 20*
• Les animaux sont des créatures de Dieu. Le respect des animaux. *p. 214*

Animisme : religion. *p. 177*

Animiste : les animistes dans le monde (chiffres). *p. 162*

Anneau :
• Dans le mariage, signe de fidélité. *p. 239*
• Anneau pastoral de l'évêque signe d'union à son diocèse. *p. 242*

Annexion : annexion des États du pape par les Italiens au 19e siècle. *p. 150*

Annonciation : l'ange annonce à Marie qu'elle sera la mère de Jésus.
• ANNONCIATION, TABLEAUX DE FRA ANGELICO *p. 14-15* et de MAURICE DENIS *p. 224*
• Le « oui » de Marie. *p. 224*
• Fêtée le 25 mars (calendrier liturgique). *p. 229*

Anticlérical : qui est contre les prêtres, les religieux, les religieuses, contre le clergé.
• Les anticléricaux et la séparation de l'Église et de l'État. *p. 157*

Antioche : Ville de l'Empire romain située en Turquie actuelle, près de la frontière avec la Syrie.
• Au temps du Christ, de nombreux juifs vivent à Antioche. *p. 57*
• Une des premières communautés chrétiennes où saint Paul annonce l'Évangile. *p. 87*

Antiochus IV : roi de Syrie, il conquiert le pays des juifs en 175 av. J.-C. *p. 48*

Antireligieux : qui est contre la religion.
• Au temps de la Révolution française. *p. 142*

• Au 19e siècle, et lors de la séparation de l'Église et de l'État. *p. 156*

Antisémitisme : sentiment de haine contre les juifs. *p. 154*

Antoine :
• Les pères du désert, les premiers moines. *p. 106*
• Saint Antoine (prénom). *p. 252*

Apocalypse : mot qui signifie révélation.
• Apocalypse de Daniel. *p. 49*
• Un des livres du Nouveau Testament. *p. 58*
• Apocalypse de saint Jean. *p. 90-91*

Apocryphe : les écrits apocryphes. *p. 93*

Apollon : dieu de la religion grecque. *p. 48*

Apôtre : pour l'aider dans sa mission, Jésus choisit 12 hommes, 12 Apôtres.
• Noms des 12 Apôtres. *p. 69*
• Au début du christianisme, la foi des Apôtres. *p. 96*
• Les évêques sont les successeurs des Apôtres. *p. 164* et *242*

Apparition : les apparitions de la Vierge. *p. 149*

Appel :
• L'appel d'Abraham. *p. 23*
• L'appel de Moïse. *p. 28*
• L'appel des apôtres. *p. 68*

Apprendre :
• Apprendre à prier. *p. 192*
• Apprendre à aimer. *p. 206*
• Apprendre à connaître Dieu, le catéchisme. *p. 210-211*

Arabe :
• Le peuple arabe se reconnaît de la famille d'Abraham. *p. 23*
• La conquête arabe, Mahomet et le début de l'islam. *p. 106*

Araméen : une des langues du pays de Jésus. *p. 57*

Arc-en-ciel : signe d'alliance avec les hommes donné par Dieu à Noé. *p. 20*

Arche : l'arche de Noé. *p. 20*

Arche d'Alliance : coffre de bois où sont enfermées les grandes plaques de pierre sur lesquelles est gravée la loi que Dieu donne à son peuple.
• Moïse et l'Arche d'Alliance. *p. 31*
• David installe l'Arche d'Alliance à Jérusalem. *p. 40-41*

Argent :
• L'argent de l'Église. *p. 169*
• Les chrétiens et l'argent. *p. 209*

Artémis : déesse de la religion des Grecs. *p. 48*

Ascension : montée de Jésus au ciel.
• Qu'est-ce que l'Ascension ? *p. 82*
• Ascension de Jésus et divinisation des hommes. *p. 218*
• Fête de l'Ascension (calendrier liturgique). *p. 228*

Asie Mineure : les voyages de Paul et les premières communautés chrétiennes d'Asie Mineure. *p. 86*

Assise : ville d'Italie où est né saint François. *p. 120* et *198*
• Prière pour la paix à Assise en 1986. *p. 163*

Assomption :
• Montée de Marie au Ciel. *p. 225*
• Fête de l'Assomption (calendrier liturgique). *p. 228*
• ASSOMPTION, TABLEAU DE FRANCISCO ZURBARAN *p. 218*

Assyrien : peuple voisin qui envahit Israël. *p. 43-44*

Astartés :
• Faux dieux des Cananéens. *p. 34*
• Les prophètes luttent contre les faux dieux, les astartés. *p. 42*

Astrologue : la religion romaine et la consultation des astrologues. *p. 102*

ATD Quart Monde : Aide à Toute Détresse-Quart Monde : association fondée par des chrétiens pour aider les plus pauvres. *p. 213*

Athéisme : croire que Dieu n'existe pas.
• Les philosophes des Lumières et l'athéisme. *p. 141*
• Le développement de l'athéisme au 19e siècle. *p. 146*
• Le communisme, le nazisme et l'athéisme. *p. 158*

Athéna : déesse de la religion des Grecs. *p. 48*

Athénagoras : patriarche de l'Église orthodoxe.
• La rencontre de Paul VI et d'Athénagoras. *p. 117* et *163*

Aton : nom du dieu égyptien, le Soleil. Hymne à Aton. *p. 27*

Aube : vêtement blanc que portent les prêtres. *p. 248*

Augustin :
• Son histoire. *p. 100*
• Saint Augustin (prénom). *p. 253*

Aumône : une des obligations de la religion des musulmans. *p. 177*

Aumônerie : qu'est-ce que l'aumônerie ? *p. 172*

Autel : *voir* plan d'une église. *p. 171*

Av. J.-C. : signifie avant la naissance de Jésus-Christ.

Ap. J.-C. : signifie après la naissance de Jésus-Christ.

Avent : temps de préparation à Noël. *p. 229*

Aveugle : guérison d'un aveugle. *p. 72*

Avignon : les papes à Avignon. *p. 126*

Aztèque : religion des Aztèques. *p. 138*

B

Baals :
- Faux dieux des Cananéens. *p. 34*
- Les prophètes luttent contre les baals. *p. 42*

Babel : histoire de la tour de Babel. *p. 21*

Babylone : l'exil à Babylone. *p. 44*

Banque alimentaire : association fondée par des chrétiens pour nourrir les plus pauvres. *p. 213*

Baptême :
- Jésus est baptisé par Jean-Baptiste. *p. 64*
- Le baptême de l'empereur Constantin. *p. 98*
- Le baptême de Clovis. *p. 99*
- Le sacrement du baptême. *p. 231-232*
- Ceux qui ne sont pas baptisés. *p. 233*

Baptiste : *voir* **Jean-Baptiste**

Baptistère : *voir* **fonds baptismaux.**

Barabbas : criminel libéré à la place de Jésus. *p. 79*

Barbares :
- Les invasions barbares. *p. 99*
- La conversion des Barbares. *p. 104* et *110*

Barnabé :
- Compagnon de saint Paul. *p. 86*
- Saint Barnabé (prénom). *p. 254*

Barthélémy :
- Un des Apôtres, appelé aussi Nathanaël. *p. 69*
- Le massacre de la Saint- Barthélémy. *p. 132*
- Saint Barthélémy (prénom). *p. 254*

Bartimée : aveugle guéri par Jésus. *p. 72*

Bartoloméo de Las Casas : missionnaire, défenseur des Indiens. *p. 139*

Basilique : c'est une église.
- Plan des premières basiliques. *p. 99*
- Basilique Saint-Pierre de Rome. *p. 129* et *167*

Béatitude : discours de Jésus sur le bonheur. *p. 196-197*

Béatitudes : nouveau nom du mouvement charismatique du « Lion de Juda ». p. 172

Belle Porte : miracle de la Belle Porte. *p. 84*

Bénédicité : prière avant de se mettre à table. *p. 226*
- LE BÉNÉDICITÉ, TABLEAU DE JEAN-BAPTISTE SIMÉON CHARDIN, *p. 227*

Bénédictin : nom donné aux moines qui vivent selon la règle de vie écrite par saint Benoît. *p. 104*

Bénédiction : vient d'un mot latin qui signifie « dire du bien ». On bénit Dieu pour ce qu'il donne ou on bénit au nom de Dieu.
- La bénédiction du pain chez les juifs au temps de Jésus. *p. 63*
- Au cours de son dernier repas, Jésus bénit le pain et le vin. *p. 78*
- La bénédiction des offrandes à la messe. *p. 249*
- La bénédiction « Urbi et orbi » du pape. *p. 167*

Bénitier : qu'est-ce qu'un bénitier ? *p. 171*

Benoît :
- L'histoire de saint Benoît, la vie des moines. *p. 106*
- Saint Benoît (prénom). *p. 254*

Benoît XV : pape au temps de la Première Guerre mondiale. *p. 165*

Berger :
- Le Bon Berger, un des noms de Jésus (autre noms de Jésus). *p. 182*
- Les bergers sont les premiers à venir adorer Jésus. *p. 66*
- Le berger dans les paraboles. *p. 77*

Bernadette :
- Petite fille de Lourdes qui voit des apparitions de la Vierge Marie. *p. 149*
- Sainte Bernadette (prénom). *p. 255*

Bernard :
- Fondateur de l'ordre des cisterciens. *p. 107* et *121*
- Saint Bernard (prénom). *p. 255*

Béthanie : village du pays de Jésus. *p. 69*

Bethléem :
• Lieu de la naissance de David. *p. 37*
• Lieu de la naissance de Jésus. *p. 66*
• Carte. *p. 32*

Bethsabée : femme aimée par le roi David. *p. 37-38*

Bible :
• Les livres de la Bible. *p. VIII, p. 16*
• La Bible en grec, la Septante. *p. 51*
• La traduction de la Bible en latin par saint Jérôme. *p. 100*
• Les protestants et la Bible. *p. 131*
• Le renouveau de l'étude de la Bible. *p. 161* et *172*
• La TOB, la traduction œcuménique de la Bible. *p. 163*

Blanc :
• Quand Jésus est transfiguré, ses vêtements deviennent blancs comme la neige. *p. 75*
• Le vêtement blanc du nouveau baptisé. *p. 232*

Blanche de Castille : mère de saint Louis. *p. 118*

Blandine :
• Victime des persécutions contre les chrétiens à Lyon. *p. 97*
• Sainte Blandine (prénom). *p. 255*

Bonaparte : Napoléon Bonaparte, empereur des Français. Il signe avec le pape un accord, un concordat. *p. 143*

Bonheur :
• Dieu crée l'homme pour le bonheur. *p. 18*
• Dieu promet le bonheur à Abraham. *p. 23*
• Au 19e siècle, certains croient que la science et le progrès feront le bonheur de l'homme. *p. 146*
• Les chrétiens affirment que Dieu seul donne le bonheur. *p. 178*
• Le bonheur selon le Christ, les « Béatitudes ». *p. 197*

Boniface :
• Moine évangélisateur des Germains. *p. 105*
• Saint Boniface (prénom). *p. 255*

Boniface VIII : pape qui s'oppose à Philippe le Bel. *p. 126*

Bonne Nouvelle : traduction du mot d'origine grecque « évangile ». *p. 58*

Bossuet : grand prédicateur du 17e siècle. *p. 137*

Bouddha : fondateur de la religion bouddhiste. *p. 177*

Bouddhisme : religion. *p. 177*
• Les bouddhistes dans le monde (chiffres). *p. 162*

Brama : dieu de la religion hindouiste. *p. 176*

Brebis : dans les paraboles. *p. 77*

Bréviaire : livre des prières que les prêtres disent chaque jour. *p. 227*

Bruno :
• Fondateur de l'ordre des chartreux. *p. 107*
• Saint Bruno (prénom). *p. 256*

Buisson de feu : Moïse entend la voix de Dieu près d'un buisson de feu. *p. 28*

Burgondes : peuple barbare. *p. 102*

Byzance : l'histoire de Byzance. *p. 114* à *117*

C

Calendrier liturgique : calendrier des grandes fêtes célébrées par les chrétiens tout au long de l'année. *p. 228-229*

Calice : à la messe, coupe contenant le vin. *p. 249*

Calife : chef musulman. *p. 106*

Calotte : petit chapeau rond porté par les évêques. *p. 242*

Calvin : un des fondateurs du protestantisme. *p. 130*

Camp de concentration :
Pendant la Seconde Guerre mondiale, Hitler emprisonne ses ennemis, et en particulier les juifs dans des camps de concentration. *p. 159*

Cana : petit village où Jésus transforme l'eau en vin au cours d'un mariage.
• Marie à Cana. *p. 69* et *224*
• Le miracle de Cana. *p. 72*

Canaan : pays de Canaan, le pays promis par Dieu à Abraham, où Moïse conduit les Hébreux après la sortie d'Égypte.
• Abraham quitte son pays et part vers le pays de Canaan. *p. 22*
• Les patriarches sont nomades dans le pays de Canaan. *p. 24-25*
• Canaan, la Terre Promise. *p. 31*
• Le pays de Canaan, carte et description. *p. 32-33*

Cananéen :
• Les Cananéens habitent le pays de Canaan avant les Hébreux. *p. 34*

• La guerre contre les Cananéens. *p. 35*

Cananéenne : nom d'une femme étrangère (non juive) qui demande à Jésus la guérison de sa fille (*Mt.* 15, 21-28). *p. 69*

Canonisation : quand l'Église déclare que quelqu'un est saint, on dit qu'elle le canonise.
• Un roi de France canonisé, saint Louis. *p. 119*

Cantique : chant adressé à Dieu.
• Cantique de la victoire après la sortie d'Égypte. *p. 29*
• Le Cantique des cantiques. *p. 52-53*
• Le cantique du Soleil de saint François. *p. 215*

Cardinaux : les cardinaux sont des évêques choisis par le pape. Ils le conseillent. Ils élisent le nouveau pape. *p. 164*

Carême : période de quarante jours pendant laquelle les chrétiens se préparent à fêter Pâques. *p 229*

Carmel : ordre religieux réformé par sainte Thérèse d'Avila (pour les femmes) et Saint Jean de la Croix (pour les hommes). *p. 135*

Catéchèse : c'est le contenu et l'explication du catéchisme. *p. 211*

Catéchisme : vient du mot grec « faire retentir ». À la fois l'enseignement de la foi des chrétiens et le livre qui présente cette foi.
• Le catéchisme du concile de Trente et le catéchisme de Luther. *p. 134*
• À quoi sert le catéchisme ? *p. 210*
• Différents livres de catéchisme. *p. 211*

Catéchuménat : état de celui qui se prépare au baptême. *p. 211*

Catéchumène : celui qui se prépare au baptême. *p. 211*

Cathédrale : C'est l'église de l'évêque. *p. 243*
• Les cathédrales gothiques. *p. 118*

Catholique : mot qui signifie « universel, ouvert à tous ».
• Orthodoxes et catholiques de la séparation à la réconciliation. *p. 116-117*
• Catholiques et protestants, la séparation. *p. 133*
• La réforme catholique, le concile de Trente. *p. 134*
• La vie des catholiques au 19e siècle. *p. 149*
• Les catholiques dans le monde (chiffres et carte). *p. 162*
• Le catéchisme de l'Église catholique. *p. 178*

Catholiques libéraux : au 19e siècle, les catholiques libéraux essaient de réconcilier l'Église avec le monde moderne. *p. 146*

Catholiques sociaux : au 19e siècle, les catholiques sociaux essaient de lutter contre la pauvreté et l'injustice. *p. 153*

CCFD : Comité Catholique contre la Faim et pour le Développement, créé par les évêques de France. *p. 213*

Célibataire : pourquoi les prêtres sont-ils célibataires ? *p. 240*

Cellule : nom des chambres des moines. *p. 104*

Cène :
• nom du dernier repas de Jésus avec ses Apôtres, *p. 78*
• La Cène, tableau de Domenico Ghirlandajo, *p. 246*

César : nom de l'empereur romain. « Rendre à César ce qui appartient à César ». *p. 61*

Chandeleur : fête de la présentation de Jésus au Temple (2 février), calendrier liturgique. *p. 229*

Chant grégorien : genre de chant d'église, réformé par le pape Grégoire. *p. 110*

Chapelet : sorte de long collier de perles.
• Prière du chapelet. *p. 227*

Chapelle Sixtine : chapelle du Vatican où les cardinaux se réunissent pour élire le pape. *p. 164* et *167*

Chapitre : salle où les moines se réunissent. *p. 104* et *199*

Charismatique : les mouvements charismatiques. *p. 172*

Charlemagne : empereur d'Occident. *p. 110*

Charles Borromée :
• Réformateur catholique. *p. 135*
• Saint Charles Borromée (prénom Charles). *p. 257*

Charles IX : roi de France. Son rôle au temps des guerres de Religion. *p. 132*

Charles Quint : empereur d'Allemagne. Son rôle au temps des guerres de Religion. *p. 132*

Charles VII : roi de France à l'époque de la guerre de Cent Ans. *p. 127*

Charpentier :
• Joseph, le père adoptif de Jésus, est charpentier. *p. 57*

• Les gens s'interrogent. Jésus n'est-il pas le fils du charpentier ? *p. 74*
• SAINT JOSEPH, TABLEAU DE PIETRO ANNIGONI, *p. 209*

Chartreux : ordre religieux fondé par saint Bruno. *p. 105* et *199*

Chasuble : vêtement porté par les prêtres. *p. 249*

Chavouoth : fête de la religion juive. *p. 63* et *176*

Chemin Neuf : mouvement charismatique. *p. 172*

Chevalier : devenir chevalier. *p. 124*

Chœur : partie centrale d'une église. *p. 99*

Chouan : nom de ceux qui combattent la Révolution en Bretagne et en Vendée. *p. 143*

Chrétien : signifie qui est au Christ.
• Origine du mot. *p. 98* et *194*
• Les chrétiens doivent-ils d'abord devenir des juifs ? *p. 87*
• La vie des chrétiens du Moyen Âge. *p. 124*
• Les chrétiens et la Révolution. *p. 143*
• Les chrétiens et les juifs. *p. 154*
• Les chrétiens dans le monde (chiffres et carte). *p. 162*
• La réconciliation des chrétiens, l'œcuménisme. *p. 163*
• Les chrétiens et la Résurrection de Jésus. *p. 180*
• Le Dieu des chrétiens. *p. 184*
• Qui est Jésus-Christ pour les chrétiens ? *p. 188*
• Les chrétiens et l'Esprit-Saint. *p. 190*
• La prière des chrétiens, le « Notre Père ». *p. 194*
• Les chrétiens et la liberté. *p. 203* et *204*
• Les chrétiens et la justice. *p. 212 -213*
• Les chrétiens et la nature, et les animaux. *p. 214*
• Les chrétiens et la paix. *p. 216-217.*
• Les chrétiens et la vie après la mort. *p. 222-223*
• Devenir chrétien, le baptême. *p. 232*

Chrétienté : la naissance de la chrétienté. *p. 110*

Christ :
• Origine du mot. *p. 182*
• Dernière prière du Christ. *p. 193*

Christ Roi : fête du Christ Roi, dernier dimanche de l'année liturgique (calendrier liturgique). *p. 228*

Christianisme : religion des chrétiens.
Voir **chrétien**

Chypre : île de la Méditerranée, une des étapes des voyages de saint Paul. *p. 86*

Ciel ou cieux : pour les juifs, le Ciel est une image pour désigner le domaine de Dieu. Quand Jésus parle du Ciel, il parle de la vie avec Dieu. Il dit le royaume des cieux ou le royaume de Dieu, cela veut dire la même chose.
• À l'Ascension, Jésus monte au Ciel. *p. 82*

Circoncision : signe de l'Alliance. *p. 63* et *176*

Cistercien : ordre religieux fondé par saint Bernard. *p. 105* et *199*

Cité de Dieu : Jérusalem, cité de Dieu. *p. 40*

Citeaux : abbaye. *p. 105*

Clergé : ensemble des hommes d'Église.
• Avant la Révolution, un des trois ordres de la société française. *p. 141*

Cloître : lieu de promenade et de prière des moines. *p. 104*

Clotilde :
• Femme de Clovis, le roi des Francs. *p. 99*
• Sainte Clotilde (prénom). *p. 258*

Clôture : dans les monastères, sorte de frontière qui sépare les moines ou les religieuses du monde. *p. 105*

Clovis : roi des Francs. Conversion de Clovis. *p. 99*

Cluny : grand monastère bénédictin de Bourgogne. *p. 105*

Collège :
• La vie des étudiants au Moyen Âge. *p. 121*
• Aumôneries de collège. *p. 172*

Colomban :
• Évangélisateur de l'Europe. *p. 105*
• Saint Colomban (prénom). *p. 258*

Colombe :
• Une des images pour parler du Saint-Esprit. *p. 234*
• La colombe au baptême de Jésus. *p. 64*

Colonie : les colonies et les missions. *p. 144*

Comité Catholique contre la Faim et pour le Développement :
voir **CCFD**

Commandement : les commandements de Dieu. *p. 30*

Communauté : la première communauté chrétienne. *p. 84*

Communier : recevoir le corps et le sang du Christ.
• Qu'est-ce que communier ? *p. 247*
• Comment communier. *p. 246*

Communion :
• La première communion au 19e siècle. *p. 148*
• Pie X et la communion fréquente. *p. 165*

Communisme : le communisme et la religion. *p. 158*

Compagnie de Jésus : ordre religieux fondé par saint Ignace de Loyola. *Voir* aussi **Jésuite.** *p. 135*

Complies : prière du soir. *p. 199* et *243*

Compostelle : pèlerinage à Saint-Jacques-de-Compostelle. *p. 123*

Concile : vient du mot latin « concilium », « tous ensemble ».
• Réunion des évêques pour décider de la foi ou de l'organisation de l'Église. *p. 169*
• Concile de Nicée et de Constantinople. *p. 100*
• Concile de Florence, tentative de réconciliation des chrétiens. *p. 117*
• Le pouvoir des conciles et le concile de Constance. *p. 126*
• La réforme catholique et le concile de Trente. *p. 134*
• Le concile de Vatican I et l'infaillibilité du pape. *p. 151*
• Le concile Vatican II. *p. 160*
• L'Esprit-Saint et les conciles. *p. 190*

Conclave : réunion des cardinaux pour élire le pape. *p. 164*

Concordat : accord entre le pape et un État sur les relations de l'Église avec cet État.
• Napoléon Bonaparte et le concordat. *p. 143*
• Séparation de l'Église et de l'État : rupture du concordat. *p. 157*

Condamnation de Jésus : *p. 79*

Conférence épiscopale : organisation de tous les évêques d'un pays. *p. 168*

Confession : dans le sacrement de réconciliation. *p. 237*

Confiance : pour les chrétiens et les juifs, faire confiance à Dieu, c'est croire au point d'engager totalement sa vie. Dieu demande aux hommes leur confiance.
• Abraham fait confiance à Dieu. *p. 23*
• Moïse fait confiance à Dieu. *p. 31*
• Jésus, celui qui fait totalement confiance à Dieu. *p. 200*

Confirmation : le sacrement de la confirmation. *p. 231* et *234*

Confiteor :
voir **« Je confesse à Dieu ».**

Conflit : le conflit de conscience. *p. 202*

Congrégation :
• Les congrégations religieuses. *p. 145*
• Les congrégations du Vatican. *p. 167*

Conquête : les conquêtes arabes (carte). *p. 106*

Conscience : *p. 202-203*
• Les protestants et la liberté de conscience. *p. 133*
• Le droit de suivre sa conscience. *p. 212*

Conseil pastoral : dans la vie de la paroisse. *p. 170*

Conseil économique : dans la vie de la paroisse. *p. 170*

Constance : le concile de Constance. *p. 126*

Constantin : empereur romain.
• La conversion de Constantin. *p. 98*
• La fondation de Constantinople. *p. 114*

Constantinople :
• Le concile de Constantinople. *p. 100*
• La construction de Constantinople. *p. 114*
• La chute de Constantinople. *p. 116*

Constitution civile du clergé : *p. 142*

Conversion : changer de vie, se tourner vers Dieu.
• Conversion de saint Paul. *p. 98*
• Conversion de Constantin. *p. 98*
• Conversion de saint Augustin. *p. 101*

Copernic : savant polonais qui a étudié le système solaire. *p. 141*

Coran :
• Le livre saint des musulmans. *p. 108* et *177*
• Le Coran, seul lien entre Dieu et l'homme pour les musulmans. *p. 184*

Corinthe : ville de Grèce, une des premières communautés chrétiennes.
• Paul et les chrétiens de la ville de Corinthe. *p. 86*

Corps :
- Recevoir, partager le Corps du Christ. *p. 189* et *246*
- Devenir le Corps du Christ (Quel pain ?). *p. 194*
- Un corps pour aimer. *p. 206-207*
- Le respect du corps. *p. 212*
- La résurrection du corps. *p. 222*

Couleur : couleurs liturgiques. *p. 229* et *248*

Création :
- La Bible chante la création. *p. 18*
- Le don de Dieu, la création. *p. 186* et *188*
- Protéger la création. *p. 214-215*

Credo : mot latin qui signifie « Je crois ».
- L'origine du Credo. *p. 100*
- Texte du Credo. *p. 179*

Croire : *voir* aussi **Foi**
- Connaître Jésus et croire. *p. 74*
- Croire le témoignage des Apôtres. *p. 80*
- Être chrétien, c'est croire que Jésus est ressuscité. *p. 180*

Croisade : la croisade, la guerre pour Dieu. *p. 122-123*

Croix : Jésus est mort cloué sur une croix. C'est la peine de mort que les Romains infligeaient aux criminels.
- Prière de Jésus sur la croix. *p. 61*
- Jésus sur la croix et le voleur (larron). *p. 71*
- Jésus sur la croix. *p. 79*
- Marie au pied de la croix. *p. 224*
- PIETA, TABLEAU D'ENGUERRAND QUARTON, *p. 225*

Croix : c'est le signe des chrétiens. Souvent les prêtres portent une petite croix, cela permet de savoir qu'ils sont prêtres. Beaucoup de chrétiens portent une croix. *Voir* aussi **signe de croix**.
- Croix des croisés. *p. 122*
- Croix pectorale, croix que porte l'évêque. *p. 242*

Crosse : sorte de bâton de berger que portent les évêques, et parfois les abbés des monastères.
- Crosse de l'évêque. *p. 242*

Culte de la Raison : au temps de la Révolution. *p. 143*

Curé : c'est le nom du prêtre responsable d'une paroisse. *p. 111, 140* et *168*

Curie : rassemble les collaborateurs du pape. *p. 167*

Cyrille et Méthode :
- Évangélisateurs des Slaves. *p. 115*
- Cyrille et Méthode (prénoms). *p. 258*

Cyrille de Jérusalem :
- Citation, « comment communier ». *p. 246*
- Cyrille de Jérusalem (prénom) *p. 258*

Cyrus : roi de Perse. *p. 45*

D

Dalila : histoire de Samson et Dalila. *p. 35*

Damas : ville de Syrie.
- La conversion de Paul sur le chemin de Damas. *p. 85*

Daniel :
- Saint Daniel (prénom) *p. 259*
- Le livre de Daniel. *p. 49*
- Daniel et les lions. *p. 49*
- Le livre de Daniel et l'Apocalypse. *p. 90*

Danse : David danse devant l'Arche de l'Alliance. *p. 40*

Darwin : Darwin et l'évolution. *p. 146*

David :
- Roi d'Israël. *p. 36* à *41*
- David, le roi choisi par Dieu. *p. 36*
- David et Bethsabée, le péché de David. *p. 38*
- David à Jérusalem, la montée de l'Arche d'Alliance. *p. 40*
- David dans l'histoire du peuple d'Israël (chronologie). *p. 54*
- Jésus est de la famille de David. *p. 66*

Déborah : femme chef de guerre au temps des Juges. *p. 35*

Décapole : région voisine du pays de Jésus. *p. 56*

Dèce : empereur romain responsable de terribles persécutions contre les chrétiens. *p. 97*

Déluge :
- Noé et le Déluge. *p. 20*
- D'autres histoires de déluge. *p. 20*

Denier du culte : participation financière des catholiques à la vie de l'Église. *p. 169*

Désert :
- La longue marche des Hébreux dans le désert. *p. 30-31*
- Chercher Dieu au désert, le désert pour les hommes de la Bible. *p. 33*
- Chercher Dieu au désert, les premiers moines. *p. 106*

• Jésus au désert, les tentations. *p. 200*

Devin : la religion romaine et la consultation des devins. *p. 102*

Diable : il conduit au mal et au péché.
• Le diable et la sorcellerie au Moyen Âge. *p. 125*
• Jésus, tenté par le diable. *p. 200*

Diacre : il est ordonné pour être, dans l'Église, signe du Christ serviteur de tous.
• Étienne, premier diacre. *p. 85*
• Diacre permanent. *p. 241*
• Sacrement de l'ordre. *p. 242*
• LE LAVEMENT DES PIEDS, TABLEAU DU TINTORET. *p. 241*

Diaspora : dispersion du peuple juif. *p. 50*

Didaché : mot qui signifie enseignement. Un des premiers textes qui enseigne comment vivre en chrétien, au 2e siècle.
• Le « Notre Père » dans la Didaché. *p. 195*

Dieu :
• Dieu créateur. *p. 16-17* et *186-187*
• Dieu parle à Abraham. *p. 22*
• Dieu donne son nom à Moïse. *p. 28*
• Présence de Dieu, l'Arche d'Alliance et le Temple. *p. 41*
• Comment Dieu parle aux prophètes. *p. 42*
• Dieu et le mal. *p. 47*
• Dieu d'Israël et de tous les peuples. *p. 50*
• Dieu, amoureux des hommes. *p. 52-53*
• En Jésus, Dieu se laisse voir. « Qui me voit voit le Père ». *p. 61*
• Jésus, Fils de Dieu, la foi de Pierre. *p. 75*
• Les paraboles pour parler de Dieu. *p. 76-77*
• Jésus est vraiment Dieu, la lutte contre les hérésies. *p. 101*
• Charlemagne veut être le représentant de Dieu. *p. 108*
• Les icônes, images de Dieu, *p. 115*
• Comprendre Dieu, la théologie. *p. 121*
• La guerre pour Dieu, la croisade. *p. 122-123*
• Refuser l'existence de Dieu, l'athéisme (les Lumières). *p. 141*
• Contre Dieu. Le nazisme, le communisme. *p. 158-159*
• Le Dieu des chrétiens, la Trinité. *p. 184-185*
• Dieu pour les musulmans. *p. 184*
• Dieu pour les juifs. *p. 185*
• Le don de Dieu, le Christ. *p. 188-189*
• Le don de Dieu, l'Esprit. *p. 190-191*
• Dieu est Notre Père. *p. 194-195*
• La vie avec Dieu. *p. 218-219*
• Marie, mère de Dieu. *p. 224*
• Dieu répond-il quand on prie ? *p. 226*
• Devenir enfant de Dieu, le baptême. *p. 232*
• Appelé par Dieu, la vocation. *p. 240*

Dieux :
• Les dieux des Égyptiens. *p. 27*
• Les dieux des Cananéens. *p. 34*
• Les dieux des Grecs. *p. 48*
• Les dieux des Romains et de l'empire. *p. 96*
• Les dieux des Gaulois. *p. 97*
• Les dieux des hindouistes. *p. 176*
• Les dieux des Indiens mayas, aztèques et incas. *p. 138*

Dimanche : le jour du Seigneur. Pour les chrétiens, le premier jour de la semaine.
• Le dimanche devient un jour de repos. *p. 98*
• Pourquoi la messe le dimanche ? *p. 249*

Diocèse : un diocèse est un ensemble de paroisses ou de personnes, dont un évêque est responsable et qui, avec lui, forment une Église.
• Le diocèse dans l'organisation de l'Église aujourd'hui. *p. 168*
• Le pape Grégoire XVI crée des diocèses dans les pays de mission. *p. 145*

Dioclétien : empereur romain responsable de persécutions contre les premiers chrétiens. *p. 97*

Disciple : vient d'un mot latin qui signifie « élève ». Il désigne les hommes et les femmes qui suivent et écoutent Jésus.
• La vie des disciples de Jésus. *p. 69*
• Les disciples d'Emmaüs rencontrent Jésus ressuscité. *p. 80*

Divinisation : l'homme est appelé à partager la vie de Dieu. *p. 219*

Divorce : mariage et divorce. *p. 239*

Djihad : nom de la guerre sainte pour les musulmans. *p. 177*

Doctrine sociale de l'Église : ensemble des réflexions de l'Église pour que les sociétés soient plus justes.
• Un grand texte de la doctrine sociale de l'Église, « Rerum novarum ». *p. 153*
• La doctrine sociale de l'Église aujourd'hui. *p. 212*

Dominicain : ordre religieux fondé par saint Dominique.
• Naissance des dominicains. *p. 120*

Dominique :
• Saint Dominique (prénom) *p. 259*
• Saint Dominique, fondateur de l'ordre dominicain. *p. 120*

Donation de Pépin et les États du pape : *p. 108*

Douze : en général, l'expression « les Douze » désigne les douze Apôtres choisis par Jésus. C'est aussi le nombre des tribus des fils du patriarche Jacob, qui sont à l'origine des 12 tribus d'Israël.
• Qui sont les Douze ? *p. 69*
• Les chiffres et le langage caché du livre de l'Apocalypse. *p. 90* et *91*

Dreyfus : « L'affaire Dreyfus ». *p. 154*

Droit : les droits de tout homme définis par l'Église. *p. 212*

E

Eau :
• L'eau pour les hommes de la Bible. *p. 33*
• L'eau de la vraie vie, l'histoire de la Samaritaine. *p. 71*
• Au baptême, le signe de l'eau. *p. 232*

École :
• Les écoles du Moyen Âge. *p. 120* et *121*
• Au 19e siècle, l'Église et l'École. *p. 156*

Écologie : protéger la nature. *p. 214*

Écriture : ce mot est utilisé pour parler de la Bible. On dit « l'Écriture » ou les « Écritures », parfois, on précise « Sainte ». *Voir* **Bible, Ancien Testament, Nouveau Testament**

Édit de Nantes :
• Par l'Édit de Nantes, le roi Henri IV autorise les protestants à pratiquer leur religion. *p. 133*
• Révocation de l'Édit de Nantes. *p. 133*

Édit de Tolérance : rend aux protestants le droit de pratiquer leur religion. *p. 133*

Église :
• La Pentecôte, la naissance de l'Église. *p. 82*
• L'empereur Constantin chef de l'Église. *p. 99*
• L'organisation de l'Église par le pape Grégoire au 6e siècle. *p. 111*
• L'Église déchirée. *p. 126*
• Le rôle de l'Église selon Luther. *p. 131*
• La réforme de l'Église catholique, le concile de Trente. *p. 134*
• L'Église en France au 18e siècle. *p. 140*
• L'Église et les idées modernes au 19e siècle. *p. 146*
• L'Église et les ouvriers. *p. 153*
• L'Église et l'État, la séparation. *p. 156-157*
• L'Église, peuple de Dieu, le concile Vatican II. *p. 160-161*
•L'organisation de l'Église aujourd'hui. *p. 168-169*
• Le renouveau de l'Église. *p. 172-173*
• L'Église, les croyants rassemblés. *p. 178-179*
• L'Église et la conscience. *p. 203*
• La doctrine sociale de l'Église. *p. 212*
• Des images pour nommer l'Église. *p. 231*
• L'accueil dans l'Église, le baptême. *p. 232*
• Appelé par l'Église, la vocation. *p. 240*

Églises : saint Paul et les nouvelles Églises. *p. 86*

Église, église : lorsque le mot ne porte pas de majuscule, il désigne le bâtiment où les chrétiens se réunissent pour prier.
• L'empereur Constantin, bâtisseur d'églises. *p. 98*
• Les églises romanes. *p. 113*
• Les églises gothiques. *p. 118*
• Plan d'une église aujourd'hui. *p. 171*

Égypte :
• Joseph, ministre en Égypte. *p. 25*
• La vie en Égypte au temps des Hébreux. *p. 26*

Élection :
• Élection du pape. *p. 164*
• Participation des chrétiens aux élections, exercice du droit de vote. *p. 212*

Élie : prophète.
• Élie au désert, la rencontre avec Dieu. *p. 42*
• Élie dans l'histoire du peuple d'Israël (chronologie). *p. 54*
• Jean-Baptiste est-il Élie ? *p. 65*
• Jésus avec Élie, la Transfiguration. *p. 75*

Elisabeth :
• Mère de Jean-Baptiste. *p. 65* et *224*
• La rencontre de Marie et d'Elisabeth, la Visitation. *p. 224*
• Fête de la Visitation (calendrier liturgique). *p. 229*
• Sainte Elisabeth (prénom). *p. 260*

Élisée : prophète. *p. 54*

Éloi :
• Saint Éloi (prénom) *p. 260*
• Évangélisateur de l'Europe. *p. 102*

Emmanuel : nom qui signifie « Dieu avec nous ». L'Emmanuel est le Messie promis par Dieu.
• La prophétie de l'Emmanuel. (citation d'Isaïe). *p. 43*

• L'Emmanuel, mouvement charismatique. *p. 172*

Emmaüs : village proche de Jérusalem.
• Les pèlerins d'Emmaüs rencontrent Jésus ressuscité. *p. 81*
• Association d'entraide fondée par l'abbé Pierre. *p. 212*

Empereur :
• L'empereur des Romains veut être reconnu par tous comme un dieu. *p. 96*
• Constantin, premier empereur chrétien. *p. 98*
• L'empereur de Byzance et l'Église. *p. 115*
• Charlemagne empereur. *p. 108*
• Au Moyen Âge, qui a le pouvoir ? l'empereur ou le pape ? *p. 127*

Empire :
• L'Empire romain. *p. 56*
• La fin de l'Empire romain. *p. 99*
• L'empire de Charlemagne. *p. 108*
• Fondation du Saint Empire romain germanique. *p. 109*

Encens : résine qui brûle en répandant un fort parfum. On en utilise encore dans les églises. Son parfum s'élève comme la prière monte vers Dieu.
• Un des cadeaux des mages à l'Enfant Jésus. *p. 67*

Encyclique : lettre du pape à tous les évêques sur des sujets très importants. Les encycliques portent le nom des premiers mots, généralement en latin, par lesquels elles commencent. *p. 164*
• Encyclique « Rerum Novarum » sur la question ouvrière. *p. 153*

Enfer :
• La peur de l'enfer au Moyen Âge. *p. 125*
• L'enfer existe-t-il ? *p. 223*

Ennemi : les ennemis de Jésus. *p. 78*

Environnement : *p. 214*

Envoyé de Dieu : Jésus est-il l'envoyé de Dieu ? *p. 64, 69* et *74*

Ephata : mot araméen qui signifie « ouvre-toi ». *p. 72*

Éphèse : ville où saint Paul annonce l'Évangile. *p. 87*

Épine : au cours de son procès, Jésus est coiffé d'une couronne d'épines. *p. 79*

Épiphanie : fête de la visite des mages à l'Enfant Jésus (calendrier liturgique). *p. 229*

Épître : autre mot pour lettre.
Voir **Lettres.**

Équipe Saint-Vincent : association d'aide aux personnes en difficulté. *p. 213*

Esaü : frère jumeau de Jacob. *p. 24*

Esclave :
• Les Hébreux esclaves en Égypte. *p. 26*
• L'esclavage des noirs. *p. 139*
• Au 19e siècle, le pape Grégoire XVI condamne l'esclavage. *p. 145*

Esdras : le livre d'Esdras, un des livres de la Bible. *p. 45*

Espagne :
• Les catholiques en Espagne au 16e siècle. *p. 134*
• Le partage des nouvelles terres entre le Portugal et l'Espagne. *p. 139*

Espérance : la vie qui ne finit pas, l'espérance des chrétiens. *p. 223*

Esprit :
• Vision d'Ezéchiel. *p. 45*
• Jésus ressuscité promet son Esprit Saint. *p. 81*
• À la Pentecôte, les Apôtres sont remplis de l'Esprit Saint. *p. 82*
• La première communauté et la force de l'Esprit Saint. *p. 83*
• Connaître Jésus présent par son Esprit. *p. 92*
• L'Esprit Saint dans la Trinité. *p. 185*
• Le don de Dieu, l'Esprit. *p. 190*
• Prière à l'Esprit Saint. *p. 190*
• L'Esprit Saint à l'œuvre dans l'Église. *p. 191*
• L'Esprit Saint permet de résister à la tentation. *p. 100*
• Après son baptême, Jésus est rempli de l'Esprit Saint. *p. 201*
• Se laisser transformer par l'Esprit Saint. *p. 218*
• La Pentecôte, fête de l'Esprit Saint (calendrier liturgique). *p. 228*
• Le sacrement de confirmation, le don de l'Esprit. *p. 234*

Esséniens : groupe religieux au temps de Jésus. *p. 65*

Esther : elle empêche un complot contre les juifs. *p. 35*

État :
• L'Église et l'État. *p. 156*
• L'État organise la société. *p. 212*

États généraux : grande assemblée réunie par le roi avant la Révolution. *p. 142*

États pontificaux : carte. *p. 150*

Étienne : martyr. *p. 85*
• Saint Étienne (prénom). *p. 261*

Étoile :
• Dieu promet à Abraham une descendance nombreuse comme les étoiles. *p. 23*
• Une étoile conduit les bergers et les mages à Jésus. *p. 66*

Étole : vêtement que porte le prêtre pour célébrer. *p. 249*

Être Suprême : culte de l'Être Suprême pendant la Révolution française. *p. 143*

Eucharistie : mot qui signifie action de grâce.
• Origine de l'eucharistie, le dernier repas de Jésus. *p. 78*
• L'eucharistie dans les sacrements. *p. 230-231*
• L'eucharistie pour les malades. *p. 245*
• Le sacrement de l'eucharistie. *p. 246-247*
• La messe, célébration du sacrement de l'eucharistie. *p. 248-249*

Eudistes : association de prêtres fondée par saint Jean Eudes. *p. 199*
Voir **Jean Eudes.**

Évangélisation :
• Évangélisation de l'Europe. *p. 104*
• Évangélisation de l'Amérique. *p. 138-139*
• Évangélisation de l'Afrique et des colonies. *p. 144-145*

Évangiles :
• Les quatre évangiles dans la Bible. *p. 17*
• Les évangiles dans le Nouveau Testament. *p. 58-59*

Ève : son nom signifie « la vivante ». Dans la Bible, un des récits de la création du monde donne ce nom à la première femme créée par Dieu.
• ÈVE, TABLEAU DE LUCAS CRANACH. *p. 207*

Évêque :
• Le rôle des évêques au temps des Barbares. *p. 110*
• Comment appeler les évêques ? *p. 168*
• Comment devient-on évêque ? *p. 168*
• Le catéchisme des évêques de France. *p. 211*
• L'évêque donne le sacrement de la confirmation. *p. 234*
• Ordination de l'évêque. *p. 242*

Évêque auxiliaire : collaborateur de l'évêque d'un diocèse. *p. 168*

Évêque coadjuteur : évêque qui prend la succession d'un autre évêque quand celui-ci part (en retraite).

Évolution :
• La création et l'évolution. *p. 18*
• La théorie de l'évolution par Darwin. *p. 146*

Excommunication : action de rejeter hors de l'Église.
• Excommunication au Moyen Âge. *p. 125*
• Excommunication de Luther. *p. 130*

Exégèse : étude des textes de la Bible.
• Les progrès de l'exégèse au 20e siècle. *p. 172*

Exil : les juifs sont emmenés en exil à Babylone. *p. 44*

Exode : l'exode du peuple hébreu d'Égypte à la Terre Promise. *p. 29*

Expulsion : expulsion des religieux en France au 19e siècle. *p. 156*

Extermination :
• Extermination des juifs par Hitler. *p. 154*
• Les camps d'extermination. *p. 159*

Ezéchiel : prophète. *p. 45*
• Vision d'Ezéchiel. *p. 45*
• Ezéchiel dans l'histoire de la Bible (chronologie). *p. 54*

F

Famille : Sainte Famille : la famille de Jésus.
• Une famille pour apprendre à aimer. *p. 206*
• Droit de vivre avec sa famille. *p. 212*

Fascisme : le développement du fascisme au 20e siècle. *p. 159*

Femme :
• Création de l'homme et de la femme. *p. 18*
• Jésus et les femmes. *p. 69*
• Pourquoi les femmes ne peuvent-elles pas devenir prêtre ? *p. 241*

Fénelon : prédicateur au 17e siècle. *p. 137*

Fête :
• Les principales fêtes juives au temps de Jésus. *p. 63*
• La fête dans les paraboles. *p. 76*
• Les fêtes juives aujourd'hui. *p. 176*
• Les fêtes musulmanes. *p. 177*

Fidélité : Dieu fait alliance avec les hommes. Il promet sa fidélité pour toujours. Il demande aux hommes d'être fidèles à sa loi. La Bible raconte la longue histoire de Dieu toujours fidèle, même quand les hommes se détournent de lui.
• Dieu donne sa loi au peuple hébreu pour qu'il soit fidèle. *p. 31*
• Fidélité et mariage. *p. 238-239*

Figuier : le figuier dans les paraboles. *p. 77*

Filioque : mot latin qui veut dire « et du fils ». La discussion sur la traduction du grec au latin de ce mot du Credo est une des causes de la séparation entre les orthodoxes et les catholiques. *p. 117*
• Charlemagne et le « filioque ». *p. 109* et *p. 117*

Filles de la Charité : fondées par saint Vincent de Paul et Louise de Marillac. *p. 136-137*

Filles Missionnaires de la Charité : fondées par Mère Teresa. *p. 173*

Fils d'homme : un des noms de Jésus. *p. 183*

Fils de David : un des noms de Jésus. *p. 182*

Fils de Dieu :
• Au cœur des Évangiles, Jésus est vraiment le Fils de Dieu. *p. 58*
• La foi de Pierre. *p. 75*
• Pour les chrétiens, Jésus est vraiment Fils de Dieu. *p. 188*
• Liés à Jésus, Fils de Dieu, les chrétiens sont, eux aussi, fils de Dieu. *p. 194*
• Par le baptême, devenir fils de Dieu. *p. 232-233*

Fils prodigue : la parabole du fils prodigue.
• LE FILS PRODIGUE, TABLEAU DE POMPÉO BATONI. *p. 237*

Fin du monde :
• La fin du monde et le retour du Christ. *p. 219*
• La fin du monde et l'espérance des chrétiens. *p. 223*

Foi :
• La foi de Pierre. *p. 75*
• La foi de Luther. *p. 131*
• La foi des Français avant la Révolution. *p. 140*
• La foi de l'Église, le Credo. *p. 179*

Fondation Raoul Follereau : *p. 213*

Fonds baptismaux ou baptistère : endroit où on baptise dans une église.
Voir plan d'une église. *p. 171*

Franc : Clovis et la conversion des Francs. *p. 99*

Franciscain : ordre religieux fondé par saint François. *p. 120* et *p. 198*

François d'Assise :
• Saint François (prénom) *p. 262*
• L'histoire de saint François. *p. 120* et *198*
• Prière de saint François. *p. 215*

François de Sales :
p. 135

Frère :
• Tous les chrétiens sont frères. *p. 163*
• Le « Notre Père », prière des fils, prière des frères. *p. 194-195*

G

Galilée : province située au nord du pays de Jésus comportant le lac – appelé aussi mer – de Galilée. Jésus est originaire de Galilée. Carte. *p. 32*

Galilée : savant du 17e siècle.
• L'affaire Galilée. *p. 141*

Garde suisse : *p. 167*

Gaule : les chrétiens en Gaule. *p. 97* et *99*

Gédéon : paysan, chef de guerre au temps des Juges. *p. 35*

Genèse : livre de la Genèse c'est-à-dire livre du commencement.
• Premier livre de la Bible. *p. 18*
• Histoire de Noé et de la tour de Babel. *p. 20-21*
• L'histoire des patriarches. *p. 24*
• La création. *p. 186*

Gerbert : pape sous le nom de Sylvestre II. *p. 111*

Goliath : géant philistin abattu par David. *p. 37*

Gothique : l'art des cathédrales. *p. 118*

Grâce :
• Dieu sauve par pure grâce, la foi de Luther. *p. 131*
• Dieu donne sa grâce. *p. 197*

Grand Prêtre : c'est le chef religieux des juifs au temps de Jésus.
• Jésus est arrêté et conduit chez le Grand Prêtre. *p. 79*

Grandir :
• Faire grandir sa conscience. *p. 202*
• Grandir avec son corps. *p. 207*

Grégoire : pape saint Grégoire le Grand.
• Les méthodes d'évangélisation, citation de Grégoire le Grand. *p. 105*
• Grégoire, pape défenseur de Rome contre les Barbares. *p. 102*
• Saint Grégoire le Grand (prénom). *p. 264*

Grégoire VII : grand pape réformateur au 11e siècle. *p. 109*

Grégoire XVI : Grégoire XVI et la

condamnation de l'esclavage. *p. 145*

Grégorien : chant grégorien, chant d'église. *p. 110*

Guérison :
- Jésus guérit des malades. *p. 72*
- Les guérisons à Lourdes. *p. 149*
- Les sacrements de guérison, de réconciliation et d'onction des malades. *p. 230-231*

Guerre :
- Les croisades, la guerre pour Dieu. *p. 122-123*
- La guerre de Cent Ans. *p. 127*
- Les guerres de Religion. *p. 132*
- La guerre pour conquérir la Terre Promise, l'histoire des Juges. *p. 34-35*
- La guerre sainte des musulmans. *p. 177*
- Les chrétiens et la paix. *p. 216-217*

H

Hannouka : la fête juive d'Hannouka. *p. 48*

Hébreu (langue) :
- Langue dans laquelle est écrite la plus grande partie de l'Ancien Testament. *p. 16*
- Langue des juifs. *p. 57*

Hébreu (peuple) : Les Hébreux en Égypte. *p. 26*

Hégire : exil de Mahomet pendant 10 ans. *p. 106*

Hélène : Mère de l'empereur Constantin, elle fait un des premiers pèlerinages à Jérusalem. *p. 123*
- Sainte Hélène (prénom). *p. 265*

Henri IV : Henri IV et la fin des guerres de Religion. *p. 133*

Henri VIII : roi d'Angleterre fondateur de l'anglicanisme. *p. 133*

Herbe : dans les paraboles. *p. 77*

Hérésie : déformation de la foi chrétienne qui consiste à choisir une partie des vérités de l'Évangile. *p. 101*
- Saint Dominique lutte contre l'hérésie cathare. *p. 120*

Hérode : roi du pays de Jésus à la naissance de Jésus.
- Hérode construit le nouveau Temple de Jérusalem. *p. 62*
- Hérode et le massacre des enfants. *p. 67*

Heureux :
- Dieu donne sa loi pour que les hommes soient libres et heureux. *p. 30*
- Jésus est un homme heureux. *p. 196*
- Jésus donne à chaque homme la possibilité d'être heureux. *p. 197*

Hiéroglyphe : écriture des Égyptiens. *p. 27*

Hindouisme : religion. *p. 176*
- L'hindouisme dans le monde (chiffres). *p. 162*

Hippone : ville d'Afrique du Nord où saint Augustin est évêque. *p. 101*

Hitler :
- Hitler et les juifs. *p. 154*
- Hitler et le nazisme. *p. 159*

Hittite : *voir* **Urie**

Homélie : commentaire du prêtre après la lecture de l'Évangile. *p. 248*

Homme :
- Dieu créateur de l'homme et de la femme. *p. 18*
- La Renaissance, la redécouverte de l'homme. *p. 129*
- Jésus, l'homme qui a réussi. *p. 218*

Hosanna : mot hébreu qui signifie à peu près « sauve, nous te le demandons ».

Hostie : Comment sont faites les hosties. *p. 247*

Hôtellerie : partie d'un monastère réservée à l'accueil des visiteurs. *p. 105*

Huile :
- Samuel verse de l'huile sur la tête de David pour montrer le choix de Dieu. *p. 37*
- Au baptême, le signe de l'huile. *p. 232*
- À la confirmation, l'huile du saint chrême. *p. 234*
- L'onction d'huile dans le sacrement des malades. *p. 245*

Humanisme : la naissance de l'humanisme. *p. 129*

Hymne : chant de louange à Dieu
- Hymne à la sagesse de Dieu. *p. 185*

I

Icône : peinture sur bois représentant des sujets religieux. *p. 115*

Iconoclaste : signifie « casseur d'image ». La crise iconoclaste à Byzance. *p. 115*

Idole : une image de Dieu qu'on adore comme si elle était Dieu lui-même.
• Contre les idoles, un des commandements de Dieu. *p. 30*

Ignace d'Antioche :
• Citation sur les martyrs. *p. 96*
• Saint Ignace d'Antioche (prénom). *p. 267*

Ignace de Loyola : fondateur de l'ordre des jésuites. *p. 135*

Image :
• L'homme et la femme sont créés à l'image de Dieu. *p. 187* et *207*
• Le mariage, image de l'amour de Dieu. *p. 238*

Imam : chef religieux musulman. *p. 177*

Immaculée Conception : en 1854, le pape Pie IX proclame la foi (le dogme) de l'Immaculée Conception, ce qui signifie que Marie, dès le début de sa vie, a été protégée par Dieu du péché.
• Fête de l'Immaculée Conception (calendrier liturgique), le 8 décembre. *p. 229*

Imposition des mains : geste par lequel les prêtres ou les évêques appellent le Saint-Esprit dans les sacrements.
• L'imposition des mains dans la confirmation. *p. 234*
• L'imposition des mains dans le sacrement de l'ordre. *p. 242*

Imprimerie : invention de l'imprimerie. *p. 128*

Incas : la religion des Incas. *p. 138*

Incarnation : les chrétiens croient que Dieu se fait homme en Jésus-Christ, c'est la foi dans l'Incarnation.
• Fête de l'Incarnation (calendrier liturgique). *p. 229*

Indulgence : promesse du pardon des péchés offerte par l'Église contre de l'argent ou des bonnes actions.
• Luther contre les indulgences. *p. 130*

Infaillibilité :
• Le concile Vatican I déclare l'infaillibilité du pape. *p. 151*
• Infaillibilité du pape : définition. *p. 164*

Initiation : les sacrements de l'initiation. *p. 230*

Injustice :
• Le pape Léon XIII et la lutte contre l'injustice. *p. 153*
• Les chrétiens et la paix, la lutte contre l'injustice. *p. 217*

Inquisition : tribunal religieux qui lutte contre les mauvaises croyances.
• L'Inquisition au Moyen Âge. *p. 125*
• L'Inquisition en Espagne. *p. 134*

Instruction religieuse : *voir* aussi **Catéchisme**
• L'instruction religieuse et la séparation de l'Église et de l'État. *p. 156*

Intégristes : ceux qui refusent les changements.
• Les intégristes catholiques. *p. 161*

Intelligence : comprendre Dieu avec son intelligence, l'exemple de saint Thomas d'Aquin. *p. 121*

Isaac : fils d'Abraham.
• Le sacrifice d'Isaac. *p. 23*
• Les enfants d'Isaac. *p. 24*

Isaïe : prophète. *p. 43*
• Isaïe, dans l'histoire du peuple d'Israël (chronologie). *p. 54*

Isis : déesse de la religion des Égyptiens. *p. 27*

Islam : religion des musulmans.
• La naissance de l'islam. *p. 108-109*
• L'islam, une des grandes religions. *p. 177*

Israël :
• Un peuple choisi par Dieu. *p. 16*
• Un homme, Jacob, Dieu lui donne un nouveau nom, Israël. *p. 24*
• Histoire du peuple d'Israël (chronologie). *p. 54-55*
• Un pays : création de l'État d'Israël au 20e siècle. *p. 155*

Istanbul : nom actuel de la ville de Constantinople. *p. 115*

Italie : l'unité italienne et les États du pape. *p. 150*

Ivraie : dans les paraboles. *p. 77*

J

JAC : Jeunesse Agricole Chrétienne, mouvement d'action catholique. *p. 153*

Jacob : un des fils d'Isaac. *p. 24*
• Jacob, dans l'histoire du peuple d'Israël (chronologie). *p. 54*

Jacques :
• Nom de deux des Apôtres. *p. 69*
• Un des premiers Apôtres appelés par Jésus. *p. 68*

• Témoin de la Transfiguration de Jésus. *p. 74*
• Responsable des croyants de Jérusalem. *p. 87*
• Lettre de Jacques. *p. 88*
• Saint Jacques (prénom). *p. 268*

Jaricot : Pauline Jaricot fonde l'Œuvre de la Propagation de la Foi pour aider les missionnaires. *p. 145*

« Je confesse à Dieu » : une des prières par laquelle on reconnaît son péché. *p. 237*

Jean :
• Jean l'Évangéliste. *p. 59*
• Un des premiers Apôtres appelés par Jésus. *p. 68*
• Jean est témoin de la Transfiguration de Jésus. *p. 74*
• Jean découvre le tombeau vide. *p. 80*
• Jean, arrêté par les juifs. *p. 84*
• Lettre de Jean. *p. 88*
• Jean, auteur de l'Apocalypse. *p. 90*
• L'Évangile de Jean, particularité. *p. 93*
• Saint Jean (prénom). *p. 267*

Jean-Baptiste :
• L'histoire de Jean-Baptiste. *p. 64-65*
• La question de Jean-Baptiste à Jésus. *p. 73*
• Saint Jean-Baptiste (prénom) *p. 268*

Jean de la Croix :
• Réformateur de l'ordre du carmel avec sainte Thérèse d'Avila. *p. 134*
• Saint Jean de la Croix (prénom). *p. 268*

Jean Eudes :
• Saint Jean Eudes (prénom) *p. 268*
• Fondateur de la société des prêtres de Jésus et Marie. *p. 135*
• Jean Eudes et les missions en France. *p. 136*

Jean-Marie Vianney :
• Un prêtre au 19e siècle. *p. 148*
• Saint Jean-Marie Vianney (prénom). *p. 268*

Jean-Paul Ier : pape. *p. 165*

Jean-Paul II : pape. *p. 165*
• Les voyages du pape *p. 164*

Jean XXIII : pape. *p. 165*
• Jean XXIII et le concile Vatican II. *p. 160*

Jeanne : Jésus et les femmes. *p. 69*

Jeanne d'Arc : *p. 127*

Jébuséens :
• David prend la ville de Jérusalem aux Jébuséens. *p. 40*

JEC : Jeunesse Étudiante Chrétienne, mouvement d'action catholique. *p. 153*

Jérémie : prophète. *p. 44*
• Jérémie dans l'histoire du peuple de Dieu (chronologie). *p. 54*

Jéricho : ville du pays de Jésus. *p. 32*

Jérôme :
• La Bible de saint Jérôme, la *Vulgate*. *p. 16* et *100*
• Saint Jérôme (prénom). *p. 268*

Jérusalem :
• Carte du pays de Jésus. *p. 32*
• David à Jérusalem. *p. 40*
• La prise de Jérusalem. *p. 44*
• Jésus à Jérusalem. *p. 78*
• La prise de Jérusalem par les Arabes musulmans. *p. 109*
• La reconquête de Jérusalem, les croisades. *p. 122*
• Jérusalem, ville sainte pour les juifs, les chrétiens et les musulmans. *p. 177*

Jessé : père de David. *p. 37*

Jésuite :
• Fondation de l'ordre des jésuites. *p. 135*
• Les jésuites missionnaires. *p. 138*
• L'expulsion des jésuites. *p. 156*

Jésus :
• Des paroles de Jésus. *p. 60*
• Jésus chasse les marchands du Temple. *p. 63*
• Le baptême de Jésus. *p. 64*
• La naissance de Jésus. *p. 66-67*
• Les amis de Jésus. *p. 68*
• Jésus et les femmes. *p. 69*
• Les rencontres de Jésus. *p. 70-71*
• Les miracles de Jésus. *p. 72-73*
• Qui est Jésus ? *p. 74-75*
• La mort de Jésus. *p. 78-79*
• La Résurrection de Jésus. *p. 80-81* et *180*
• Les historiens juifs et romains du 1er siècle parlent de Jésus. *p. 92*
• Jésus, son histoire. *p. 92-93*
• Jésus est juif. *p. 155*
• Les noms de Jésus. *p. 182-183*
• Jésus, le don de Dieu. *p. 188-189*
• Jésus n'a jamais péché. *p. 189*
• La prière de Jésus. *p. 193*
• Jésus et le bonheur. *p. 196-197*
• Suivre Jésus, les tentations. *p. 200-201*
• Jésus et la paix. *p. 216*
• La présence de Jésus. *p. 231*
• Recevoir Jésus, la communion. *p. 247*

Jeudi Saint : calendrier liturgique. *p. 229*

JIC : Jeunesse Indépendante Chrétienne, mouvement d'action catholique. *p. 153*

JMJ : Journées mondiales de la Jeunesse, *p. 173*

Job : l'histoire de Job. *p. 46*

JOC : Jeunesse Ouvrière Chrétienne, mouvement d'action catholique. *p. 153*

Joël : prophète. *p. 42*

Jonas : l'histoire de Jonas. *p. 50*

Jonathan : fils du roi Saül, ami de David. *p. 37*

Joseph : un des fils de Jacob, ministre en Égypte. *p. 25*

Joseph : le père adoptif de Jésus, charpentier. *p. 66*
- La présentation au Temple. *p. 62*
- La naissance de Jésus. *p. 66*
- Saint Joseph (prénom). *p. 268*

Josué : successeur de Moïse, il conduit le peuple à la Terre Promise. *p. 31* et *34*

Jourdain : fleuve du pays de Jésus (carte). *p. 32*
- Jean-Baptiste baptise au bord du Jourdain. *p. 64*

Juda : royaume de Juda, la séparation du royaume du Nord et du royaume du Sud.
Carte. *p. 43*

Judaïsme : religion des juifs. *p. 176*

Judas : un des Apôtres. *p. 69*
- La trahison de Judas. *p. 78*

Jude : un des Apôtres de Jésus. *p. 69*
- Lettre de Jude. *p. 88*
- Saint Jude (prénom). *p. 268*

Judée : une des provinces du pays de Jésus. *p. 56*

Judith : une des femmes de la Bible. *p. 35*

Juges :
- L'histoire des Juges. *p. 34*
- Les Juges dans l'histoire du peuple d'Israël (chronologie). *p. 54*

Juif :
- L'Ancien Testament est l'histoire du peuple juif. *p. 16*
- Origine du mot. *p. 45*
- Les chrétiens et les juifs. *p. 154*
- L'extermination des juifs. *p. 159*
- Les juifs dans le monde (chiffres). *p. 162*
- La religion des juifs. *p. 176*
- Dieu pour les juifs. *p. 185*

Jules Ferry : et l'école. *p. 156*

Jules II : pape de la Renaissance. *p. 129*

Justice :
- La justice de saint Louis. *p. 118*
- La volonté de Dieu, c'est la justice. *p. 194*
- Bâtir une société juste. *p. 212-213*

Justinien : empereur de Constantinople. *p. 114*

K-L

Kyrie : mot grec qui signifie « Seigneur ». « Kyrie eleison » veut dire « Seigneur prends pitié ».

La Mecque : ville sainte des musulmans. *p. 108*
- Pèlerinage à La Mecque. *p. 177*

La Salette : lieu où la Vierge est apparue à des enfants au 19e siècle. *p. 149*

Lacordaire : *p. 153*

Laïc :
- Rôle des laïcs, un des décrets de Vatican II. *p. 161*
- Les laïcs au conseil de la paroisse. *p. 170*
- Le rôle des laïcs au 20e siècle. *p. 172*

Lamaïsme : religion. *p. 177*

Lapider : tuer en jetant des pierres. *p. 61*
- La lapidation d'Étienne. *p. 85*

Larron : Jésus et le bon larron. *p. 71*

Latin : langue utilisée par l'Église, en particulier pour dire la messe, jusqu'au concile Vatican II. *p. 161*
- La Bible en latin, la *Vulgate*. *p. 16* et *p. 100*

Latran : une des collines de Rome.
- Les accords du Latran entre le pape et l'État italien. *p. 151*

Laudes : prière du matin. *p. 199*

Lavement des pieds :
- Jean raconte le lavement des pieds. *p. 93*
- LE LAVEMENT DES PIEDS, TABLEAU DU TINTORET. *p. 241*

Lavigerie : cardinal de Lavigerie, fondateur des Pères Blancs (missionnaires) et acteur de la réconciliation entre l'Église et la République française. *p. 157*

Lazare : ami de Jésus. *p. 69*
- Résurrection de Lazare. *p. 81*
- Saint Lazare (prénom). *p. 269*

Lazariste : ordre religieux. *p. 199*

Lefebvre : évêque qui s'oppose aux décisions de Vatican II. Il se sépare de l'Église catholique en 1988. *p. 161*

Lépreux :
- Jésus guérit des lépreux. *p. 72*
- Les lépreux au Moyen Âge. *p. 118*

Lettre : une partie du Nouveau Testament. *p. 58*
- Paul écrit aux premières communautés. *p. 86*
- Les « Lettres ». *p. 88-89*

Lévite : prêtre d'Israël choisi dans la tribu de Lévi. *p. 45*

Liberté :
- Dieu conduit les Hébreux vers la liberté. *p. 29*
- Liberté de conscience pour les protestants. *p. 133*
- Liberté de culte pour les protestants. *p. 133*
- La religion contre la liberté. *p. 146*
- Déclaration du concile Vatican II sur la liberté religieuse. *p. 161*
- Jésus accepte librement de mourir. *p. 188*
- C'est l'Esprit Saint qui rend libre. *p. 190*
- La liberté des chrétiens et la conscience. *p. 203*
- Dieu laisse les hommes libres, la question de l'enfer. *p. 223*

Lion de Juda ou « **les Béatitudes** » : mouvement charismatique. *p. 172*

Litanie : litanie des saints. *p. 227*

Loi :
- Livre de la Loi dans l'Ancien Testament. *p. 17*
- Les Tables de la Loi. *p. 30-31*
- La loi de Moïse. *p. 63*

Lombards : nom de tribus barbares qui s'installent au nord de l'Italie et menacent Rome. *p. 110*

Louis XIV : roi de France. *p. 137*

Louise de Marillac : avec saint Vincent de Paul, elle fonde les Filles de la Charité. *p. 137*
- Sainte Louise (prénom). *p. 270*

Lourdes : les apparitions de la Vierge à Lourdes. *p. 149*

Luc : Luc évangéliste. *p. 59*
- La naissance de Jésus dans l'évangile de Luc. *p. 66*
- Luc, compagnon de voyage de Paul. *p. 86*
- Saint Luc (prénom). *p. 270*

Lumière :
- Hannouka, fête des lumières. *p. 48*
- « Vous êtes la lumière du monde. » (citation).*p. 60* et *205*
- Un des noms de Jésus. *p. 182*
- Le signe de la lumière dans le sacrement du baptême. *p. 233*
- Les Lumières : mouvement de pensée au 18e siècle. *p. 140-141*

Luther : moine allemand à l'origine du protestantisme. *p. 130*
- La foi de Luther. *p. 131*

Lydie : marchande de la ville de Corinthe. *p. 87*
- Sainte Lydie (prénom). *p. 271*

M

Maccabées : nom de famille qui signifie « marteau ».
- Les Maccabées combattent les envahisseurs grecs. *p. 48*
- Autre nom des livres des Martyrs d'Israël. *p. 49*

Mage : savant venu d'Orient adorer l'Enfant Jésus. *p. 67*

Magnificat : grande prière de Marie (citation). *p. 225*

Mahomet : fondateur de la religion musulmane. *p. 108* et *177*

Maison : dans les paraboles. *p. 76*

Mal :
- Le mystère du mal : Job. *p. 46-47*
- « Délivre nous du mal. ». *p. 195*
- Lutter contre le mal. *p. 216*
- Faut-il employer la force contre le mal ? *p. 217*

Malachie : prophète. *p. 42*
- Malachie dans l'histoire du peuple d'Israël (chronologie). *p. 54*

Malade : sacrement des malades. *p. 244*

Malheur : Dieu est-il responsable du malheur ? *p. 46*

Marc : Marc évangéliste. *p. 58-59*
- Saint Marc (prénom). *p. 271*

Mardouk : dieu des Babyloniens. *p. 44*

Mariage :
- Aimer à la vie à la mort, le mariage. *p. 206*
- Mariage de Cana. *p. 72* et *224*
- Sacrement du mariage. *p. 238*

Marie, mère de Jésus :
- La naissance de Jésus. *p. 66*
- Jésus et les femmes. *p. 69*
- Marie à la Pentecôte. *p. 82*
- Histoire de Marie. *p. 224*
- Les noms de Marie. *p. 224*

• Prier avec Marie. *p. 225*
• Le chapelet et le rosaire, prier avec Marie. *p. 227*
• Les fêtes de Marie (calendrier liturgique). *p. 229*
• Sainte Marie (prénom). *p. 271*

Marie, sœur de Marthe :
• Jésus et les femmes. *p. 69*
• Jésus chez Marthe et Marie. *p. 70*

Marie, la mère de Jacques :
• Jésus et les femmes. *p. 69*

Marie-Madeleine :
• Jésus et les femmes. *p. 69*
• Sainte Marie-Madeleine (prénom). *p. 271*

Mariste : congrégation missionnaire. *p. 145*

Marraine : sacrement du baptême. *p. 233*

Marthe :
• Jésus et les femmes. *p. 69*
• Jésus chez Marthe et Marie. *p. 70*
• Sainte Marthe (prénom). *p. 272*

Martin de Tours :
• Évangélisateur en Gaule. *p. 105*
• Saint Martin (prénom). *p. 272*

Martyr :
• Les martyrs d'Israël. *p. 48-49*
• Étienne, premier martyr. *p. 85*
• Les martyrs au temps des premiers chrétiens. *p. 96-97*

Marx : penseur allemand à l'origine du communisme. *p. 158*

Matthieu : un des Apôtres. *p. 69*
• Matthieu évangéliste. *p. 58*
• La naissance de Jésus selon Matthieu. *p. 66*
• Saint Matthieu (prénom). *p. 272*

Maya : religion des Mayas. *p. 138*

Médine : ville sainte pour les musulmans. *p. 109*
• Mahomet s'enfuit à Médine. *p. 108*

Mendiant : les ordres mendiants. *p. 120*

Mensonge : la triche et le mensonge. *p. 204*

Mer : la mer pour les Hébreux. *p. 33*

Mer de Galilée : ou lac de Galilée ou lac de Tibériade.
• Carte du pays de Jésus. *p. 32*
• Appel des Apôtres sur le bord de la mer de Galilée. *p. 68*

Mer Méditerranée : carte du pays de Jésus. *p. 32*

Mer Morte : carte. *p. 32*

Mer Rouge : traversée de la mer Rouge par les Hébreux. *p. 29*

Mercredi des Cendres : début du Carême (calendrier liturgique). *p. 229*

Mère de Dieu : nom de Marie. *p. 224*
• Fête de l'Incarnation, 1er janvier. *p. 229*

Mère Teresa : au service des plus pauvres. *p. 173*

Mésopotamie : pays d'origine d'Abraham. *p. 22.*
Carte. *p. 25*

Messe :
• Les premiers chrétiens célébraient-ils la messe ? *p. 85*
• La messe au temps de Louis XIV. *p. 136*
• La messe en français, la réforme de Vatican II. *p. 161*
• Au cœur de la vie des catholiques, la messe. *p. 178*
• Quatrième prière eucharistique (citation). *p. 188*
• La messe, description, prièrees. *p. 248*
• Pourquoi les catholiques vont-ils à la messe ? *p. 249*

Messie : signifie « celui qui vient ».
• Le peuple d'Israël attend le Messie, l'envoyé de Dieu. *p. 58*
• Zacharie annonce la venue du Messie. *p. 42*
• Isaïe annonce la venue du Messie, la prophétie de l'Emmanuel. *p. 43*
• Jean-Baptiste est-il le Messie ? *p. 64*
• Jean-Baptiste reconnaît Jésus, le Messie. *p. 64*
• Les foules se demandent si Jésus est le Messie. *p. 69*
• La foi de Pierre : Jésus est le Messie. *p. 75*

Méthode : *voir* **Cyrille**
• Saint Méthode (prénom). *p. 274*

Michée : prophète. *p. 42*
• Michée dans l'histoire du peuple d'Israël (chronologie). *p. 54*

Michel-Ange :
• La Création de l'homme, Tableau, *p. 18-19*
• Michel-Ange et la basilique Saint-Pierre de Rome. *p. 129*
• Michel-Ange et la chapelle Sixtine. *p. 167*

Mikal : fille du roi Saül, première femme de David. *p. 37*
• Mikal se moque de David. *p. 40*

Miracle :
• Quelques miracles de Jésus. *p. 72-73*
• Le miracle de la Belle Porte. *p. 84*
• Les miracles de Lourdes. *p. 149*
• La prière et les miracles. *p. 193*

Missi dominici : envoyés de Charlemagne. *p. 110*

Mission :
• La mission de Jonas. *p. 51*
• Après la Résurrection, Jésus envoie ses Apôtres en mission. *p. 81*
• L'évangélisation de l'Europe, le travail des missionnaires. *p. 104*
• Les missions en France au temps de Louis XIV. *p. 136*
• Les missions dans les nouvelles terres au temps de Christophe Colomb. *p. 139*
• Les missions au 19ᵉ siècle. *p. 144-145*
• À chaque messe les chrétiens sont envoyés en mission. *p. 178*
• Dire Dieu : la mission. *p. 220-221*
• Le prêtre aide l'évêque dans sa mission. *p. 242*

Missionnaire :
• Les premiers missionnaires de l'Europe. *p. 104*
• Le temps des missionnaires. *p. 144-145*
• Dire Dieu : la mission. *p. 220*

Mitre : chapeau de cérémonie des évêques. *p. 242*

Modernisme : la condamnation des « idées modernes ». *p. 146*

Moine :
• Les premiers moines. *p. 106*
• La vie des moines. *p. 199*

Moïse :
• La naissance de Moïse. *p. 26*
• La mission de Moïse. *p. 28*
• Moïse devant Pharaon. *p. 28*
• Moïse conduit les Hébreux hors d'Égypte. *p. 29*
• Dieu propose son Alliance à Moïse. *p. 30*
• Moïse dans l'histoire d'Israël (chronologie). *p. 54*
• Les juifs vivent selon la loi de Moïse. *p. 63*
• Jésus et Moïse dans la Transfiguration. *p. 75*

Moisson : dans les paraboles. *p. 77*

Momie : les momies des Égyptiens. *p. 27*

Monastère : plan. *p. 106-107*

Monde féodal :
• La naissance du monde féodal. *p. 111*
• Le monde féodal en l'an Mil. *p. 112*
• La société féodale. *p. 124-125*

Moniale : nom des moines pour les femmes. *Voir* Moine

Mont Sinaï : lieu de la rencontre de Moïse avec Dieu. *p. 31*

Montagne : rencontrer Dieu sur les montagnes. *p. 33*

Mort :
• La vie après la mort pour les Égyptiens. *p. 27*
• La mer, symbole de la mort. *p. 29*
• La mort de Jésus. *p. 79*
• Jésus a vaincu la mort. *p. 80*
• La peur de la mort au Moyen Âge. *p. 127*
• L'amour de Dieu, vainqueur de la mort. *p. 188*
• La vie après la mort. *p. 222-223*
• L'eau, signe de la mort dans le baptême. *p. 232*
• Se préparer à la mort. *p. 245*

Mosquée : lieu de prière des musulmans. *p. 109* et *177*

Moyen Âge :
• L'organisation de l'Église au Moyen Âge. *p. 111*
• La vie au Moyen Âge. *p. 112-113*
• Les chrétiens du Moyen Âge. *p. 124-125*

Mussolini : chef d'État italien.
• Mussolini et le fascisme. *p. 159*

Musulman :
• L'islam, la religion des musulmans. *p. 108* et *177*
• La prise de Constantinople par les musulmans. *p. 115*
• Les croisades, la guerre contre les musulmans. *p. 122*
• Les musulmans dans le monde (chiffres). *p. 162*
• Dieu pour les musulmans. *p. 184*

Myriam : sœur de Moïse, elle chante la victoire sur les Égyptiens. *p. 29*
• C'est aussi le nom hébreu de Marie.

Myrrhe : résine parfumée offerte par les mages à l'enfant Jésus. *p. 67*

Mystère : vient d'un mot grec qui signifie « qui se dévoile ».
• Au Moyen Âge, spectacle représentant la vie de Jésus ou des saints. *p. 124*

Mythe : définition. *p. 21*

N

Nabuchodonosor : général babylonien qui conquiert Jérusalem. *p. 44*
• Nabuchodonosor dans l'histoire du peuple d'Israël (chronologie). *p. 54*

Naissance :
• De Jésus. *p. 66-67*
• De Jean-Baptiste. *p. 65*

• De Marie, calendrier liturgique. *p. 229*
• L'ADORATION DES MAGES, TABLEAU DE GENTILE DA FABRIANO, *(détail)*, *p. 67*

Nathan : prophète au temps de David.
• Nathan reproche sa faute à David. *p. 38*

Nathanaël : autre nom de Barthélémy, un des Apôtres. *p. 69*

Nation : les nations au temps de la Bible. *p. 51*

Nativité :
• De Jésus. *Voir* **Naissance de Jésus**
• De Marie. *Voir* **Naissance de Marie**

Nature : protéger la nature. *p. 214*

Nazaréen : originaire de Nazareth.
• Un des noms de Jésus. *p. 84* et *183*

Nazareth : ville de Galilée où vit la famille de Jésus. *p. 63*

Nazisme : *p. 159*

Néhémie : livre de Néhémie. *p. 45*

Néron : empereur romain qui persécute les chrétiens. *p. 97*

Nicée : ville située en Turquie actuelle.
• Le concile de Nicée affirme la foi en Jésus vrai homme, vrai Dieu. *p. 100*

Nicodème : savant juif qui interroge Jésus. *p. 71*

Nil : grand fleuve d'Égypte.
• Les dieux du Nil. *p. 27*

Ninive : ville où le prophète Jonas est envoyé en mission. *p. 50*

Nirvana : le bonheur à atteindre pour les bouddhistes. *p. 177*

Noblesse : un des trois ordres en France avant la Révolution. *p. 141*

Noé : l'histoire de Noé. *p. 20*

Noël : fête de la naissance de Jésus.
• Choix du jour de Noël. *p. 66*
• Calendrier liturgique. *p. 229*

Nom :
• Dieu donne son nom à Moïse. *p. 30*
• Comment appeler les prêtres et les évêques ? *p. 168*
• Les noms de Jésus. *p. 183*
• Les noms de Marie. *p. 224*
• Les noms de l'Église. *p. 231*

Nomade : les peuples nomades vivent en se déplaçant, ils ne possèdent pas de terres.
• Abraham et les patriarches sont des nomades. *p. 22* et *24*
• L'installation en Israël, la fin de la vie nomade. *p. 34*

Nonce : nom de l'ambassadeur du pape. *p. 151*

None : avant-dernière prière du jour pour les moines. *p. 199*

Notre Père : un seul texte pour tous les chrétiens, les progrès de l'œcuménisme. *p. 163*
• La grande prière des chrétiens, le « Notre Père ». *p. 194-195*
• Le « Notre Père » à la messe. *p. 248*

Nouveau Testament :
• Le Nouveau Testament dans la Bible. *p. 16*
• Le Nouveau Testament. *p. 58*
• Lecture du Nouveau Testament à la messe. *p. 178*

Nouvelle Alliance : autre mot pour Nouveau Testament. *p. 58*
• Par sa mort et sa Résurrection, Jésus conclut une Nouvelle Alliance. *p. 78* et *188*

O

Occident : désigne la partie ouest de l'Europe à l'époque romaine et au Moyen Âge.

Odilon : abbé de Cluny, réformateur de l'ordre des bénédictins. *p. 107*
• Saint Odilon (prénom). *p. 275*

Œcuménisme : le travail de réconciliation des chrétiens protestants, orthodoxes et catholiques. *p. 163*
• Le concile Vatican II et l'œcuménisme. *p. 161*

Œuvre :
• La Création est l'œuvre de Dieu. *p. 18*
• Luther et les œuvres. *p. 131*

Office ou **office-divin :**
• La prière des moines, les offices. *p. 105*
• La prière du bréviaire. *p. 227*
• On appelle aussi « offices », toutes les sortes de prières célébrées ensemble par les chrétiens.

Olivier : avant son arrestation, Jésus prie au mont des Oliviers. *p. 79*

Olier : monsieur Olier fonde des séminaires au 17e siècle. *p. 136*

Onction : faire une onction : marquer avec de l'huile. *Voir* **Huile**

Ondoyer : vient du mot « onde » qui veut dire « eau ».
• Baptiser en urgence les nouveau-nés. *p. 233*

Or : un des cadeaux des mages à l'Enfant Jésus. *p. 67*

Ordinand : nom de celui qui va être ordonné. *p. 243*

Ordination : ordination des prêtres et des évêques. *p. 242*

Ordre : sacrement de l'ordre. *p. 242*

Ordre : catégorie de la société française avant la Révolution.
• La société chrétienne au Moyen Âge. *p. 125*
• La société française avant la Révolution. *p. 141*

Ordre religieux : famille religieuse.
• Ordre bénédictin. *p. 105*
• Ordre franciscain et dominicain. *p. 120*
• Les grands ordres religieux. *p. 199*

Orient : désigne la partie est de l'Europe à l'époque romaine et au Moyen Âge.
• Empire romain d'Orient fondé par l'empereur Constantin. *p. 114*

Orthodoxe :
• La séparation des catholiques et des orthodoxes. *p. 116*
• La réconciliation des catholiques et des orthodoxes. *p. 117* et *162*

Osée : prophète. *p. 42*
• Citation. *p. 32* et *52*
• Osée dans l'histoire du peuple d'Israël (chronologie). *p. 54*

Osiris : dieu de la religion des Égyptiens. *p. 27*

Ostensoir : accessoire d'église. *p. 149*

Ostrogoths : tribu barbare. *p. 102*

Otton de Saxe : premier empereur romain germanique. *p. 109*

Oumma : la communauté des musulmans. *p. 177*

Ouvrier : l'Église et les ouvriers. *p. 153*

Ozanam : *p. 153*

P

Pacôme : un des Pères du Désert, à l'origine de la vie monastique. *p. 106*
• Saint Pacôme (prénom). *p. 275*

Païen : en général le mot païen désigne, du point de vue des croyants des religions juive, chrétienne ou musulmane, ceux qui croient en d'autres dieux que le Dieu unique ou qui ne croient pas en Dieu du tout.
• Qu'est-ce qu'un païen pour les juifs ? *p. 51*

Pain :
• « Je suis le pain vivant » (citation). *p. 60*
• La multiplication des pains. *p. 73*
• Le pain dans les paraboles. *p. 76*
• Le dernier repas de Jésus. *p. 78*
• Les pèlerins d'Emmaüs reconnaissent Jésus à la fraction du pain. *p. 81*
• Les premiers chrétiens et le partage du pain. *p. 85*
• Le pain dans le « Notre Père », quel pain ? *p. 194*
• La tentation du pain, les tentations de Jésus. *p. 201*
• Le pain, signe de la présence de Jésus dans l'eucharistie. *p. 246*
• Le pain de la messe, drôle de pain. *p. 247*

Paix :
• Jésus ressuscité donne sa paix. *p. 81*
• La prière pour la paix à Assise. *p. 163*
• À chaque messe, les chrétiens sont envoyés dans la paix du Christ. *p. 178*
• Le bonheur pour les fabricants de paix, les Béatitudes (citation). *p. 197*
• Les chrétiens et la paix. *p. 216-217*
• L'envoi dans la paix dans le sacrement de réconciliation. *p. 236*
• Le geste de paix à la messe. *p. 248*

Palestine : nom du pays de Jésus au temps des Romains. *p. 56*
• Délivrer la Palestine, les Croisades. *p. 122*

Pape : évêque de Rome, successeur de Pierre, le premier des Apôtres. Il est le premier des évêques, le chef de l'Église catholique.
• Le rôle du pape au temps de Charlemagne. *p. 108*
• Un grand pape, Grégoire le Grand. *p. 110*
• La question de l'autorité du pape pour les chrétiens de Byzance. *p. 115*
• Les papes d'Avignon. *p. 126*
• La question du pouvoir des papes au Moyen Âge. *p. 127*
• Les papes de la Renaissance. *p. 128-129*
• Luther et le pape. *p. 130*

• Le pape et son pays au 19e siècle. *p. 150*
• La question de l'autorité du pape au 19e siècle, l'ultramontanisme. *p. 150*
• Comment désigne-t-on le pape ? *p. 164*
• Le pouvoir du pape aujourd'hui. *p. 164*
• Le pape et le patriarche d'Occident *p. 164*
• Les papes du 20e siècle. *p. 165*

Papyrus : sorte de papier fabriqué par les Égyptiens, à partir d'une plante, le papyrus. *p. 27*

Pâque :
• Le passage de la mer, la Pâque des Hébreux. *p. 29*
• Les grandes fêtes au temps de Jésus, la Pâque. *p. 63*
• Jésus célèbre la Pâque. *p. 78*
• Les grandes fêtes juives aujourd'hui. *p. 176*
• À l'origine de la messe, la Pâque juive. *p. 248*

Pâques :
• Fête de la Résurrection de Jésus pour les chrétiens (calendrier liturgique). *p. 228*
• Le dimanche et la fête de Pâques. *p. 249.*

Parabole : histoire racontée par Jésus pour faire comprendre l'amour de Dieu. *p. 76*

Paradis :
• La promesse de Jésus sur la croix, « tu seras avec moi au paradis ». *p. 71*
• Les croisés acceptent de mourir pour aller au paradis. *p. 122*
• Le paradis et l'enfer pour les gens du Moyen Âge. *p. 125*
• La vie après la mort, le paradis. *p. 223*

Paralysé : Jésus guérit un paralysé. *p. 72*

Pardon :
• Moïse demande pardon à Dieu au nom du peuple. *p. 30*
• Dieu pardonne son péché à David. *p. 39*
• La foi d'Ezéchiel : le Dieu d'Israël est un dieu qui pardonne. *p. 45*
• Job obtient le pardon de ses amis. *p. 47*
• Jésus pardonne les péchés. *p. 74*
• Jésus demande le pardon de ceux qui l'ont condamné. *p. 79*
• Jésus demande à son Père le pardon pour tous les hommes. *p. 189*
• « Pardonne nous nos offenses », le « Notre Père » (commentaire). *p. 194*
• La réconciliation, le sacrement du pardon. *p. 236*
• LE FILS PRODIGUE, TABLEAU DE POMPÉO BATONI, *p. 237*

Paroisse :
• Les paroisses se multiplient au Moyen Âge. *p. 111*
• L'importance des paroisses avant la Révolution française. *p. 140*
• L'organisation de l'Église aujourd'hui, la paroisse. *p. 168*
• La vie de la paroisse aujourd'hui. *p. 170*

Parole :
• La Bible est la Parole de Dieu. *p. 16*
• Les dix Paroles de l'Alliance. *p. 30*
• Les prophètes sont les porte-Parole de Dieu. *p. 42*
• Dieu crée le monde par la Parole. *p. 60-61*
• Quelques paroles de Jésus. *p. 60*
• La parole de Jésus, une parole qui nourrit. *p. 73*
• La force de la parole de Jésus. *p. 74*
• Les premiers croyants partagent la Parole de Dieu. *p. 85*
• Parole, un des noms de Jésus. *p. 182*
• Jésus face aux tentations, la force de la Parole de Dieu. *p. 200*
• Le catéchisme, connaître la Parole de Dieu. *p. 210*
• Les dernières paroles de Jésus à ses disciples (citation). *p. 220*
• Le rôle de la Parole dans les sacrements. *p. 230-231*
• La lecture de la Parole de Dieu à la messe. *p. 248*

Parrain : le parrain au baptême. *p. 233*

Pasteur : le rôle du pasteur chez les protestants. *p. 131*

Patène : accessoire d'église. *p. 249*

Patmos : île grecque dans laquelle est mort saint Jean. *p. 90*

Patriarche : de la Bible. *p. 22* à *25*
• Qui sont les patriarches ? *p. 24*
• Qui a écrit l'histoire des patriarches ? *p. 24*
• Itinéraires des patriarches. *p. 25*
• Les patriarches dans l'histoire du peuple d'Israël (chronologie) *p. 54*

Patriarche : évêque, chef de l'Église.
• Le pouvoir du patriarche de Constantinople au temps de Byzance. *p. 115*
• Le patriarche Athénagoras et Paul VI. *p. 117* et *163*
• Le pape est le patriarche d'Occident *p. 164*

Paul :
• La conversion de Paul. *p. 85*
• Les voyages de Paul. *p. 86-87*
• Les lettres de Paul. *p. 88*
• Saint Paul (prénom). *p. 274*

Paul VI : pape. *p. 165*

• Paul VI et la réconciliation avec les orthodoxes. *p. 117* et *163*

Pauvreté :
• L'histoire du jeune homme riche. *p. 68*
• Le service des pauvres, un rôle des diacres. *p. 241*
• La croisade des pauvres gens. *p. 113*
• À la suite de Jésus, saint François choisit la pauvreté. *p. 120* et *198*
• Saint Vincent de Paul au service des pauvres. *p. 136*
• Le rôle des curés pauvres dans la Révolution française. *p. 142*
• La nouvelle pauvreté des ouvriers au 19e siècle. *p. 152*
• La nouvelle pauvreté de l'Église après la séparation de l'Église et de l'État. *p. 157*
• Les voyages de Jean-Paul II auprès des plus pauvres. *p. 164*
• L'Église au service des plus pauvres. *p. 173*
• Les organisations catholiques de lutte contre la pauvreté. *p. 213*
• La lutte contre la pauvreté, condition de la paix. *p. 217*

Péché : action des hommes qui les séparent de Dieu.
• Le péché de David. *p. 38*
• Job est-il puni à cause de ses péchés ? *p. 46*
• Jésus peut-il pardonner les péchés ? *p. 74*
• Jésus donne sa vie pour le pardon des péchés. *p. 78*
• Au Moyen Âge, les pèlerinages pour le pardon des péchés. *p. 123 et 125*
• Jésus n'a jamais péché. *p. 189*
• Jésus porte les péchés des hommes. *p. 189*
• L'Esprit Saint éclaire l'homme sur son péché. *p. 190*
• Combattre le péché avec l'aide des autres. *p. 205*
• Demander pardon pour ses péchés, le sacrement de réconciliation. *p. 236-237*

Pêcheur : métier des premiers Apôtres. *p. 68*

Pèlerinage :
• Pèlerinage au Moyen Âge. *p. 123*
• Pèlerinage à Lourdes. *p. 149*
• Pèlerinage à La Mecque. *p. 177*

Pentateuque : nom donné aux cinq premiers livres de l'Ancien Testament. *p. 17*

Pentecôte : signifie cinquante. 50 jours après la Pâque, fête juive de Chavouoth qu'on appelle parfois la Pentecôte juive.
• Le don de l'Esprit Saint. *p. 191*
• La Pentecôte, la naissance de l'Église. *p. 82-83*
• La vie des premiers croyants après la Pentecôte. *p. 84*
• Marie à la Pentecôte. *p. 225*
• La fête de la Pentecôte (calendrier liturgique). *p. 228*
• LA PENTECÔTE, TABLEAU DU GRÉCO. *p. 191*

Père :
• Avant sa mort, Jésus prie Dieu, son Père. *p. 78* et *193*
• Nom par lequel on peut appeler les prêtres et les évêques. *p. 168*
• Dieu est Père. *p. 184-185*
• La prière du « Notre Père ». *p. 194-195*
• La mort de Jésus est un geste d'amour pour son Père. *p. 196*

Père Blanc : la fondation des Pères Blancs, missionnaires. *p. 145*

Père de l'Église : savoir dire qui est Dieu, les Pères de l'Église (définition). *p. 100*

Père de Picpus : missionnaires. *p. 145*

Perfection : l'appel à la perfection (citation). *p. 205*

Persécution : action cruelle menée contre les croyants à cause de leur foi.
• Les persécutions des Grecs contre les juifs. *p. 48-49*
• Un texte pour affronter les persécutions : l'Apocalypse de saint Jean. *p. 90*
• Les persécutions romaines contre les chrétiens. *p. 96*
• Les persécutions contre les chrétiens au temps de la Révolution française. *p. 142-143*
• Les persécutions des nazis contre les juifs. *p. 154* et *159*
• Les persécutions des communistes contre les chrétiens. *p. 158*
• Les persécutions des nazis contre les chrétiens. *p. 159*

Pessah : autre nom de la Pâque juive. *p. 176*

Peuple :
• Peuple d'Israël : l'Ancien Testament est l'histoire du peuple d'Israël. *p. 16*
• L'Église est le peuple de Dieu. *p. 161*

Pharaon : chef des Égyptiens.
• Joseph, ministre de Pharaon. *p. 25*
• La vie des Égyptiens au temps des pharaons. *p. 26-27*
• Pharaon se moque du Dieu de Moïse. *p. 28*
• LA CHUTE DU PHARAON, TABLEAU DE LUCAS CRANACH. *p. 29*

Pharisien :
• Qui sont les pharisiens ? (définition). *p. 65*
• Les pharisiens furieux contre Jésus. *p. 74* et *p. 78*

Philippe : un des Apôtres. *p. 69*
• Saint Philippe (prénom). *p. 275*

Philippe le Bel : roi de France.
- Philippe le Bel et le pape. *p. 126*
- Philippe le Bel et les Templiers. *p. 126*

Philistins : peuple du bord de la mer, voisin d'Israël. *p. 32*
- Samson contre les Philistins. *p. 35*
- David contre les Philistins. *p. 36*

Philosophe : les philosophes et l'Église au temps de la Révolution française. *p. 140*

Pie IX : pape.
- Pie IX contre les idées modernes. *p. 146*
- Pie IX perd son pays. *p. 150*
- Pie IX et le concile Vatican I. *p. 151*

Pie X : pape. *p. 165*

Pie XI : pape. *p. 165*
- Pie XI contre l'antisémitisme. *p. 154*
- Pie XI contre le nazisme. *p. 159*
- Pie XI contre le communisme. *p. 159*

Pie XII : pape. *p. 165*

Pierre : il s'appelle Simon, Jésus lui donne le nom de Pierre.
- L'appel des premiers Apôtres. *p. 68*
- Un des Apôtres. *p. 69*
- Pierre à la Transfiguration. *p. 75*
- La foi de Pierre. *p. 75*
- Pierre devant le tombeau vide, la Résurrection. *p. 80*
- Le discours de Pierre à la Pentecôte. *p. 82*
- Pierre et le miracle de la Belle Porte. *p. 84*
- Lettre de Pierre. *p. 88*
- Les papes, successeurs de Pierre. *p. 110* et *164*
- Le tombeau de saint Pierre. *p. 166*
- La place Saint-Pierre. *p. 166*
- La basilique Saint-Pierre. *p. 129* et *166*
- Saint Pierre (prénom). *p. 275*

Pierre de Bérulle : fondateur de la congrégation de l'Oratoire. *p. 135*

Pierre l'Ermite : il appelle à la croisade des pauvres gens. *p. 122*

Pierres Vivantes : livre pour le catéchisme des enfants. *p. 211*

Piliers de la foi des musulmans : *p. 177*

Plaisir : le chrétien et son corps. *p. 207*

Poisson : symbole des premiers chrétiens. *p. 181*

Ponce Pilate : chef des Romains à Jérusalem, il fait exécuter Jésus. *p. 79*

Pontmain : apparition de la Vierge au 19e siècle. *p. 149*

Pothin : évêque de Lyon au temps des premiers chrétiens. *p. 97*
- Saint Pothin (prénom). *p. 276*

Prêcheur : frère prêcheur, autre nom des dominicains. *p. 120*

Prédicateur : définition. *p. 137*

Premiers chrétiens :
- Les voyages de Paul. *p. 86*
- Les lettres aux premiers chrétiens. *p. 88-89*
- La vie des premiers chrétiens. *p. 84-85*
- Les persécutions contre les premiers chrétiens. *p. 96*

Prémontrés : ordre religieux. *p. 199*

Presbytère : maison où vivent les prêtres. *p. 170*

Présence :
- Présence de Dieu au milieu de son peuple, l'Arche d'Alliance. *p. 31* et *41*
- Présence de Dieu au milieu de son peuple, le Temple. *p. 41* et *62*
- Présence du Christ dans la prière. *p. 226*
- Les sacrements, signe de la présence de Jésus ressuscité. *p. 230*
- Le prêtre, signe de la présence de Jésus. *p. 241*
- Présence de Jésus dans l'eucharistie. *p. 247*

Prêtre :
- Les prêtres égyptiens. *p. 26*
- Qui est prêtre en Israël ? *p. 45*
- Le rôle des prêtres en Israël au temps de Jésus. *p. 62*
- Les saints prêtres au 19e siècle. *p. 148*
- Les prêtres ouvriers. *p. 153*
- Le rôle du prêtre dans le sacrement de réconciliation. *p. 236*
- Devenir prêtre, le témoignage d'Éric. *p. 240*
- Pourquoi les femmes ne peuvent-elles pas devenir prêtre ? *p. 241*
- L'ordination des prêtres. *p. 242*
- La mission du prêtre. *p. 243*

Prière :
- La prière de David, les psaumes. *p. 39*
- La maison de prière des juifs, la synagogue. *p. 63*
- La prière de Jésus. *p. 75*
- La prière de Jésus au jardin des Oliviers. *p. 78*
- La prière de la première communauté. *p. 85*
- La prière des moines. *p. 104* et *199*
- Prier pour la réconciliation des chrétiens, l'œcuménisme. *p. 163*

• La prière avec les saints. *p. 171*
• La prière des musulmans. *p. 177*
• Une prière à l'Esprit Saint. *p. 190*
• Apprendre à prier avec Jésus. *p. 192*
• Je prie et cela ne sert à rien. *p. 193*
• La grande prière des chrétiens, le « Notre Père ». *p. 194-195*
• Prière de saint François. *p. 215*
• Prier, mettre sa main dans celle de Dieu. *p. 226-227*
• Prière d'un enfant pour sa famille séparée. *p. 239*
• La grande prière qui rassemble les chrétiens, la messe. *p. 249*

Procession : les grandes processions du 19e siècle. *p. 149*

Profession de foi :
• La profession de foi de Pierre. *p. 75*
• La profession de foi des musulmans. *p. 177*
• La profession de foi des chrétiens, le Credo. *p. 179*

Progrès : l'Église et le progrès au 19e siècle. *p. 146-147*

Promesse :
• La promesse de Dieu à Abraham. *p. 23*
• La promesse de Dieu à David. *p. 40*
• Le Messie, la plus belle des promesses de Dieu. *p. 58*
• Jésus promet son Esprit à ses Apôtres. *p. 81*
• La promesse de la vie avec Dieu, une promesse déjà commencée. *p. 218*

Prophète : les prophètes sont les porte-parole de Dieu.
• Les livres des prophètes dans l'Ancien Testament. *p. VIII* et *17*
• Qui sont les prophètes d'Israël ? *p. 42*
• Un grand prophète, Isaïe. *p. 43*
• Deux grands prophètes : Jérémie et Ezéchiel. *p. 44-45*
• Un prophète très énervé, Jonas. *p. 50-51*
• Les prophètes dans l'histoire du peuple d'Israël (chronologie) *p. 54*
• Le plus grand des prophètes, Jean-Baptiste. *p. 64*
• Pourquoi Dieu a-t-il envoyé des prophètes ? *p. 188*

Prophétie : la prophétie de l'Emmanuel. *p. 43*

Propriété :
• Le droit à la propriété. *p. 212*
• La propriété de la nature. *p. 214*

Prosélyte : non juif qui croit au Dieu des juifs. *p. 87*

Prostration : définition. *p. 243*

Protestant :
• La concurrence avec les protestants, les missions. *p. 145*
• Le dialogue avec les protestants, l'œcuménisme. *p. 162*

Protestantisme :
• La naissance du protestantisme. *p. 130*
• Les guerres de Religion. *p. 132-133*

Psaumes : un des livres de l'Ancien Testament. *p. 17*
• David et les psaumes. *p. 39*
• La prière des moines, les psaumes. *p. 105*
• Psaume 22 (citation). *p. 193*
• Prier avec les psaumes. *p. 227*

Punition : le mal est-il une punition de Dieu ? l'histoire de Job. *p. 46*

Purgatoire : qu'est-ce que le purgatoire ? *p. 125*

Q

Qaddish : prière juive à l'origine du « Notre Père ». *p. 195*

Quarante :
• 40 ans dans le désert. *p. 31*
• Quarantième jour après Pâques, l'Ascension. *p. 42*
• Jésus au désert pendant quarante jours. *p. 201*

R

Racisme : idée selon laquelle les hommes ne sont pas égaux en fonction de leur race.
• Les nazis sont racistes. *p. 159*

Ramadan : définition. *p. 177*

Rameaux : la fête des Rameaux, premier jour de la semaine de Pâques (calendrier liturgique). *p. 229*

Ramsès II : pharaon au temps de Moïse. *p. 26*

Réconciliation :
• Réconciliation de l'Église et de la République française. *p. 157*
• La réconciliation entre chrétiens, protestants, orthodoxes et catholiques, l'œcuménisme. *p. 163*

• Le sacrement de réconciliation. *p. 236*

Reconquista : mot qui signifie reconquête *p. 123*

Réforme :
• Le concile de Constance, les réformes ratées. *p. 127*
• La réforme protestante. *p. 130-131*
• La réforme catholique. *p. 134*

Réfractaire : les prêtres réfractaires sous la Révolution française. *p. 142*

Règle : la règle de saint Benoît. *p. 106*

Règne : « Que ton règne vienne », le « Notre Père » (commentaire). *p. 194*

Reims : ville où les rois de France sont sacrés. *p. 118*

Réincarnation :
• Les bouddhistes et la croyance en la réincarnation. *p. 176*
• Ce que les chrétiens pensent de la réincarnation. *p. 222*

Relation sexuelle : aimer avec son corps. *p. 207*

Religieuse : appelée par Dieu, les vocations. *p. 240*

Religieux : appelé par Dieu, les vocations. *p. 240*

Religion :
• Les grandes religions. *p. 176-177*
• La religion des juifs. *p. 176*
• La religion des musulmans. *p. 177*
• La religion des Égyptiens. *p. 27*
• La religion des Cananéens. *p. 34*
• La religion des Grecs. *p. 48*
• La religion des Romains et de l'empire. *p. 96*
• La religion des Gaulois. *p. 97*
• La religion des Indiens mayas, aztèques et incas. *p. 138*
• La religion des hindouistes. *p. 176*
• La religion en France au 18e siècle. *p. 140*
• La religion contre la liberté. *p. 146*
• Qui est contre la religion ? *p. 156*
• Les religions dans le monde (chiffres). *p. 162*
• Les chrétiens et les autres religions. *p. 163*
• La liberté de pratiquer sa religion. *p. 212*

Relique : partie du corps d'un saint conservée comme un trésor. *p. 113*

Rémi : évêque de Reims qui convertit Clovis. *p. 99*
• Saint Rémi (prénom). *p. 276*

Renaissance : les idées de la Renaissance. *p. 128*

Rencontre :
• Moïse rencontre Dieu. *p. 30*
• Les rencontres de Jésus. *p. 70-71*
• Les rencontres de Jésus ressuscité. *p. 81*

Renouveau : les mouvements du renouveau (charismatiques). *p. 172*

Repas :
• Le repas dans les paraboles. *p. 76*
• Le dernier repas de Jésus. *p. 78*
• La messe est le repas du Seigneur. *p. 248*
• LE REPAS D'EMMAÜS, TABLEAU DE REMBRANDT, *p. 81*

République : l'Église et la République. *p. 156*

Rerum novarum : encyclique du pape Léon XII sur la question ouvrière. *p. 153*

Résurrection :
• Les débuts de la foi dans la Résurrection, les martyrs d'Israël. *p. 49*
• Jésus ressuscite les morts. *p. 72*
• La Résurrection de Jésus. *p. 80*
• La résurrection de Lazare. *p. 81*
• Les chrétiens et la Résurrection. *p. 180*
• Jésus ressuscité ouvre le chemin vers le Père. *p. 218*
• Les chrétiens attendent la résurrection des morts. *p. 222*
• La fête de la Résurrection, Pâques (calendrier liturgique). *p. 228*
• Chaque dimanche, à la messe, les chrétiens fêtent la Résurrection du Christ. *p. 248-249*
• LA RÉSURRECTION, TABLEAU DE MATTHIAS GRÜNEWALD, *p. 64 (détail)* et *p. 181*

Révélation :
• Jésus révèle l'amour de son Père. *p. 88*
• Apocalypse signifie « révélation ». *p. 91*

Révolte :
• Les Hébreux se révoltent contre Moïse. *p. 30*
• La révolte de Job. *p. 46*

Révolution : les chrétiens pendant la Révolution française. *p. 142*

Rite :
• Rites de la religion juive. *p. 176*
• Rites de la religion musulmane. p. 177

Roch Ha Chana : fête du nouvel an juif. *p. 176*

Roi :
• Un roi pour Israël. *p. 36*
• Les rois dans l'histoire du peuple d'Israël (chronologie). *p. 54*

• Jésus acclamé comme un roi. *p. 78*
• Saint Louis, roi très chrétien. *p. 118*

Roman : art roman. *p. 113*

Rome :
• Quand Rome domine le monde. *p. 56-57*
• Le pape est l'évêque de Rome. *p. 110*
• La rupture entre Rome et Constantinople. *p. 116*
• Rome au temps de la Renaissance. *p. 128*
• Rome et le Vatican. *p. 150-151* et *166-167*

Rosaire : la prière du Rosaire. *p. 227*

Royaume : la séparation entre le royaume du Nord et le royaume du Sud. *p. 43*

Royaume des Cieux : royaume des Cieux ou royaume de Dieu sont les mots que Jésus emploie dans l'Évangile pour parler de la vie avec Dieu promise à tous les hommes.
• Le royaume des Cieux est pour les enfants. *p. 71*
• Quand Jésus parle du royaume des Cieux, les paraboles. *p. 76-77*
• Jésus n'est pas roi pour ce monde mais pour le royaume des Cieux. *p. 79*

S

Sabbat :
• Commandement de Dieu. *p. 30*
• Le sabbat et la loi de Moïse. *p. 63*
• Les rites juifs. *p. 176*

Sacre : sacre de saint Louis. *p. 118*

Sacré Cœur : mot qui désigne le cœur de Jésus débordant d'amour pour tous les hommes. La prière (dévotion) au Sacré- Cœur est une façon de prier Jésus et de le remercier de son amour. Cette prière s'est développée à partir du 17e siècle. À Paris, une grande église située à Montmartre s'appelle le Sacré-Cœur.
• Signe de ralliement des Vendéens sous la Révolution. *p. 143*

Sacrement :
• Tous les sacrements. *p. 230*
• Église, sacrement du Salut. *p. 231*
• Le baptême. *p. 232-233*
• La confirmation. *p. 234-235*
• La réconciliation. *p. 236-237*
• Le mariage. *p. 238-239*
• L'ordre. *p. 242-243*
• Le sacrement des malades. *p. 244-245*
• L'eucharistie. *p. 246-247*
• LES SACREMENTS, TABLEAU DE ROGER VAN DER WEYDEN. *p. 231*

Sacrifice :
• Le sacrifice d'Abraham. *p. 23*
• Les sacrifices dans le Temple. *p. 41* et *62*

Sacrifice eucharistique : C'est un des noms donné à la messe. *p. 248*

Sacristie : *voir* plan d'église aujourd'hui. *p. 171*

Sadducéens : groupe religieux au temps de Jésus. *p. 65*

Sagesse :
• Des livres de la Bible. *p. 17*
• La sagesse de Salomon. *p. 41*
• La sagesse de saint Louis. *p. 118*
• Hymne à la sagesse de Dieu. *p. 185*

Saint :
• Le martyr est vénéré comme un saint. *p. 96*
• Prier avec les saints au Moyen Âge. *p. 125*
• Un siècle de saints. *p. 135*
• Les statues des saints. *p. 171*
• Être saint. *p. 199*
• La communion des saints. *p. 218*

Saint-Barthélémy : le massacre de la Saint-Barthélémy. *p. 132*

Saint des Saints : la partie la plus importante du Temple de Jérusalem. *p. 40*

Saint-Pierre (basilique) : *p. 129* et *167*

Saint Pierre (tombeau de) : *p. 166*

Saint sacrement : nom donné aux hosties consacrées conservées en cas de besoin. Les catholiques ont pris l'habitude de prier devant le saint sacrement comme signe de la présence de Jésus.
• Procession du saint sacrement. *p. 149*

Saint chrême :
• Huile utilisée dans le sacrement du baptême. *p. 232*
• Huile utilisée dans le sacrement de la confirmation. *p. 234*

Sainte-Sophie : église de Constantinople. *p. 114*

Salaire : salaire des prêtres. *p. 169*

Salomé : l'histoire de Salomé et Jean-Baptiste. *p. 69*

Salomon : roi d'Israël, fils de David et de Bethsabée. *p. 39*
• Le règne de Salomon. *p. 40*
• La sagesse de Salomon. *p. 41*
• Salomon dans l'histoire du peuple d'Israël (chronologie). *p. 54*

Samarie : nom de la capitale du royaume du Nord.
• Prise de Samarie. *p. 42*
• Samarie, une des provinces du pays de Jésus. *p. 56*

Samaritaine : Jésus et la Samaritaine, de l'eau pour toute la vie. *p. 71*

Samson : au temps des Juges, l'histoire de Samson et Dalila. *p. 35*

Samuel : prophète au temps de David. *p. 36*
• Samuel dans l'histoire du peuple d'Israël (chronologie). *p. 54*

Sang :
• « Ceci est mon sang », le dernier repas de Jésus. *p. 78*
• Libéré par le sang du Christ. *p. 194*
• Le sang du Christ à la messe. *p. 246*

Sanhédrin : le conseil religieux des juifs.
• Le sanhédrin contre les Apôtres. *p. 84-85*

Saphire : femme d'Ananie. *Voir* **Ananie**

Sara : femme d'Abraham. *p. 22*

Saül : premier roi d'Israël. *p. 36*
• Saül dans l'histoire du peuple d'Israël (chronologie). *p. 54*

Sauveur :
• Un enfant comme sauveur, la prophétie d'Isaïe. *p. 43*
• Un sauveur est né, la naissance de Jésus. *p. 66*
• Un des noms de Jésus. *p. 182*
• « Dieu envoie son fils pour qu'Il soit notre sauveur », quatrième prière eucharistique (citation). *p. 189*

Savant :
• Ce que les savants disent de Jésus. *p. 92*
• Les savants de la Renaissance. *p. 128*

Scandale : Jésus crée le scandale. *p. 74*

Schisme : définition. *p. 117*
• Schisme entre l'Orient et l'Occident. *p. 117*
• Le Grand Schisme d'Occident. *p. 126*
• Le schisme de Monseigneur Lefebvre. *p. 161*

Science :
• La science et la création. *p. 18*
• L'Église et les progrès de la science au 19e siècle. *p. 147*

Scoutisme : *p. 172*

Scribe :
• Les scribes égyptiens. *p. 27*
• Les scribes en Israël connaissent la Bible et posent des questions à Jésus. Dans les Évangiles, on les trouve aux côtés des pharisiens. *Voir* **Pharisien**

Scriptorium : lieu où les moines copient les livres. *Voir* plan d'un monastère. *p. 104-105*

Secours Catholique : organisation catholique de lutte contre la pauvreté. *p. 213*

Secret : le secret de la confession. *p. 236*

Sédentaire : contrairement aux nomades, les sédentaires possèdent des terres et des maisons.
• Les Hébreux deviennent sédentaires au pays de Canaan. *p. 34*

Seigneur : les juifs appellent Dieu le Seigneur.
• Un sauveur est né, c'est le Seigneur, naissance de Jésus. *p. 66*
• Marie-Madeleine reconnaît Jésus ressuscité, c'est le Seigneur. *p. 81*
• Appeler Jésus le Seigneur c'est reconnaître qu'il est Dieu. *p. 180*
• Un des noms de Jésus. *p. 183*

Seigneurs : Les seigneurs au Moyen Âge. *p. 112*

Sel :
• « Vous êtes le sel de la terre. » (citation). *p. 60* et *205*
• Dans les paraboles. *p. 76*

Sem : un des fils de Noé. Son nom est à l'origine du mot sémite qui désigne les peuples originaires du Moyen Orient. *p. 20*

Séminaire : lieu de formation des prêtres.
• Les premiers séminaires. *p. 136*
• La vie au séminaire. *p. 240*

Séparation :
• De l'Église et de l'État. *p. 156*
Voir aussi **Schisme**
Voir aussi **Divorce**

Sept : chiffre symbolique dans la Bible qui désigne la perfection.
• Les sept jours de la création. *p. 186-187*
• Les Apôtres désignent sept diacres pour les aider. *p. 85*
• Le chiffre sept dans l'Apocalypse. *p. 90*

Septante : nom de la traduction de la Bible en grec. *p. 16* et *51*

Sermon : définition. *p. 137.*
Voir aussi **Homélie**

Sermon sur la montagne : grand discours de Jésus.

• Jésus est un homme heureux, SERMON SUR LA MONTAGNE, MINIATURE. *p. 197*
• L'appel à la perfection (citation). *p. 205*

Serviteur :
• Jésus est le serviteur de Dieu. *p. 78*
• Un des noms de Jésus. *p. 183*
Voir aussi **Diacre**

Sexe : un corps pour aimer. *p. 207*

Sexte : une des prières de la journée des moines. *p. 199*

Shema Israël : une grande prière juive. *p. 176*

Shiva : déesse de la religion hindouiste. *p. 176*

Sichem : ancien lieu de prière d'Israël. *p. 34*

Signe :
• Signe de l'alliance avec Noé : l'arc-en-ciel. *p. 20*
• Les sacrements sont signes de la présence du Christ. *p. 230*
• Le signe de l'eau et le signe de l'huile dans le baptême. *p. 232*
• Le sacrement de mariage est signe de l'amour de Dieu. *p. 238*

Signe de la croix : c'est le signe des chrétiens. Pour faire le signe de la croix (se signer), il faut porter la main droite de son front à son cœur, puis de son épaule gauche à son épaule droite. On se signe au nom du Père et du Fils et du Saint-Esprit. On peut aussi dessiner une petite croix du bout du pouce, sur son front, sur ses lèvres et sur son cœur par exemple. On peut faire ce signe sur le pain pour remercier Dieu.
• Le signe de la croix, au baptême, est le signe de l'accueil parmi les chrétiens. *p. 232*

Simon : nom d'un des Apôtres de Jésus (autre que Simon-Pierre). *p. 69*
• Saint Simon (prénom). *p. 278*

Simon-Pierre : autre nom de Pierre. *Voir* **Pierre**

Sinaï : montagne du pays de Jésus.
• Moïse rencontre Dieu sur le mont Sinaï. *p. 30*
• Carte. *p. 32*

Slaves : la conversion des Slaves. *p. 115*

Sœurs de Saint-Joseph de Cluny : missionnaires. *p. 145*

Sophonie : prophète. *p. 42*
• Sophonie dans l'histoire du peuple d'Israël (chronologie). *p. 54*

Sorbonne : faculté de Paris dont l'origine du nom vient de son fondateur, Robert de Sorbon.
• La naissance de la Sorbonne. *p. 121*

Sorcellerie : la sorcellerie au Moyen Âge. *p. 125*

Soubirous : nom de famille de Bernadette. *Voir* **Bernadette**

Souccoth : fête juive. *p. 63* et *176*

Souffle :
• L'Esprit Saint, le souffle de la vie. *p. 82*
• Mot pour parler de l'Esprit Saint. *p. 234*

Souffrance :
• La souffrance de Job. *p. 46-47*
• Jésus accepte de souffrir sur la croix et de mourir pour sauver tous les hommes. *p. 188-189*
• Dieu ne veut pas la souffrance. *p. 244*

Sourate : nom des citations du Coran. *p. 106*

Sourd et muet : Jésus guérit des sourds et muets. *p. 72*

Soutane : ancien vêtement des prêtres. *p. 148*

Spiritualité : définition. *p. 198*

Superstition : fait de croire que certains actes ont des conséquences automatiques, qu'ils portent bonheur ou malheur.
• La conversion des campagnes aux premiers siècles, la lutte contre les superstitions. *p. 102*

Suzerain : définition. *p. 124*

Syllabus : « Catalogue des principales erreurs de notre temps », texte du pape Pie IX au 19e siècle. *p. 146*

Sylvestre II : *voir* **Gerbert**. *p. 109*

Symbole :
• Les symboles dans l'Apocalypse. *p. 90*
• Un symbole des chrétiens, le poisson. *p. 181*
• Tout sacrement est un signe, une parole et un symbole. *p. 230*

Synagogue : maison de prière des juifs.
• Les synagogues au temps de Jésus. *p. 62*
• Jésus à la synagogue de Nazareth. *p. 74*
• Les synagogues aujourd'hui. *p. 176*

Syndicat : regroupement de gens pour défendre leurs droits.
• Les premiers syndicats chrétiens. *p. 153*

Synode : vient d'un mot grec qui veut dire assemblée.
• Synode général de l'Église. *p. 169*
• Synode diocésain. *p. 169*

Synoptique : les Évangiles synoptiques. *p. 59*

T

Tabernacle : *voir* plan d'une église. *p. 171*

Tarse : ville dont Paul est originaire. *p. 86*

Tartuffe : pièce de théâtre de Molière contre les dévots. *p. 137*

Témoignage :
• Croire à la Résurrection de Jésus, le témoignage des Apôtres. *p. 80*
• Le témoignage, un devoir des chrétiens. *p. 211*
• Faut-il faire de la publicité pour Dieu ? *p. 220*

Témoin : les témoins de la Résurrection de Jésus. *p. 81*

Temple :
• La construction du Temple de Jérusalem. *p. 40*
• La vie autour du Temple de Jérusalem au temps de Salomon. *p. 41*
• La vie autour du Temple de Jérusalem au temps de Jésus. *p. 62*
• La présentation de Jésus au Temple. *p. 62* et *224*
• Jésus parmi les savants du Temple à douze ans. *p. 62*
• LA PRÉSENTATION DE JÉSUS AU TEMPLE, TABLEAU DE LUCA GIORDANO. *p. 62*
• JÉSUS CHASSE LES MARCHANDS DU TEMPLE, TABLEAU DE QUENTIN METSYS. *p. 63*
• Jésus est accusé de vouloir détruire le Temple. *p. 78*
• INTÉRIEUR D'UN TEMPLE PROTESTANT À LYON, TABLEAU. *p. 131*
• Jésus est le vrai Temple. *p. 180*

Templier :
• Philippe le Bel et la condamnation des Templiers. *p. 126*

Tentation :
• « Ne nous soumets pas à la tentation », le « Notre Père ». *p. 194*
• Les tentations de Jésus. *p. 200*

Teresa : au service des plus pauvres, Mère Teresa. *p. 173*

Terre Promise :
• Dieu promet un pays à Abraham. *p. 22-23*
• L'arrivée des Hébreux dans la Terre Promise. *p. 31*

Terre Sainte : c'est le nom donné par les chrétiens au pays de Jésus.
• Délivrer la Terre Sainte, les croisades. *p. 122-123*

Testament :
• La Bible des chrétiens est composée de l'Ancien et du Nouveau Testament. *p. VIII* et *16*
• Que signifie le mot testament ? *p. 51*
• Le Nouveau Testament. *p. 58*

Théologie : mot qui signifie science, savoir sur Dieu.
• Un grand théologien du Moyen Âge, saint Thomas d'Aquin. *p. 121*

Theresa : voir **Teresa**

Thérèse d'Avila : réformatrice de l'ordre du carmel. *p. 135*
• Sainte Thérèse (prénom). *p. 279*

Thomas : un des Apôtres. *p. 69*
• Saint Thomas (prénom). *p. 280*

Thomas d'Aquin : un grand théologien du Moyen Âge. *p. 121*

Tibérhine : les moines cisterciens de cette ville d'Algérie assassinés en 1996, *p. 179*

Tibériade : autre nom du lac ou de la mer de Galilée. C'est aussi le nom d'une ville située au bord du lac. Carte. *p. 32*

Tiers état : la société française avant la Révolution. *p. 141*

Timothée : compagnon de Paul. *p. 86*
• Lettre à Timothée (citation). *p. 89*
• Saint Timothée (prénom). *p. 280*

Tite : compagnon de Paul. *p. 86*
• Lettre à Tite. *p. 88*
• Saint Tite (prénom). *p. 280*

TOB : signifie Traduction Œcuménique de la Bible. *p. 163*

Tombeau :
• La Résurrection de Jésus, le tombeau vide. *p. 80-81*
• Délivrer le tombeau du Christ, les croisades. *p. 122*

Tora : les juifs appellent ainsi les cinq premiers livres de la Bible. *p. 17* et *176*

Tour de Babel : *p. 21*

Toussaint : fête de tous les saints (calendrier liturgique). *p. 228*

Transfiguration : Transfiguration de Jésus. *p. 75*
• La Transfiguration, tableau de Giovanni Bellini. *p. 75*

Trappistes : ordre religieux. *p. 105*

Travail : les chrétiens et le travail. *p. 212*

Trente : le concile de Trente. *p. 134*

Tribu : nom des douze tribus d'Israël. *p. 24*
• Les tribus d'Israël au pays de Canaan. *p. 34*

Tricher : *p. 204*

Trinité : *p. 185*
• La Trinité et la question du « filioque ». *p. 109*

Turc :
• La prise de Constantinople par les Turcs. *p. 117*
• Les Turcs musulmans occupent Jérusalem. *p. 122*

U-V

Unité : unité des chrétiens, l'œcuménisme. *p. 163*

Université : naissance de l'université. *p. 120*

Ur : ville de Chaldée dont est originaire Abraham. *p. 22*

Urbi et orbi : bénédiction du pape « Urbi et orbi ». *p. 167*

Urie : Urie le Hittite, soldat de David, premier mari de Bethsabée. *p. 38*

Vassal : définition. *p. 124*

Vatican :
• L'origine de l'État du Vatican. *p. 151*
• Plan du Vatican. *p. 166-167*

Vatican I : concile Vatican I. *p. 150*

Vatican II : concile Vatican II. *p. 160*

Veau d'or : les Hébreux fabriquent une idole. *p. 30*

Védas : textes sacrés de la religion des hindouistes. *p. 176*

Vendée : les guerres de Vendée pendant la Révolution française. *p. 143*

Vendredi Saint : les chrétiens célèbrent la mort de Jésus (calendrier liturgique). *p. 228*

Vent : deviner Dieu dans le vent. *p. 33*

Vêpres : une des prières des moines. *p. 199*

Vêpres du dimanche : jusqu'à la réforme du concile Vatican II, les jours de grande fête, les chrétiens se rassemblent à l'église, l'après-midi, pour une grande prière d'action de grâce.

Vérité :
• « Je suis le Chemin, la Vérité et la Vie », citation de Jésus. *p. 60*
• Dieu appelle les hommes à la vérité. *p. 204*

Vêtement blanc : le signe du vêtement blanc dans le baptême. *p. 232*

Viatique : définition. *p. 245*

Vicaire : prêtre d'une paroisse qui aide le curé. *p. 140* et *168*
• Comment appeler les vicaires. *p. 168*

Vie éternelle :
• Les juifs qui croient à la vie éternelle, les martyrs d'Israël. *p. 49*
• « Celui qui mange ce pain aura la vie éternelle », parole de Jésus. *p. 60*
• Jésus connaît le secret de la vie. *p. 72*
• La vie promise par Dieu. *p. 222*

Vierge : *voir* Marie.

Vigiles : une des prières des moines pendant la nuit. *p. 199*

Vigne : la vigne dans les paraboles. *p. 77*

Vikings : marins qui terrorisent l'Europe aux 9e et 10e siècles. *p. 109*

Ville Sainte : *voir* Jérusalem.

Vin : au mariage de Cana, Jésus offre le vin de la fête. *p. 72*
• Le vin de la messe. *p. 246*

Vincent de Paul : *p. 136*
• Saint Vincent (prénom). *p. 281*

Vishnou : dieu de la religion des hindouistes. *p. 176*

Visitation : visite de Marie à sa cousine Elisabeth. *p. 224*
• Fête de la Visitation (calendrier liturgique). *p. 229*

Vocation : *p. 240-241*

Vulgate : nom de la Bible traduite en latin par saint Jérôme. *p. 16* et *100*

W-Y-Z

Westphalie : traité de Westphalie, les guerres de Religion. *p. 132*

Wisigoths : tribu barbare. *p. 102*

Wojtyla : nom de famille du pape Jean-Paul II. *p. 165*

YHVH : quatre lettres du nom de Dieu. *p. 28*
Yom Kippour : fête juive. *p. 176*

Zacharie : prophète. *p. 42*
• Zacharie dans l'histoire du peuple d'Israël (chronologie). *p. 55*

Zacharie : nom du père de Jean-Baptiste.
• Zacharie et la naissance de Jean-Baptiste. *p. 65*
• Saint Zacharie (prénom). *p. 282*

Zachée : Jésus mange chez un voleur, l'histoire de Zachée. *p. 70*

Zébédée : père des Apôtres Jacques et Jean. *p. 68*

Zélotes : groupe religieux au temps de Jésus. *p. 65*
• Jésus connaît ses ennemis. *p. 78*

Zen : forme du bouddhisme au Japon. *p. 177*

Zeus : dieu de la religion grecque. *p. 48*

Ziggourat : temple babylonien. *p. 21*

Table des illustrations

Artéphot : pp. X, 94-95, *ph. Nimatallah* pp. 21, 133 b, 135 b, *ph. Held* pp. 44, 67 b, 131 h, *ph. Percheron* pp. 52-53 © ADAGP 1993, *ph. Bridgeman Art Library* pp. 78-79, 100, 189, *ph. G. Fleury* p. 104, *ph. ADPC* p. 110 b, *ph. Varga* pp. 118 hd, 208, *ph. Oronoz* pp. 123 h, 138, 183 b © SPADEM 1993, *ph. Ides et Calendes* p. 214.

Artothek : pp. 20, 29, 50.

ATD Quart Monde : p. 213.

CIRIC : *ph. B. Cavanagh*, p. III et pp. 168-169, p. 145 b, *ph. G. Guliani* p. 163 b, p. 169, *ph. J. Picot* p. 172, *ph. M. Crozet* p. 211, *ph. P. Dupin* p. 245, *ph. P. Glorieux* pp. 178-179, *ph. A. Pinoges* p. 173, 212 b, *ph. D. Alphonsi* p. 212 h.

Dagli Orti : pp. 22-23, 33, 38-39, 69, 72, 129 h, 139 h, 198.

DR : 48 b, 232 h, 239.

Edimédia : pp. 28, 119 hg, 146.

ET Archives : p. 80.

Explorer : *ph. Coll. ES* pp. 119 b, 121 h, 131 b, *ph. Coll. ADPC* p. 127 h, *ph. A. Philippon* p. 127 b, *ph. Jean-Loup Charmet* pp. 128 b, 132, 137 h, 144, *ph. A. Le Toquin* p. 142, *ph. S. Grandadam* p. 177 h.

Gamma : *ph. Lochon* p. 151 b, *ph. Liaison* pp. 151 h, 158 b.

Giraudon : pp.IX, 14-15, 27 h, 31 © ADAGP 1993, 45, 46, 47, 58, 59 hg, 59 bg, 62, 63, 64, 67 h, 70, 73, 79, 81, 82, 85, 89, 90, 91 h, 92, 99, 101, 102, 103, 107, 108, 124, 135 h, 136, 137 b, 139 b, 140, 176, 181 b, 183 h, 191, 194, 200, 201, 210, 215, 216-217 © SPADEM 1993, 219 h, 225, 230, 231, 232 b, 240, 241, 244, *ph. Lauros* pp. 17, 41, 59 bd, 71, 94, 95, 97, 105, 110 h, 111, 115 h, 121 b, 123 b, 130 b, 133 h, 134, 147, 148, 149 h, 153, 186, 187, 188, 204, 221, 224 © SPADEM 1993, 248, *ph. Alinari* pp. 18-19, 43, 93, 130 h, 145 h, 206, 207 b, 238, *ph. Bridgeman* pp. 118 hg, 118 b, 119 hd, 126, *ph. BO* p. 177 b.

Jean-Loup Charmet : pp. 115 b, 125, 149 b, 154 h, 157 h, 197.

Kharbine-Tapabor : p. 155 b.

Keystone : pp. 158 h, 159 b, *ph. Coll. RAFD* p. 159 h.

Magnum : *ph. Paul Fusco* p. 16 b, *ph. Erich Lessing* pp. 27 b, 35, 48 h, 114, 117, 129 b, 152 h, 165 b, 181 h, 182 h, 193, 218, 227, 237, *ph. René Burri* pp. 34, 118-119, *ph. Bruno Barbey* pp. 42, 160-161, *ph. Fred Mayer* p. 164, *ph. Burt Glinn* p. 165 b, *ph. Peter Marlow* p. 165 b, *ph. Raghu Rai* p. 173 h, *ph. Eugène Smith* p. 207 h, *ph. Robert Capa* p. 209 h, *ph. Marc Riboud* p. 217 h.

Pascal LR : pp. 222, 223.

Rapho : *ph. Roland et Sabrina Michaud* p. 109, *ph. Saler* pp. 184-185, *ph. Robert Doisneau* p. 205.

R. É. A : pp. XII, 174-175.

Rémi Tournus : pp. 16 h, 51, 149 b, 182 b, 195, 216, 220, 226, 233, 234, 235, 236, 239, 243, 247, 249.

RMN : pp. 25, 138-139, 141, 180, 192.

Roger-Viollet : *ph. Cap-Viollet* p. 149 b, *ph. H. Roger-Viollet* p. 150, *ph. ND-Viollet* pp. 152 b, 157 b, *ph. Lapi-Viollet* p. 154, *ph. Harlingue-Viollet* pp. 156, 165 h.

Scala : pp. 56, 68, 75, 91 b, 98-99, 120, 128 h, 209 b, 219 b, 246.

Sygma : p. 163 h, *ph. Donatello Brogiani* p. 155 h.

Dessins d'Eddy Krahenbuhl : pp. 26, 30, 36-37, 40, 41, 49, 54-55, 57, 74-75, 83, 84, 88-89, 96, 97, 106-107, 109, 112, 113, 114, 116, 122, 124, 143, 166-167, 170-171, 196, 199, 202-203, 228-229, 242, 248.

Dessins d'Étienne Jung : pp. 60-61, 76-77.

Christophe Albertini a dessiné le personnage de Théo.

Cartes réalisées par **Mosaïque**

Achevé d'imprimer en janvier 2004
sur les presses de Partenaires, France
Photogravure Médiascan, Andorre
N° d'édition : 04021
Dépôt légal : janvier 2002
« Loi n° 49-956 du 16 juillet 1949 sur les publications destinées à la jeunesse »